2024 年 IMO 中国国家队队员合影

从左到右：王淳稷、邓哲文、叶语行、史皓嘉、徐祺铭、王衔邦

2024 年 IMO 金牌选手颁奖现场

前　言

　　本书以 2024 年国家集训队的测试选拔题为主体,搜集了 2023 年 8 月至 2024 年 7 月间国内主要的数学竞赛及 2024 年国际数学奥林匹克的试题和解答,并且附上了 2024 年第 53 届美国数学奥林匹克、2024 年第 50 届俄罗斯数学奥林匹克、2024 年第 15 届罗马尼亚大师杯数学奥林匹克、2024 年第 13 届欧洲女子数学奥林匹克的试题与解答,这些试题大都是从事数学奥林匹克教学和研究的专家们的精心创作,其中的一些解答源自国家集训队和国家队队员,他们的一些巧思妙解为本书增色不少。

　　在过去的一年中,由中国数学会主办的中学生数学竞赛主要有:2023 年全国中学生数学奥林匹克竞赛(预赛)暨 2023 年全国高中数学联合竞赛,2023 年全国中学生数学奥林匹克竞赛(决赛)(第 39 届中国数学奥林匹克,CMO),2023 年第 22 届中国女子数学奥林匹克(CGMO)等。

　　2024 年国家集训队和国家队的集训得到了中国数学会理事长席南华院士、中国数学会副理事长刘若川教授以及王长平教授、吴建平教授等专家们的鼓励、支持和指导;裘宗沪教授对学生进行了赛前指导;在收集竞赛资料过程中,各主办单位与承办校给予了支持。对他们的工作与支持表示衷心的感谢。

　　本书倾注了许多专家和学者的心血,书中有许多他们的创造性的工作。本书可供数学爱好者、参加数学竞赛的广大中学生、从事数学竞赛教学的教练员、开设数学选修课的教师等参考。

　　2023 年全国中学生数学奥林匹克竞赛(预赛)由熊斌整理,2023 年全国中学生数学奥林匹克竞赛(决赛)由姚一隽整理,2024 年 IMO 中国国家队选拔考试由肖梁、瞿振华整理,2023 年第 22 届中国女子数学奥林匹克由瞿振华整理,2023 年中国西部数学邀请赛由冯志刚整理,2023 年第 20 届中国东南地区数学奥林匹克由王枫整理,2023 年中国数学奥林匹克"希望联盟夏令营"由沈虎跃整理,2023 年中国数学奥林匹克"协作体夏令营"由李永国整理,2024 年第 65 届国际数学奥林匹克由肖梁、姚一隽整理,2024 年第 53 届美国数学奥林匹克由张思汇整理,2024 年第 50 届俄罗斯数学奥林匹克由苏淳整理,2024 年第 15 届罗马尼亚大师杯数学奥林匹克由李寒松整理,2024 年第 13 届欧洲女子数学奥林匹克由肖梁整理。其中,国内竞赛的赛事介绍主要由倪明整理。

囿于作者的水平,加上编写时间仓促,不足和错误在所难免,请广大读者朋友批评指正,不吝施教。

2024 年 IMO 中国国家集训队教练组

2024 年 8 月

目　　录

2023 年全国中学生数学奥林匹克竞赛(预赛)暨 2023 年全国高中数学联合竞赛

　　2023 年全国高中数学联赛由中国数学会主办,上海市数学会承办,于 9 月 10 日举行,全国约 5 万学生参加了考试。

　　2023 年全国高中数学联赛一试命题范围不超出教育部 2020 年颁布的《普通高中数学课程标准(2017 年版 2020 年修订)》中所规定的教学要求和内容,但在方法上有所提高,主要考查学生对基础知识和基本技能的掌握情况,以及综合和灵活运用的能力。全卷包括 8 道填空题和 3 道解答题,答卷时间为 80 分钟,满分 120 分。

　　全国高中数学联赛加试命题范围与国际数学奥林匹克接轨,在知识方面有所扩展,适当增加一些竞赛教学大纲的内容。全卷包括 4 道解答题,其中一道平面几何题,答卷时间为 170 分钟,试卷满分为 180 分。

　　2023 年全国高中数学联赛试题分 A 卷和 B 卷,宁夏、内蒙古、青海、西藏、新疆、云南这 6 个省份用 B 卷,其他的省份用 A 卷。

A 卷一试

一、填空题(每小题 8 分,共 64 分)

1 设复数 $z=9+10i$(i 为虚数单位),若正整数 n 满足 $|z^n|\leqslant 2023$,则 n 的最大值为_____。

解 2 提示:$|z^n|=|z|^n=(\sqrt{9^2+10^2})^n=(\sqrt{181})^n$。因 $|z^2|=181<2023$,而当 $n\geqslant 3$ 时,$|z^n|=(\sqrt{181})^n>13^n>2023$,故 n 的最大值为2。

2 若正实数 a、b 满足 $a^{\lg b}=2$,$a^{\lg a}\cdot b^{\lg b}=5$,则 $(ab)^{\lg ab}$ 的值为_____。

解 20 提示:因为 $b^{\lg a}=10^{\lg a\cdot\lg b}=a^{\lg b}=2$,所以
$$(ab)^{\lg ab}=(ab)^{\lg a+\lg b}=(a^{\lg a}\cdot b^{\lg b})\cdot a^{\lg b}\cdot b^{\lg a}=5\times 2\times 2=20。$$

3 将一枚均匀的骰子独立投掷三次,所得的点数依次记为 x、y、z,则事件"$C_7^x<C_7^y<C_7^z$"发生的概率为_____。

解 $\dfrac{1}{27}$ 提示:由于 $C_7^1=C_7^6<C_7^2=C_7^5<C_7^3=C_7^4$,因此当 $x,y,z\in\{1,2,3,4,5,6\}$ 时,事件"$C_7^x<C_7^y<C_7^z$"发生当且仅当"$x\in\{1,6\}$,$y\in\{2,5\}$,$z\in\{3,4\}$"成立,相应的概率为 $\left(\dfrac{2}{6}\right)^3=\dfrac{1}{27}$。

4 若平面上非零向量 $\vec{\alpha}$、$\vec{\beta}$、$\vec{\gamma}$ 满足 $\vec{\alpha}\perp\vec{\beta}$,$\vec{\beta}\cdot\vec{\gamma}=2|\vec{\alpha}|$,$\vec{\gamma}\cdot\vec{\alpha}=3|\vec{\beta}|$,则 $|\vec{\gamma}|$ 的最小值为_____。

解 $2\sqrt{3}$ 提示:由 $\vec{\alpha}\perp\vec{\beta}$,不妨设 $\vec{\alpha}=(a,0)$,$\vec{\beta}=(0,b)$,其中 $a,b>$

0,并设 $\vec{\gamma}=(x,y)$,则由 $\vec{\beta}\cdot\vec{\gamma}=2\mid\vec{\alpha}\mid$ 得 $by=2a$,由 $\vec{\gamma}\cdot\vec{\alpha}=3\mid\vec{\beta}\mid$ 得 $ax=3b$。

所以 $\mid\vec{\gamma}\mid=\sqrt{x^2+y^2}\geqslant\sqrt{2xy}=\sqrt{2\cdot\dfrac{3b}{a}\cdot\dfrac{2a}{b}}=2\sqrt{3}$。

取 $a=\sqrt{3}$,$b=\sqrt{2}$,此时 $x=y=\sqrt{6}$,$\mid\vec{\gamma}\mid$ 取到最小值 $2\sqrt{3}$。

5 方程 $\sin x=\cos 2x$ 的最小的 20 个正实数解之和为 _____。

解 130π 提示:将 $\cos 2x=1-2\sin^2 x$ 代入方程,整理得

$$(2\sin x-1)(\sin x+1)=0,$$

解得 $\qquad x=2k\pi+\dfrac{\pi}{6},\ 2k\pi+\dfrac{5\pi}{6},\ 2k\pi+\dfrac{3\pi}{2}(k\in\mathbf{Z})$。

上述解亦可写成 $x=\dfrac{2k\pi}{3}+\dfrac{\pi}{6}(k\in\mathbf{Z})$,其中 $k=0,1,\cdots,19$ 对应最小的 20 个正实数解,它们的和为

$$\sum_{k=0}^{19}\left(\dfrac{2k\pi}{3}+\dfrac{\pi}{6}\right)=\dfrac{2\pi}{3}\cdot\dfrac{19\times 20}{2}+\dfrac{\pi}{6}\cdot 20=130\pi。$$

6 设 a、b、c 为正数,$a<b$。若 a、b 为一元二次方程 $ax^2-bx+c=0$ 的两个根,且 a、b、c 是一个三角形的三边长,则 $a+b-c$ 的取值范围是 _____。

解 $\left(\dfrac{7}{8},\sqrt{5}-1\right)$ 提示:由条件知 $ax^2-bx+c=a(x-a)(x-b)=ax^2-(a^2+ab)x+a^2b$,比较系数得 $b=a^2+ab$,$c=a^2b$,故

$$b=\dfrac{a^2}{1-a},\ c=\dfrac{a^4}{1-a},$$

从而 $\qquad a+b-c=a+\dfrac{a^2-a^4}{1-a}=a+a^2+a^3$。

由于 $0<a<b=\dfrac{a^2}{1-a}$,故 $\dfrac{1}{2}<a<1$。此时显然 $b>c>0$。因此,a、

b、c 是一个三角形的三边长,当且仅当 $a+c>b$,即 $a+\dfrac{a^4}{1-a}>\dfrac{a^2}{1-a}$,即

$$a(a^2+a-1)<0,$$

结合 $\dfrac{1}{2}<a<1$,解得 $\dfrac{1}{2}<a<\dfrac{\sqrt{5}-1}{2}$。

令 $f(x)=x+x^2+x^3$,则 $a+b-c=f(a)$。显然当 $x>0$ 时 $f(x)$ 连续且严格递增,故 $a+b-c$ 的取值范围是 $\left(f\left(\dfrac{1}{2}\right),f\left(\dfrac{\sqrt{5}-1}{2}\right)\right)$,即 $\left(\dfrac{7}{8},\sqrt{5}-1\right)$。

---

7 平面直角坐标系 xOy 中,已知圆 Ω 与 x 轴、y 轴均相切,圆心在椭圆 $\Gamma:\dfrac{x^2}{a^2}+\dfrac{y^2}{b^2}=1(a>b>0)$ 内,且 Ω 与 Γ 有唯一的公共点 $(8,9)$。则 Γ 的焦距为 _____。

解 10 提示:根据条件,可设圆心为 $P(r,r)$,则有

$$(r-8)^2+(r-9)^2=r^2,$$

解得 $r=5$ 或 $r=29$。因为 P 在 Γ 内,故 $r=5$。

椭圆 Γ 在点 $A(8,9)$ 处的切线为 $l:\dfrac{8x}{a^2}+\dfrac{9y}{b^2}=1$,其法向量可取为

$$\vec{n}=\left(\dfrac{8}{a^2},\dfrac{9}{b^2}\right)。$$

由条件,l 也是圆 Ω 的切线,故 $\vec{n}$ 与 $\overrightarrow{PA}$ 平行,而 $\overrightarrow{PA}=(3,4)$,所以

$$\dfrac{32}{a^2}=\dfrac{27}{b^2}。$$

又 $\dfrac{64}{a^2}+\dfrac{81}{b^2}=1$,解得 $a^2=160$,$b^2=135$。从而 Γ 的焦距为

$$2\sqrt{a^2-b^2}=10。$$

8 八张标有 A、B、C、D、E、F、G、H 的正方形卡片构成右图。现逐一取走这些卡片,要求每次取走一张卡片时,该卡片与剩下的卡片中至多一张有公共边(例如可按 D、A、B、E、C、F、G、H 的次序取走卡片,但不可按 D、B、A、E、C、F、G、H 的次序取走卡片),则取走这八张卡片的不同次序的数目为_____。

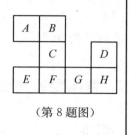

(第 8 题图)

解 392 提示:如左下图重新标记原图中的八张卡片。现将每张卡片视为顶点,有公共边的两张卡片所对应的顶点之间连一条边,得到一个八阶图,该图可视为右下图中的 $m+n+2$ 阶图 $G(m, n)$ 在 $m=3$,$n=3$ 时的特殊情况。

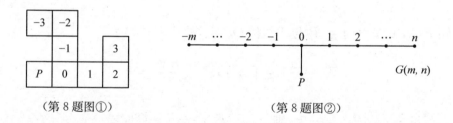

(第 8 题图①)　　　　　　　　(第 8 题图②)

取卡片(顶点)的规则可解释为:

(i) 若顶点 P 已取走,则以下每步取当前标号最小或最大的顶点,直至取完;

(ii) 若顶点 P 未取走,则必为某个 $G(m, n)(m, n \geqslant 0)$ 的情形,此时若 $m=0$,则将 P 视为 -1 号顶点,归结为(i)的情形;若 $m \neq 0$,$n=0$,则将 P 视为 1 号顶点,归结为(i)的情形;若 $m, n \geqslant 1$,则当前可取 P 或 $-m$ 号顶点或 n 号顶点,分别归结为(i)或 $G(m-1, n)$ 或 $G(m, n-1)$ 的情形。

设 $G(m, n)$ 的符合要求的顶点选取次序数为 $f(m, n)$,本题所求即为 $f(3, 3)$。

由(i)、(ii)知 $f(m, 0)=2^{m+1}(m \geqslant 0)$,$f(0, n)=2^{n+1}(n \geqslant 0)$,且

$$f(m, n)=2^{m+n}+f(m-1, n)+f(m, n-1)(m, n \geqslant 1).$$

由此可依次计算得 $f(1, 1)=12$，$f(1, 2)=f(2, 1)=28$，$f(1, 3)=f(3, 1)=60$，$f(2, 2)=72$，$f(2, 3)=f(3, 2)=164$，$f(3, 3)=392$，即所求数目为 392。

二、解答题(共 56 分)

9 (16 分)平面直角坐标系 xOy 中，抛物线 $\Gamma: y^2=4x$，F 为 Γ 的焦点，A、B 为 Γ 上的两个不重合的动点，使得线段 AB 的一个三等分点 P 位于线段 OF 上(含端点)，记 Q 为线段 AB 的另一个三等分点。求点 Q 的轨迹方程。

解 设 $A(x_1, y_1)$，$B(x_2, y_2)$。不妨设 $\overrightarrow{AP}=\overrightarrow{PQ}=\overrightarrow{QB}$，则

$$P\left(\frac{2x_1+x_2}{3}, \frac{2y_1+y_2}{3}\right)。$$

易知 $F(1, 0)$。由于点 P 位于线段 OF 上，故

$$\frac{2x_1+x_2}{3}\in[0, 1], \frac{2y_1+y_2}{3}=0。$$

可设 $y_1=t$，$y_2=-2t$，则 $x_1=\frac{t^2}{4}$，$x_2=t^2$。此时有

$$\frac{2x_1+x_2}{3}=\frac{t^2}{2}\in[0, 1]，$$

且由 A、B 不重合知 $t\neq0$，所以 $t^2\in(0, 2]$。

设 $Q(x_Q, y_Q)$，则 $x_Q=\frac{x_1+2x_2}{3}=\frac{3}{4}t^2$，$y_Q=\frac{y_1+2y_2}{3}=-t$，有

$$y_Q^2=\frac{4}{3}x_Q。$$

注意到 $x_Q=\frac{3}{4}t^2\in\left(0, \frac{3}{2}\right]$，故点 Q 的轨迹方程为

$$y^2=\frac{4}{3}x\left(0<x\leq\frac{3}{2}\right)。$$

10 (20分)已知三棱柱 $\Omega: ABC-A_1B_1C_1$ 的 9 条棱长均相等。记底面 ABC 所在平面为 α。若 Ω 的另外四个面(即面 $A_1B_1C_1$、ABB_1A_1、ACC_1A_1、BCC_1B_1)在 α 上投影的面积从小到大重排后依次为 $2\sqrt{3}$、$3\sqrt{3}$、$4\sqrt{3}$、$5\sqrt{3}$,求 Ω 的体积。

解 设点 A_1、B_1、C_1 在平面 α 上的投影分别为 D、E、F,则面 $A_1B_1C_1$、ABB_1A_1、ACC_1A_1、BCC_1B_1 在 α 上的投影面积分别为 $S_{\triangle DEF}$、S_{ABED}、S_{ACFD}、S_{BCFE}。

由已知及三棱柱的性质,$\triangle DEF$ 为正三角形,且 $ABED$、$ACFD$、$BCFE$ 均为平行四边形。

由对称性,仅需考虑点 D 位于 $\angle BAC$ 内的情形(如图所示)。

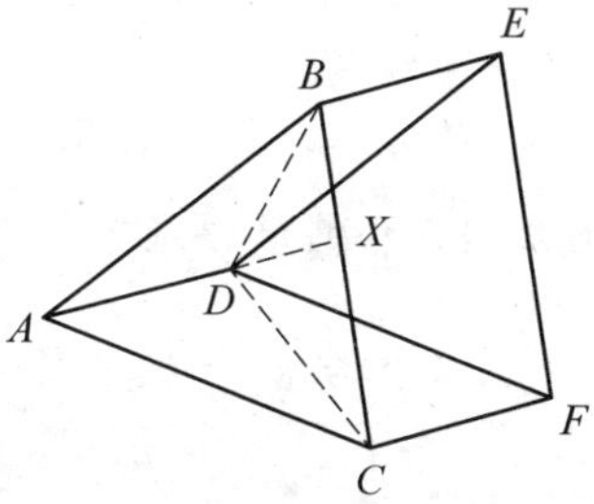

显然此时有 $S_{ABED}+S_{ACFD}=S_{BCFE}$。

由于 $\{S_{\triangle DEF},\ S_{ABED},\ S_{ACFD},\ S_{BCFE}\}=\{2\sqrt{3},\ 3\sqrt{3},\ 4\sqrt{3},\ 5\sqrt{3}\}$,故 S_{ABED}、S_{ACFD} 必为 $2\sqrt{3}$、$3\sqrt{3}$ 的排列,$S_{BCFE}=5\sqrt{3}$,进而 $S_{\triangle DEF}=4\sqrt{3}$,得 $\triangle DEF$ 的边长为 4,即三棱柱 Ω 的各棱长均为 4。

(第10题图)

不妨设 $S_{ABED}=2\sqrt{3}$,$S_{ACFD}=3\sqrt{3}$,则 $S_{\triangle ABD}=\sqrt{3}$,$S_{\triangle ACD}=\dfrac{3\sqrt{3}}{2}$。

取射线 AD 与线段 BC 的交点 X,则 $\dfrac{BX}{CX}=\dfrac{S_{\triangle ABD}}{S_{\triangle ACD}}=\dfrac{2}{3}$,故 $BX=\dfrac{8}{5}$。

因此 $AX=\sqrt{AB^2+BX^2-2AB\cdot BX\cdot\cos 60°}=\dfrac{4}{5}\sqrt{19}$。

而 $\dfrac{AD}{AX}=\dfrac{S_{\triangle ABD}+S_{\triangle ACD}}{S_{\triangle ABC}}=\dfrac{5}{8}$,故 $AD=\dfrac{\sqrt{19}}{2}$。

于是 Ω 的高 $h=\sqrt{AA_1^2-AD^2}=\dfrac{3\sqrt{5}}{2}$。

又 $S_{\triangle ABC}=4\sqrt{3}$,故 Ω 的体积 $V=S_{\triangle ABC}\cdot h=6\sqrt{15}$。

11 (20分)求出所有满足下面要求的不小于1的实数 t:对任意 $a, b \in [-1, t]$,总存在 $c, d \in [-1, t]$,使得 $(a+c)(b+d)=1$。

解 记 $I_t = [-1, t]$,$S = (a+c)(b+d)$。

假如 $t > 2$,则当 $a = b = t$ 时,对任意 $c, d \in I_t$,均有 $S \geq (t-1)^2 > 1$,不满足要求。

假如 $1 \leq t < \dfrac{3}{2}$,则当 $a = -1$,$b = 2 - t$ 时,对任意 $c, d \in I_t$,均有

$$-2 \leq a+c \leq t-1, \quad 1-t \leq b+d \leq 2。$$

若 $a+c$、$b+d$ 同正或同负,则 $S \leq 2(t-1) < 1$,其余情况下总有 $S \leq 0 < 1$,不满足要求。

以下考虑 $\dfrac{3}{2} \leq t \leq 2$ 的情形。为便于讨论,先指出如下引理。

引理:若 $u, v \geq \dfrac{1}{2}$,且 $u + v \geq \dfrac{5}{2}$,则 $uv \geq 1$。

事实上,当 $|u-v| \leq \dfrac{3}{2}$ 时,

$$uv = \left(\frac{u+v}{2}\right)^2 - \left(\frac{u-v}{2}\right)^2 \geq \left(\frac{5}{4}\right)^2 - \left(\frac{3}{4}\right)^2 = 1。$$

当 $|u-v| > \dfrac{3}{2}$ 时,$uv > \dfrac{1}{2} \cdot \left(\dfrac{1}{2} + \dfrac{3}{2}\right) = 1$。引理得证。

下证对任意 $a, b \in I_t$,可取 $c_1, d_1 \in I_t$,使得

$$S_1 = (a+c_1)(b+d_1) \geq 1。 \tag{①}$$

若 $a+b \leq -\dfrac{1}{2}$,则取 $c_1 = d_1 = -1$,此时

$$S_1 = (a-1)(b-1) = (1-a)(1-b),$$

其中 $1-a \geq \dfrac{3}{2} + b \geq \dfrac{1}{2}$,$1-b \geq \dfrac{3}{2} + a \geq \dfrac{1}{2}$,且

$$(1-a)+(1-b)=2-(a+b)\geqslant\frac{5}{2},$$

故由引理知 $S_1\geqslant1$。

若 $a+b>-\frac{1}{2}$，则取 $c_1=d_1=\frac{3}{2}\in I_t$，此时

$$S_1=\left(a+\frac{3}{2}\right)\left(b+\frac{3}{2}\right),$$

其中 $a+\frac{3}{2}$，$b+\frac{3}{2}>\frac{1}{2}$，且 $\left(a+\frac{3}{2}\right)+\left(b+\frac{3}{2}\right)=a+b+3>\frac{5}{2}$，故由引理知 $S_1\geqslant1$。

注意到，当 a，$b\in I_t$ 时，可取 $c_2\in I_t$，使得 $|a+c_2|\leqslant1$（例如，当 $a\in[-1,1]$ 时取 $c_2=0$，当 $a\in(1,t]$ 时取 $c_2=-1$），同理，可取 $d_2\in I_t$，使得 $|b+d_2|\leqslant1$。此时

$$S_2=(a+c_2)(b+d_2)\leqslant|a+c_2|\cdot|b+d_2|\leqslant1. \qquad ②$$

根据①②，存在一个介于 c_1、c_2 之间的实数 c，及一个介于 d_1、d_2 之间的实数 d，使得 $(a+c)(b+d)=1$，满足要求。

综上，实数 t 满足要求当且仅当 $\frac{3}{2}\leqslant t\leqslant2$。

A 卷加试

1 (40分)如图①，Ω 是以 AB 为直径的固定的半圆弧，ω 是经过点 A 及 Ω 上另一个定点 T 的定圆，且 ω 的圆心位于 $\triangle ABT$ 内。设 P 是 Ω 的 $\overset{\frown}{TB}$（不含端点）上的动点，C、D 是 ω 上的两个动点，满足：C 在线段 AP 上，C、D 位于直线 AB 的异侧，且 $CD \perp AB$。记 $\triangle CDP$ 的外心为 K。证明：

(1) 点 K 在 $\triangle TDP$ 的外接圆上；

(2) K 为定点。

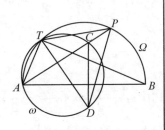

（第1题图①）

证明 (1) 如图②，易知 $\angle PCD$ 为钝角，由 K 为 $\triangle CDP$ 的外心知

$$\angle PKD = 2(180° - \angle PCD) = 2\angle ACD。$$

由于 $\angle APB = 90°$，$CD \perp AB$，故

$$\angle PBA = \angle ACD = \angle ATD。$$

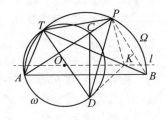

（第1题图②）

所以 $\angle PTD + \angle PKD = \angle PTA - \angle ATD + 2\angle ACD = \angle PTA + \angle PBA = 180°$。

又 K、T 位于 PD 异侧，因此点 K 在 $\triangle TDP$ 的外接圆上。

(2) 取 ω 的圆心 O，过点 O 作 AB 的平行线 l，则 l 为 CD 的中垂线，点 K 在直线 l 上。

由 T、D、P、K 共圆及 $KD = KP$，可知 K 在 $\angle DTP$ 的平分线上，而

$$\angle DTB = 90° - \angle ATD = 90° - \angle PBA = \angle PAB = \angle PTB，$$

故 TB 为 $\angle DTP$ 的平分线。所以点 K 在直线 TB 上。

显然 l 与 TB 相交，且 l 与 TB 均为定直线，故 K 为定点。

2 （40分）正整数 n 称为"好数"，如果对任意不同于 n 的正整数 m，均有 $\left\{\dfrac{2^n}{n^2}\right\} \neq \left\{\dfrac{2^m}{m^2}\right\}$，这里，$\{x\}$ 表示实数 x 的小数部分。

证明：存在无穷多个两两互质的合数均为好数。

证明 先证明一个引理。

引理：设 n 是正奇数，且 2 模 n 的阶为偶数，则 n 是好数。

引理的证明如下：

反证法。假设 n 不是好数，则存在异于 n 的正整数 m，使得 $\left\{\dfrac{2^n}{n^2}\right\} = \left\{\dfrac{2^m}{m^2}\right\}$。因此 $\dfrac{2^n}{n^2}$ 与 $\dfrac{2^m}{m^2}$ 写成既约分数后的分母相同。由 n 为奇数知 $\dfrac{2^n}{n^2}$ 是既约分数，故 m^2 的最大奇因子为 n^2，从而 m 的最大奇因子为 n。

设 $m = 2^t n$，其中 t 为正整数（从而 m 是偶数）。于是 $\dfrac{2^m}{m^2} = \dfrac{2^{m-2t}}{n^2}$。

由 $\left\{\dfrac{2^{m-2t}}{n^2}\right\} = \left\{\dfrac{2^n}{n^2}\right\}$ 可得 $2^{m-2t} \equiv 2^n \pmod{n^2}$，故

$$2^{m-2t} \equiv 2^n \pmod{n}。 \tag{$*$}$$

设 2 模 n 的阶为偶数 d。由（$*$）及阶的基本性质得 $m - 2t \equiv n \pmod{d}$，故 $m - 2t - n$ 是偶数。但 $m - 2t$ 是偶数，n 是奇数，矛盾。引理得证。

回到原问题。

设 $F_k = 2^{2^k} + 1 (k = 1, 2, \cdots)$。由于 $F_k \mid 2^{2^{k+1}} - 1$，而 $F_k \nmid 2^{2^k} - 1$，因此 2 模 F_k 的阶为 2^{k+1}，是一个偶数。

对正整数 l，由 $2^l \equiv 1 \pmod{F_k^2}$ 可知 $2^l \equiv 1 \pmod{F_k}$，故由阶的性质推出，2 模 F_k^2 的阶被 2 模 F_k 的阶整除，从而也是偶数。因 F_k^2 是奇数，由引理知 F_k^2 是好数。

对任意正整数 $i, j (i < j)$，$(F_i, F_j) = (F_i, (2^{2^i} - 1) F_i F_{i+1} \cdots F_{j-1} + 2) = (F_i, 2) = 1$，故 $F_1, F_2, F_3, \cdots$ 两两互质。所以 $F_1^2, F_2^2, F_3^2, \cdots$ 是两两互质的合数，且均为好数。

3 (50 分)求具有下述性质的最小正整数 k:若将 1, 2, $\cdots$, k 中的每个数任意染为红色或者蓝色,则或者存在 9 个互不相同的红色的数 x_1, x_2, $\cdots$, x_9 满足 $x_1 + x_2 + \cdots + x_8 < x_9$,或者存在 10 个互不相同的蓝色的数 y_1, y_2, $\cdots$, y_{10} 满足 $y_1 + y_2 + \cdots + y_9 < y_{10}$。

解 所求的最小正整数为 408。

一方面,若 $k = 407$ 时,将 1, 55, 56, $\cdots$, 407 染为红色,2, 3, $\cdots$, 54 染为蓝色,此时最小的 8 个红数之和为 $1 + 55 + 56 + \cdots + 61 = 407$,最小的 9 个蓝数之和为 $2 + 3 + \cdots + 10 = 54$,故不存在满足要求的 9 个红数或者 10 个蓝数。

对 $k < 407$,可在上述例子中删去大于 k 的数,则得到不符合要求的例子。

因此 $k \leqslant 407$ 不满足要求。

另一方面,我们证明 $k = 408$ 具有题述性质。

反证法。假设存在一种 1, 2, $\cdots$, 408 的染色方法不满足要求,设 R 是所有红数的集合,B 是所有蓝数的集合。将 R 中的元素从小到大依次记为 r_1, r_2, $\cdots$, r_m,B 中的元素从小到大依次记为 b_1, b_2, $\cdots$, b_n,$m + n = 408$。对于 R,或者 $|R| \leqslant 8$,或者 $r_1 + r_2 + \cdots + r_8 \geqslant r_m$;对于 B,或者 $|B| \leqslant 9$,或者 $b_1 + b_2 + \cdots + b_9 \geqslant b_n$。

在 1, 2, $\cdots$, 16 中至少有 9 个蓝色的数或至少有 8 个红色的数。

情形 1:1, 2, $\cdots$, 16 中至少有 9 个蓝色的数。

此时 $b_9 \leqslant 16$。设区间 $[1, b_9]$ 中共有 t 个 R 中的元素 r_1, r_2, $\cdots$, r_t $(0 \leqslant t < 8)$。

记 $x = r_1 + r_2 + \cdots + r_t$,则 $x \geqslant 1 + 2 + \cdots + t = \dfrac{1}{2} t(t+1)$。

因为 b_1, b_2, $\cdots$, b_9, r_1, r_2, $\cdots$, r_t 是 $[1, b_9]$ 中的所有正整数,故

$$\{b_1, b_2, \cdots, b_9, r_1, r_2, \cdots, r_t\} = \{1, 2, \cdots, 9+t\}。$$

于是
$$b_n \leqslant b_1 + b_2 + \cdots + b_9 = 1 + 2 + \cdots + (9+t) - x$$
$$= \dfrac{1}{2}(9+t)(10+t) - x。 \tag{$*$}$$

特别地，$b_n \leqslant \dfrac{1}{2} \times 16 \times 17 = 136$。从而$|R| \geqslant 9$。

对任意$i(1 \leqslant i \leqslant m-t)$，由（＊）知

$$r_{t+i} \leqslant b_n + i \leqslant \dfrac{1}{2}(9+t)(10+t) - x + i。$$

从而

$$r_m \leqslant r_1 + \cdots + r_t + r_{t+1} + \cdots + r_8 \leqslant x + \sum_{i=1}^{8-t}\left(\dfrac{1}{2}(9+t)(10+t) - x + i\right)$$

$$= \dfrac{1}{2}(9+t)(10+t)(8-t) + \dfrac{1}{2}(8-t)(9-t) - (7-t)x$$

$$\leqslant \dfrac{1}{2}(9+t)(10+t)(8-t) + \dfrac{1}{2}(8-t)(9-t) - (7-t) \cdot \dfrac{1}{2}t(t+1)$$

$$= -8t^2 + 19t + 396 \leqslant 407(\text{考虑二次函数对称轴，即知}\ t = 1\ \text{时取得最}$$

大）。

又$b_n \leqslant 136$，这与b_n、r_m中有一个为408矛盾。

情形2：1，2，$\cdots$，16中至少有8个红色的数。

论证类似于情形1。

此时$r_8 \leqslant 16$。设区间$[1, r_8]$中共有s个B中的元素b_1，b_2，$\cdots$，$b_s(0 \leqslant s < 9)$。记$y = b_1 + \cdots + b_s$，则$y \geqslant \dfrac{1}{2}s(s+1)$。

因为b_1，b_2，$\cdots$，b_s，r_1，r_2，$\cdots$，r_8是$[1, r_8]$中的所有正整数，故

$$\{b_1, b_2, \cdots, b_s, r_1, r_2, \cdots, r_8\} = \{1, 2, \cdots, 8+s\}。$$

于是$r_m \leqslant \dfrac{1}{2}(8+s)(9+s) - y$。

特别地，$r_m \leqslant \dfrac{1}{2} \times 16 \times 17 = 136$。从而$|B| \geqslant 10$。

对任意$i(1 \leqslant i \leqslant n-s)$，有$b_{s+i} \leqslant r_m + i \leqslant \dfrac{1}{2}(8+s)(9+s) - y + i$。

从而

$$b_n \leqslant b_1 + \cdots + b_s + b_{s+1} + \cdots + b_9 \leqslant y + \sum_{i=1}^{9-s}\left(\dfrac{1}{2}(8+s)(9+s) - y + i\right)$$

$$= \frac{1}{2}(9-s)(8+s)(9+s) - (8-s)y + \frac{1}{2}(9-s)(10-s)$$

$$\leqslant \frac{1}{2}(9-s)(8+s)(9+s) - (8-s) \cdot \frac{1}{2}s(s+1) + \frac{1}{2}(9-s)(10-s)$$

$$= -7s^2 + 27s + 369 \leqslant 395(在 s = 2 时取得最大),$$

又 $r_m \leqslant 136$，这与 b_n、r_m 中有一个为 408 矛盾。

由情形 1、2 知 $k = 408$ 具有题述性质。

综上，所求最小正整数 k 为 408。

---

❹ (50 分)设 $a = 1 + 10^{-4}$。在 2023×2023 的方格表的每个小方格中填入区间 $[1, a]$ 中的一个实数。设第 i 行的总和为 x_i，第 i 列的总和为 y_i，$1 \leqslant i \leqslant 2023$。求 $\dfrac{y_1 y_2 \cdots y_{2023}}{x_1 x_2 \cdots x_{2023}}$ 的最大值(答案用含 a 的式子表示)。

解 记 $n = 2023$，设方格表为 (a_{ij})，$1 \leqslant i, j \leqslant n$，$\lambda = \dfrac{y_1 y_2 \cdots y_{2023}}{x_1 x_2 \cdots x_{2023}}$。

第一步:改变某个 a_{ij} 的值仅改变 x_i 和 y_j，设第 i 行中除 a_{ij} 外其余 $n-1$ 个数的和为 A，第 j 列中除 a_{ij} 外其余 $n-1$ 个数的和为 B，则

$$\frac{y_j}{x_i} = \frac{B + a_{ij}}{A + a_{ij}}。$$

当 $A \geqslant B$ 时，关于 a_{ij} 递增，此时可将 a_{ij} 调整到 a，λ 值不减。当 $A \leqslant B$ 时，关于 a_{ij} 递减，此时可将 a_{ij} 调整到 1，λ 值不减。因此，为求 λ 的最大值，只需考虑每个小方格中的数均为 1 或 a 的情况。

第二步:设 $a_{ij} \in \{1, a\}$，$1 \leqslant i, j \leqslant n$，只有有限多种可能，我们选取一组 a_{ij} 使得 λ 达到最大值，并且 $\sum\limits_{i=1}^{n} \sum\limits_{j=1}^{n} a_{ij}$ 最小。此时我们有

$$a_{ij} = \begin{cases} a, & x_i > y_j, \\ 1, & x_i \leqslant y_j。 \end{cases} \qquad (*)$$

事实上，若 $x_i > y_j$，而 $a_{ij} = 1$，则将 a_{ij} 改为 a 后，行和及列和变为 x_i'、y_j'，则

$$\frac{y'_j}{x'_i} = \frac{y_j + a - 1}{x_i + a - 1} > \frac{y_j}{x_i},$$

与 λ 达到最大矛盾, 故 $a_{ij} = a$。

若 $x_i \leqslant y_j$, 而 $a_{ij} = a$, 则将 a_{ij} 改为 1 后, λ 不减, 且 $\sum\limits_{i=1}^{n}\sum\limits_{j=1}^{n} a_{ij}$ 变小, 与 a_{ij} 的选取矛盾。从而 ($*$) 成立。

通过交换列, 可不妨设 $y_1 \leqslant y_2 \leqslant \cdots \leqslant y_n$, 这样由 ($*$) 可知每一行中 a 排在 1 的左边, 每一行中的数从左至右单调不增。由此可知 $y_1 \geqslant y_2 \geqslant \cdots \geqslant y_n$。因而只能 $y_1 = y_2 = \cdots = y_n$, 故每一行中的数全都相等 (全为 1 或全为 a)。

第三步: 由第二步可知求 λ 的最大值, 可以假定每一行中的数全相等。设有 k 行全为 a, 有 $n-k$ 行全为 1, $0 \leqslant k \leqslant n$。此时

$$\lambda_k = \frac{(ka + n - k)^n}{(na)^k n^{n-k}} = \frac{(ka + n - k)^n}{n^n a^k}。$$

我们只需求 $\lambda_0, \lambda_1, \cdots, \lambda_n$ 中的最大值。

$$\frac{\lambda_{k+1}}{\lambda_k} = \frac{\dfrac{((k+1)a + n - k - 1)^n}{n^n a^{k+1}}}{\dfrac{(ka + n - k)^n}{n^n a^k}} = \frac{1}{a}\left(1 + \frac{a-1}{k(a-1) + n}\right)^n。$$

因此

$$\frac{\lambda_{k+1}}{\lambda_k} \geqslant 1 \Leftrightarrow \left(1 + \frac{a-1}{k(a-1) + n}\right)^n \geqslant a$$

$$\Leftrightarrow 1 + \frac{x^n - 1}{k(x^n - 1) + n} \geqslant x \ (\text{记 } x = \sqrt[n]{a})$$

$$\Leftrightarrow \frac{1 + x + x^2 + \cdots + x^{n-1}}{k(x^n - 1) + n} \geqslant 1$$

$$\Leftrightarrow k \leqslant \frac{1 + x + x^2 + \cdots + x^{n-1} - n}{x^n - 1}$$

$$= \frac{1 + (1+x) + \cdots + (1 + x + \cdots + x^{n-2})}{1 + x + \cdots + x^{n-1}}。$$

记上式右边为 y，则 $y = \dfrac{n-1+(n-2)x+\cdots+x^{n-2}}{1+x+\cdots+x^{n-1}}$。

下面证明 $y \in (1010, 1011)$。

首先证明 $y < 1011$。

$y < 1011$

$\Leftrightarrow 2022 + 2021x + \cdots + x^{2021} < 1011 + 1011x + \cdots + 1011x^{2022}$

$\Leftrightarrow 1011 + 1010x + \cdots + x^{1010} < x^{1012} + 2x^{1013} + \cdots + 1010x^{2021} + 1011x^{2022}$。

由于 $1 < x < x^2 < \cdots < x^{2022}$，故

$$\sum_{k=0}^{1010}(1011-k)x^k < \frac{1}{2} \cdot 1011 \cdot 1012 x^{1010}$$

$$< \frac{1}{2} \cdot 1011 \cdot 1012 x^{1012}$$

$$< \sum_{k=0}^{1011} k x^{1011+k}。$$

再证明 $y > 1010$，等价于证明 $\displaystyle\sum_{k=0}^{2021}(2022-k)x^k > 1010 \sum_{k=0}^{2022} x^k$。

由于

$$\sum_{k=0}^{2021}(2022-k)x^k > \sum_{k=0}^{2021}(2022-k) = 1011 \times 2023,$$

$$1010\sum_{k=0}^{2022} x^k < 1010 \times 2023 x^{2022} < 1010 \times 2023 a,$$

只需证明 $1011 \times 2023 > 1010 \times 2023a$，而 $a = 1 + 10^{-4} < \dfrac{1011}{1010}$，故结论成立。

由上面的推导可知 $\lambda_{k+1} \geqslant \lambda_k$ 当且仅当 $k \leqslant 1010$ 时成立，从而 λ_{1011} 最大。故

$$\lambda_{\max} = \lambda_{1011} = \frac{(1011a+1012)^{2023}}{2023^{2023} a^{1011}}。$$

B 卷一试

一、填空题(每小题 8 分,共 64 分)

---

1 函数 $y = \log_{2023}(x^2 - 9x - 10)$ 的定义域为_____。

解 $(-\infty, -1) \cup (10, +\infty)$ 提示:由 $x^2 - 9x - 10 = (x+1)(x-10) > 0$,解得 $x \in (-\infty, -1) \cup (10, +\infty)$。

---

2 若实数 m 满足 $2^{2^m} = 4^{4^m}$,则 m 的值为_____。

解 -1 提示:由于 $2^{2^m} = 4^{4^m} = 2^{2 \times 4^m}$,故 $2^m = 2 \times 4^m$,两边约去 $2^m (\neq 0)$ 得 $1 = 2^{m+1}$。所以 $m = -1$。

---

3 若双曲线 $\Gamma_1: \dfrac{x^2}{a^2} - \dfrac{y^2}{b^2} = 1 (a, b > 0)$ 的离心率为 3,则双曲线 $\Gamma_2: \dfrac{y^2}{b^2} - \dfrac{x^2}{a^2} = 1$ 的离心率为_____。

解 $\dfrac{3\sqrt{2}}{4}$ 提示:设 $c = \sqrt{a^2 + b^2}$,则 Γ_1 的离心率 $e_1 = \dfrac{c}{a}$,Γ_2 的离心率 $e_2 = \dfrac{c}{b}$。因此 $\dfrac{1}{e_1^2} + \dfrac{1}{e_2^2} = \dfrac{a^2 + b^2}{c^2} = 1$。由 $e_1 = 3$ 知 $\dfrac{1}{e_2^2} = \dfrac{8}{9}$,得 $e_2 = \dfrac{3\sqrt{2}}{4}$。

---

4 设 n 为正整数。从 $1, 2, \cdots, n$ 中随机选出一个数 a,若事件 "$2 < \sqrt{a} \leqslant 4$" 发生的概率为 $\dfrac{2}{3}$,则 n 的所有可能的值为_____。

解 12 和 18 提示:注意到 $2 < \sqrt{a} \leqslant 4$,a 为正整数,即

$$a \in \{5, 6, \cdots, 16\}。$$

根据条件，显然 $n \geqslant 5$。当 $5 \leqslant n \leqslant 16$ 时，有 $\dfrac{n-4}{n}=\dfrac{2}{3}$，得 $n=12$。当 $n \geqslant 17$ 时，有 $\dfrac{12}{n}=\dfrac{2}{3}$，得 $n=18$。

综上，n 的所有可能的值为 12 和 18。

⑤ 平面上五点 A、B、C、D、E 满足 $\overrightarrow{AB}=\overrightarrow{BC}=\overrightarrow{CD}$，$\overrightarrow{EA} \cdot \overrightarrow{EB}=4$，$\overrightarrow{EB} \cdot \overrightarrow{EC}=5$，$\overrightarrow{EC} \cdot \overrightarrow{ED}=8$，则 $\overrightarrow{EA} \cdot \overrightarrow{ED}$ 的值为 _____。

解 3 提示：记 $\overrightarrow{EB}=\vec{b}$，$\overrightarrow{EC}=\vec{c}$。由条件知 $\overrightarrow{EA}=2\vec{b}-\vec{c}$，$\overrightarrow{ED}=2\vec{c}-\vec{b}$，于是 $\overrightarrow{EA} \cdot \overrightarrow{ED} = (2\vec{b}-\vec{c}) \cdot (2\vec{c}-\vec{b}) = 5\vec{b}\cdot\vec{c}-2\vec{b}^2-2\vec{c}^2 = 3\vec{b}\cdot\vec{c}-\vec{b}\cdot(2\vec{b}-\vec{c})-\vec{c}\cdot(2\vec{c}-\vec{b}) = 3\overrightarrow{EB}\cdot\overrightarrow{EC}-\overrightarrow{EA}\cdot\overrightarrow{EB}-\overrightarrow{EC}\cdot\overrightarrow{ED} = 3\times5-4-8 = 3$。

⑥ 将所有非完全平方的正奇数与所有正偶数的立方从小到大排成一列（前若干项依次为 3，5，7，8，11，13，…），则该数列的第 2023 项的值为 _____。

解 4095 提示：用 $\{a_n\}$ 表示题述数列。前 2023 个正奇数依次为 1，3，5，…，4045，其中恰有 1^2，3^2，…，63^2 这 32 个完全平方数，而在小于 4045 的正整数中恰有 2^3，4^3，…，14^3 这 7 个偶数的立方。因此 4045 是 $\{a_n\}$ 的第 $2023-32+7=1998$ 项。进而 $a_{2023}=a_{1998}+2\times25=4095$（注意 $65^2>4095$ 且 $16^3>4095$）。

⑦ 设 P-$ABCD$ 与 Q-$ABCD$ 为两个正四棱锥，且 $\angle PAQ=90°$，点 M 在线段 AC 上，且 $CM=3AM$。将异面直线 PM、QB 所成的角记为 θ，则 $\cos\theta$ 的最大可能值为 _____。

解 $\dfrac{2}{3}$ 提示：设正方形 $ABCD$ 的中心为 O，由条件知 PQ 垂直平面 $ABCD$ 于点 O，又 $\angle PAQ=90°$，由射影定理知 $OP\cdot OQ=OA^2$。显然 O 在 P、Q 之间。以 O 为原点，$\overrightarrow{OA}$、$\overrightarrow{OB}$、$\overrightarrow{OP}$ 方向为 x、y、z 轴的正方向，建立空间直

角坐标系,不妨设 $A(1, 0, 0)$, $B(0, 1, 0)$, $P(0, 0, a)$, $Q\left(0, 0, -\dfrac{1}{a}\right)$ $(a >$ $0)$。易知 $M\left(\dfrac{1}{2}, 0, 0\right)$,因此 $\overrightarrow{PM} = \left(\dfrac{1}{2}, 0, -a\right)$, $\overrightarrow{QB} = \left(0, 1, \dfrac{1}{a}\right)$。 所以

$$\cos\theta = \frac{|\overrightarrow{PM} \cdot \overrightarrow{QB}|}{|\overrightarrow{PM}| \cdot |\overrightarrow{QB}|} = \frac{1}{\sqrt{\left(\dfrac{1}{4} + a^2\right)\left(1 + \dfrac{1}{a^2}\right)}} \leqslant \frac{1}{\dfrac{1}{2} + 1} = \frac{2}{3}。$$

当 $a = \dfrac{\sqrt{2}}{2}$ 时,$\cos\theta$ 取到最大可能值 $\dfrac{2}{3}$。

❽ 七张标有 A、B、C、D、E、F、G 的正方形卡片构成图①。现逐一取走这些卡片,要求每次取走一张卡片时,该卡片与剩下的卡片中至多一张有公共边(例如可按 D、A、B、E、C、F、G 的次序取走卡片,但不可按 D、B、A、E、C、F、G 的次序取走卡片),则取走这七张卡片的不同次序的数目为_____。

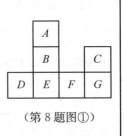

(第 8 题图①)

解 164 提示:如图②重新标记原图中的七张卡片。现将每张卡片视为顶点,有公共边的两张卡片所对应的顶点之间连一条边,得到一个七阶图,该图可视为图③中的 $m+n+2$ 阶图 $G(m, n)$ 在 $m=2$, $n=3$ 时的特殊情况。

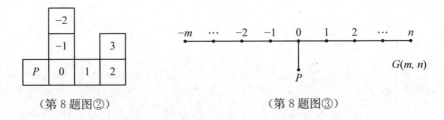

(第 8 题图②)　　　　　　(第 8 题图③)

取卡片(顶点)的规则可解释为:

(i) 若顶点 P 已取走,则以下每步取当前标号最小或最大的顶点,直至取完;

(ii) 若顶点 P 未取走,则必为某个 $G(m, n)(m, n \geqslant 0)$ 的情形,此时若 $m=0$,则将 P 视为 -1 号顶点,归结为(i)的情形;若 $m \neq 0$, $n=0$,则将 P 视为 1 号顶点,归结为(i)的情形;若 $m, n \geqslant 1$,则当前可取 P 或 $-m$ 号顶点或

n 号顶点,分别归结为(i) 或 $G(m-1, n)$ 或 $G(m, n-1)$ 的情形。

设 $G(m, n)$ 的符合要求的顶点选取次序数为 $f(m, n)$,本题所求即为 $f(2, 3)$。

由(i)、(ii)知 $f(m, 0)=2^{m+1}(m \geqslant 0)$, $f(0, n)=2^{n+1}(n \geqslant 0)$,且

$$f(m, n)=2^{m+n}+f(m-1, n)+f(m, n-1)(m, n \geqslant 1),$$

由此可依次计算得 $f(1, 1)=12$, $f(1, 2)=f(2, 1)=28$, $f(1, 3)=60$, $f(2, 2)=72$, $f(2, 3)=164$,即所求数目为 164。

二、解答题(共 56 分)

9 (16 分)将方程 $\sin x+\cos x=\dfrac{\sqrt{2}}{2}$ 的所有正实数解从小到大依次记为 $x_1, x_2, x_3, \cdots$。求 $x_1+x_2+\cdots+x_{20}$ 的值。

解 由于 $\sin x+\cos x=\sqrt{2}\sin\left(x+\dfrac{\pi}{4}\right)$,原方程等价于 $\sin\left(x+\dfrac{\pi}{4}\right)=\dfrac{1}{2}$。所以 $x+\dfrac{\pi}{4}=2k\pi+\dfrac{\pi}{6}$ 或 $2k\pi+\dfrac{5\pi}{6}(k \in \mathbf{Z})$。

其中所有正实数解为 $x=2k\pi-\dfrac{\pi}{12}(k=1, 2, \cdots)$ 或 $x=2k\pi+\dfrac{7\pi}{12}(k=0, 1, \cdots)$,故 $x_{2m-1}=2(m-1)\pi+\dfrac{7\pi}{12}$, $x_{2m}=2m\pi-\dfrac{\pi}{12}(m=1, 2, \cdots)$。从而

$$x_1+x_2+\cdots+x_{20}=\sum_{m=1}^{10}(x_{2m-1}+x_{2m})=\sum_{m=1}^{10}\left(2(m-1)\pi+\dfrac{7\pi}{12}+2m\pi-\dfrac{\pi}{12}\right)$$

$$=\sum_{m=1}^{10}\left(4m\pi-\dfrac{3}{2}\pi\right)=4\pi \cdot \dfrac{10 \times 11}{2}-\dfrac{3}{2}\pi \cdot 10=205\pi。$$

10 (20 分)平面直角坐标系中,圆 Ω 与 x 轴、y 轴均相切,与椭圆 Γ:$\dfrac{x^2}{a^2}+\dfrac{y^2}{b^2}=1(a>b>0)$ 有唯一的公共点 $A(8, 9)$,且 Ω 的圆心位于 Γ 内。试比较 Ω 的直径与 Γ 的焦距的大小。

解　根据条件，可设圆心为 $P(r, r)$，则由 $|PA| = r$ 知 $(r-8)^2 + (r-9)^2 = r^2$，解得 $r = 5$ 或 $r = 29$。因为 P 在 Γ 内，故 $r = 5$。

椭圆 Γ 在点 $A(8, 9)$ 处的切线为 $l: \dfrac{8x}{a^2} + \dfrac{9y}{b^2} = 1$，其法向量可取为

$$\vec{n} = \left(\frac{8}{a^2}, \frac{9}{b^2} \right).$$

由条件，l 也是圆 Ω 的切线，故 $\vec{n}$ 与 $\overrightarrow{PA}$ 平行，而 $\overrightarrow{PA} = (3, 4)$，所以

$$\frac{32}{a^2} = \frac{27}{b^2}.$$

又 $\dfrac{64}{a^2} + \dfrac{81}{b^2} = 1$，解得 $a^2 = 160$，$b^2 = 135$。

从而 Γ 的焦距为 $2\sqrt{a^2 - b^2} = 10$。又 Ω 的直径为 $2r = 10$，故 Ω 的直径与 Γ 的焦距相等。

11　(20 分)求出所有满足下面要求的不小于 -1 的实数 t：对任意 $a \in [-2, t]$，总存在 $b, c \in [-2, t]$，使得 $ab + c = 1$。

解　当 $t = -1$ 时，对任意 $a \in [-2, -1]$，取 $b = \dfrac{2}{a}$，$c = -1$，则 $b, c \in [-2, -1]$，且 $ab + c = 2 - 1 = 1$，满足要求。

当 $-1 < t < 0$ 时，取 $a = t$，则对任意 $b, c \in [-2, t]$，有

$$ab + c \leqslant |tb| + t \leqslant 2|t| + t = -t < 1,$$

不满足要求。

当 $0 \leqslant t < 1$ 时，取 $a = 0$，则对任意 $b, c \in [-2, t]$，有 $ab + c = c \leqslant t < 1$，不满足要求。

当 $t \geqslant 1$ 时，对任意 $a \in [-2, t]$，取 $b = 0$，$c = 1$，则 $b, c \in [-2, t]$，且 $ab + c = 1$，满足要求。

综上，实数 t 满足要求当且仅当 $t \in \{-1\} \cup [1, +\infty)$。

B 卷加试

1 (40 分)如图①，$\triangle ABC$ 的外心为 O，在边 AB 上取一点 D，延长 OD 至点 E，使得 A、O、B、E 四点共圆。若 $OD = 2$，$AD = 3$，$BD = 4$，$CD = 5$，证明：$\triangle ABE$ 与 $\triangle CDE$ 的周长相等。

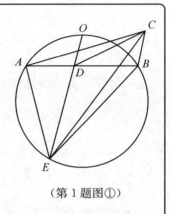

（第 1 题图①）

证明 如图②，由 A、O、B、E 共圆得 $AD \cdot BD = OD \cdot DE$，又 $OD = 2$，$AD = 3$，$BD = 4$，所以 $DE = 6$。

由 $OA = OB$ 得 $\angle OAD = \angle OEA$，故 $\triangle OAD \backsim \triangle OEA$，故

$$\frac{OA}{OD} = \frac{OE}{OA} = \frac{AE}{AD}。$$

所以 $OA^2 = OD \cdot OE = 2 \times (2 + 6) = 16$，得 $OA = 4$。

进而 $AE = AD \cdot \dfrac{OE}{OA} = 2AD = 6$。

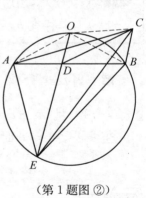

（第 1 题图②）

同理可得 $\triangle OBD \backsim \triangle OEB$，$BE = 2BD = 8$。

由于 $OC^2 = OA^2 = OD \cdot OE$，故

$$\triangle OCD \backsim \triangle OEC。$$

因此 $\dfrac{EC}{CD} = \dfrac{OC}{OD}$。

由 $OD = 2$，$OC = OA = 4$，$CD = 5$，得 $EC = 2CD = 10$。

计算得

$$AB + AE + BE = 7 + 6 + 8 = 21,$$
$$CD + DE + EC = 5 + 6 + 10 = 21,$$

故△ABE 与△CDE 的周长相等。

---

2 (40 分)设 m、n 是给定的整数，$m \geqslant n \geqslant 3$。求具有下述性质的最小正整数 k：若将 $1, 2, \cdots, k$ 中的每个数任意染为红色或者蓝色，则或者存在 m 个红色的数 $x_1, x_2, \cdots, x_m$（允许相同），满足 $x_1 + x_2 + \cdots + x_{m-1} < x_m$，或者存在 n 个蓝色的数 $y_1, y_2, \cdots, y_n$（允许相同），满足

$$y_1 + y_2 + \cdots + y_{n-1} < y_n。$$

解 答案是 $mn - n + 1$。

若 $k = mn - n$，将 $1, 2, \cdots, n-1$ 染为蓝色，$n, n+1, \cdots, mn-n$ 染为红色。则对任意 m 个红色的数 $x_1, x_2, \cdots, x_m$，有

$$x_1 + x_2 + \cdots + x_{m-1} \geqslant n(m-1) \geqslant x_m,$$

对任意 n 个蓝色的数 $y_1, y_2, \cdots, y_n$，有 $y_1 + y_2 + \cdots + y_{n-1} \geqslant n-1 \geqslant y_n$，上述例子不满足要求。

对 $k < mn - n$，可在上述例子中删去大于 k 的数，则得到不符合要求的例子。因此所求 $k \geqslant mn - n + 1$。

下面证明 $k = mn - n + 1$ 具有题述性质。

假设可将 $1, 2, \cdots, mn-n+1$ 中的每个数染为红色或蓝色，使得结论不成立。

情形一：若 1 是红色的数，则红色的数均不超过 $m-1$，否则可取一个红色的数 $x_m \geqslant m$，再取 $x_1 = x_2 = \cdots = x_{m-1} = 1$，则 $x_1 + \cdots + x_{m-1} < x_m$，与假设矛盾。

故 $m, m+1, \cdots, mn-n+1$ 均为蓝色的数，此时取

$$y_1 = y_2 = \cdots = y_{n-1} = m, \quad y_n = mn - n + 1,$$

有

$$y_1 + y_2 + \cdots + y_{n-1} = m(n-1) < mn - m + 1 \leqslant mn - n + 1 = y_n,$$

$$(*)$$

与假设矛盾。

情形二：若 1 是蓝色的数，则同情形一可知蓝色的数均不超过 $n-1$，故 n, $n+1$, $\cdots$, $mn-n+1$ 均是红色的数。此时取 $x_1 = x_2 = \cdots = x_{m-1} = n$, $x_m = mn - n + 1$，与 (*) 类似，可得矛盾。

故 $k = mn - n + 1$ 时结论成立。

综上，所求最小的正整数 $k = mn - n + 1$。

---

❸ （50 分）是否存在 2023 个实数 a_1, a_2, $\cdots$, $a_{2023} \in (0, 1]$，使得

$$\sum_{1 \leqslant i < j \leqslant 2023} |a_i - a_j| - \sum_{k=1}^{2023} \frac{1}{a_k} > 10^6 ?$$

证明你的结论。

证明 记 $S = \sum\limits_{1 \leqslant i < j \leqslant 2023} |a_i - a_j| - \sum\limits_{k=1}^{2023} \frac{1}{a_k}$。

假设存在 a_1, a_2, $\cdots$, $a_{2023} \in (0, 1]$，使得 $S > 10^6$。

不妨设 $0 < a_1 \leqslant a_2 \leqslant \cdots \leqslant a_{2023} \leqslant 1$，则将 $\sum\limits_{1 \leqslant i < j \leqslant 2023} |a_i - a_j|$ 去掉绝对值后，a_k 的系数为 $2k - 2024$，从而

$$S = \sum_{k=1}^{2023} \left((2k - 2024)a_k - \frac{1}{a_k} \right)。$$

当 $1 \leqslant k \leqslant 1011$ 时，由基本不等式知

$$(2k - 2024)a_k - \frac{1}{a_k} = -\left((2024 - 2k)a_k + \frac{1}{a_k} \right) \leqslant -2\sqrt{2024 - 2k}。$$

当 $1012 \leqslant k \leqslant 2023$ 时，由于 $f_k(x) = (2k - 2024)x - \frac{1}{x}$ 在 $(0, 1]$ 上单调递增，故

$$(2k - 2024)a_k - \frac{1}{a_k} \leqslant f_k(1) = 2k - 2025。$$

从而

$$S \leqslant -2 \cdot \sum_{k=1}^{1011} \sqrt{2024-2k} + \sum_{k=1012}^{2023} (2k-2025)$$

$$= 1010 \times 1012 - \sum_{k=1}^{1011} (\sqrt{2024-2k} + \sqrt{2k})。$$

注意到 $\sqrt{2024-2k} + \sqrt{2k} \geqslant \sqrt{(2024-2k)+2k} = \sqrt{2024} > 44$，故

$$S \leqslant 1010 \times 1012 - 1011 \times 44 < 10^6，$$

这意味着不存在 a_1，a_2，…，a_{2023} 满足条件。

---

④ （50 分）设正整数 a、b、c、d 同时满足：

(1) $a+b+c+d=2023$；

(2) $ab+ac+ad+bc+bd+cd$ 是 2023 的倍数；

(3) $abc+bcd+cda+dab$ 是 2023 的倍数。

证明：$abcd$ 是 2023 的倍数。

证明 易知 $2023 = 7 \times 17^2$。

首先，由(1)、(3)知

$$(a+b)(a+c)(a+d) = a^2(a+b+c+d) + (abc+bcd+cda+dab)$$

是 2023 的倍数，故 $a+b$、$a+c$、$a+d$ 中至少有一个是 7 的倍数。

由对称性，不妨设 $a+b$ 是 7 的倍数，则 $c+d=2023-(a+b)$ 也是 7 的倍数，$ac+ad+bc+bd=(a+b)(c+d)$ 也是 7 的倍数，故结合(2)知 $ab+cd$ 是 7 的倍数，因此

$$a^2+c^2 = a(a+b) + c(c+d) - (ab+cd)$$

也是 7 的倍数。又平方数除以 7 的余数只能是 0、1、2、4，因此 a^2、c^2 只能同时是 7 的倍数，这表明 a、b、c、d 都是 7 的倍数。

同上面分析可知：$(a+b)(a+c)(a+d)$ 是 17^2 的倍数，故或者其中有一个因子是 17^2 的倍数，或者其中有两个因子是 17 的倍数。

如果有一个因子是 17^2 的倍数，不妨设 $a+b$ 是 17^2 的倍数，结合 a、b 都是 7 的倍数知，$a+b$ 是 $2023=7 \times 17^2$ 的倍数，但这与 $a+b+c+d=2023$ 及

a、b、c、d 是正整数相矛盾!

因此 $a+b$、$a+c$、$a+d$ 中至少有两个是 17 的倍数。不妨设 $a+b$、$a+c$ 都是 17 的倍数,那么 $b+d$ 也是 17 的倍数,由

$$ab+ac+ad+bc+bd+cd = (a+b)d+(b+d)c+a(a+b)+a(a+c)-2a^2$$

知,$2a^2$ 是 17 的倍数,故 a 是 17 的倍数。

因此 a、b、c、d 都是 17 的倍数,这就说明了 $abcd$ 是 $7^4 \times 17^4$ 的倍数,也就是 2023 的倍数。

2023 年全国中学生数学奥林匹克竞赛(决赛)
(第 39 届全国中学生数学冬令营)

(湖北 武汉)

2023 年全国中学生数学奥林匹克竞赛(决赛)暨第 39 届全国中学生数学冬令营于 2023 年 11 月 26 日至 12 月 3 日在湖北武汉举行。此项活动由中国数学会主办,湖北省数学学会和武汉市武钢三中承办。

武汉市武钢三中,是"中国数学奥林匹克协作体核心学校"。1994 年武钢三中创建了全省首个省理科实验班,为国家中学生奥林匹克培养、选拔选手。先后有 20 名学生参加国际学科奥林匹克并获金牌和银牌,其中 18 名学生在国际数学奥林匹克中获得金、银牌,国际数学奥赛奖牌总数居全国各校第一,被社会誉为"金牌学校"。2019 年袁芷祯以满分获得第 60 届 IMO 金牌。

全国中学生数学冬令营自 1986 年 1 月份起,至今已举办了 39 届,其中第 29 届提前至 12 月份(2013 年举办了两届),第 32 届起又改为 11 月份。自 1991 年起,此活动又称为"中国数学奥林匹克(Chinese Mathematical Olympiad,简称 CMO)"。2021 年,更名为"全国中学生数学奥林匹克竞赛(决赛)",对外仍称"Chinese Mathematical Olympiad"。这是一项中国中学生最高级别、最具规模、最有影响力的数学竞赛。此活动不仅承担着选拔和组建参加国际数学奥林匹克中国国家集训队的任务,也是中学层面全国最优秀数学选手学习交流的平台。

本届冬令营为期一周,有来自全国 31 个省、自治区、直辖市的 31 支代表队、654 名选手参赛。另外,中国香港、中国澳门以及俄罗斯、新加坡也应邀组队参赛(共 24 名),成绩不计入总名次。

开幕式由武钢三中党委书记张文献主持。武钢三中校长程爱林致欢迎词。中国科学院院士、中国数学会理事长田刚，中国科学院院士、武汉大学校长张平文，武汉市副市长孟晖先后致辞。武钢三中高二学生丁子杨作为学生代表做了发言。之后，武钢三中艺术团带来了一场精彩纷呈的艺术展演。

冬令营的考试分两天，每天 3 道试题，考试时间 4 个半小时，每题 21 分，总分 126 分。

活动期间，应组委会邀请，2019 年美国斯隆奖获得者王博潼、德国哥廷根大学教授朱晨畅、华为网络产品线传送驱动可信专家汪潇端、北京国际数学研究中心长聘教授董彬等为参赛学生做了学术报告。

本届主试委员会委员有：熊斌（华东师范大学）、肖梁（北京大学）、姚一隽（复旦大学）、瞿振华（华东师范大学）、王彬（中国科学院）、何忆捷（华东师范大学）、艾颖华（清华大学）、付云皓（南方科技大学）、王新茂（中国科学技术大学）。

本届会徽的释义为：会徽主体 CMO 为中国数学奥林匹克的英文缩写。字母"C"的下半部分由一簇浪花构成。体现了本次比赛主办地武汉逐水而建的地域特色，也体现着参与竞赛的学生们勇立潮头、尽情逐浪的新时代青年形象。字母"M"像一座桥梁的剪影，造型庄重而严谨，是武汉桥都的形象体现，也表达了数学学科作为其他学科桥梁与基石的重要性。字体融合了武钢三中 Logo"楚凤于飞"的元素，寓意三中人"立德修身，博学笃行"的精神风采。字母"O"内部的红色图形，代表着红钢城街坊的"囍"字建筑，同时也与武钢三中的新校园结构平面图相吻合。表达了本次冬令营"有朋自远方来"的"囍相逢"文化内涵。（本书会标印成黑白）

闭幕式上，大会为获得一、二、三等奖的选手分别颁发了金、银、铜奖。此次比赛共产生了 229 枚金牌、302 枚银牌、146 枚铜牌，其中，金牌前 60 名的学生进入国家集训队。

在熊斌教授主持下，武钢三中校长程爱林与下届承办单位浙江省镇海中学常务副校长沈虎跃完成了会旗的交接仪式。

开幕式之后,武钢三中艺术团进行了文艺展演

各代表队等待进入会场

1 求满足下述条件的最小实数 λ：任意正整数 n 都可以写成 2023 个正整数的乘积 $n = x_1 x_2 \cdots x_{2023}$，使得对于每个 $i \in \{1, 2, \cdots, 2023\}$，要么 x_i 是质数，要么 $x_i \leqslant n^\lambda$。（艾颖华供题）

解法一　所求的 λ 是 $\dfrac{1}{1012}$。

为了说明所有 $\lambda < \dfrac{1}{1012}$ 不满足要求，我们取 $n = p^{2024}$，其中 p 是一个质数。那么在把 n 写成 2023 个正整数的乘积时，至少有一个具有形式 p^α（其中 $\alpha \geqslant 2$）（从而不是一个质数）；则 $p^\alpha \geqslant p^2 = n^{\frac{1}{1012}} > n^\lambda$。

现在我们来证明 $\lambda = \dfrac{1}{1012}$ 满足要求。首先写出 n 的质因子分解式 $n = p_1 p_2 \cdots p_r$（允许某些 p_i 相同），使得 $p_1 \geqslant p_2 \geqslant \cdots \geqslant p_r$。

从 p_1 开始，设 $r_1 \geqslant 1$ 是使得 $x_1 = p_1 p_2 \cdots p_{r_1} > n^{\frac{1}{2024}}$ 的最小整数。注意这个 x_1 满足题目的要求，即，要么 $r_1 = 1$，这样 x_1 是一个质数；要么 $r_1 \geqslant 2$，则必然有 $p_1 \leqslant n^{\frac{1}{2024}}$，从而 $p_{r_1} \leqslant n^{\frac{1}{2024}}$；于是

$$x_1 = (p_1 p_2 \cdots p_{r_1-1}) p_{r_1}$$
$$\leqslant n^{\frac{1}{2024}} \cdot n^{\frac{1}{2024}} = n^{\frac{1}{1012}},$$

其中第一个不等式是由 r_1 的极小性保证的。

接着，设 $r_2 \geqslant r_1 + 1$ 是使得 $x_2 = p_{r_1+1} \cdots p_{r_2} > n^{\frac{1}{2024}}$ 的最小整数。由和上面完全一样的论证可知，要么 x_2 是一个质数，要么 $x_2 \leqslant n^{\frac{1}{1012}}$。

我们继续进行下去。如果在达到 x_{2023} 之前已经穷尽了所有的 p_i，那么令余下的 x_j 都为 1，则 $n = x_1 x_2 \cdots x_{2023}$ 给出所需的分解。如果不是这样，那

么我们构造出了满足题目条件的 $x_1, x_2, \cdots, x_{2022}$（且每个 $x_i > n^{\frac{1}{2024}}$），这样就有

$$x_{2023} := \frac{n}{x_1 \cdots x_{2022}} < \frac{n}{(n^{\frac{1}{2024}})^{2022}} = n^{\frac{1}{1012}}。$$

这样，分解 $n = x_1 x_2 \cdots x_{2023}$ 就满足要求。

解法二 证明 $\lambda < \frac{1}{1012}$ 不满足条件的部分同解法一。下证 $\lambda = \frac{1}{1012}$ 满足要求。设 $n = p_1 p_2 \cdots p_r$ 是质因子分解（$p_1 \geqslant p_2 \geqslant \cdots \geqslant p_r$）。对 $i = 1, 2, \cdots, 1012$，令 $y_i = \prod\limits_{\substack{1 \leqslant j \leqslant r \\ j \equiv i \bmod 1012}} p_j$。则 $y_1 \geqslant y_2 \geqslant \cdots \geqslant y_{1012}$ 且 $y_1 y_2 \cdots y_{1012} = n$。

若 $y_1 \leqslant n^{\frac{1}{1012}}$，则取 $x_1, x_2, \cdots, x_{2023}$ 为 $y_1, y_2, \cdots, y_{1012}$ 再加上 1011 个 1。

若 $y_1 > n^{\frac{1}{1012}}$，由于 $y_{1012} \leqslant n^{\frac{1}{1012}}$，设 $y_k > n^{\frac{1}{1012}} \geqslant y_{k+1}$，则 $1 \leqslant k \leqslant 1011$。对 $1 \leqslant i \leqslant k$，有 $\frac{y_i}{p_i} \leqslant y_{1012} \leqslant n^{\frac{1}{1012}}$。

取 $x_1, x_2, \cdots, x_{2023}$ 为 $\frac{y_1}{p_1}, \cdots, \frac{y_k}{p_k}, y_{k+1}, \cdots, y_{1012}, p_1, \cdots, p_k$ 和 $1011 - k$ 个 1 即可。

解法三 证明 $\lambda < \frac{1}{1012}$ 不满足条件的部分同解法一。下证 $\lambda = \frac{1}{1012}$ 满足要求。将 n 写成 $n = x_1 x_2 \cdots x_{2023}$ 且 $x_1 + x_2 + \cdots + x_{2023}$ 最小。（由于表示的方法数有限，故必存在这样的表示方式。）下面证明每个大于 $n^{\frac{1}{1012}}$ 的数 x_i 均为质数。

使用反证法。设 $x_1 > n^{\frac{1}{1012}}$ 且 x_1 不是质数。设 $x_1 = ab, a > 1, b > 1$。不妨设 $a \geqslant b$。由于 $x_2 x_3 \cdots x_{2023} = \frac{n}{x_1} < \frac{x_1^{1012}}{x_1} = x_1^{1011} = (\sqrt{x_1})^{2022} \leqslant a^{2022}$，故存在 $x_i < a$。不妨设 $x_2 < a$。

将 n 写为 $n = a \cdot b x_2 \cdot x_3 \cdot \cdots \cdot x_{2023}$，由于

$$(ab + x_2 + x_3 + \cdots + x_{2023}) - (a + b x_2 + x_3 + \cdots + x_{2023})$$
$$= (b - 1)(a - x_2) > 0。$$

故 $n = x_1 x_2 \cdots x_{2023}$ 并不是使 $x_1 + x_2 + \cdots + x_{2023}$ 最小的表示方式,矛盾!

因此,$\lambda = \dfrac{1}{1012}$ 符合题意。

解法四　证明 $\lambda < \dfrac{1}{1012}$ 不满足条件的部分同解法一。下证 $\lambda = \dfrac{1}{1012}$ 满足要求。设 $n = p_1 p_2 \cdots p_k$,其中 $p_1 \geqslant p_2 \geqslant \cdots \geqslant p_k$ 是 n 的全部质因子。

若 $k \leqslant 2023$,则将 n 写为 $p_1, p_2, \cdots, p_k$ 以及 $2023 - k$ 个 1 之积即可。

若 $k > 2023$,先将 n 写为 $n = p_1 p_2 \cdots p_k$,然后进行如下操作:每次选择最小的两个乘数,将它们合并为其乘积,如此操作直到仅剩 2023 个乘数为止。在每次操作中,因当前乘数个数 $\geqslant 2024$,故最小的 2 个数之积 $\leqslant n^{\frac{2}{2024}} = n^{\frac{1}{1012}}$,这表明每次操作后"合成"的数 $\leqslant n^{\frac{1}{1012}}$。

结合最开始的数均为质数可知操作终止时,所得的 2023 个乘数或为质数或不超过 $n^{\frac{1}{1012}}$。故 $\lambda = \dfrac{1}{1012}$ 符合题意。

评注　按评分标准,只有给出正确答案与例子,并阐明在所举的例子中为什么 $\lambda < \dfrac{1}{1012}$ 不满足要求才能得到 3 分"答案分"。有些同学因构造的例子太过复杂(有些甚至用到了切比雪夫定理、质数定理、张益唐最新结果等),导致证明例子满足要求时出现逻辑漏洞。

证明 $\lambda = \dfrac{1}{1012}$ 满足要求的过程中,主要有以下几种思路比较容易出错(基本不会出错的思路未列举)。

一、"贪心算法":即若 n 的质数分解式为 $n = p_1 p_2 \cdots p_r$,则将这些质数 p_i 尽量填入到每个 x_j 中直到不能再填为止。这本身是一个非常不错的途径,但不少同学在书写过程中出现了一些漏洞,导致扣分,甚至完全不能得分。具体有如下一些情况。

(1) 没有说明将每个 x_j 填入到什么程度为止(一般是恰好 $\geqslant n^{\frac{1}{2024}}$ 或恰好 $< n^{\frac{1}{1012}}$ 处)。如果后续证明没有更多的漏洞,此处一般会被扣 6 分或 3 分(依赖后续证明是否会隐含"填到的程度")。

(2) 在描述操作流程时,没有说明大于 $n^{\frac{1}{1012}}$ 的质数应该如何处理。如果后续证明可以弥补这点或者处理手法对两种情况都适用,则不扣分。否则可能整个证明没有分。

(3) 在整个操作流程结束时,一般需要说明如下两个不等式之一成立:①大于 1 的 x_j 的个数不多于 2023,②在先尽可能填满 $x_1, x_2, \cdots, x_{2022}$,其余质数归到 x_{2023} 后,证明 $x_{2023} \leqslant n^{\frac{1}{1012}}$。 如果都没有意识到需要证明这两个不等式之一的话,显然是没有分的。如果不等式证明过程有漏洞,也会导致扣分,甚至完全没分。

二、分组法:即对 n 质因子分组合并,一般是对质数角标利用同余来分组。将最大的 1011 个质数(或大于 $n^{\frac{1}{1012}}$ 的质数)放一边,再将剩下的质数的角标按模 1012 的余数分组合并,这样做法成功的学生是最多的。其余分组方式成功的学生并不多见。具体有如下一些情况。

(1) 既没有对 n 的质因子大小进行排序,也没有将大于 $n^{\frac{1}{1012}}$ 的质因子分离出来。这样几乎是不可能成功完成证明的。

(2) 按模 2023 进行分组。这种方式目前只知道一个学生成功完成了证明,但过程非常复杂曲折。想必该生在该题上也是耗费了很多时间的。但一个简单题目不应该做得如此复杂,耗费如此多的时间。对于竞赛成绩中上的学生尤其需要注意。

三、调整法:即先任取 n 的一种拆分 $n = x_1 x_2 \cdots x_{2023}$。 每次调整都是选取一个大于 $n^{\frac{1}{1012}}$ 的合数 x_i,将其拆分成两个大于 1 的因数的乘积,然后将较大的因数替换 x_j,较小的因数乘到另一个较小的 x_j 上。这种思路中最容易犯的错误是,没有设计好每一步调整,也没有给出一个变量来控制整个流程,以至于没法严格说明不会出现循环调整或无限调整。

最后需要说明一下书写对于得分的影响。一般来说,不影响可读性的较差书写与笔误是不会扣分的。本次考试出现了下列几种导致扣分的书写。

(1) 有位同学将角标写到了指数位置上,比如将 x_{i, k_j} 写成了 $x_i^{k_j}$(仅是打比方,非实际情况)。经几位老师协商后,给予零分处理。因为学生有可能写的就是指数,仅仅是阅卷老师为了将学生解答和正确解比较而想象出来的"指数角标",也为了树立学生规范书写的观念,所以如此严格处理。

(2) 还有位同学书写非常潦草。由可识别的部分猜测或许有对的可能性。但几位老师尝试看懂整篇解答都以失败告终,不得已给予零分。

这道题境内学生的得分情况如下:

得分	21	18	15	12	9	6	3	0
人数	482	13	3	1	0	16	90	48

本题的平均分是 16.5 分,在获得银牌以上的同学中的平均分超过 19 分。

---

❷ 求具有下述性质的最大实数 C:对任意正整数 n 以及任意实数 x_1,x_2,$\cdots$,x_n,均有如下不等式成立

$$\sum_{i=1}^{n}\sum_{j=1}^{n}(n-|i-j|)x_ix_j \geqslant C\sum_{i=1}^{n}x_i^2。$$

(王新茂供题)

解 所求的常数 $C=\dfrac{1}{2}$。首先说明题目中的不等式(记为(﹡))对 $C=\dfrac{1}{2}$ 成立。注意到

不等式(﹡)的左边
$$=x_1^2+(x_1+x_2)^2+\cdots+(x_1+x_2+\cdots+x_n)^2$$
$$+(x_2+x_3+\cdots+x_n)^2+\cdots+(x_{n-1}+x_n)^2+x_n^2。$$

利用 $a^2+(a+b)^2=a^2+(-a-b)^2\geqslant\dfrac{1}{2}b^2$,得

$$\frac{1}{2}(x_1^2+(x_1+x_2)^2)\geqslant\frac{1}{4}x_2^2,$$

$$\frac{1}{2}((x_1+x_2)^2+(x_1+x_2+x_3)^2)\geqslant\frac{1}{4}x_3^2,$$

$$\cdots\cdots\cdots\cdots\cdots\cdots\cdots\cdots\cdots\cdots\cdots\cdots$$

$$\frac{1}{2}((x_1+x_2+\cdots+x_{n-1})^2+(x_1+x_2+\cdots+x_n)^2)\geqslant\frac{1}{4}x_n^2,$$

$$\frac{1}{2}((x_1+x_2+\cdots+x_n)^2+(x_2+x_3+\cdots+x_n)^2)\geqslant\frac{1}{4}x_1^2,$$

$$\frac{1}{2}((x_{n-1}+x_n)^2+x_n^2)) \geqslant \frac{1}{4}x_{n-1}^2。$$

对上述所有不等式求和,并结合上述等式,知

不等式(∗)的左边

$$\geqslant \frac{3}{4}x_1^2+\frac{1}{2}(x_2^2+x_3^2+\cdots+x_{n-1}^2)+\frac{3}{4}x_n^2$$

$$\geqslant \frac{1}{2}(x_1^2+x_2^2+\cdots+x_n^2)。$$

即不等式(∗)对 $C=\frac{1}{2}$ 成立。

下面说明,若不等式(∗)对所有 n 成立,则 $C \leqslant \frac{1}{2}$。在上面的等式中,取 $x_1=1$, $x_2=-2$, $x_3=2$, $\cdots$, $x_{n-1}=(-1)^{n-2}\times 2$, $x_n=(-1)^{n-1}$,则(∗)中每个平方项均为1,即不等式(∗)左边为 $2n-1$。 而

$$\sum_{i=1}^{n}x_i^2=4(n-2)+2=4n-6。$$

故 $C \leqslant \frac{2n-1}{4n-6}=\frac{1}{2}+\frac{1}{2n-3}$。令 $n \to \infty$ 得 $C \leqslant \frac{1}{2}$。

综上所述,最大的 $C=\frac{1}{2}$。

评注 本题其实是一个并不太困难的问题,涉及一个二次齐次的代数式,主要考查学生的代数式恒等变形能力。学生可以通过观察发现 $LHS = \sum_{i,j=1}^{n}(n-|i-j|)x_ix_j = \sum_{i=1}^{n}[(x_1+x_2+\cdots+x_i)^2+(x_{i+1}+x_{i+2}+\cdots+x_n)^2] = \sum_{i=1}^{n}[S_i^2+(S_n-S_i)^2]$,其中 $S_i=x_1+x_2+\cdots+x_i$。 进而可以用配方化简和简单不等式估计得到 $LHS \geqslant \frac{1}{2}\sum_{i=1}^{n}x_i^2 = \frac{1}{2}\sum_{i=1}^{n}(S_i-S_{i-1})^2$,并且构造例子使得等号渐近成立。本题解法多样,例子也有许多。

在当前的中学教学中,许多学生提前学习了微积分、线性代数、群论、图论等大学知识,就想用大学数学方法对中学数学问题进行"降维打击"。本题

可看作二次函数的条件极值问题,可用拉格朗日(Lagrange)乘子法求解;或者化为实对称方阵的特征值问题,用线性代数的方法求解。但如此一来,简单问题被复杂化,尽管理论上也能够解决问题,但是耗费了大量的解题时间,耽误了其他问题的求解,并且经常出现计算错误,需要阅卷老师来发现并纠正学生的"笔误"。这种现象在第 1、2、4 题中均有大量体现。因此,我们希望学生能够熟练掌握中学数学的基础,能够针对具体问题选择恰当的求解方法,而不是死记硬背各种题型、套用各种数学定理和公式。

这道题的得分情况如下:

得分	21	18	15	12	9	6	3	0
人数	188	4	19	13	5	52	4	378

本题的平均分是 7.2 分。对于获得金牌的同学,本题的平均分达到了 16.7 分,但对于银牌的同学,本题的平均分就只有 3.1 分。

---

3 给定质数 $p \geqslant 5$,记 $\Omega = \{1, 2, \cdots, p\}$。对任意 $x, y \in \Omega$,定义

$$r(x, y) = \begin{cases} y - x, & y \geqslant x, \\ y - x + p, & y < x。 \end{cases}$$

对 Ω 的非空子集 A,定义 $f(A) = \sum\limits_{x \in A} \sum\limits_{y \in A} (r(x, y))^2$。如果 Ω 的子集 A 满足:$0 < |A| < p$,且对于 Ω 的任意子集 B,若 $|B| = |A|$,则有 $f(B) \geqslant f(A)$,那么称"A 是一个好子集"。

求最大的正整数 L,使得存在 Ω 的 L 个两两不同的好子集 A_1,A_2,$\cdots$,A_L,满足 $A_1 \subset A_2 \subset \cdots \subset A_L$。

说明:我们用 $|X|$ 表示有限集合 X 的元素个数。(王彬供题)

解法一 我们将 $1, 2, \cdots, p$ 按顺时针方向等距地放置在周长恰为 p 的圆周上,则 $r(x, y)$ 恰好是 x 沿顺时针方向到达 y 的距离。

对 Ω 的 m 元子集 $A = \{x_1, x_2, \cdots, x_m\}$(元素从小到大排列),有(下标按模 m 考虑)

$$f(A) = \sum_{x,\,y \in A} r(x,\,y)^2 = \sum_{k=1}^{m-1} \sum_{i=1}^{m} r(x_i,\,x_{i+k})^2。$$

对 $k = 1,\,2,\,\cdots,\,m-1$，注意到 $\sum_{i=1}^{m} r(x_i,\,x_{i+k}) = kp$，因为从 x_1 到 x_{1+k}，从 x_2 到 x_{2+k}，$\cdots$，从 x_m 到 x_{m+k} 这对应的 m 段圆弧恰好可以重新组合接成 k 个圆周。由均值不等式可知部分和 $S_k = \sum_{i=1}^{m} r(x_i,\,x_{i+k})^2$ 的最小值在每个 $r(x_i,\,x_{i+k}) = \left\lfloor \dfrac{kp}{m} \right\rfloor$ 或 $\left\lceil \dfrac{kp}{m} \right\rceil$ 时取到。如果要求所有 S_k 都取得最小值，这等价于对任意 $i,\,j = 1,\,2,\,\cdots,\,m$ 均有 $\left| x_j - x_i - \dfrac{(j-i)p}{m} \right| < 1$。即集合 $D = \left\{ x_1 - \dfrac{p}{m},\, x_2 - \dfrac{2p}{m},\, \cdots,\, x_m - \dfrac{mp}{m} \right\}$ 中的数两两之差均小于 1。（形象地说，这需要 $x_1,\,x_2,\,\cdots,\,x_m$ 几乎在圆周上等距分布。）由于 D 中的数乘 m 后是两两不同的整数，因此可设 $D = \left\{ \dfrac{r}{m},\, \dfrac{r-1}{m},\, \cdots,\, \dfrac{r-(m-1)}{m} \right\}$。这样对 $k = 1,\,2,\,\cdots,\,m$，x_k 是 $\dfrac{kp+r}{m}$，$\dfrac{kp+r-1}{m}$，$\cdots$，$\dfrac{kp+r-(m-1)}{m}$ 中的唯一整数，即 $x_k = \left\lfloor \dfrac{kp+r}{m} \right\rfloor$。由 $x_1 \geqslant 1$ 知 $r \geqslant m-p$，由 $x_m \leqslant p$ 知 $r \leqslant m-1$。

所以，前述的每一个部分和 S_k 都取到最小值当且仅当集合

$$A = \left\{ x_k = \left\lfloor \dfrac{kp+r}{m} \right\rfloor \,\middle|\, k = 1,\,2,\,\cdots,\,m \right\},$$

这里 $r \in \{m-p,\, m-p+1,\, \cdots,\, m-1\}$。特别地，此时 f 会取得它在所有 m 元子集上的极小值，即这些 A 恰好是所有的 m 元好子集。又由于好子集 A 的每个元素加 k（再模 p 取余数）之后仍是好子集，因此所有 m 元好子集是"旋转等价"的（它们都是 $\left\{ \left\lfloor \dfrac{kp}{m} \right\rfloor \,\middle|\, k = 1,\,2,\,\cdots,\,m \right\}$ 的旋转）。

我们定义以 $V = \{1,\,2,\,\cdots,\,p-1\}$ 为顶点集的图 G：如果存在 a 元好子集 A 与 b 元好子集 B 满足 $A \subset B$，则连有向边 $a \to b$。由好子集的旋转等价性知：若某个 b 元好子集包含某个 a 元好子集，则每个 b 元好子集均包含某个 a 元好子集，且每个 a 元好子集也都包含于某个 b 元好子集（显然，图 G 是

传递的,即若 $a \to b$,$b \to c$,则 $a \to c$)。因此问题转化为考虑图 G 中的链 a_1 $\to a_2 \to \cdots \to a_L$（称 L 为链的长度）。

我们依次证明如下结论。

结论 1:好子集 A 的补集 A^c 也是好子集。

结论 1 的证明:观察到如下的恒等式。

$$f(A) - f(A^c)$$
$$= \left(\sum_{x \in A}\sum_{y \in \Omega} r(x, y)^2 - \sum_{x \in A}\sum_{y \in A^c} r(x, y)^2\right)$$
$$\quad - \left(\sum_{x \in \Omega}\sum_{y \in A^c} r(x, y)^2 - \sum_{x \in A}\sum_{y \in A^c} r(x, y)^2\right)$$
$$= \sum_{x \in A}\sum_{y \in \Omega} r(x, y)^2 - \sum_{x \in \Omega}\sum_{y \in A^c} r(x, y)^2$$
$$= |A| \times \sum_{k=0}^{m-1}\left(\frac{k}{m}\right)^2 - \sum_{k=0}^{m-1}\left(\frac{k}{m}\right)^2 \times |A^c|,$$

即 $f(A) - f(A^c)$ 是定值。因此 $f(A)$ 达到最小等价于 $f(A^c)$ 达到最小。

这样好子集 $A \subset B$ 亦等价于好子集 $B^c \subset A^c$,即图 G 中有边 $a \to b$ 等价于有边 $(p-b) \to (p-a)$。

结论 2:当 $m < \dfrac{p}{2}$ 时,任何一个 m 元好子集 A 可以包含在其补集 A^c 的某个旋转内,即图 G 有边 $m \to (p-m)$。

结论 2 的证明:取 $2m$ 元好子集 $C = \left\{x_k = \left\lfloor\dfrac{kp}{2m}\right\rfloor \,\middle|\, k = 1, 2, \cdots, 2m\right\}$,则

$$A = \left\{y_k = x_{2k} = \left\lfloor\frac{kp}{m}\right\rfloor\right\} \text{ 与 } B = \left\{z_k = x_{2k-1} = \left\lfloor\frac{kp + \left(-\frac{p}{2}\right)}{m}\right\rfloor\right\} \text{ 均为 } m \text{ 元好子集,}$$

B^c 是 $p - m$ 元好子集。这样 $A \subset B^c$。

结论 2 的另证:因为 $m < \dfrac{p}{2}$,故 A 与 $A + 1 = \{x + 1 \mid x \in A\}$ 不相交。故 $A \subset (A+1)^c$。结论 2 成立。

图 G 的上述对称性使得我们只需关注从 1 到某个 $< \dfrac{p}{2}$ 的数 a 的最长链。

这是因为对链 $a_1 \to a_2 \to \cdots \to a_L$，设 $a_k < \dfrac{p}{2}$，$a_{k+1} > \dfrac{p}{2}$，则我们可以得到两条新的链

$$a_1 \to \cdots \to a_k \to (p - a_k) \to \cdots \to (p - a_1),$$
$$p - a_L \to \cdots \to p - a_{k+1} \to a_{k+1} \to \cdots \to a_L,$$

长度分别为 $2k$ 和 $2L - 2k$，其中至少有一个长度 $\geqslant L$。因此只需要考虑"自对称"的链。

结论 3：当 $a \mid b$ 时，有边 $a \to b$。

这是因为好子集

$$B = \left\{ x_k = \left\lfloor \frac{kp}{b} \right\rfloor, k = 1, 2, \cdots, b \right\} \supset A = \left\{ y_k = x_{k \times \frac{b}{a}} = \left\lfloor \frac{kp}{a} \right\rfloor, k = 1, 2, \cdots, a \right\}.$$

由此知，当 $2^u < p < 2^{u+1}$ 时，我们总有一条长度为 $2u$ 的链

$$1 \to 2 \to 4 \to \cdots \to 2^{u-1} \to (p - 2^{u-1})$$
$$\to (p - 2^{u-2}) \to \cdots \to (p - 2) \to (p - 1). \qquad \text{①}$$

若一条链的长度 $L > 2u$，由对称性不妨设 $a_{u+1} < \dfrac{p}{2}$。

以下考虑 $a < b < \dfrac{p}{2}$ 时，图 G 中边 $a \to b$ 的一些必要条件。

结论 4：当 $a < b < \dfrac{p}{3}$ 时，如果某个 a 元好子集 A 包含于某个 b 元好子集 B，即 $a \to b$，则 a 必须是 b 的因数。

结论 4 的证明：不妨设好子集 $B = \left\{ x_k = \left\lfloor \dfrac{kp}{b} \right\rfloor, k = 1, 2, \cdots, b \right\}$ 包含好子集 $A = \{ y_j = x_{k_j}, j = 1, 2, \cdots, a \}$。如果 $k_1, k_2, \cdots, k_a$ 不是等距排布，例如 $k_2 - k_1 > k_3 - k_2$，则 A 中相邻元素之差

$$y_2 - y_1 = x_{k_2} - x_{k_1} \geqslant \left\lfloor \frac{(k_2 - k_1)p}{b} \right\rfloor$$
$$\geqslant \left\lfloor \frac{(k_2 - k_1 - 1)p}{b} \right\rfloor + \left\lfloor \frac{p}{b} \right\rfloor \geqslant \left\lfloor \frac{(k_3 - k_2)p}{b} \right\rfloor + 3$$
$$\geqslant x_{k_3} - x_{k_2} + 2 = y_3 - y_2 + 2.$$

与 A 是好子集矛盾。因此 a 必须是 b 的因数。

结论 5：当 $\dfrac{p}{4}<a<b<\dfrac{p}{2}$ 时，除了 $p\equiv 3(\mathrm{mod}\,4)$ 时，有边 $\dfrac{p+1}{4}\to\dfrac{p-1}{2}$ 之外，a 与 b 之间没有边。

结论 5 的证明：由结论 4 知，此时 $\dfrac{p}{3}<b<\dfrac{p}{2}$，否则 $b<\dfrac{p}{3}$ 且是 a 的倍数，这不可能。同结论 4 的证明，不妨设好子集 $B=\left\{x_k=\left\lfloor\dfrac{kp}{b}\right\rfloor,k=1,2,\cdots,b\right\}$ 包含好子集 $A=\{y_j=x_{k_j},j=1,2,\cdots,a\}$。记 B 中元素的间隔 $h_k=x_{k+1}-x_k=\left\lfloor\dfrac{kp+p}{b}\right\rfloor-\left\lfloor\dfrac{kp}{b}\right\rfloor\in\{2,3\}$。于是 A 存在某个元素间隔 $y_{j+1}-y_j\geqslant x_{k+2}-x_k\geqslant 4$，这样有 $|A|=a<\dfrac{p}{3}$，即 A 中元素的间隔

$$g_j=y_{j+1}-y_j\in\left\{\left\lceil\dfrac{p}{a}\right\rceil,\left\lfloor\dfrac{p}{a}\right\rfloor\right\}=\{3,4\}.$$

显然，序列 $h=(h_1,h_2,\cdots,h_b)$ 是序列 $g=(g_1,g_2,\cdots,g_a)$ 中把每个 4 替换为两个连续的 2 而得。

如果序列 h 中有至少两个 3，考虑每相邻两个 3 之间的 2 的个数。这些个数至多相差 1（不然 h 中有连续一段是 $t+2$ 个 2，另一段是两个 3 之间不超过 t 个 2，两段的总和差至少是 2，与 B 是好子集矛盾），同时这些个数均为偶数，因此全相等。这样序列 h 有更小的周期，与 h 的总和等于质数 p 矛盾。因此序列 h 中有一个 3 与 $b-1$ 个 2，即 $p=2b+1$。而序列 g 中有一个 3，与 $a-1$ 个 4，即 $p=4a-1$。此时取 $A=\{1,5,9,\cdots,p-2\}\subset B=\{1,3,5,\cdots,p-2\}$ 即可。这证明了结论 5。

结合结论 4 与结论 5 知，若 $2^u<p<2^{u+1}$，对任何一条链 $a_1\to a_2\to\cdots\to a_L$，序列 $a_1,a_2,a_3,\cdots$ 在 $\dfrac{p}{4}$ 之前，每次扩若干倍，因此有不超过 $u-1$ 个数 $\left(\dfrac{p}{4}<2^{u-1}\right)$，即 $a_u>\dfrac{p}{4}$。而如果 $a_{u+1}<\dfrac{p}{2}$，则必须 $a_u=\dfrac{p+1}{4}$，$a_{u+1}=\dfrac{p-1}{2}$，这时只有 $a_u=2^{u-1}$（不然 $a_u\geqslant 3\times 2^{u-2}>\dfrac{p-1}{4}$），即 $p=2^{u+1}-1$。

综上所述，$L_{\max}=2\times\lfloor\log_2(p+1)\rfloor$。即当 $2^u<p<2^{u+1}-1$ 时有 $L\leqslant$

$2u$，在(1)式中的链取等。当 $p = 2^{u+1} - 1$ 时有 $L \leqslant 2(u+1)$，在下面的链取等。

$$1 \to 2 \to \cdots \to 2^{u-1} \to 2^u - 1 \to 2^u \to (p - 2^{u-1}) \to (p - 2^{u-2}) \to \cdots$$
$$\to (p-2) \to (p-1).$$

解法二 对好子集的刻画同解法一中的部分①。如下的讨论可以简化后面的证明。注意到 $\left\lfloor \dfrac{kp}{m} \right\rfloor \cdot m \equiv \left\langle \dfrac{kp}{m} \right\rangle \cdot m (\bmod \, p)$，且当 $k = 0, 1, \cdots, m-1$ 时，$\left\langle \dfrac{kp}{m} \right\rangle$ 取遍 $0, 1, \cdots, m-1$。故在模 p 意义下，$\left\langle m \left\lfloor \dfrac{kp}{m} \right\rfloor \right\rangle$ 等于 $\{0, -1, \cdots, -(m-1)\}$。由于旋转的唯一性，任何一个 m 元好子集乘以 m 以后（在模 p 意义下）均为连续的 m 个数。反之，若一个 m 元子集乘 m 之后为连续 m 个数，则它必为 m 元好子集。

设 r 为 m 模 p 的数论倒数，则 $\left\langle \left\lfloor \dfrac{kp}{m} \right\rfloor \right\rangle \equiv \{0, -r, \cdots, -(m-1)r\} \bmod p$。因此任意 m 元集合为好子集当且仅当它可以写成

$$\{a, a+r, \cdots, a+(m-1)r\} \bmod p.$$

以下的步骤与解法一中结论 1—5 类似，但证明相对简单。

结论 1：任意一个 m 元好子集的补集是 $p-m$ 元好子集。

结论 1 的证明：根据上述刻画，不妨设这个 m 元好子集是 $\{a, a+r, \cdots, a+(m-1)r\}$（模 p 意义下），那么它的补集在模 p 意义下可以写成 $\{a-r, a-2r, \cdots, a-(p-m)r\}$。由于 $p-m$ 模 p 的数论倒数是 $-r$ 模 p，所以集合 $\{a-r, a-2r, \cdots, a-(p-m)r\}$ 是好子集。

结论 2：若 $m < \dfrac{p}{2}$，则任意一个 m 元好子集都被某个 $p-m$ 元好子集包含。

结论 2 的证明：不妨设这个 m 元好子集是 $\{a, a+r, \cdots, a+(m-1)r\}$（模 p 意义下），那么它被 $p-m$ 元好子集

$$\{a+(p-m-1)r, a+(p-m-2)r, \cdots, a\}$$

包含。

结论 3：若 $km < p$，则任意一个 m 元好子集都被某个 km 元好子集包含。

结论 3 的证明:不妨设这个 m 元好子集是 $A=\{a,a+r,\cdots,a+(m-1)r\}$(模 p 意义下)。记 s 为 km 模 p 的数论倒数,于是 $ks\equiv r(\bmod p)$。则 A 被 km 元好子集 $B=\{a,a+s,\cdots,a+(km-1)s\}$ 包含。

结论 4:若 $p\equiv3(\bmod4)$,则任意一个 $\dfrac{p+1}{4}$ 元好子集都被某个 $\dfrac{p-1}{2}$ 元好子集包含。

结论 4 的证明:注意 $\dfrac{p+1}{4}$ 模 p 的数论倒数是 4,$\dfrac{p-1}{2}$ 模 p 的数论倒数是 -2。设这个 $\dfrac{p+1}{4}$ 元好子集是 $\{a,a+4,\cdots,a+p-3\}$,则被 $\dfrac{p-1}{2}$ 元好子集 $\{a+p-3,a+p-5,\cdots,a+2,a\}$ 包含。

结论 5:若 $1\leqslant n<m\leqslant\dfrac{p}{2}$,且某个 m 元好子集被某个 n 元好子集包含,则 $m\geqslant 2n-1$,且等号成立当且仅当 $n=\dfrac{p+1}{4}$,$m=\dfrac{p-1}{2}$。

结论 5 的证明:我们将所有数都乘 m,那么在模 p 意义下 m 元好子集会变成连续的 m 个数(因为原来的公差是 m 模 p 的数论倒数),而 n 元好子集也会变成一个等差数列 T,且其公差与 $\dfrac{m}{n}$ 模 p 同余,即模 p 不余 ±1。不妨设变换后 m 元好子集为 $\{0,1,\cdots,m-1\}$,T 的首项 $a\in\{0,1,\cdots,m-1\}$,设公差为 β,且 $|\beta|<\dfrac{p}{2}$。注意 $p-(m-1)>\dfrac{p}{2}$,故 T 的每一项都需要在 $\{0,1,\cdots,m-1\}$ 中,因此 $m=(m-1)+1\geqslant(n-1)|\beta|+1\geqslant 2n-1$。当等号成立时,必有 $|\beta|=2$,那么 $\dfrac{m}{2}\equiv\pm2(\bmod p)$,即 $2n-1\equiv\pm2n(\bmod p)$。又因为 $n\leqslant\dfrac{m+1}{2}\leqslant\dfrac{p+1}{2}$,只能 $n=\dfrac{p+1}{4}$,$m=\dfrac{p-1}{2}$。

现在回到原问题,对任意一条好子集构成的链 $A_1\subset A_2\subset\cdots\subset A_L$,设 $|A_q|<\dfrac{p}{2}$,$|A_{q+1}|>\dfrac{p}{2}$。由结论 5 知

$$\dfrac{p+1}{2}\geqslant 2|A_{q-1}|\geqslant 2^2|A_{q-2}|\geqslant\cdots\geqslant 2^{q-1}|A_1|=2^{q-1}.$$

故 $q \leqslant \lfloor \log_2(p+1) \rfloor$。由结论 1 知 $A_L^c \subset A_{L-1}^c \subset \cdots \subset A_{q+1}^c$ 也是好子集链，故同上可知 $L - q \leqslant \lfloor \log_2(p+1) \rfloor$。因此 $L \leqslant 2\lfloor \log_2(p+1) \rfloor$。

当 $2^q < p+1 < 2^{q+1}$ 时，由结论 1，2，3 知存在好子集链 $A_1 \subset A_2 \subset \cdots \subset A_{2q}$，这里 $|A_i| = 2^{i-1}$，$|A_{2q+1-i}| = p - 2^{i-1}$，$i = 1, 2, \cdots, q$。

当 $p = 2^q - 1$ 时，由结论 1，2，3，4 知存在好子集链 $A_1 \subset A_2 \subset \cdots \subset A_{2q}$，这里 $|A_i| = 2^{i-1}$，$|A_{2q+1-i}| = p - 2^{i-1}$，$i = 1, 2, \cdots, q-1$，$|A_q| = 2^{q-1} - 1$，$|A_{q+1}| = 2^{q-1}$。

综上所述，所求最大的 $L = 2\lfloor \log_2(p+1) \rfloor$。

评注 本题的解法路线比较单一，基本上都需要完成上述答案中的各个步骤才能做完。

在没有几乎完成证明的情况下有如下几类部分。

（A）证明 A 是好子集等价于间隔 k 的元素之差为 $\lfloor \dfrac{kp}{m} \rfloor$ 或 $\lceil \dfrac{kp}{m} \rceil$，并指出存在某个 A 可满足上述条件，可得 3 分。而如果是证明平均不等式等号取到的条件是间隔 k 的元素之差为 $\lfloor \dfrac{kp}{m} \rfloor$ 或 $\lceil \dfrac{kp}{m} \rceil$，并证明等号取等当且仅当 A 一定在旋转意义下形如 $\lfloor \dfrac{kp}{m} \rfloor$，也可得到这 3 分。

但如果只是观察到解法中的平均不等式；或者只证明了平均值不等式等号取到的条件是间隔 k 的元素之差为 $\lfloor \dfrac{kp}{m} \rfloor$ 或 $\lceil \dfrac{kp}{m} \rceil$，那么均不能得到这 3 分。

（B）解答中的结论 1、2、4、5，每一个对应 3 分。给出 $p > 2^u$ 时，元素个数均 $< \dfrac{p}{2}$ 的长度为 u 的链的构造，也可得到 3 分。但是，如果只是对一些例子，说明 A 是好子集推出 A^c 是好子集，则不能得分。此类中间分建立于（A）的基础之上，与（A）中的分数**可叠加，彼此之间可以叠加**。（即使没有获得 A 类分数，通过假设相应的结论成立推出这里的结果也可得分。）

（C）给出好子集的刻画，可得 3 分。可以与 A 类中间分叠加，但不可与 B 类中间分叠加。

在阅卷过程中，我们注意到，从定义不难猜出好子集的典型特征为元素分布尽量均匀，在构造好子集递增链的过程中，"均匀分布"这个要求在好子集元素稀疏和密集的情况下表现形式是不同的。元素密集情形的讨论需要对好子集更精细地刻画,并非像稀疏的情形简单翻倍。不少考生没有注意到这个特性而未能完成本题。

这道题的得分情况如下:

得分	21	18	15	12	9	6	3	0
人数	5	0	5	6	6	15	51	565

本题的平均分是 0.8 分,是一个相当困难的问题。对于最终进入集训队的同学,这道题的平均分达到了 6 分,而没有进入集训队但获得金牌的同学这道题的平均分只有 0.7 分。

4 设非负实数 a_1，a_2，$\cdots$，a_{2023} 满足 $a_1+a_2+\cdots+a_{2023}=100$。定义 N 为如下集合的元素个数

$$\{(i,j)\mid 1\leqslant i\leqslant j\leqslant 2023,\ a_ia_j\geqslant 1\}.$$

证明 $N\leqslant 5050$，并给出等号成立的充分必要条件。（付云皓供题）

证法一 记 S 为集合 $\{(i,j)\mid 1\leqslant i<j\leqslant 2023,\ a_ia_j\geqslant 1\}$ 的元素个数，T 为 a_1，a_2，$\cdots$，a_{2023} 中不小于 1 的元素的个数。则

$$100=a_1+a_2+\cdots+a_{2023}\geqslant T, \qquad\qquad ①$$

$$10\,000=(a_1+a_2+\cdots+a_{2023})^2=\sum_{i=1}^{2023}a_i^2+2\sum_{1\leqslant i<j\leqslant 2023}a_ia_j\geqslant T+2S.$$

两式相加再除以 2 得 $N=S+T\leqslant 5050$。

若等号成立，则上述①中等号成立，则每个 a_i^2 要么是 0 要么是 1，即 a_1，a_2，$\cdots$，a_{2023} 中恰有 100 个 1，1923 个 0。易知此为充分必要条件。

证法二 设 a_1，a_2，$\cdots$，$a_k\geqslant 1$，a_{k+1}，a_{k+2}，$\cdots$，$a_{2023}<1$。则 a_1，a_2，$\cdots$，a_k 两两乘积大于等于 1，这有 $\dfrac{k^2+k}{2}$ 组。

设 $a_1+a_2+\cdots+a_k=S$，则 a_1，a_2，$\cdots$，a_k 中取一个数，a_{k+1}，a_{k+2}，$\cdots$，a_{2023} 中取一个数乘积大于等于 1 的总配对数 $\leqslant S(100-S)$。故

$$N\leqslant\frac{k^2+k}{2}+S(100-S).$$

从这里开始有两种方法完成证明。

方法 1：利用 $k\leqslant S$ 得

$$N\leqslant\frac{S^2+S}{2}+S(100-S)=\frac{S(201-S)}{2}\leqslant\frac{100\times 101}{2}=5050.$$

取得等号当且仅当 $S=100$ 且 $k=S$，即 a_1，a_2，$\cdots$，a_{2023} 中恰有 100 个 1，1923 个 0。

方法 2：若 $k\leqslant 50$，则 $N\leqslant\dfrac{50^2+50}{2}+50^2<5050$。若 $k>50$，则 $S(100-$

$S)\leqslant k(100-k)$。

$$N\leqslant\frac{k^2+k}{2}+k(100-k)=\frac{k(201-k)}{2}\leqslant 5050。$$

取得等号条件同上。

评注 题面的如下变形会提高难度：对满足条件 $a_1+a_2+\cdots+a_{2023}=$ 100 的非负实数 a_1，a_2，$\cdots$，a_{2023}，证明：

$$|\{(i,j)\mid 1\leqslant i<j\leqslant 2023，a_ia_j\geqslant 1\}|\leqslant 4950。$$

本次阅卷中发现该题目常见的"伪证"有如下两类。

1. 数学归纳法：部分考生将题目中的条件 $a_1+a_2+\cdots+a_{2023}=100$ 改为 $a_1+a_2+\cdots+a_{2023}=M\in\mathbf{N}_+$，并对 M 使用数学归纳法试图证明 $N\leqslant$ $\dfrac{M(M+1)}{2}$。当然，这个结论本身没错，甚至当 M 是小于 2023 的正实数时，有 N 的最大值为 $\left[\dfrac{M(M+1)}{2}\right]$ 成立，这里 $[x]$ 表示不超过 x 的最大整数。但本质上，题目中的 100 被视作一个"实数"，而不是一个"正整数"（虽然 100 是一个正整数这个命题在逻辑上是正确的），所以这样设置归纳假设在技术上无法带来便利。事实上在阅卷中，个别考生的归纳假设的陈述都有发生错误。

2. 调整法：经过观察，不难发现原题中的不等式成立的充要条件为 a_1，a_2，$\cdots$，a_{2023} 中有 100 个元素等于 1，其余的元素均为 0。这样，给人一种 "a_1，a_2，$\cdots$，a_{2023} 的取值越是'平摊'（即距离上述等号成立的条件越'接近'）的时候，N 的取值就越大"的直观"感觉"。基于这种"感觉"，部分考生尝试使用调整法，试图将 a_1，a_2，$\cdots$，a_{2023} 的取值调整到等号成立的条件附近。但基于条件 $a_1+a_2+\cdots+a_{2023}=100$，如果将一个严格大于 1 的 a_i 的取值调小，势必会有其他元素的取值变大，但同时与 a_i 相乘大于等于 1 的元素个数变少。这样，整个调整的过程中会发生"摁下葫芦起了瓢"的现象。然而部分使用调整法证明的考生并没有对各种可能发生的现象予以充分仔细的分析，想当然地认为直接"摊平"即可,而一个严谨的调整法证明的技术复杂度是非常大的。

本题的得分情况如下:

得分	21	18	15	12	9	6	3	0
人数	440	4	6	0	2	6	184	11

本题的平均分是 15.3 分,是一个简单题,平均分完全符合预期。

获得银牌的同学的平均分为 16.5 分,比获得金牌的同学的平均分低差不多 4 分。

---

5 给定锐角三角形 ABC,设 K 是 BC 延长线上的一点(即点 C 在线段 BK 上)。点 P 满足 $BP=BK$,且 $PK \parallel AB$;点 Q 满足 $CQ=CK$,且 $QK \parallel AC$;点 T 是 $\triangle PQK$ 的外接圆与直线 AK 的另一个交点。证明:

(1) $\angle APB + \angle BTC = \angle CQA$。

(2) $AP \cdot BT \cdot CQ = AQ \cdot BP \cdot CT$。(何忆捷供题)

证法一 (1) 如图,取 A 关于 B 的对称点 A_1,则由题设条件,可知 KPA_1A 是一个等腰梯形,从而 $\angle APB = \angle A_1KB$。

同理,取 A 关于 C 的对称点 A_2,我们有 $\angle AQC = \angle A_2KC = \angle A_2KB$。

故欲证结论等价于 $\angle BTC = \angle A_1KA_2$。以 A 为位似中心,作比例为 $\frac{1}{2}$ 的位似变换,则 A_1、A_2 分别对应 B、C,K 对应 AK 的中点 M。命题转化为证明 $\angle BTC = \angle BMC$,即 B、C、M、T 四点共圆。

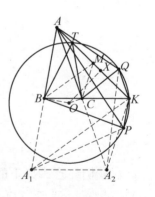

(第 5 题图)

由圆幂定理可知这等价于证明 $KB \cdot KC = KM \cdot KT$。如果我们取 T 和 K 的中点 X,那就等价于证明 $KB \cdot KC = KA \cdot KX$,即证 A、B、C、X 四点共圆。

注意到,线段 KP 的垂直平分线是过 B 点且垂直于 AB 的直线,线段 KQ 的垂直平分线是过 C 点且垂直于 AC 的直线,从而 $\triangle PQK$ 的外心(记为 O)

是△ABC 外接圆上 A 的对径点。由 $OX \perp KT$ 即得 $\angle OXA = \dfrac{\pi}{2}$，于是 X 在以 AO 为直径的圆（即△ABC 的外接圆）上。证毕。

（2）我们有

$$\frac{BP}{CQ} = \frac{BK}{CK} = \frac{S_{\triangle BTK}}{S_{\triangle CTK}} = \frac{BT}{CT} \cdot \frac{\sin\angle BTK}{\sin\angle CTK}$$

$$= \frac{BT}{CT} \cdot \frac{\sin\angle MCK}{\sin\angle MBK} = \frac{BT}{CT} \cdot \frac{BM}{CM}$$

$$= \frac{BT}{CT} \cdot \frac{KA_1}{KA_2} = \frac{BT}{CT} \cdot \frac{AP}{AQ}。$$

证毕。

证法二　我们设△ABC 的外接圆是复平面上的单位圆。用大写字母表示点，相应的小写字母表示对应的复数。

记线段 AK 与单位圆的交点为 X，则 $\bar{k} = \dfrac{a + x - b - c}{ax - bc}$，从而

$$k = \frac{\bar{a} + \bar{x} - \bar{b} - \bar{c}}{\bar{a}\bar{x} - \bar{b}\bar{c}} = \frac{\dfrac{1}{a} + \dfrac{1}{x} - \dfrac{1}{b} - \dfrac{1}{c}}{\dfrac{1}{ax} - \dfrac{1}{bc}}$$

$$= \frac{bc(x + a) - ax(c + b)}{bc - ax}$$

$$= \frac{(ax - ac - cx)b + axc}{ax - bc}。$$

我们注意到如下的几何事实：线段 KP 的垂直平分线是过 B 点且垂直于 AB 的直线，线段 KQ 的垂直平分线是过 C 点且垂直于 AC 的直线，从而△PQK 的外接圆心是单位圆上 A 的对径点 A_1，这样根据 $\angle AXA_1 = \dfrac{\pi}{2}$ 可知 X 是 TK 的中点。

所以，

$$t = 2x - k = 2x - \frac{(ax - ac - cx)b + acx}{ax - bc}$$

$$= \frac{2ax^2 - (ax - ac + cx)b - axc}{ax - bc},$$

$$t - b = \frac{2ax^2 - (ax - ac + cx)b - axc - axb + b^2c}{ax - bc}$$

$$= \frac{(b - x)(bc + ac - 2ax)}{ax - bc},$$

$$t - c = \frac{2ax^2 - (ax - ac + cx)b - axc - axc + bc^2}{ax - bc}$$

$$= \frac{(c - x)(ab + bc - 2ax)}{ax - bc}。$$

在另一方面，Q 和 K 关于直线 CA_1 对称(注意到 $a_1 = -a$)，从而有

$$\frac{q + a}{c + a} = \overline{\frac{k + a}{c + a}} = \frac{(\bar{k} + \bar{a})ac}{a + c} = \frac{ac\bar{k} + c}{a + c},$$

因此，$q = -a + c + ac\bar{k} = (c - a) + \dfrac{ac(a + x - b - c)}{ax - bc}。$

这样

$$q - c = \frac{-a(ax - bc) + ac(a + x - b - c)}{ax - bc}$$

$$= \frac{-a^2x + a^2c + acx - ac^2}{ax - bc}$$

$$= \frac{a(a - c)(c - x)}{ax - bc},$$

$$q - a = \frac{(c - 2a)(ax - bc) + ac(a + x - b - c)}{ax - bc}$$

$$= \frac{abc - bc^2 - 2a^2x + 2acx + a^2c - ac^2}{ax - bc}$$

$$= \frac{(a - c)(ac + bc - 2ax)}{ax - bc}。$$

同理，有 $p = -a + b + ab\bar{k} = (b - a) + \dfrac{ab(a + x - b - c)}{ax - bc}。$

这样

$$p - b = \frac{-a(ax - bc) + ab(a + x - b - c)}{ax - bc}$$

$$= \frac{-a^2 x + a^2 b + abx - ab^2}{ax - bc}$$

$$= \frac{a(a - b)(b - x)}{ax - bc},$$

$$p - a = \frac{(b - 2a)(ax - bc) + ab(a + x - b - c)}{ax - bc}$$

$$= \frac{abc - b^2 c - 2a^2 x + 2abx + a^2 b - ab^2}{ax - bc}$$

$$= \frac{(a - b)(ab + bc - 2ax)}{ax - bc}。$$

所以,我们得到了 $\dfrac{t - c}{t - b} \cdot \dfrac{p - b}{p - a} = \dfrac{q - c}{q - a}$,对这个等式两边的复数取辐角,即可得到(1);取模长,即可得到(2)。

评注 本题解答过程不长,但因为条件对几何解法的提示痕迹不明显,需要洞察一些几何事实(例如在证法一中,关键需要发现 AK 的中点 M 在 $\triangle BCT$ 的外接圆上),因此考场上解答本题仍有一定挑战性。

在计算类解法中,三角法较自然且实用,但运算量较大。相比之下,上述复数证法的运算量要小于三角法,两问要证的结论会提示我们直接验证一个复数等式(事实上,在本题命制过程中,是通过复数法计算得到第(2)小题的结论的),而如果观察出 $\triangle PQK$ 的外心是 $\triangle ABC$ 外接圆上 A 的对径点,将有助于复数计算。

在阅卷过程中,我们注意到有一些"细节"反映出考生对于一些底层的基本逻辑的理解有待加强。比如:

- 仅验证复数比例式为实数,不意味着证出角度关系,而可能是两角和等于第三角加 180 度。
- 三角法中"倒角"与几何上的角有可能差正负号,有些同学解答中没有等价转化,导致相差一个符号。
- 有些同学用了些不寻常的几何证法,涉及根心定理,但只讨论了三圆根轴共点,没有讨论根轴平行的情况,且后续证明过程并不能由将"共点"简单地理解为"共无穷远点"而涵盖平行的情形。

这些情况下会扣 3 分。另有一些较严重的跳步也会被扣 3 分。当然那种计算类方法中的特别大的跳步（比如两个难以观察出相等的多元高次表达式，没有给出易读易验证的化简整理步骤），视为没有做完。

本题的得分情况如下：

得分	21	18	15	12	9	6	3	0
人数	297	9	14	2	6	20	141	164

本题的平均分是 11.1 分。获得银牌的同学的平均分为 9.7 分，获得金牌的同学的平均分接近 19 分。

---

6 将 $1, 2, \cdots, 99$ 放置在给定的正 99 边形的所有顶点上，每个顶点处放一个数，每个数恰出现一次，称这样的一种放置方式为一个"状态"。若从一个状态可以通过在平面内旋转正 99 边形得到另一个状态，则称这两个状态为"等同"的。

定义一次"操作"为选取正 99 边形的两个相邻顶点，并交换这两个顶点上的数。求最小的正整数 N，使得对任意两个状态 α, β，均可对 α 进行不超过 N 次操作，得到与 β 等同的状态。（瞿振华供题）

解 所求最小的 $N = 2401$。

设 α^* 为 $1, 2, \cdots, 99$ 在顶点上逆时针依次排列的状态，β^* 为 $1, 2, \cdots, 99$ 在顶点上顺时针依次排列的状态。我们证明对 α^* 至少操作 2401 次才能得到与 β^* 等同的排列。

设对 α^* 操作 m 次后得到与 β^* 等同的排列。如果某一次操作交换了数 a、b，则在 a、b 之间连一条边，这样得到以 $\{1, 2, \cdots, 99\}$ 为顶点集，m 条边的（可重）图 G。对任意三个数 $1 \leqslant x < y < z \leqslant 99$，它们在 α^* 中是逆时针顺序，而在 β^* 中是顺时针顺序，因而必定有一次操作是对其中的两个数进行，即 x、y、z 之间至少有一条边。从而 G 的补图 $\bar{G}$ 中不含三角形。根据托兰(Turán)定理，$\bar{G}$ 的边数不超过 $49 \times 50 = 2450$，因而 G 的边数不少于 $C_{99}^2 - 2450 = 2401$，即 $m \geqslant 2401$。

其次证明:对任意两个状态 α、β,均可对 α 经过不超过 2401 次操作得到与 β 等同的状态。不妨设 $\beta = \beta^*$,否则可对数字表做一个置换。

对于由若干个不同数构成的(直线)排列 $\pi = (x_1, x_2, \cdots, x_n)$,称满足 $1 \leqslant i < j \leqslant n$,$x_i > x_j$ 的有序对 (x_i, x_j) 是一个逆序对,记 π 的逆序对个数为 $I(\pi)$。易知,如果 (x_i, x_{i+1}) 是逆序对,将 x_i 与 x_{i+1} 交换后得到排列 π',则有 $I(\pi') = I(\pi) - 1$。当 $I(\pi) = 0$ 时,π 为递增排列。因此对任意的排列 π,可以恰好操作 $I(\pi)$ 次(交换相邻两数),得到递增排列。

称 $1, 2, \cdots, 50$ 为小数,$51, 52, \cdots, 99$ 为大数。考虑状态 α 中连续 50 个顶点上的小数个数,取连续 50 个顶点有 99 种取法,每个小数恰出现在 50 种取法中,因而所含小数个数的平均值为 $\dfrac{50 \times 50}{99} \in (25, 26)$。故必有某连续 50 个顶点含有小数个数不超过 25 个,也必有某连续 50 个顶点含有小数个数超过 25 个,利用离散介值原理,容易证明存在连续 50 个顶点,其中恰有 25 个小数(和 25 个大数)。

将 α 从某个数开始顺时针记为 $(a_1, a_2, \cdots, a_{50}, b_1, b_2, \cdots, b_{49})_{cyc}$(下标 cyc 表示循环排列),使得 $a_1, a_2, \cdots, a_{50}$ 中恰有 25 个小数。设 $a_1, a_2, \cdots, a_{50}$ 中的小数从左至右依次为 $x_1, x_2, \cdots, x_{25}$,其中的大数从左至右依次为 $y_1, y_2, \cdots, y_{25}$;设 $b_1, b_2, \cdots, b_{49}$ 中的小数从左至右依次为 $z_1, z_2, \cdots, z_{25}$,其中的大数从左至右依次为 $w_1, w_2, \cdots, w_{24}$。我们有以下两个方案。

方案一:(1.1) 将 $(a_1, a_2, \cdots, a_{50})$ 通过交换相邻两数,把小数交换到最前面 25 个数,所需最少操作次数为 s_1。

(1.2) 将 $(b_1, b_2, \cdots, b_{49})$ 通过交换相邻两数,把小数交换到最后面 25 个数,所需最小操作次数为 s_2。

现在我们得到如下循环排列

$$(x_1, x_2, \cdots, x_{25}, y_1, y_2, \cdots, y_{25},$$
$$w_1, w_2, \cdots, w_{24}, z_1, z_2, \cdots, z_{25})_{cyc}。 \qquad (*)$$

为什么是这个排列的理由在后面引理中说明。

(1.3) 对 $\sigma_1 = (z_1, z_2, \cdots, z_{25}, x_1, x_2, \cdots, x_{25})$ 操作 $I(\sigma_1)$ 次,得到排列 $(1, 2, \cdots, 50)$。

对 $\sigma_2 = (y_1, y_2, \cdots, y_{25}, w_1, w_2, \cdots, w_{24})$ 操作 $I(\sigma_2)$ 次,得到 $(51,$

$52, \cdots, 99)$。这样我们得到了等同于 β^* 的状态,总共操作次数为 $s_1 + s_2 + I(\sigma_1) + I(\sigma_2)$。

方案二:(2.1) 将 $(a_1, a_2, \cdots, a_{50})$ 通过交换相邻两数,把小数交换到最后面 25 个数,所需最少操作次数为 s_1'。

(2.2) 将 $(b_1, b_2, \cdots, b_{49})$ 通过交换相邻两数,把小数交换到最前面 25 个数,所需最少操作次数为 s_2'。

现在我们得到循环排列

$$(y_1, y_2, \cdots, y_{25}, x_1, x_2, \cdots, x_{25},$$
$$z_1, z_2, \cdots, z_{25}, w_1, w_2, \cdots, w_{24})_{\text{cyc}}。 \qquad (**)$$

(2.3) 对 $\sigma_1' = (x_1, x_2, \cdots, x_{25}, z_1, z_2, \cdots, z_{25})$,操作 $I(\sigma_1')$ 次,得到排列 $(1, 2, \cdots, 50)$。

对 $\sigma_2' = (w_1, w_2, \cdots, w_{24}, y_1, y_2, \cdots, y_{25})$,操作 $I(\sigma_2')$ 次,得到排列 $(51, 52, \cdots, 99)$。这样我们得到了等同于 β^* 的状态,总共操作次数为 $s_1' + s_2' + I(\sigma_1') + I(\sigma_2')$。

下面证明两个方案中必有一个的操作次数不超过 2401。

引理:设有 a 个红数和 b 个蓝数构成一个排列。设交换相邻两数将红数排到前面蓝数排到后面的操作最少次数为 s,交换相邻两数将蓝数排到前面红数排到后面的最少操作次数为 t,则 $s + t = ab$,且取到最少操作次数时,每次操作均为交换一个红数和一个蓝数,从而不改变红数之间的顺序,也不改变蓝数之间的顺序。

引理的证明如下:

考虑此排列中的有序对 (x, y),其中 x 为蓝数,y 为红数,且 x 在 y 的左边。这样的有序对个数记为 S。操作一次后,S 至多减少 1(交换两个红数或两个蓝数时,S 不变,交换左蓝右红时,S 减 1,交换左红右蓝时,S 加 1),从而每次操作选取左蓝右红连续两数操作,共操作 S 次变为红数均在左边蓝数均在右边,从而操作次数的最小值 s 即为 S。且达到最小操作时,每次操作只能选取左蓝右红连续两数操作。同理可知 t 是排列中 (z, w) 的个数,其中 z 是蓝数,w 是红数,且 z 在 w 左边。从而 $s + t$ 恰计算了每个红数蓝数无序对各一次,故 $s + t = ab$。

引理获证,同时也解释了在 (1.1) 和 (1.2) 后为何得到循环排列 $(*)$,在

(2.1)和(2.2)后为何得到循环排列($**$)。

由引理得 $s_1+s_1'=25\times 25=625$，$s_2+s_2'=24\times 25=600$。

设 $\sigma=(x_1,x_2,\cdots,x_{25})$，$\tau=(z_1,z_2,\cdots,z_{25})$，从而 $\sigma_1=(\tau,\sigma)$，$\sigma_1'=(\sigma,\tau)$。则 $I(\sigma_1)+I(\sigma_1')=2I(\tau)+2I(\sigma)+I(\tau,\sigma)+I(\sigma,\tau)$。

这里 $I(\tau,\sigma)$ 表示在 σ_1 中，取一个 τ 中数与一个 σ 中数构成逆序对的个数，$I(\sigma,\tau)$ 表示在 σ_1' 中取一个 σ 中数与一个 τ 中数构成逆序对的个数，从而 $I(\sigma,\tau)+I(\tau,\sigma)$ 恰计算了 τ 与 σ 中各取一个数构成的无序对个数，为 $25^2=625$。而 $I(\sigma)\leqslant C_{25}^2$，$I(\tau)\leqslant C_{25}^2$，故

$$I(\sigma_1)+I(\sigma_1')\leqslant 2C_{25}^2+2C_{25}^2+25^2=1825。$$

类似分析可知，$I(\sigma_2)+I(\sigma_2')\leqslant 2C_{25}^2+2C_{24}^2+24\times 25=1752$。

从而

$$(s_1+s_2+I(\sigma_1)+I(\sigma_2))+(s_1'+s_2'+I(\sigma_1')+I(\sigma_2'))$$
$$\leqslant 625+600+1825+1752=4802。$$

从而由平均值原理可知某个方案的操作次数不超过 2401。

综上，所求最小的 N 为 2401。

评注 在阅卷过程中，我们注意到有不少解答给出了 2401 的正确例子以及操作步骤，但没有证明不能用更少步骤完成。从逻辑上而言，这无法够成组合最值问题"证明-构造"中的构造部分，按照惯例是不能给分的。

本题的得分情况如下：

得分	21	18	15	12	9	6	3	0
人数	0	0	1	0	1	64	6	581

本题的平均分是 0.7 分，比第三题更难一些。进入集训队的同学本题的平均得分为 3.4 分，而没有进入集训队但获得金牌的同学这道题的平均分为 1.0 分。

成绩结果分析

得分分布

今年参加决赛的考生人数比去年有一定幅度的增加，总数为 677 人（其中境内 653 人），整张考卷（满分 126 分）的平均分 $m=51.6$，标准差 $\sigma=27.2$。

金、银牌分数线

银牌的理论数是全体考生的 40%，实发 290 人，占比 44.4%，银牌线为 27 分（银牌线理论值（全体考生得分的第 30 百分位值）按正态分布应在 $[m-0.53\sigma,\ m-0.52\sigma]=[37.2,\ 37.5]$ 中）。

在银牌线 ±21 分（即 $[6,48]$ 分）的范围内，考生总分与各题得分的统计相关系数（correlation）如下表所示：

题号	第一题	第二题	第三题	第四题	第五题	第六题
与总分的相关系数	0.64	0.25	0.05	0.64	0.28	0.00

金牌的理论数是全体考生的 30%，实发 226 人，占比 34.6%，金牌线为 66 分（金牌线理论值（全体考生得分的第 70 百分位值）按正态分布应在 $[m+0.52\sigma,\ m+0.53\sigma]=[64.3,\ 64.6]$ 中）。

在金牌线 ±21 分（即 $[45,87]$ 分）的范围内，考生总分与各题得分的统计相关系数如下表所示：

题号	第一题	第二题	第三题	第四题	第五题	第六题
与总分的相关系数	0.19	0.66	0.17	0.32	0.57	0.10

国际数学奥林匹克中国国家集训队

两天考试，每一天的第 60 名都是 42 分（第一天第 53—180 名都是 42 分，第二天第 57—267 名都是 42 分）。

入选 2023 年国际数学奥林匹克中国国家集训队的考生的最低分是 84 分[①]，他们两天得分的分布为

---

① 对于总分为 84 分的同学（共 67 人），根据赛前领队会议上公布的排序规则排序："若总分相同，则先对成绩加权计分如下：

加权总分＝第一题得分＋第四题得分＋（第二题得分＋第五题得分）×1.1＋（第三题得分＋第六题得分）×1.2，以加权总分高的排在前面。

若加权后分数仍然相同，则再依次比较第六题、第三题、第五题、第二题、第四题、第一题的分数，分数高的排在前面。"本次比赛实际只用到了"加权总分"排序。

得分	第一天	第二天
63	5	0
57	3	1
54	4	0
51	5	0
48	7	27
45	20	5
42	15	25
39	0	1
36	1	0
27	0	1

在集训队线±21分(即[63,105]分)的范围内,考生总分与各题得分的统计相关系数如下表所示:

题号	第一题	第二题	第三题	第四题	第五题	第六题
与总分的相关系数	0.13	0.90	0.50	−0.07	−0.06	0.27

2023 年第 22 届中国女子数学奥林匹克

（福建　漳州）

第 22 届中国女子数学奥林匹克于 2023 年 8 月 10 日至 15 日在福建漳州举行,此项竞赛由中国数学会主办,厦门大学附属实验中学承办。

厦门大学附属实验中学(简称"厦大附中")是国家级漳州招商局经济技术开发区和厦门大学合作建设的一所公办全日制完全中学,与地处厦门湾南岸的厦门大学漳州校区毗邻,是厦门大学的第一所附属中学。

中国女子数学奥林匹克(Chinese Girls' Mathematical Olympiad,缩写 CGMO),是特别为女学生而设的数学竞赛。设立的目的是为女同学展示数学才华与才能搭设舞台,提高女同学学习数学的兴趣,提升女同学的数学学习水平,促进不同地区女同学相互学习,增进友情。

CGMO 始于 2002 年,每年举行一届,比赛时间在每年 8 月中旬,历届赛事都吸引了众多女子数学精英的参与。

CGMO 的数学竞赛分两天举行,每天 4 道题,考试时间为 8:00～12:00,每题 21 分,满分 168 分,试题难度低于国际数学奥林匹克(IMO)。活动另设健美操比赛(团体比赛),参赛者将接受健美操训练,再进行比赛。

有来自安徽、澳门、北京、重庆、福建、甘肃、广东、广西、贵州、海南、河北、河南、黑龙江、湖北、湖南、吉林、江苏、江西、辽宁、内蒙古、青海、山东、山西、陕西、上海、四川、天津、香港(两队)、新疆、粤港澳大湾区、云南、浙江等地的代表队和东北师大附中、天津南开中学、厦大附中的学校代表队,共 36 支代表队 143 名选手参加了数学竞赛。

开幕式由漳州市委教育工作委员会书记、市教育局党组书记、局长卢炳全先生主持。厦大附中校长、党委书记姚跃林,中国数学会副理事长彭联刚教授,漳州开发区党委书记、管委会主任黄强中先生,漳州市政府党组成员、副市长余向红女士等领导先后致辞;厦大附中陈甄同学作为参赛选手代表做了发言。厦大附中各社团的学子为嘉宾献上富有附中特色的开场文艺表演,附中学子异彩纷呈的演绎,把现场气氛烘托得喜庆热烈。

本次竞赛主试委员会主任:瞿振华(华东师范大学),主试委员会委员(按拼音排序):付云皓(南方科技大学),韩京俊(复旦大学),纪春岗(南京师范大学),王彬(中国科学院数学与系统科学研究院),王新茂(中国科学技术大学),熊斌(华东师范大学),羊明亮(湖南师范大学),余君(北京大学),张思汇(上海理工大学)。

经过两天的数学比赛,有 44 位选手获得金牌(一等奖),55 位选手获得银牌(二等奖),42 位选手获得铜牌(三等奖);北京市代表队获团体总分第一名。其中,共有 16 名参赛学生进入 2023 年中国数学奥林匹克(CMO),即全国中学生数学冬令营。

活动期间,湖南师范大学副校长、计算与随机数学教育部重点实验室主任谢资清教授为选手做了题为"时代呼唤数学研究的'她力量'"的讲座。

本次活动的会标由厦门大学嘉庚建筑学院汉嘉设计创新研究中心主任盖东民老师设计。整个会标呈现的是展翅飞翔的凤凰、数学的"∞"符号以及变化的色彩。凤凰既代表女子,又代表厦大附中的凤凰花;凤凰内含数字"22",代表第 22 届中国女子数学奥林匹克;"∞"既代表数学,又表示海浪;图中的红色代表热情奔放,金色代表目标追求,蓝色代表辽阔的海洋,象征着女子对数学的热爱无穷无尽,有金子般闪亮的追求,在广阔的数学海洋中乘风破浪,一往无前,实现从红凤凰向金凤凰的蜕变。(本书会标印成黑白)

闭幕式上,进行了会旗的交接仪式。第 23 届中国女子数学奥林匹克将由西南大学附属中学承办。

第22届中国女子数学奥林匹克合影留念 2023.8

---

1 求所有的三元正整数组 (a, b, c)，满足

$$\frac{a}{2^a} = \frac{b}{2^b} + \frac{c}{2^c}。$$

（张思汇、瞿振华供题）

解　设 $x_n = \dfrac{n}{2^n}$，则当 $n \geqslant 2$ 时，$x_n - x_{n+1} = \dfrac{n-1}{2^{n+1}} > 0$，因此

$$\frac{1}{2} = x_1 = x_2 > x_3 > x_4 > \cdots。$$

不妨设 $b \leqslant c$，由 $\dfrac{a}{2^a} = \dfrac{b}{2^b} + \dfrac{c}{2^c}$，知 $a < b \leqslant c$。

(i) 当 $b = c$ 时，$\dfrac{a}{2^a} = \dfrac{b}{2^{b-1}}$，故 $\dfrac{b}{a} = 2^{b-a-1} \in \mathbf{Z}$。

设 $b = ak$，$k > 1$ 且 $k \in \mathbf{Z}$，则 $k = 2^{ak-a-1} \geqslant ak - a$，可得

$$(a-1)(k-1) \leqslant 1。$$

由 $k \geqslant 2$ 知，$a = 1$ 或 $a = 2$。无论 $a = 1$ 还是 $a = 2$，均有 $b = 2^{b-2}$，得 $b = 4$。

(ii) 当 $b < c$ 时，

$$\frac{a}{2^a} \leqslant \frac{a+1}{2^{a+1}} + \frac{a+2}{2^{a+2}} = \frac{3a+4}{2^{a+2}}。 \tag{$*$}$$

由此可得 $a \leqslant 4$。注意到

$$x_1 = x_2 = \frac{1}{2}, \quad x_3 = \frac{3}{8}, \quad x_4 = \frac{1}{4}, \quad x_5 = \frac{5}{32}, \quad x_6 = \frac{3}{32} < \frac{1}{8}。$$

若 $a = 1$ 或 2，则 $x_b + x_c = \dfrac{1}{2}$，故 $x_b > \dfrac{1}{4}$，因此 $b = 3$，此时 c 无解。

若 $a=3$，则 $x_b+x_c=\dfrac{3}{8}$，故 $x_b>\dfrac{3}{16}$，因此 $b=4$，此时 c 无解。

若 $a=4$，则（＊）式等号成立，即 $b=5$，$c=6$。经检验，满足要求。

综上，所求 (a,b,c) 为 $(1,4,4)$、$(2,4,4)$、$(4,5,6)$、$(4,6,5)$。

---

❷ 如图①，用 144 根完全相同的长度为 1 的细棒摆成边长为 8 的正方形网格状图形。问：至少需要取走多少根细棒，才能使得剩余图形中不含矩形？请证明你的结论。（王新茂供题）

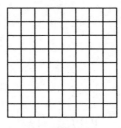

（第 2 题图①）

解 答案是 43。

首先证明至少需要移除 43 根细棒。假设图形中不含矩形，则每个有界连通区域至少由三个单位正方形组成，即面积至少为 3。这样至多有 $\left[\dfrac{64}{3}\right]=21$ 个有界连通区域。每取走一根细棒至多使得有界连通区域的个数减少 1（将两个有界连通区域合并为一个有界连通区域，或者将一个有界连通区域与无界连通区域合并）。最初时有 64 个有界连通区域，故至少取走 $64-21=43$ 根细棒。

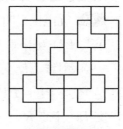

（第 2 题图②）

如图②，给出了取走 43 根细棒的例子，其中每个有界连通区域的面积均为 3，且图中不含矩形。

---

❸ 设 a、b、c、d 均为不超过 1 的非负实数。证明：

$$\frac{1}{1+a+b}+\frac{1}{1+b+c}+\frac{1}{1+c+d}+\frac{1}{1+d+a}\leqslant\frac{4}{1+2\sqrt[4]{abcd}}。$$

（韩京俊供题）

证明 注意当 $\sqrt{ac}\leqslant x$ 时，我们有

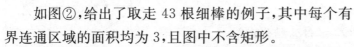

$$\frac{1}{x+a}+\frac{1}{x+c}-\frac{2}{x+\sqrt{ac}}=\frac{(\sqrt{a}-\sqrt{c})^2(\sqrt{ac}-x)}{(x+a)(x+c)(x+\sqrt{ac})}\leqslant 0。\quad(*)$$

由条件可知,$\sqrt{ac}\leqslant 1\leqslant 1+b,\sqrt{ac}\leqslant 1+d$。在($*$)式中取 $x=1+b$ 和 $x=1+d$,可得

$$\frac{1}{1+a+b}+\frac{1}{1+b+c}\leqslant\frac{2}{1+b+\sqrt{ac}},$$

$$\frac{1}{1+c+d}+\frac{1}{1+d+a}\leqslant\frac{2}{1+d+\sqrt{ac}}。$$

即以 $\sqrt{ac}$ 代替 a 和 c 时,不等式左边不减,而右边不变,故不妨设 $a=c$。同理不妨设 $b=d$。这样,原不等式变为证明

$$\frac{1}{1+a+b}\leqslant\frac{1}{1+2\sqrt{ab}}。$$

由均值不等式 $\dfrac{a+b}{2}\geqslant\sqrt{ab}$,可知上式成立。

---

❹ 如图①,四边形 $ABCD$ 内接于圆 ω,对角线 AC、BD 互相垂直,交点为 E。设 F 是边 AD 上一点,射线 FE 交 ω 于点 P。线段 PE 上一点 Q 满足 $PQ\cdot PF=PE^2$。过点 Q 且垂直于 AD 的直线交 BC 于点 R。

证明:$RP=RQ$。(付云皓供题)

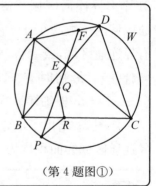

(第 4 题图①)

证明 如图②,连接 AP、DP,作 $EX\parallel AF$,交 AP 于点 X,交 DP 于点 Y。延长 XQ、YQ 分别交 BC 于点 S、T,连接 PT、PS。

由 $\dfrac{PQ}{PE}=\dfrac{PE}{PF}=\dfrac{PX}{PA}$,得 $XQ\parallel AE$,同理 $YQ\parallel DE$。

由 $\angle EXS=\angle AEX=\angle DAC=\angle EBS$,得 X、E、S、B 四点共圆。

由 $\angle PXE=\angle PAD=\angle PBE$,得 X、E、P、B 四点共圆,故 X、E、S、P、B 五点共圆。同理,Y、E、T、P、C 五点共圆。

由 $\angle PQT = \angle PEB = \angle PST$ 得 P、S、Q、T 四点共圆。

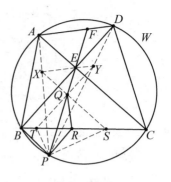

由 $SQ \parallel CE$，$TQ \parallel BE$，$CE \perp BE$，得 $SQ \perp TQ$。

由 $\angle RQS = 90° - \angle QXY = 90° - \angle QTS = \angle RSQ$，可知 R 是 $\odot PSQT$ 的圆心，故 $RP = RQ$。

（第 4 题图②）

5 如图①,在锐角三角形 ABC 中,$AB < AC$,AH 为 BC 边上的高,点 G 为重心,点 P、Q 分别为内切圆与边 AB、AC 的切点,M、N 分别为线段 BP、CQ 的中点。设 D、E 为三角形 ABC 内切圆上两点,满足 $\angle BDH + \angle ABC = 180°$,$\angle CEH + \angle ACB = 180°$。

证明:直线 MD、NE、GH 共点。

（羊明亮供题）

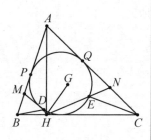

（第 5 题图①）

证明　如图②,在 $\triangle ABC$ 的外接圆上取点 F,使得四边形 $ABCF$ 是等腰梯形,且 $AF \parallel BC$。直线 FH 与 $\odot ABC$ 的另一个交点为 L,与 $\triangle ABC$ 的中线 AK 的交点为 G'。

由于 $AF = 2HK$,故 $\dfrac{AG'}{G'K} = \dfrac{AF}{HK} = 2$,即 G' 是三角形 ABC 的重心,所以点 G 与点 G' 重合。于是

$$\angle BLH = \angle BLF = \frac{1}{2}\overparen{BF} = \frac{1}{2}\overparen{AC} = \angle ABC.$$

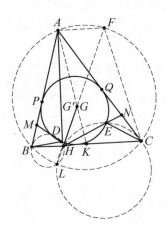

（第 5 题图②）

由条件 $\angle BDH + \angle ABC = 180°$,可知 $\angle BDH + \angle BLH = 180°$,故 B、L、H、D 四点共圆。

同理可证 $\angle CLH = \angle ACB$,且 C、L、H、E 四点共圆。

由于 $\angle BLH = \angle ABH$,PB 与 $\odot BLHD$ 相切于点 B。记 $\triangle ABC$ 的内切圆为 ω,PB 是 ω 和 $\odot BLHD$ 的外公切线。由 $MP = MB$,可知 M 是 ω 和 $\odot BLHD$ 的等幂点,从而直线 MD 是 ω 和 $\odot BLHD$ 的根轴。

同理可证直线 NE 是 ω 和 $\odot CLHE$ 的根轴。又因为直线 GH 是

$\odot BLHD$ 和 $\odot CLHE$ 的根轴,故直线 MD、NE、GH 共点,或者两两平行。

若 MD、NE、GH 两两平行,则 $\odot BLHD$ 的圆心 O_1,$\odot CLHE$ 的圆心 O_2,ω 的圆心 I 三点共线。由于 $\angle BDH$ 与 $\angle CEH$ 均为钝角,故 O_1、O_2 在 BC 下方,显然 I 在 BC 上方。设 O_1、O_2、I 在 BC 上的投影分别为 X、Y、Z,则 X、Y 分别为 BH、CH 的中点。由 $AB < AC$ 知,Y、Z 在 AH 同侧,且

$$CZ = \frac{AC + BC - AB}{2} > \frac{BC}{2} > \frac{CH}{2} = CY。$$

故 Z 在线段 XY 上,因此 O_1、O_2、I 不可能共线,矛盾。因此 MD、NE、GH 共点。

---

6 设实数 x_1,x_2,$\cdots$,x_{22} 满足对任意 $1 \leqslant i \leqslant 22$,有 $2^{i-1} \leqslant x_i \leqslant 2^i$。求

$$(x_1 + x_2 + \cdots + x_{22})\left(\frac{1}{x_1} + \frac{1}{x_2} + \cdots + \frac{1}{x_{22}}\right)$$

的最大值。(余君供题)

解 设 $y_i = \dfrac{x_i}{2^{11}}$,$i = 1, 2, \cdots, 22$。熟知 $f(t) = t + \dfrac{1}{t}$ 在 $(0, 1]$ 上递减,在 $[1, +\infty)$ 上递增。对 $1 \leqslant i \leqslant 11$,$\dfrac{1}{2^{12-i}} \leqslant y_i \leqslant \dfrac{1}{2^{11-i}}$,故 $y_i + \dfrac{1}{y_i} \leqslant 2^{12-i} + \dfrac{1}{2^{12-i}}$。对 $12 \leqslant i \leqslant 22$,$2^{i-12} \leqslant y_i \leqslant 2^{i-11}$,故 $y_i + \dfrac{1}{y_i} \leqslant 2^{i-11} + \dfrac{1}{2^{i-11}}$。于是有

$$\left(\sum_{i=1}^{22} x_i\right)\left(\sum_{i=1}^{22} \frac{1}{x_i}\right) = \left(\sum_{i=1}^{22} y_i\right)\left(\sum_{i=1}^{22} \frac{1}{y_i}\right)$$

$$\leqslant \frac{1}{4}\left(\sum_{i=1}^{22}\left(y_i + \frac{1}{y_i}\right)\right)^2$$

$$\leqslant \frac{1}{4}\left(\sum_{i=1}^{11}\left(2^{12-i} + \frac{1}{2^{12-i}}\right) + \sum_{i=12}^{22}\left(2^{i-11} + \frac{1}{2^{i-11}}\right)\right)^2$$

$$= \left(2^1 + 2^2 + \cdots + 2^{11} + \frac{1}{2^1} + \frac{1}{2^2} + \cdots + \frac{1}{2^{11}}\right)^2$$

$$= \left(2^{12} - 1 - \frac{1}{2^{11}}\right)^2。$$

当 $x_i = \begin{cases} 2^{i-1}, & 1 \leqslant i \leqslant 11 \\ 2^i, & 12 \leqslant i \leqslant 22 \end{cases}$ 时,等号成立。故所求最大值为 $\left(2^{12} - 1 - \dfrac{1}{2^{11}}\right)^2$。

7 给定奇质数 p 和正整数 a、b、m、r，其中 $p \nmid ab$，且 $ab > m^2$。证明：至多只有一对正整数 (x, y) 满足 x 与 y 互质，且 $ax^2 + by^2 = mp^r$。（纪春岗供题）

证明 反证法，假设有两对不同的正整数解 (x_1, y_1)、(x_2, y_2)。由于 x_1、y_1 互质，故 $p \nmid x_1 y_1$。同理 $p \nmid x_2 y_2$。由

$$ax_1^2 \equiv -by_1^2 (\bmod p^r), \quad ax_2^2 \equiv -by_2^2 (\bmod p^r),$$

可知 $abx_1^2 y_2^2 \equiv abx_2^2 y_1^2 (\bmod p^r)$。又 $p \nmid ab$，故 $p^r \mid (x_1^2 y_2^2 - x_2^2 y_1^2)$。

注意到 $x_1 y_2 - x_2 y_1$ 与 $x_1 y_2 + x_2 y_1$ 不能都被 p 整除，否则 $p \mid 2x_1 y_2$，这与 p 是奇质数，且 $p \nmid x_1 y_1 x_2 y_2$ 矛盾。

故 $p^r \mid (x_1 y_2 - x_2 y_1)$ 或 $p^r \mid (x_1 y_2 + x_2 y_1)$。

若 $x_1 y_2 - x_2 y_1 = 0$，则 $\dfrac{x_1}{x_2} = \dfrac{y_1}{y_2}$，结合 $ax_1^2 + by_1^2 = ax_2^2 + by_2^2$，可知 $x_1 = x_2$，$y_1 = y_2$，这与 $(x_1, y_1) \neq (x_2, y_2)$ 矛盾。所以 $x_1 y_2 - x_2 y_1 \neq 0$。

若 $p^r \mid (x_1 y_2 + x_2 y_1)$，则 $x_1 y_2 + x_2 y_1 \geqslant p^r$。

若 $p^r \mid (x_1 y_2 - x_2 y_1)$，则 $x_1 y_2 + x_2 y_1 \geqslant |x_1 y_2 - x_2 y_1| \geqslant p^r$。

因此总有

$$x_1 y_2 + x_2 y_1 \geqslant p^r。 \tag{$*$}$$

利用条件 $ab > m^2$ 和 $(*)$ 式，我们有

$$\begin{aligned} m^2 p^{2r} &= (ax_1^2 + by_1^2)(ax_2^2 + by_2^2) \\ &= (ax_1 x_2 - by_1 y_2)^2 + ab(x_1 y_2 + x_2 y_1)^2 \\ &\geqslant ab(x_1 y_2 + x_2 y_1)^2 \\ &> m^2 p^{2r}, \end{aligned}$$

矛盾。因此假设不成立，原命题成立。

8 对平面直角坐标系中任意两点 $A(x_1, y_1)$、$B(x_2, y_2)$,定义

$$d(A, B) = |x_1 - x_2| + |y_1 - y_2|。$$

设 $P_1, P_2, \cdots, P_{2023}$ 是该坐标系中 2023 个两两不同的点。记

$$\lambda = \frac{\max\limits_{1 \leqslant i < j \leqslant 2023} d(P_i, P_j)}{\min\limits_{1 \leqslant i < j \leqslant 2023} d(P_i, P_j)}。$$

(1) 证明：$\lambda \geqslant 44$；

(2) 给出一组 $P_1, P_2, \cdots, P_{2023}$,使得 $\lambda = 44$。（王彬供题）

证法一 (1) 对 $k = 1, 2, \cdots, 2023$,设 P_k 的坐标为 (x_k, y_k),记

$$u_k = x_k + y_k, \quad v_k = x_k - y_k。$$

记 $D = \max\limits_{1 \leqslant i < j \leqslant 2023} d(P_i, P_j)$,则对任意 $1 \leqslant i, j \leqslant 2023$,

$$|u_i - u_j| = |(x_i - x_j) + (y_i - y_j)| \leqslant$$
$$|x_i - x_j| + |y_i - y_j| = d(P_i, P_j) \leqslant D。$$

因此,$u_1, u_2, \cdots, u_{2023}$ 中的最大数与最小数之差不超过 D,即全在某个区间 $[a, a+D]$ 中。同理可知,$v_1, v_2, \cdots, v_n$ 全在某个区间 $[b, b+D]$ 中。

对 $k, l = 1, 2, \cdots, 44$,我们考虑区域

$$H_{k, l} = \left\{ \left(\frac{u+v}{2}, \frac{u-v}{2} \right) \,\middle|\, a + \frac{k-1}{44}D \leqslant u \leqslant a + \frac{k}{44}D, \right.$$
$$\left. b + \frac{l-1}{44}D \leqslant v \leqslant b + \frac{l}{44}D \right\}。$$

点 $P_1, P_2, \cdots, P_{2023}$ 落在这 $44^2 = 1936$ 个区域中,由抽屉原理知,存在两点在同一区域。假设 $P_i, P_j \in H_{k, l}$,记 $U = u_i - u_j$,$V = v_i - v_j$,则

$$-\frac{D}{44} \leqslant U, V \leqslant \frac{D}{44},$$

我们有

$$d(P_i, P_j) = |x_i - x_j| + |y_i - y_j|$$

$$= \left| \frac{u_i + v_i}{2} - \frac{u_j + v_j}{2} \right| + \left| \frac{u_i - v_i}{2} - \frac{u_j - v_j}{2} \right|$$

$$= \left| \frac{U + V}{2} \right| + \left| \frac{U - V}{2} \right| \in \left\{ \pm \frac{U + V}{2} \pm \frac{U - V}{2} \right\} = \{U, -U, V, -V\}.$$

每种情况均有 $d(P_i, P_j) \leqslant \max\{|U|, |V|\} \leqslant \dfrac{D}{44}$，因此

$$\min_{1 \leqslant i < j \leqslant 2023} d(P_i, P_j) \leqslant d(P_i, P_j) \leqslant \frac{D}{44} \Rightarrow \lambda \geqslant 44.$$

(2) 关于构造，我们取点集

$$M = \{(x, y) \in \mathbb{Z}^2 \mid x, y \text{ 同奇偶}, |x + y| \leqslant 44, |x - y| \leqslant 44\}$$

$$= \left\{ \left(\frac{u+v}{2}, \frac{u-v}{2} \right) \middle| u = 0, \pm 2, \pm 4, \cdots, \pm 44, v = 0, \pm 2, \pm 4, \cdots, \pm 44 \right\}.$$

集合 M 中共有 $45^2 = 2025$ 个点，从中任选 2023 个点作为 $P_1, P_2, \cdots,$ P_{2023}，则 $d(P_i, P_j) = |x_i - x_j| + |y_i - y_j|$ 是偶数且大于 0，即 $d(P_i, P_j) \geqslant 2$。另一方面，

$$d(P_i, P_j) = |x_i - x_j| + |y_i - y_j| \leqslant \max\{|(x_i + y_i) - (x_j + y_j)|,$$
$$|(x_i - y_i) - (x_j - y_j)|\} \leqslant 88.$$

故此时 $\lambda = \dfrac{\max\limits_{1 \leqslant i < j \leqslant 2023} d(P_i, P_j)}{\min\limits_{1 \leqslant i < j \leqslant 2023} d(P_i, P_j)} \leqslant \dfrac{88}{2} = 44$，由(1)知此时 $\lambda = 44$。

如图①是 $n = 25$ 个点满足 $\lambda = 4$ 的例子。如图②是 16 个区域划分，可以用来证明当 $n = 17$ 个点时，$\lambda \geqslant 4$。

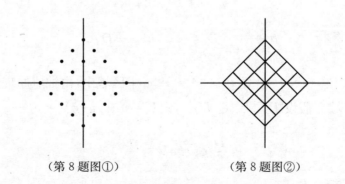

（第 8 题图①）　　　　　　　　（第 8 题图②）

证法二 我们给出 $\lambda \geqslant 44$ 的另一种证法。假设 2023 个点的坐标为 $P_k(x_k, y_k)$，$k = 1, 2, \cdots, 2023$，不妨设 $x_1 \leqslant x_2 \leqslant \cdots \leqslant x_{2023}$，这样由 Erdös-Szekeres 定理，在 $y_1, y_2, \cdots, y_{2023}$ 中有 $\lceil \sqrt{2023} \rceil = 45$ 项的递增子列或递减子列。不妨设 $y_{i_1} \leqslant y_{i_2} \leqslant \cdots \leqslant y_{i_{45}}$，角标 $i_1 < i_2 < \cdots < i_{45}$。 则

$$
\begin{aligned}
d(P_{i_{45}}, P_{i_1}) &= (x_{i_{45}} - x_{i_1}) + (y_{i_{45}} - y_{i_1}) \\
&= \sum_{k=1}^{44} (x_{i_{k+1}} - x_{i_k}) + (y_{i_{k+1}} - y_{i_k}) \\
&= \sum_{k=1}^{44} d(P_{i_{k+1}}, P_{i_k})。
\end{aligned}
$$

如果是递减子列 $y_{i_1} \geqslant y_{i_2} \geqslant \cdots \geqslant y_{i_{45}}$，则

$$
\begin{aligned}
d(P_{i_{45}}, P_{i_1}) &= (x_{i_{45}} - x_{i_1}) - (y_{i_{45}} - y_{i_1}) \\
&= \sum_{k=1}^{44} (x_{i_{k+1}} - x_{i_k}) - (y_{i_{k+1}} - y_{i_k}) \\
&= \sum_{k=1}^{44} d(P_{i_{k+1}}, P_{i_k})。
\end{aligned}
$$

我们总有 $d(P_{i_{45}}, P_{i_1}) = \sum_{k=1}^{44} d(P_{i_{k+1}}, P_{i_k})$ 成立。因此

$$
\lambda = \frac{\max\limits_{1 \leqslant i < j \leqslant 2023} d(P_i, P_j)}{\min\limits_{1 \leqslant i < j \leqslant 2023} d(P_i, P_j)} \geqslant \frac{d(P_{i_{45}}, P_{i_1})}{\min\limits_{k=1, 2, \cdots, 44} d(P_{i_{k+1}}, P_{i_k})} \geqslant 44。
$$

注 1 如果 $d(P_i, P_j) \geqslant 1$，$\forall i \neq j$，则可以以每个点为中心画一个对角线长为 1 的菱形（即是把边长为 $\frac{\sqrt{2}}{2}$ 的正方形旋转 $45°$），这时每两个点对应的菱形都不相交，此时第一问可以看作：在边长小于 45 的大正方形中无法放入 2023 个边长为 1 的正方形（要求小正方形的边平行于大正方形的边）。

注 2 如果把 2023 换为一般的正整数 $n \geqslant 2$，则 λ 的最小可能值为 $\lceil \sqrt{n} \rceil - 1$。

2023 年中国西部数学邀请赛

（重庆）

2023年中国西部数学邀请赛于8月4日至9日在重庆市举行。本次竞赛由中国西部数学邀请赛组织委员会主办,重庆数学学会和重庆市育才中学校承办。

重庆育才中学是由伟大的人民教育家陶行知先生于1939年7月在重庆合川古圣寺创办,1946年迁到渝中区红岩村,1950年迁到九龙坡区谢家湾。建校84年来,该校传承、践行、发展陶行知的教育思想,坚持"行知育才,教育为公"的办学理念,以"求真、乐群、行知、创造"为校训,积极弘扬并践行"大爱、奉献、求真、创造"的行知精神,打造"生活教育"办学特色,形成了蕴含现代教育理念、特色鲜明的"生活教育"育人模式,培育出一代又一代的祖国建设者。

中国西部数学邀请赛(CWMI),是由中国数学会数学奥林匹克委员会于2001年创办的西部数学奥林匹克(CWMO)基础上发展而来的一项数学竞赛。这是一项主要面向中西部地区及亚洲部分地区高中学生的数学探究活动。至今已成功举办了20届,承办单位均为中西部地区重要城市的著名高校或著名中学。(2020—2022年停办了3年。)

本届邀请赛,有来自山西、广西、云南、甘肃、四川、江西、陕西、贵州、重庆、海南、新疆等地及新加坡的代表队,以及云南师大附中、西北工大附中、西北师大附中、西安交大附中、南宁二中、南充高中、贵州师大附中、海南中学、绵阳中学、遵义四中、重庆一中、重庆南开中学、重庆八中、重庆育才中学、重庆巴蜀中学、西南大学附中、重庆外国语学校等学校代表队,共有29个代表队 203 名选手参加了竞赛活动。

比赛分两天进行,每天 4 道题,每题 15 分,满分 120 分。比赛结果:重庆代表队获得团体第一;正式队员有 21 人获得金牌(一等奖),22 人获得银牌(二等奖),19 人获得铜牌(三等奖)。(编外队员 27 人获得一等奖,41 人获得二等奖,61 人获得三等奖。)

本届邀请赛设组织委员会。顾问:熊斌(华东师大)、张和松(重庆育才中学);主任:冯志刚(上海中学);副主任:吴建平(首都师大)、刘诗雄(中山华辰实验中学)、商彦英(西南师大)、郭华(重庆育才中学);秘书长:邹瑾(高思教育);副秘书长:瞿明强(重庆育才中学)、周超(重庆育才中学)。本届邀请赛的主试委员会主任由冷岗松(上海大学)担任,成员为:冯志刚、刘诗雄、吴建平、熊斌、冷岗松、瞿振华(华东师大)、边红平(杭州学军教育集团文渊中学)、邹瑾、羊明亮(湖南师大)、王广廷(上海中学)、张端阳(中国人大附中)、佘毅阳(上海中学)、石泽晖(吉林大学附属实验学校)、吴尉迟(华东师大)、罗振华(华东师大)、肖一君(杭州学军教育集团文渊中学)。

活动期间,特邀请北京大学和清华大学的老师为选手做了科普讲座。

此次邀请赛会徽的释义为:以西部重要城市地标建筑(解放碑)简笔画形式,表明此次赛事举办地为重庆,碑身嵌入字母"CWMI"为中国西部数学邀请赛英文缩写;中间以宽阔的大路线形结合重庆育才中学三环校徽为指引,寓意欢迎各位选手来到这个美丽的校园参加竞赛。整个标志色彩健康明快,造型简洁大方,既表现出此次竞赛的含义,又凸显重庆这座城市的特色,极具美感与传播价值。

闭幕式上,进行了会旗的交接仪式。2024 年中国西部数学邀请赛将由上海中学承办。

部分组织委员会和主试委员会成员在陶行知纪念馆合影留念

左起：佘毅阳、石泽晖、羊明亮、王广廷、吴建平、冯志刚、张和松、郭华、熊斌、冷岗松、邹瑾、罗振华、张端阳、肖一君、吴尉迟

部分志愿者合影留念

1 是否存在 6 个两两不同的整数 a、b、c、d、e、f,使得它们恰为关于 x 的方程

$$(x+a)(x^2+bx+c)(x^3+dx^2+ex+f)=0$$

的 6 个根?(邹瑾供题)

解 不存在。我们采用反证法,假设存在满足题意要求的六个不同的整数。

由韦达定理可知关于 x 的方程

$$(x+a)(x^2+bx+c)(x^3+dx^2+ex+f)=0$$

的六个根的积为 acf,故 $acf=abcdef$,即 $acf(bde-1)=0$。 于是有如下四种情况:

(1) 当 $bde=1$ 时,因为任意三个不同整数的乘积不可能等于 1,所以得到矛盾。

(2) 当 $a=0$ 时,则 b、c、d、e、f 恰为关于 x 的方程

$$(x^2+bx+c)(x^3+dx^2+ex+f)=0$$

的五个根,利用韦达定理可知 $-cf=bcdef$,由于 a、b、c、d、e、f 互不相同,可知 $cf\neq0$,从而 $bde=-1$,但是任意三个不同的整数乘积不可能等于 -1,矛盾。

(3) 当 $c=0$ 时,则 a、b、d、e、f 恰为关于 x 的方程

$$(x+a)(x+b)(x^3+dx^2+ex+f)=0$$

的五个根,利用韦达定理可知 $-abf=abdef$,由 $abf\neq0$,可知 $de=-1$,于是 d 与 e 一个等于 1,另一个等于 -1,继而它们都无法等于 $-a$ 或 $-b$,即 d 与

e 都是关于 x 的方程 $x^3+dx^2+ex+f=0$ 的根。设这个方程的第三个根为 x_3，则结合韦达定理可知 $-d=d+e+x_3$ 且 $-f=dex_3$，于是 $e=-d=x_3=f$，矛盾。

（4）当 $f=0$ 时，则 a、b、c、d、e 恰为关于 x 的方程

$$(x+a)(x^2+bx+c)(x^2+dx+e)=0$$

的五个根，利用韦达定理可知 $-ace=abcde$，由 $ace\neq0$，可知 $bd=-1$，于是 b 与 d 一个等于 1，另一个等于 -1。由对称性，无妨设 $b=1$ 且 $d=-1$。注意到 b 无法作为 $x+a=0$ 的根，否则 $a=-1=d$，矛盾，且 b 也无法作为 $x^2+dx+e=0$ 的根，否则这个方程的另一个根等于 $-d-b=0$ 矛盾。故 b 是 $x^2+bx+c=0$ 的一个根，从而，$c=-2$。同理，d 只能是 $x^2+dx+e=0$ 的一个根，从而，$e=-2$。由此可得，$e=-2=c$，矛盾。

综上所述，无论哪一种情况均不存在符合题意要求的六个不同整数，故不存在。

---

❷ 某个国家有 2023 个岛和 2022 座桥，任意一座桥连接两个不同的岛，任意两个岛之间至多有一座桥相连，且可以从任意一个岛通过若干座桥到达其他任何岛。若三个岛中的某个岛与另两个岛都有桥连接，则称这三个岛组成"岛群"。已知任两个"岛群"中都有相同的岛，那么恰有一座桥的岛最少有多少个？（肖一君供题）

解 我们将每一个岛看作一个点，每一座连接两个不同岛的桥梁看作连接这两个岛所对应点的边，则原问题转换成一个有 2023 个点，2022 条边所组成的一个简单图，记作图 G。由于每两个岛都可以通过若干座桥到达，即在图 G 中，任意两个点之间存在一条路，即图 G 是一个连通图，结合图 G 的边数等于顶点数减 1，可知图 G 是一棵树。原题即求树叶个数的最小值。

一方面，我们先证明树叶至少有 1011 个。

若图 G 中不存在度大于 2 的点，则图 G 是一条链 $v_1v_2\cdots v_{2023}$，此时，$v_1v_2v_3$ 与 $v_4v_5v_6$ 是两个没有相同岛的"岛群"，不符合题意。

从而图 G 中存在一个度大于 2 的点，我们设点 A 为度大于 2 的某个点。将点 A 作为树的根，若这个树的层数大于 3，设 v_1 是一个在第 4 层的点，v_2

与 v_3 分别为其父亲和祖父,它们三恰好组成一个"岛群",而由于点 A 的度大于 2,故一定存在两个不同于 v_3 的儿子 B 与 C,此时 ABC 也构成一个岛群,与题意矛盾,故树的层数不超过 3。

若在第二层中的某个点 w_1,他有至少两个儿子 w_2 与 w_3,则 $w_1 w_2 w_3$ 恰好组成一个"岛群",而由于点 A 的度大于 2,故一定存在两个不同于 w_1 的儿子 B 与 C,此时 ABC 也构成一个岛群,与题意矛盾,故这棵树的第二层的每一个点至多拥有一个儿子。

此时,这棵树的结构必然为,有一个根 A,第二层的每一个点至多有一个儿子,第三层的每一个点均为树叶。设第二层中有 x 个点没有儿子,y 个点恰有一个儿子,此时,这棵树共有 $1+x+2y$ 个点,且其中恰有 $x+y$ 个树叶。由于图 G 共有 2023 个点,故 $1+x+2y=2023$,即 $x+2y=2022$。此时,

$$x+y \geqslant \frac{x+2y}{2}=1011,$$

当且仅当 $x=0$ 时等号成立,即树叶至少有 1011 个。

另一方面,当点 A 作为树的根,它有 1011 个儿子,每个儿子恰有一个儿子时,任意一个"岛群"都必须包含树根 A,满足题意要求,此时这棵树恰好有 1011 个树叶。

综上所述,树叶的最小值为 1011,即原题中,恰有一座桥的岛最少有 1011 个。

---

❸ 如图①,已知 $\triangle ABC$ 内两点 P、Q 满足 $\angle PBC=\angle QBA$ 且 $\angle PCB=\angle QCA$,线段 BC 上一点 D 满足 $\angle PDB=\angle QDC$。设点 A 关于直线 BP、CQ 的对称点分别为 X、Y。证明:$DX=DY$。(佘毅阳供题)

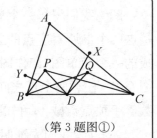

(第 3 题图①)

解 如图②,作点 A 关于直线 BQ 的对称点 Z,作点 P 关于直线 BC 的对称点 P',连接 $P'D$、$P'B$、$P'C$、BX、BZ、DZ、YQ、ZQ、AQ。

首先,我们证明 P'、D、Q 共线。由于点 P 与 P' 关于直线 BC 对称,故

$\angle P'DB = \angle PDB = \angle QDC$，从而，$P'$、$D$、$Q$ 共线。

接下来，我们证明 $DX = DZ$。注意到

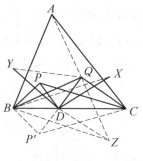

$$\begin{aligned} \angle CBZ &= \angle ABZ - \angle ABC = 2\angle ABQ - \angle ABC \\ &= 2\angle CBP - \angle ABC \\ &= 2(\angle ABC - \angle ABP) - \angle ABC \\ &= \angle ABC - 2\angle ABP \\ &= \angle ABC - \angle ABX = \angle CBX。 \end{aligned}$$

（第 3 题图②）

而 $BX = BA = BZ$，且 $BD = BD$，故 $\triangle DBX \cong \triangle DBZ$，从而 $DX = DZ$。

最后，我们证明 $DY = DZ$。由于 $\angle P'BC = \angle PBC = \angle ABQ$，$\angle P'CB = \angle PCB = \angle ACQ$，故点 A 与点 P' 是 $\triangle QBC$ 的一组等角共轭点，特别地 $\angle AQC + \angle P'QB = \angle BQA + \angle P'QC = 180°$。由此注意到

$$\begin{aligned} \angle P'QZ &= \angle BQZ - \angle BQP' = \angle BQA + \angle AQC - 180° \\ &= \angle YQC - (180° - \angle BQA) = \angle YQC - \angle P'QC = \angle P'QY。 \end{aligned}$$

而 $QZ = QA = QY$，且 $QD = QD$，故 $\triangle DQZ \cong \triangle DQY$，从而 $DZ = DY$。

综上所述，$DX = DY$。

---

4 设 p 为质数，整数 a、b、c 均与 p 互质。证明：存在绝对值均小于 $\sqrt{p}$ 的整数 x_1、x_2、x_3、x_4 满足 $ax_1x_2 + bx_3x_4 \equiv c\pmod{p}$。（王广廷供题）

解 首先，令 $r = [\sqrt{p}]$，我们证明：存在非零的整数 x_1、x_3 满足 $|x_1| < \sqrt{p}$，$|x_3| < \sqrt{p}$，且 $ax_1 \equiv rbx_3\pmod{p}$。考虑集合

$$S = \{(m, n) \mid 0 \leqslant m, n < \sqrt{p}\}$$

中的每一个元素 (m, n) 所对应的 $am - rbn$，由于集合 S 的元素个数

$$([\sqrt{p}] + 1)^2 > (\sqrt{p})^2 = p，$$

即 $|S| \geqslant p + 1$，故由抽屉原理，可知存在不同的 (m_1, n_1) 与 (m_2, n_2) 使得 $am_1 - rbn_1 \equiv am_2 - rbn_2\pmod{p}$。此时，我们取 $x_1 = m_1 - m_2$，$x_3 = n_1 -$

n_2，无论哪一种情况均有 x_1 与 x_3 至少有一个不为 0，$|x_1| < \sqrt{p}$，$|x_3| < \sqrt{p}$，且 $ax_1 \equiv rbx_3 \pmod{p}$。结合 a、b、r 均与 p 互质可知，若 x_1 与 x_3 至少一个不为 0，则它们均不为 0。此时，

$$ax_1x_2 + bx_3x_4 \equiv rbx_3x_2 + bx_3x_4 \equiv bx_3(rx_2 + x_4) \pmod{p}.$$

由于 $x_3 \neq 0$，可知 $(x_3, p) = 1$，于是我们只需找到满足绝对值不超过 $\sqrt{p}$ 的 x_2 与 x_4，使得 $rx_2 + x_4 \equiv c \cdot (bx_3)^{-1} \pmod{p}$ 即可，其中 $(bx_3)^{-1}$ 表示 bx_3 在模 p 意义下的数论倒数。而事实上，对于任意满足 $0 \leqslant l \leqslant \dfrac{p}{2}$ 的整数 l，都可令 $x_2 = \left[\dfrac{l}{r}\right]$，$x_4 = l - rx_2$，此时可知 $x_4 \in \{0, 1, \cdots, r\}$，且 $x_2 \in \left\{0, 1, \cdots, \left[\dfrac{p}{2r}\right]\right\}$，其中 $p \leqslant r^2 + 2r$，即 $\dfrac{p}{2r} \leqslant \dfrac{r+2}{2}$。当 $p \geqslant 5$ 时，有 $r \geqslant 2$，从而 $\left[\dfrac{p}{2r}\right] \leqslant r$，而当 $p = 2$ 或 3 时，$r = 1$，此时 $\left[\dfrac{p}{2r}\right] = 1 \leqslant r$。所以，此时有 $|x_2| < \sqrt{p}$，$|x_4| < \sqrt{p}$，且 $rx_2 + x_4 = l$。对 $-\dfrac{p}{2} < l < 0$，只需考虑 $-l$ 所对应的 x_2 与 x_4 并分别取相反数即可。于是 $rx_2 + x_4$ 可以表示 $\left(-\dfrac{p}{2}, \dfrac{p}{2}\right]$ 内的所有整数，故一定存在绝对值小于 $\sqrt{p}$ 的 x_2 与 x_4，使得 $rx_2 + x_4 \equiv c \cdot (bx_3)^{-1} \pmod{p}$，此时所选取的 x_1、x_2、x_3、x_4 符合题意要求。

5 设非负实数 $a_1, a_2, \cdots, a_{100}$,满足对任意 $2 \leqslant i \leqslant 99$,有

$$\max\{a_{i-1} + a_i, a_i + a_{i+1}\} \geqslant i。$$

求 $a_1 + a_2 + \cdots + a_{100}$ 的最小值。（张端阳供题）

解 一方面,由题意可知,对任意的 $2 \leqslant i \leqslant 99$,我们有

$$a_{i-1} + a_i + a_{i+1} \geqslant \max\{a_{i-1} + a_i, a_i + a_{i+1}\} \geqslant i。$$

所以

$$a_1 + a_2 + \cdots + a_{100}$$
$$= a_1 + (a_2 + a_3 + a_4) + (a_5 + a_6 + a_7) + \cdots + (a_{98} + a_{99} + a_{100})$$
$$\geqslant 0 + 3 + 6 + \cdots + 99 = 1683。$$

另一方面,当取 $a_i = \begin{cases} i+1, & i \equiv 2 \pmod 3, \\ 0, & \text{其他情况} \end{cases}$ 时,满足对任意的 $2 \leqslant i \leqslant 99$

均有 $\max\{a_{i-1} + a_i, a_i + a_{i+1}\} \geqslant i$ 成立,且此时,$a_1 + a_2 + \cdots + a_{100} = 1683$。

综上所述,所求的最小值为 1683。

6 如图①,设圆内接四边形 $ABCD$ 的对角线 AC 与 BD 的交点为 E,$\triangle ABE$ 的外心为 K,点 B 关于直线 CD 的对称点为 X,点 Y 满足四边形 $DKEY$ 是平行四边形。证明:点 D、E、X、Y 共圆。

（罗振华供题）

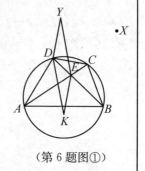

(第 6 题图①)

解 如图②,因为点 X、B 关于直线 DC 对称,所以 $DX = DB$,$\angle XDC = \angle BDC$。

由 A、B、C、D 四点共圆,可知 $\angle BAC = \angle BDC$。由四边形 $KEYD$ 是平行四边形,可知 $KE = DY$,$\angle YED = \angle KDE$,$\angle YDE = \angle KED$。

从而,我们有

$$\begin{aligned}\angle YDX &= \angle YDB - \angle XDB = \angle DEK - 2\angle CDB \\ &= \angle EBK + \angle EKB - 2\angle CAB \\ &= \angle EBK + 2\angle EAB - 2\angle CAB = \angle EBK。\end{aligned}$$

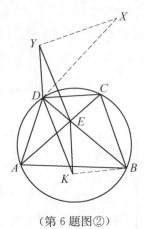

(第 6 题图②)

再结合,$DY = KE = KB$,$DX = DB$,可知 $\triangle YDX \cong \triangle KBD$,从而,$\angle YXD = \angle KDB$。又 $\angle KDB = \angle YED$,故 $\angle YXD = \angle YED$,于是 D、E、X、Y 四点共圆。

---

7 对于正整数 x、y,用 $r_x(y)$ 表示满足 $r \equiv y \pmod{x}$ 的最小正整数 r。对任意正整数 a、b、n。证明:

$$\sum_{i=1}^{n} r_b(ai) \leqslant \frac{n(a+b)}{2}。$$

（羊明亮供题）

解 当 $a > b$ 时,此时 $r_b(ai) \leqslant b < \dfrac{a+b}{2}$,于是

$$\sum_{i=1}^{n} r_b(ai) < \sum_{i=1}^{n} \frac{a+b}{2} = \frac{n(a+b)}{2}。$$

当 $a \leqslant b$ 时,此时将 $r_b(a)$,$r_b(2a)$,$\cdots$,$r_b(ia)$,$\cdots$,$r_b(na)$ 依序写在纸上,$r_b(a)$ 写在第一行的首项,对于每一个 $r_b(ia)$,若其等于 $r_b((i-1)a) + a$,则将其写作 $r_b((i-1)a)$ 的后一项,否则,另起一行,将其写在新的一行的首项。设写完后的纸上的每一行如下所示:

$$a_{1,1},\ \cdots,\ a_{1,n_1}$$

$$a_{2,1},\ \cdots,\ a_{2,n_2}$$

$$\vdots \qquad \vdots$$

$$a_{m,1},\ \cdots,\ a_{m,n_m}$$

对于每一行,都是公差为 a 的等差数列,其末项 $a_{i,n_i} \leqslant b$。从第二行开始,其首项 $a_{i,1} = a_{i-1,n_{i-1}} + a - b \leqslant a$(即每一行的首项都是上一行最后一项加 a 后减去 b),对于第一行,其首项 $a_{1,1} = a \leqslant a$。 即对于任意的第 k 行,这一行所构成的等差数列,其首项不超过 a,其末项不超过 b。于是

$$\sum_{j=1}^{n_k} a_{k,j} = \frac{n_k}{2}(a_{k,1} + a_{k,n_k}) \leqslant \frac{n_k}{2}(a+b)。 \qquad ①$$

于是,

$$\sum_{i=1}^{n} r_b(ai) = \sum_{k=1}^{m} \sum_{j=1}^{n_k} a_{k,j} \leqslant \sum_{k=1}^{m} \frac{n_k}{2}(a+b)$$

$$= \frac{a+b}{2} \sum_{k=1}^{m} n_k = \frac{n(a+b)}{2}。$$

关于等号成立,一方面,当等号成立时,必然是 $a \leqslant b$ 的情形,且要求对任意的第 k 行,①的等号均成立,这要求 $a_{k,1} = a$ 且 $a_{k,n_k} = b$。即每一行均是一个公差为 a,首项为 a,末项为 b 的等差数列,由此可知 $a \mid b$,且 $n_k = \frac{b}{a}$ 对每一行均成立。从而等号成立时,有 $a \mid b$,且 $\frac{b}{a} \Big| n$。另一方面,当 $a \mid b$ 且 $\frac{b}{a} \Big| n$ 时,设 $n = m \cdot \frac{b}{a}$,于是对于 $i = (k-1)\frac{b}{a} + j$,其中 $k \in \mathbb{Z}$,$1 \leqslant j \leqslant \frac{b}{a}$,有 $r_b(ia) = ja$,此时,

$$\sum_{i=1}^{n} r_b(ai) = \sum_{k=1}^{m} \sum_{j=1}^{\frac{b}{a}} r_b(((k-1)m+j)a) = \sum_{k=1}^{m} \sum_{j=1}^{\frac{b}{a}} ja$$

$$= \sum_{k=1}^{m} \frac{b}{a} \cdot \frac{(a+b)}{2} = m \cdot \frac{b}{a} \cdot \frac{(a+b)}{2} = \frac{n(a+b)}{2}。$$

综上,当且仅当 a、b、n 满足 $a \mid b$,且 $\frac{b}{a} \Big| n$ 时,有 $\sum_{i=1}^{n} r_b(ai) = \frac{n(a+b)}{2}$ 成立。

---

8 一个 100×100 方格表的左上角小方格中有一只老鼠,右下角小方格中有一块奶酪。老鼠希望移动到右下角小方格中吃奶酪,每次可以从一个小方格移动到相邻的小方格(两个小方格相邻指它们有公共边)。现在在一些小方格的边上放置隔板,老鼠在移动时不能越过隔板。称一种

放置隔板的方式是"仁慈的"，如果放置隔板后老鼠仍能吃到奶酪。求最小的正整数 n，使得对任意一种"仁慈的"放置 2023 个隔板的方式，老鼠都能通过不超过 n 次移动吃到奶酪。（张端阳供题）

解 首先证明 $n \geqslant 2220$。

如图①所示，按照图中的方式放置隔板，其中水平隔板共有 43 个，竖直隔板共有 $20 \times 99 = 1980$ 个，总计 2023 个隔板。此时老鼠从左上角的格子移动到格 A 至少需要 $43 \times 2 = 86$ 次，从格 A 移动到格 B 至少需要 $(100 - 44) + 19 \times 100 = 1956$ 次，从格 B 移动到右下角的格子至少需要 $(100 - 21) + 99 = 178$ 次，故至少需要移动 $86 + 1956 + 178 = 2220$ 次。

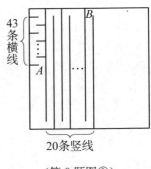

（第 8 题图①）

接下来，我们证明 $n = 2220$ 满足要求。

不妨设老鼠每一次都是从一个格子的中心移动到另一个格子的中心。

考虑老鼠吃到奶酪的最短路线 L，我们只需证明 L 的长度不超过 2220。

如图②所示，L 在每一列中，被隔板分为若干段，每一段中水平部分的长度至多为 1，否则可以将第一次离开这一列到第二次进入这一列的这一段 L 中的路径，优化为连接这两个格子中心的路径，从而总长度减少，与 L 的最短性矛盾。故 L 在每一列中，水平部分的长度不超过该列中的隔板数加 1。对于第一列和最后一列，上述的 1 可以改进为 $\frac{1}{2}$，因为那两列分别有起始位置

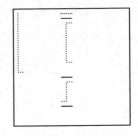

（第 8 题图②）

与最终位置。于是，L 的水平部分的长度不超过水平放置的隔板数目加 99。

同理，L 的竖直部分的长度不超过竖直放置的隔板数目加 99。

于是，L 的长度不超过 $2023 + 198 = 2221$。

注意到 L 的长度必须与 $99 + 99$ 同奇偶，从而 L 为偶数，故 L 的长度不超过 2220。

综上所述，所求 n 的最小值为 2220。

2023 年第 20 届中国东南地区数学奥林匹克

（浙江 温州）

2023 年"育英杯"中国东南地区数学夏令营暨第 20 届中国东南地区数学奥林匹克于 7 月 28 日至 8 月 2 日在浙江温州举行。此次活动由中国东南地区数学奥林匹克委员会主办，温州育英实验学校承办，温州市教育教学研究院指导。

温州育英实验学校是一所 12 年一贯制民办寄宿学校，创办于 1996 年。学校采用小班制、寄宿制教育模式，强化个性化教育（实验班除外）。小学、初中、高中三分校相对独立。小学为温州市示范小学、市数学家摇篮工程活动基地——引领孩子发展个性，培养特长；初中为温州市示范初中、市数学家摇篮工程活动基地——拓展学生的智力潜能，奠定坚实的知识基础；高中为温州市民办学校中第一所省级重点中学——培养创新人才的摇篮，通向大学殿堂的阶梯。

中国东南地区数学夏令营起源于闽浙赣地区数学奥林匹克，为了加强东南地区中学生数学的协作和交流，在裘宗沪先生的倡议与主持下，闽浙赣三省数学协作体于 2003 年在江西鹰潭召开会议，确定开展本项活动，于 2004 年举办了第一届东南地区数学夏令营。20 年来，赛事活动影响不断扩大，已成为一个全国大部分省市及港澳台地区、东南亚国家都广泛参与的大型数学奥林匹克赛事。

本届夏令营活动，有来自全国 23 个省、自治区、直辖市及澳门特别行政区的 170 支代表队的近 1700 名同学参加。

活动的开幕式由温州育英实验学校总校执行校长黄显忠主持。温州育英实验学校董事长陈琼娜,温州市教育局党委委员、总督学吴君宏,浙江省科协青少年活动中心主任赵国治,中国东南地区数学夏令营组委会主任李胜宏先后致辞;温州育英实验学校教师孙涛和学生徐翌豪分别代表领队和参赛选手做了发言。

活动期间,福建师大校长王长平教授为同学们做了专题讲座;北京大学王家军教授、清华大学宋元龙教授、复旦大学吴泉水教授、浙江大学王枫教授分别向同学们介绍了学校的数学专业建设情况;东南数学夏令营主试委员会专家向参赛学生进行了试题讲解分析;同学们参加了毅行远足活动,行程达12公里,在领略沿途风光的同时,磨炼了意志,砥砺了品格,增长了见识。闭幕式前学校进行了文艺演出。

本届活动的主试委员会由下列成员组成:浙江大学的李胜宏、杨晓鸣、王枫,南昌大学的董秋仙,江西玉山中学的张惠东,福建师大的张鹏程、王长平,北京大学的柳彬、王家军,清华大学的扈志明、宋元龙,华东师大的熊斌、何忆捷,北京大学在读博士欧阳泽轩和温州育英实验学校娄均博。

闭幕式由温州育英实验学校总校常务副校长兼高中分校校长李亚林主持,中国东南地区数学夏令营主试委员会王枫教授、杨晓鸣教授分别宣布金银铜牌获奖名单和团体优胜奖名单,组委会领导和嘉宾对获奖学生和团体优胜单位进行了颁奖。竞赛分成高一和高二两个年级组:高一年级组有128所学校共1095人报名参加,其中有98人获得金牌,200人获得银牌,253人获得铜牌;高二年级组有111所学校共577人报名参加,其中有62人获得金牌,90人获得银牌,134人获得铜牌。团体优胜奖获得者:高一组第一名为上海市民办华育中学,第二名为华南师大附中,第三名为浙江省诸暨市海亮高中;高二组第一名为上海市民办华育中学,第二名为重庆市巴蜀中学校,第三名为浙江省温州中学。

活动最后进行了交接仪式,第21届中国东南地区数学奥林匹克夏令营将于2024年由国科温州研究院承办。

2023年"育英杯"中国东南地区数学夏令营
第20届中国东南地区数学奥林匹克（CSMO）

学校领导、嘉宾、竞赛主试委员会与全体领队合影

高一年级

第 1 天

（2023 年 7 月 30 日　8:00～12:00）

❶ 给定正实数 a、b，证明：

$$(a^3+b^3+a^3b^3)\left(\frac{1}{a^3}+\frac{1}{b^3}+\frac{1}{a^3b^3}\right)+27\geqslant 6\left(a+b+\frac{1}{a}+\frac{1}{b}+\frac{b}{a}+\frac{a}{b}\right)。$$

（董秋仙供题）

证明 因 $(a^3+b^3+a^3b^3)\left(\dfrac{1}{a^3}+\dfrac{1}{b^3}+\dfrac{1}{a^3b^3}\right)=3+\dfrac{a^3}{b^3}+\dfrac{1}{b^3}+\dfrac{b^3}{a^3}+\dfrac{1}{a^3}+$

b^3+a^3，$a>0$，$b>0$，而 $\left(\dfrac{b}{a}+\dfrac{a}{b}\right)^3+16\geqslant 12\left(\dfrac{b}{a}+\dfrac{a}{b}\right)$，所以 $\dfrac{b^3}{a^3}+\dfrac{a^3}{b^3}+16\geqslant$

$9\left(\dfrac{b}{a}+\dfrac{a}{b}\right)\geqslant 6+6\left(\dfrac{b}{a}+\dfrac{a}{b}\right)$，即有 $\dfrac{b^3}{a^3}+\dfrac{a^3}{b^3}+10\geqslant 6\left(\dfrac{b}{a}+\dfrac{a}{b}\right)$，同理，$\dfrac{1}{a^3}+a^3+$

$10\geqslant 6\left(\dfrac{1}{a}+a\right)$，$\dfrac{1}{b^3}+b^3+10\geqslant 6\left(\dfrac{1}{b}+b\right)$，以上三式相加可得

$$3+\frac{a^3}{b^3}+\frac{1}{b^3}+\frac{b^3}{a^3}+\frac{1}{a^3}+b^3+a^3\geqslant 6\left(a+b+\frac{1}{a}+\frac{1}{b}+\frac{b}{a}+\frac{a}{b}\right)-27,$$

等号在 $a=b$ 时取得，所以 $(a^3+b^3+a^3b^3)\left(\dfrac{1}{a^3}+\dfrac{1}{b^3}+\dfrac{1}{a^3b^3}\right)+27\geqslant$

$6\left(a+b+\dfrac{1}{a}+\dfrac{1}{b}+\dfrac{b}{a}+\dfrac{a}{b}\right)$，得证。

❷ 对于正整数集的非空子集 A，记 $f(A)=\{abc-b-c+2\mid a,b,$ $c\in A\}$。求所有的 $n\geqslant 2$，使得可将正整数集分成 n 个两两不交的非空集合 $A_1,A_2,\cdots,A_n$ 的并，且对于任意的 $1\leqslant i\leqslant n$，$f(A_i)\subseteq A_i$。（欧阳泽轩供题）

解 $n \geqslant 2$ 都可以。对于 $1 \leqslant i \leqslant n-1$,取 $A_i = \{x \mid x \in \mathbf{Z}^+, v_2(x) = i-1\}$。再取 $A_n = \{x \mid x \in \mathbf{Z}^+, v_2(x) \geqslant n-1\}$。($v_2(x)$ 表示 x 质因数分解中 2 的幂次)

设 $a = x+1, b = y+1, c = z+1$,则 $abc - b - c + 2 - 1 = xyz + xy + xz + yz + x$。从而若 $v_2(a-1) = v_2(b-1) = v_2(c-1) = k$,则 $v_2(abc - b - c + 2 - 1) = k$,若 $v_2(a-1), v_2(b-1), v_2(c-1) \geqslant k$,则 $v_2(abc - b - c + 2 - 1) \geqslant k$,证毕。

---

③ 如图,在非等腰锐角三角形 ABC 中,内心为 I,内切圆 ω 与 BC、CA、AB 分别切于点 D、E、F。AD 与 ω 交于两点 D、J,三角形 BCJ 的外接圆与 ω 交于两点 J、K,三角形 BFK、CEK 的外接圆交于两点 K、L,三角形 ABC 外接圆 Ω 的弧 BAC 的中点为 M。证明 M、I、L 共线。(杨铮供题)

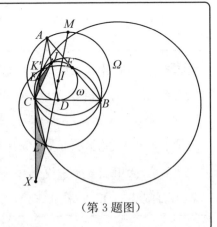

(第 3 题图)

证明 (同一法)设 MI 和 $\triangle BIC$ 外接圆交于 L',$\triangle L'CE$ 和 $\triangle L'BF$ 的外接圆交于 K',则 $\angle EK'F = \angle EK'L' + \angle FK'L' = 180° - \angle ECL' + 180° - \angle FBL' = 360° - \angle ACI - \angle ABI - (\angle IBL' + \angle ICL') = 90° + \dfrac{1}{2}\angle BAC = \angle EJF$。故 K' 在内切圆上,下面只要证 C、K'、J、B 共圆即可。

$\angle CK'B = \angle CK'L' + \angle BK'L' = \angle CEL' + \angle BFL'$,

于是只要证明 $\angle CEL' + \angle BFL' = \angle CJB$。

作旋转相似,三角形 CEJ 相似于三角形 $CL'X$,$\angle BL'X = 360° - \angle CL'B - \angle CL'X = 270° + \dfrac{1}{2}\angle BAC - \angle CEJ$,$\angle BFJ = 180° - \angle AFJ = 180° - (\angle EJF - \angle BAC - \angle AEJ) = 180° - (90° - \dfrac{1}{2}\angle BAC - 180° +$

$$\angle CEJ\big)=270°+\frac{1}{2}\angle BAC-\angle CEJ,\text{所以 }\angle BL'X=\angle BFJ,\text{又}$$

$$\frac{BL'\cdot FJ}{L'X\cdot BF}=\frac{BL'\cdot CE\cdot FJ}{EJ\cdot CL'\cdot BF}=\frac{BI\cdot CE\cdot FD}{ED\cdot CI\cdot BF}=\frac{2BF\cdot CE\cdot DI}{2DI\cdot CE\cdot BF}=1,$$

得 $\dfrac{BL'}{L'X}=\dfrac{BF}{FJ}$,故三角形 BFJ 和三角形 $BL'X$ 也旋转相似。

那么三角形 CEL' 和三角形 CJX,三角形 BFL' 和 BJX 也是旋转相似,

$$\angle CEL'+\angle BFL'=\angle CJX+\angle BJX=\angle CJB,$$

证毕。

---

4 给定整数 $n\geqslant3$。设 Γ 是由 $S=\{1,2,\cdots,n\}$ 的至少 3 个两两不同的非空子集构成的集合族,满足:若 $A,B\in\Gamma$,$A\neq B$,则对每个 $C\in\Gamma$,$C\neq A,B$,结论"$C\bigcap(A\Delta B)=\varnothing$"与"$C\subseteq(A\Delta B)$"中恰有一个成立。求 $\sum_{A\in\Gamma}|A|$ 的最大值(用 n 表示)。

（注:这里 $A\Delta B$ 定义为 $\{x\in A\mid x\notin B\}\bigcup\{x\in B\mid x\notin A\}$,$|A|$ 表示有限集 A 的元素个数。)(何忆捷供题)

解 引理 1:对 Γ 中三个不同的集合 A、B、C,以下两种情形之一成立:

(a) 存在两两不交的子集 A'、B'、C'、K,使得

$$A=A'\bigcup K,B=B'\bigcup K,C=C'\bigcup K;$$

(b) 存在两两不交的子集 $X,Y,Z\subseteq S$,使得

$$A=Y\bigcup Z,B=Z\bigcup X,C=X\bigcup Y。$$

引理 1 的证明如下:

将韦恩图中 $A\backslash(B\bigcup C)$,$B\backslash(C\bigcup A)$,$C\backslash(A\bigcup B)$,$(B\bigcap C)\backslash A$,$(C\bigcap A)\backslash B$,$(A\bigcap B)\backslash C$,$A\bigcap B\bigcap C$ 所对应的区域依次记为 (1),(2),$\cdots$,(7),如图。

若 $A\bigcap(B\Delta C)$、$B\bigcap(C\Delta A)$、$C\bigcap(A\Delta B)$ 均为空集,则区域 (4)、(5)、(6) 为空,故可设区域 (1)、(2)、(3)、(7) 对应的集合分别为 A'、B'、C'、K,满足情形 (a)。

若 $A \cap (B \triangle C)$、$B \cap (C \triangle A)$、$C \cap (A \triangle B)$ 不均为空集,不妨设 $A \cap (B \triangle C) \neq \varnothing$,则区域(5)、(6)中至少有一个非空,不妨设(6)非空,则又有 $B \cap (C \triangle A) \neq \varnothing$。由题意知 $A \subseteq (B \triangle C)$、$B \subseteq (C \triangle A)$,即区域(1)、(2)、(7)为空。假如 $C \cap (A \triangle B) = \varnothing$,即区域(4)、(5)为空,则 A 与 B 的所有元素都在区域(6)中,即有 $A = B$,矛盾。所以必有 $C \subseteq (A \triangle B)$,即区域(3)也为空。故可设区域(4)、(5)、(6)对应的集合分别为 X,Y、Z,满足情形(b)。

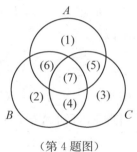

(第4题图)

引理 1 证毕。

以下,对于由 Γ 的三个不同子集 A、B、C 构成的三元组 (A, B, C),当符合情形(a)时,称 (A, B, C) 为"(a)型组",当符合情形(b)时,称 (A, B, C) 为"(b)型组"。

引理 2:若 A、B、C 是 Γ 中三个不同的集合,且满足 $A \cap B = \varnothing$,$A \cap C \neq \varnothing$,则 $C = A \cup B$。

引理 2 的证明如下:

根据引理 1,(A, B, C) 为(a)型或(b)型组。假如是(a)型组,必有 $A \cap B = A \cap C$,矛盾。因此 (A, B, C) 是(b)型组。由(b)型组的性质,并注意 $A \cap B = \varnothing$,可知 $C = A \triangle B = (A \cup B) \backslash (A \cap B) = A \cup B$。引理 2 证毕。

回到原问题。我们先证明

$$\sum_{A \in \Gamma} |A| \leqslant \max \left\{ 2n, \ n + \left[\frac{n^2}{4} \right] \right\} = f(n)。 \qquad ①$$

若 S 中的每个元素出现在至多 2 个子集 $A \in \Gamma$ 中,则

$$\sum_{A \in \Gamma} |A| \leqslant 2|S| = 2n \leqslant f(n)。 \qquad ②$$

以下设存在一个 $x \in S$ 属于 Γ 中的三个不同集合 A、B、C,此时 (A, B, C) 必为(a)型组,并且 $K = A \cap B \cap C \neq \varnothing$。

设 $A = A' \cup K$,$B = B' \cup K$,$C = C' \cup K$,这里 A'、B'、C'、K 两两不交。

任取 $D \in \Gamma \backslash \{A, B, C\}$(如果存在这样的 D),考虑三元组 (A, B, D)。

假如$(A，B，D)$是(b)型组,则由(b)型组的性质知$D=A\triangle B=A'\bigcup B'$,所以
$$C\bigcap D=(C'\bigcup K)\bigcap(A'\bigcup B')=\varnothing。$$

由于$C\bigcap A\neq\varnothing$，$C\bigcap B\neq\varnothing$,对三元组$(C，D，A)$，$(C，D，B)$分别运用引理2,可知$A=C\bigcup D$，$B=C\bigcup D$,这导致$A=B$,矛盾。

因此$(A，B，D)$只能是(a)型组,而由(a)型组的性质知,$K=(A\bigcap B)\subseteq D$,即$D$包含集合$K$。

于是,可设
$$\Gamma=\{A_1\bigcup K，A_2\bigcup K，\cdots，A_t\bigcup K\}(t\geqslant 3)，\qquad ③$$
其中$K\bigcap A_i=\varnothing(i=1，2，\cdots，t)$。

进一步知$A_1，A_2，\cdots，A_t$两两不交(否则,不妨假设$K'=A_1\bigcap A_2\neq\varnothing$,对每个$i(3\leqslant i\leqslant t)$,$(A_1\bigcup K，A_2\bigcup K，A_i\bigcup K)$显然为(a)型组,故由(a)型组的性质知$K'\bigcup K=(A_1\bigcup K)\bigcap(A_2\bigcup K)\subseteq A_i\bigcup K$,这表明$\Gamma$中每个集合均包含$K'\bigcup K$,特别地,$K'\bigcup K\subseteq A\bigcap B\bigcap C$,但这与$K=A\bigcap B\bigcap C$相矛盾)。

现设$|K|=k$,那么由于
$$n=|S|\geqslant|A_1\bigcup A_2\bigcup\cdots\bigcup A_t\bigcup K|=|K|+\sum_{i=1}^{t}|A_i|\geqslant k+t-1$$
(最后一步是因为$A_1，A_2，\cdots，A_t$中至多只有一个空集),故$t-1\leqslant n-k$,从而
$$\begin{aligned}\sum_{A\in\Gamma}|A|&=\sum_{i=1}^{t}(|A_i|+|K|)\\&=(|K|+\sum_{i=1}^{t}|A_i|)+(t-1)k\\&\leqslant n+(n-k)\cdot k\\&\leqslant\left[n+\left(\frac{(n-k)+k}{2}\right)^2\right]=n+\left[\frac{n^2}{4}\right]\leqslant f(n)。\end{aligned} \qquad ④$$

由②、④可知,①成立。

下面给出满足条件的集合族Γ,使得$\sum_{A\in\Gamma}|A|=f(n)$。

当 $n=2,3$ 时，令 $\Gamma=\{\{1\}, S\backslash\{1\}, S\}$，$\Gamma$ 满足条件，且 $\sum\limits_{A\in\Gamma}|A|=2n=f(n)$。

当 $n\geqslant 4$ 时，在③中令 $K=\{1,2,\cdots,k\}$，$A_i=\{k+i\}$ $(i=1,2,\cdots,t-1)$，$A_t=\varnothing$，其中 $k=\left[\dfrac{n}{2}\right]$，$t=n+1-\left[\dfrac{n}{2}\right]$，则 Γ 中任意三元组都是 (a) 型组，易知 Γ 满足条件，且此时④中所有步骤均取到等号，即有 $\sum\limits_{A\in\Gamma}|A|=f(n)$。

综上所述，所求最大值为 $\max\left\{2n, n+\left[\dfrac{n^2}{4}\right]\right\}$。

高一年级

5 如图①，AB 是半圆 O 上异于直径的弦，M 是线段 AB 的中点。l 是一条平行于 AB 的直线，使得线段 OM 的延长线与 l 相交于圆外一点 D，P，Q 是 l 上的两个点，PO 与半圆 O 相交于点 C，且 $\angle PCD = \angle DMC$。若点 M 是 $\triangle OPQ$ 的垂心，证明：直线 AQ 与 PB 的交点在半圆 O 上。

（张惠东供题）

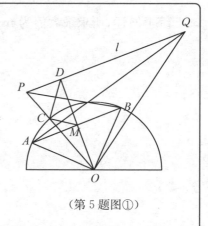

（第 5 题图①）

证明　如图②，设 BP 与半圆 O 交于点 E，连接 AE 并延长交直线 l 于点 Q_1，我们只要证明 M 是 $\triangle OPQ_1$ 的垂心。

连接 AP、AD、DE、DB、BQ_1、PM、MQ_1。

因为 $\angle PCD = \angle DMC$，所以 $\angle OCD = \angle OMC$，又因为 $\angle COD = \angle MOC$，所以 $\triangle OCD \backsim \triangle OMC$，于是 $OC^2 = OM \cdot OD$，因为 $OA = OC$，所以 $OA^2 = OM \cdot OD$，又 $AM \perp OD$，于是 $OA \perp AD$，DA 与半圆 O 相切。从而 $\angle DAE = \angle ABE$，因为 $PD \parallel AB$，所以 $\angle DPE = \angle ABE$，于是 $\angle DPE = \angle DAE$，所以 D、P、A、E 四点共圆，因为 DA 与半圆 O 相切，所以 DB 与

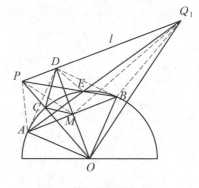

（第 5 题图②）

半圆 O 相切,同理 D、Q_1、B、E 四点共圆。

所以 $\angle DPA = \angle DEQ_1 = \angle DBQ_1$,$\angle PAD = \angle PED = \angle BQ_1D$,于是 $\triangle DPA \backsim \triangle DBQ_1$,从而 $\dfrac{DP}{DA} = \dfrac{DB}{DQ_1}$,所以 $DP \cdot DQ_1 = DA \cdot DB = DA^2 = DB^2$。

于是 $PQ_1^2 - PO^2 = (DP + DQ_1)^2 - PO^2 = DQ_1^2 + 2DP \cdot DQ_1 - OD^2 = DQ_1^2 + 2DA^2 - OD^2 = DQ_1^2 + 2DM \cdot DO - OD^2 = DQ_1^2 + DM \cdot (DM + MO) + DM \cdot DO - OD^2 = DQ_1^2 + DM^2 + DM \cdot MO - MO \cdot OD = MQ_1^2 - MO^2$,所以 $PM \perp OQ_1$,又 $OD \perp PQ_1$,故 M 是 $\triangle OPQ_1$ 的垂心。

---

6 设 n 为正整数,$a_1 \geqslant a_2 \geqslant \cdots \geqslant a_n > 0$。 证明:

$$\left(\frac{1}{a_1} + \frac{1}{a_2} + \cdots + \frac{1}{a_n} \right)^2 \geqslant \sum_{k=1}^{n} \frac{k(2k-1)}{a_1^2 + a_2^2 + \cdots + a_k^2}。$$

(李胜宏供题)

证明 对 n 用数学归纳法证明结论。

当 $n = 1$ 时,原不等式为 $\left(\dfrac{1}{a_1} \right)^2 \geqslant \dfrac{1}{a_1^2}$,显然成立。

假设 $n = m$ 时成立,则当 $n = m + 1$ 时,由归纳假设知

$$\left(\frac{1}{a_1} + \frac{1}{a_2} + \cdots + \frac{1}{a_{m+1}} \right)^2$$

$$= \left(\frac{1}{a_1} + \cdots + \frac{1}{a_m} \right)^2 + 2\left(\frac{1}{a_1} + \cdots + \frac{1}{a_m} \right) \cdot \frac{1}{a_{m+1}} + \frac{1}{a_{m+1}^2} \qquad \text{①}$$

$$\geqslant \sum_{k=1}^{m} \frac{k(2k-1)}{a_1^2 + a_2^2 + \cdots + a_k^2} + \left(\frac{2}{a_1} + \cdots + \frac{2}{a_m} + \frac{1}{a_{m+1}} \right) \cdot \frac{1}{a_{m+1}}。$$

由柯西不等式,$\left(2 \cdot \dfrac{1}{a_1} + \cdots + 2 \cdot \dfrac{1}{a_m} + \dfrac{1}{a_{m+1}} \right)\left(2 \cdot a_1 + \cdots + 2 \cdot a_m + a_{m+1} \right) \geqslant (2m+1)^2$,故

$$\left(\frac{2}{a_1} + \cdots + \frac{2}{a_m} + \frac{1}{a_{m+1}} \right) \cdot \frac{1}{a_{m+1}}$$

$$\geqslant \frac{(2m+1)^2}{2a_1 a_{m+1} + \cdots + 2a_m a_{m+1} + a_{m+1}^2}$$

$$\geqslant \frac{(2m+1)^2}{(a_1^2 + a_{m+1}^2) + \cdots + (a_m^2 + a_{m+1}^2) + a_{m+1}^2}$$

$$= \frac{(2m+1)^2}{(a_1^2 + \cdots + a_m^2 + a_{m+1}^2) + m a_{m+1}^2} \qquad ②$$

$$\geqslant \frac{(2m+1)^2}{(a_1^2 + \cdots + a_m^2 + a_{m+1}^2) + \frac{m}{m+1}(a_1^2 + \cdots + a_m^2 + a_{m+1}^2)}$$

$$= \frac{(m+1)(2m+1)}{a_1^2 + \cdots + a_m^2 + a_{m+1}^2},$$

其中倒数第二步用到了 $a_i \geqslant a_{m+1} > 0 (i = 1, 2, \cdots, m)$。

由①、②知 $n = m + 1$ 时也成立。

由数学归纳法,结论得证。

---

7 称正整数 S 为"育英数",如果存在正整数 n 以及 $2n$ 个正整数 a_1, $a_2, \cdots, a_n$, b_1, $b_2, \cdots, b_n$,使得 $S = \sum_{i=1}^{n} a_i b_i$,且 $\sum_{i=1}^{n}(a_i^2 - b_i^2) = 1$, $\sum_{i=1}^{n}(a_i + b_i) = 2023$,求:

(1) 最小的育英数;

(2) 最大的育英数。(娄均博供题)

解 (1) 最小的育英数为 1014。

一方面,令 $a_1 = a_2 = a_3 = 2$, $a_4 = a_5 = \cdots = a_{1009} = 1$, $b_1 = b_2 = b_3 = 1$, $b_4 = 3$, $b_5 = b_6 = \cdots = b_{1009} = 1$, $n = 1009$ 满足题设条件,且 $\sum_{i=1}^{n} a_i b_i = 1014$。

另一方面,因为 $(a_i - 1)(b_i - 1) \geqslant 0$, $1 \leqslant i \leqslant n$,所以 $\sum_{i=1}^{n} a_i b_i \geqslant \sum_{i=1}^{n}(a_i + b_i - 1) = 2023 - n$。因为 $2023 = \sum_{i=1}^{n}(a_i + b_i) \geqslant 2n$,所以 $n \leqslant 1011$。

若 $n = 1011$,则 $a_1, a_2, \cdots, a_n, b_1, b_2, \cdots, b_n$ 中有 1 个 2, 2021 个 1,与 $\sum_{i=1}^{n}(a_i^2 - b_i^2) = 1$ 矛盾;

若 $n=1010$，则 $\sum_{i=1}^{n}(a_i-1+b_i-1)=3$，则 a_1，a_2，$\cdots$，a_n，b_1，b_2，$\cdots$，b_n 中有 3 个 2，2007 个 1；或者 1 个 3，1 个 2，2008 个 1；或者 1 个 4，2009 个 1，均与 $\sum_{i=1}^{n}(a_i^2-b_i^2)=1$ 矛盾。

所以 $n\leqslant 1009$，$\sum_{i=1}^{n}a_i b_i\geqslant 2023-1009=1014$。

(2) 最大的育英数为 $1006^2+15=1\,012\,051$。

一方面，取 $n=3$，$a_1=b_1=1006$，$a_2=3$，$a_3=3$，$b_2=4$，$b_3=1$ 满足题设条件，且 $\sum_{i=1}^{n}a_i b_i=1006^2+15=1\,012\,051$。

另一方面，若 $\sum_{i=1}^{n}a_i b_i>1006^2+15$，不妨 S 最大，由柯西不等式有

$$\left(\sum_{i=1}^{n}b_i^2+1\right)\left(\sum_{i=1}^{n}b_i^2\right)=\left(\sum_{i=1}^{n}a_i^2\right)\left(\sum_{i=1}^{n}b_i^2\right)\geqslant\left(\sum_{i=1}^{n}a_i b_i\right)^2\geqslant$$

$(1006^2+16)^2>(1006^2+16)(1006^2+15)$，所以 $\sum_{i=1}^{n}b_i^2>1006^2+15$，

$\sum_{i=1}^{n}a_i^2>\sum_{i=1}^{n}b_i^2>1006^2+15$，又由 $\left(\sum_{i=1}^{n}a_i\right)^2\geqslant\sum_{i=1}^{n}a_i^2>1006^2+15$

知 $\sum_{i=1}^{n}a_i\geqslant 1007$，同理 $\sum_{i=1}^{n}b_i\geqslant 1007$，所以 $\sum_{i=1}^{n}a_i=2023-\sum_{i=1}^{n}b_i\leqslant$

1016，同理 $\sum_{i=1}^{n}b_i\leqslant 1016$，由排序不等式，不妨设 $a_1\geqslant a_2\geqslant\cdots\geqslant a_n$，$b_1\geqslant b_2\geqslant\cdots\geqslant b_n$，则 $1017a_1\geqslant\sum_{i=1}^{n}a_1 b_i\geqslant\sum_{i=1}^{n}a_i b_i\geqslant 1006^2+15$，得 $a_1\geqslant 900$。

又 $1006^2+15<\sum_{i=1}^{n}a_i^2\leqslant a_1^2+\left(\sum_{i=2}^{n}a_i\right)^2\leqslant a_1^2+(1016-a_1)^2$，故有 $a_1\geqslant 1006$，同理 $b_1\geqslant 1006$，于是 $\sum_{i=2}^{n}(a_i+b_i)\leqslant 11$。

若 $a_1\neq b_1$，则 $|a_1^2-b_1^2|=|a_1-b_1||a_1+b_1|\geqslant|a_1+b_1|\geqslant 2012$，而 $|a_1^2-b_1^2|=\left|1+\sum_{i=2}^{n}(b_i^2-a_i^2)\right|\leqslant 1+\left(\sum_{i=2}^{n}(a_i+b_i)\right)^2\leqslant 1+121<$ 2012。矛盾！

所以 $a_1=b_1\geqslant 1006$，此时若存在 $i\geqslant 2$ 使 $a_i=b_i$，将 a_i、b_i 分别并入 a_1、b_1，其余不变，则仍满足题设，且 S 变大，与 S 最大矛盾，下设对任意 $i\geqslant 2$，$a_i\neq b_i$，则 $a_i+b_i\geqslant 3$。

i) $a_1\geqslant 1007$，则 $\sum_{i=2}^{n}(a_i+b_i)\leqslant 9$，$9\geqslant 3(n-1)$，于是 $n\leqslant 4$。

若 $n=2$，则 $a_2^2-b_2^2=1$，与 a_2、b_2 为正整数矛盾！

若 $n=3$，$a_2 \geqslant 4$ 时，$b_2+b_3 \leqslant 4$，$a_2^2+a_3^2-b_2^2-b_3^2 \geqslant 4^2+1^2-3^2-1^2 > 1$，矛盾！$b_2 \geqslant 4$ 时类似可得矛盾。下设 a_2、a_3、b_2、b_3 都不大于 3，则 $a_2^2-b_2^2$，$a_3^2-b_3^2 \in \{3, 5, 8, -3, -5, -8\}$，与 $a_2^2+a_3^2-b_2^2-b_3^2=1$ 矛盾。

若 $n=4$，则由取等可知对任意 $i \geqslant 2$，$\{a_i, b_i\}=\{1, 2\}$，$a_i^2-b_i^2=\pm 3$，与 $\sum_{i=2}^{n}(a_i^2-b_i^2)=1$ 矛盾！

ii) $a_1=1006$，则 $\sum_{i=2}^{n}(a_i+b_i)=11$ 且 $\sum_{i=2}^{n} a_i b_i > 15$，显然 $n>2$。

若 $n \geqslant 4$，易知 a_2，$b_2 > 1$，记 $\sum_{i=3}^{n} a_i=x$，$\sum_{i=3}^{n} b_i=y$，则 x，$y \geqslant 2$，$\sum_{i=2}^{n} a_i b_i < a_2 b_2 + xy \leqslant 3 \times 4 + 2 \times 2 = 16$，则 $\sum_{i=2}^{n} a_i b_i \leqslant 15$，矛盾！

若 $n=3$，此时若 a_2、a_3、b_2、b_3 中有不小于 5 的数，$a_2 \geqslant 5$ 时，$b_2+b_3 \leqslant 5$，$a_2^2+a_3^2-b_2^2-b_3^2 \geqslant 5^2+1^2-4^2-1^2 > 1$，矛盾！$b_2 \geqslant 5$ 时类似可得矛盾。下设 a_2、a_3、b_2、b_3 都不大于 4，讨论易得 a_2、a_3、b_2、b_3 仅可为 $a_2=3$，$a_3=3$，$b_2=4$，$b_3=1$，$\sum_{i=2}^{n} a_i b_i=15$，矛盾！

---

8 给定正整数 $n \geqslant 2$，设 $p(x)$ 为 n 次整系数多项式。若存在无穷多个正整数 m，使得 $p(m)$ 至多有 $n-1$ 个不同的质因子，证明：$p(x)$ 至多有 $n-1$ 个不同的有理根。（杨晓鸣供题）

证明 （反证法）假设 $p(x)=0$ 有 n 个不同的有理数根 $\dfrac{b_i}{a_i}$（$i=1, 2, \cdots, n$），其中 a_i 为正整数，b_i 为与 a_i 互质的整数，则 $p(x)=A \prod_{i=1}^{n}(a_i x-b_i)$，其中 A 为非零整数。

易知，对任意的 i，j（$1 \leqslant i < j \leqslant n$），有 $a_i b_j-a_j b_i \neq 0$。

根据题意，可取正整数 m，使得 $p(m)$ 仅含有 t（$1 \leqslant t \leqslant n-1$）个不同的质因子 p_1，p_2，$\cdots$，p_t，且对任意 $i=1, 2, \cdots, n$，均有 $a_i m-b_i > k^t$，其中 $k = \max\limits_{1 \leqslant i < j \leqslant n} |a_i b_j-a_j b_i|$。

对每个 $i=1, 2, \cdots, n$，可设 $a_i m-b_i = p_1^{\alpha_{i,1}} p_2^{\alpha_{i,2}} \cdots p_t^{\alpha_{i,t}}$，其中 $\alpha_{i,1}$，$\alpha_{i,2}$，$\cdots$，$\alpha_{i,t}$ 为非负整数。

将 $p_1^{\alpha_{i,1}}$，$p_2^{\alpha_{i,2}}$，$\cdots$，$p_t^{\alpha_{i,t}}$ 的最大者记为 x_i，则有

$$x_i \geqslant \sqrt[t]{a_i m - b_i} > k \, (i = 1, 2, \cdots, n)。 \qquad ①$$

因为 $x_1, x_2, \cdots, x_n$ 仅可能含下列某个质因子 $p_1, p_2, \cdots, p_t$ 的方幂,而 $t < n$,故由抽屉原理知,存在 $j_1, j_2 (1 \leqslant j_1 < j_2 \leqslant n)$,使得 x_{j_1} 和 x_{j_2} 均为同一个数 $p_l (1 \leqslant l \leqslant t)$ 的方幂,不妨设 $\alpha_{j_1, l} \leqslant \alpha_{j_2, l}$,则 $x_{j_1} \mid x_{j_2}$。

故由 $x_{j_1} \mid a_{j_1} m - b_{j_1}$,$x_{j_2} \mid a_{j_2} m - b_{j_2}$,可知 $x_{j_1} \mid [a_{j_2}(a_{j_1} m - b_{j_1}) - a_{j_1}(a_{j_2} m - b_{j_2})]$,即 $x_{j_1} \mid (a_{j_1} b_{j_2} - a_{j_2} b_{j_1})$,注意到 $a_{j_1} b_{j_2} - a_{j_2} b_{j_1} \neq 0$,可知 $x_{j_1} \leqslant |a_{j_1} b_{j_2} - a_{j_2} b_{j_1}| \leqslant k$。 与①矛盾。

所以 $p(x)$ 至多有 $n-1$ 个不同的有理根。

高二年级

❶ 已知正数列 $\{a_n\}$ 满足：$a_1=1$，$a_n=2+\sqrt{a_{n-1}}-2\sqrt{1+\sqrt{a_{n-1}}}$，$S_n$ 为数列 $\{2^n a_n\}$ 的前 n 项和，求 S_{2023}。（董秋仙供题）

解 因 $a_n>0$，$a_n=2+\sqrt{a_{n-1}}-2\sqrt{1+\sqrt{a_{n-1}}}=(\sqrt{1+\sqrt{a_{n-1}}}-1)^2$，令 $b_n=1+\sqrt{a_n}$，则 $b_n=\sqrt{b_{n-1}}$，$b_n=2^{2^{-n+1}}$，于是

$$S_{2023}=\sum_{n=1}^{2023}2^n a_n=\sum_{n=1}^{2023}2^n(b_n-1)^2=\sum_{n=1}^{2023}2^n(b_n^2-2b_n+1)$$

$$=2+\sum_{n=2}^{2023}2^n(b_{n-1}-2b_n+1)$$

$$=2+\sum_{n=2}^{2023}[2^n(b_{n-1}-1)-2^{n+1}(b_n-1)]$$

$$=2+4(b_1-1)-2^{2024}(b_{2023}-1)$$

$$=6-2^{2024}(2^{2^{-2022}}-1)。$$

❷ 对非空有限复数集合 A，定义 A 的"陶模"为 $\left|\sum_{z\in A}z\right|$。给定整数 $n\geqslant3$，设集合 $U_n=\left\{\cos\dfrac{2k\pi}{n}+\mathrm{i}\sin\dfrac{2k\pi}{n}\,\middle|\,k=0,1,\cdots,n-1\right\}$。记 a_n 为 U_n 的陶模为 0 的非空子集的个数，b_n 为 U_n 的陶模为 1 的非空子集的个数。比较 na_n 和 $2b_n$ 的大小。（何忆捷、张洪申供题）

解 对于 $1,2,\cdots,n$，将 U_n 的陶模为 0 的 j 元子集的全体记为 Ω_j，U_n

的陶模为 1 的 j 元子集的全体记为 Γ_j。

显然 $|\Omega_1| = |\Omega_{n-1}| = 0$，$|\Omega_n| = 1$，$|\Gamma_n| = 0$，则

$$a_n = |\Omega_2| + |\Omega_3| + \cdots + |\Omega_{n-2}| + 1, \qquad \text{①}$$

$$b_n = |\Gamma_1| + |\Gamma_2| + \cdots + |\Gamma_{n-1}|。 \qquad \text{②}$$

下面证明：$n|\Omega_j| \leqslant |\Gamma_{j-1}| + |\Gamma_{j+1}| \; (j = 2, 3, \cdots, n-2)。 \qquad \text{③}$

记 $\omega_k = \cos\left(\dfrac{2k\pi}{n}\right) + i\sin\left(\dfrac{2k\pi}{n}\right) \; (k = 0, 1, \cdots, n-1)$。

对 Ω_j 中的每个集合 S，令 S 对应 $\Gamma_{j-1} \bigcup \Gamma_{j+1}$ 中的 n 个两两不同的集合，$T_k = S \backslash \{\omega_k\}$，若 $\omega_k \in S$；$T_k = S \bigcup \{\omega_k\}$，若 $\omega_k \notin S \,(k = 0, 1, \cdots, n-1)$。

不同的 S 对应的集合没有重复的。事实上，若 $\Gamma_{j-1} \bigcup \Gamma_{j+1}$ 中的一个集合 T 是按上述方式被 Ω_j 中的集合所对应，则当 $|T| = j-1$ 时，可唯一确定对应于 T 的集合为 $S = T \bigcup \left\{ -\sum_{z \in T} z \right\}$，当 $|T| = j+1$ 时，可唯一确定对应于 T 的集合为 $S = T \backslash \left\{ \sum_{z \in T} z \right\}$。从而当 S 取遍 Ω_j 中的所有集合时，可对应到 $\Gamma_{j-1} \bigcup \Gamma_{j+1}$ 中的 $n|\Omega_j|$ 个两两不同的集合，从而③成立。

因此，结合①、②，并注意到 $|\Gamma_1| = |\Gamma_{n-1}| = n$，可知

$$na_n = \sum_{j=2}^{n-2} n|\Omega_j| + n < \sum_{j=2}^{n-2}(|\Gamma_{j-1}| + |\Gamma_{j+1}|) + |\Gamma_1| + |\Gamma_{n-1}| \leqslant 2b_n,$$

即 $na_n < 2b_n$。

---

❸ 如图①，在 $\triangle ABC$ 中，$\angle BAC$ 的角平分线上的点 D 满足 $\angle DBA = \angle ADC$。E、F 在过 A 且垂直于 AD 的直线上，满足 $AF = FC$，$AE = BE$。设 $\odot(EAC)$ 交 $\odot(FAB)$ 于 K，A 关于 BC 的对称点为 A'。证明：若 $AD = BC$，则 $\triangle AKA'$ 的外心在 AD 上。（杨晓鸣、林逸沿供题）

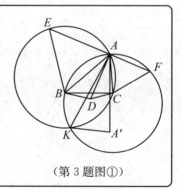

（第 3 题图①）

证明 因为 $\angle DBA = \angle ADC$，$\angle DAB = \angle DAC$，所以 $\triangle DAB \backsim \triangle CAD$，从而 $AD^2 = AB \cdot AC$，于是可知 $BC^2 = AB \cdot AC$。

如图②,设⊙(EBC)交 EF 于 Q,则 $\angle ACQ = 180° - \angle BEA - \angle ACB = \angle ABC$,设 BQ 交 AC 于 N,则 $\dfrac{AN}{NC} = \dfrac{S_{\triangle BAQ}}{S_{\triangle BCQ}} = \dfrac{\sin\angle BAQ \cdot AB \cdot AQ}{\sin\angle BCQ \cdot BC \cdot CQ} = \dfrac{\cos\dfrac{A}{2} \cdot AB \cdot \sin B}{\sin A \cdot BC \cdot \cos\dfrac{A}{2}} = 1$,故可知 N 为 AC 中点,于是 $\angle AKC = \angle AEC = \angle QBC$。

同理设⊙(FBC)交 EF 于 P,CP 交 AB 于 L,则 L 为 AB 中点,于是 $\angle AKB = \angle PCB$。

设 G 为重心,则可知 $\angle GCB = \angle AKB$,$\angle GBC = \angle AKC$,于是 G、B、K、C 共圆,且 A、G、K 共线。设 AK 交 BC 于 M,则 M 为 BC 中点。

如图③,设 AD 交 BC 于 T,则 $TA = TA'$,下证 $TA = TK$。而这等价于 $AM + MK = 2\cos\angle MAT \cdot AT$,设 X、Y 为弧 BAC、弧 BC 的中点,则 X、M、T、A 共圆,于是 $\angle MXT = \angle MAT$,从而 $\cos\angle MAT = \cos\angle MXT = \dfrac{XM}{XT} = \dfrac{XM\sin\angle AMC}{AT}$。

又 $MK = \dfrac{BC^2}{4GM} = \dfrac{3BC^2}{4AM}$,于是只要证 $AM + \dfrac{3BC^2}{4AM} = 2XM\sin\angle AMC$。

又 $XM = \dfrac{BM}{\tan\angle BAT} = \dfrac{BC}{2\tan\dfrac{A}{2}}$,$\dfrac{AM}{\sin\angle ACB} = \dfrac{AC}{\sin\angle AMC}$,故可知等价于

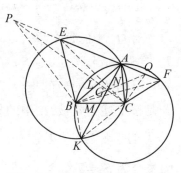

(第 3 题图②)

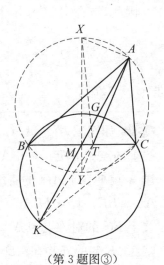

(第 3 题图③)

$$AM + \frac{3BC^2}{4AM} = \frac{BC}{\tan\frac{A}{2}} \cdot \frac{AC}{AM}\sin C$$

$$\Leftrightarrow AM^2 + \frac{3}{4}BC^2 = \frac{BC \cdot AC}{\tan\frac{A}{2}} \cdot \sin C$$

$$\Leftrightarrow \frac{1}{2}(AB^2 + AC^2 + BC^2) = \frac{BC \cdot AC}{\tan\frac{A}{2}} \cdot \sin C,$$

而又

$$\frac{BC \cdot AC}{\tan\frac{A}{2}} \cdot \sin C = \frac{AB \cdot AC \cdot \sin A}{\tan\frac{A}{2}} = 2AB \cdot AC\cos^2\frac{A}{2}$$

$$= AB \cdot AC(\cos A + 1)$$

$$= AB \cdot AC + \frac{1}{2}(AB^2 + AC^2 - BC^2)$$

$$= \frac{1}{2}(AB^2 + AC^2 + BC^2),$$

故可知成立。综上得证!

---

4 求最大的实数 c,使得对任意大于 1 的正整数 s,以及与 s 互质的正整数 m、n,

$$\sum_{j=1}^{s-1}\left\{\frac{jm}{s}\right\}\left(1-\left\{\frac{jm}{s}\right\}\right)\left\{\frac{jn}{s}\right\}\left(1-\left\{\frac{jn}{s}\right\}\right) \geqslant cs$$

总成立。（史皓嘉供题）

证明 首先记 $x_j = \left\{\frac{jm}{s}\right\} \cdot \left(1-\left\{\frac{jm}{s}\right\}\right)$,$y_j = \left\{\frac{jn}{s}\right\} \cdot \left(1-\left\{\frac{jn}{s}\right\}\right)$,$j = 0$,

$1, \cdots, s-1$。

并设 $\omega = \cos\frac{2\pi}{s} + \mathrm{i}\sin\frac{2\pi}{s}$ 为 s 次单位根且记

$$a_k = \sum_{j=0}^{s-1} x_j \omega^{kj}, \quad b_k = \sum_{j=0}^{s-1} y_j \omega^{kj}, \quad k = 0, 1, \cdots, s-1。$$

由于 $x_j = x_{s-j}$，$y_j = y_{s-j}$，易得 $a_k = a_{s-k}$，$b_k = b_{s-k}$。且易得，

$$\sum_{k=0}^{s-1} a_k b_k = \sum_{k=0}^{s-1} a_k b_{s-k} = \sum_{k=0}^{s-1} \sum_{j=0}^{s-1} x_j \omega^{kj} \sum_{l=0}^{s-1} y_n \omega^{-kl}$$

$$= \sum_{j=0}^{s-1} \sum_{l=0}^{s-1} x_j y_l \sum_{k=0}^{s-1} \omega^{k(j-l)} = s \sum_{j=0}^{s-1} x_j y_j = s \cdot \text{LHS}。$$

下面计算 a_k、b_k：当 $k=0$ 时，易得 $a_0 = b_0 = \sum_{j=0}^{s-1} \dfrac{j}{s}\left(1 - \dfrac{j}{s}\right) = \dfrac{s^2 - 1}{6s}$。当 $1 \leqslant k \leqslant s-1$ 时，

$$a_k = \sum_{j=0}^{s-1} x_j \omega^{kj} = \sum_{j=0}^{s-1} \left\{\frac{jm}{s}\right\} \cdot \left(1 - \left\{\frac{jm}{s}\right\}\right) \omega^{kj}$$

$$= \sum_{j=0}^{s-1} \frac{j}{s}\left(1 - \frac{j}{s}\right) \omega^{m^{-1} \cdot kj} = \frac{2}{s} \cdot \frac{\omega^{k \cdot m^{-1}}}{(1 - \omega^{k \cdot m^{-1}})^2}$$

$$= \frac{1}{2s \cdot \sin^2 \dfrac{k \cdot m^{-1}}{s}},$$

（最后第二个等号可将 $\omega^{k \cdot m^{-1}}$ 视为整体计算），同理可得，

$$b_k = \frac{1}{2s \cdot \sin^2 \dfrac{k \cdot n^{-1}}{s}},$$

故我们有，

$$\sum_{k=1}^{s-1} a_k b_k = \frac{1}{4s^2} \sum_{k=1}^{s-1} \frac{1}{\sin^2 \dfrac{k \cdot m^{-1}}{s} \cdot \sin^2 \dfrac{k \cdot n^{-1}}{s}}$$

$$= \frac{1}{4s^2} \sum_{k=1}^{s-1} \frac{1}{\sin^2 \dfrac{k \cdot m}{s} \cdot \sin^2 \dfrac{k \cdot n}{s}},$$

故

$$\text{LHS} = \frac{\sum_{k=0}^{s-1} a_k b_k}{s} = \frac{\left(\frac{s^2-1}{6s}\right)^2 + \frac{1}{4s^2}\sum_{k=1}^{s-1}\frac{1}{\sin^2\frac{k\cdot m}{s}\cdot\sin^2\frac{k\cdot n}{s}}}{s}$$

$$= \frac{s}{36} - \frac{1}{18s} + \frac{1}{36s^3} + \frac{1}{4s^3}\sum_{k=1}^{s-1}\frac{1}{\sin^2\frac{k\cdot m}{s}\cdot\sin^2\frac{k\cdot n}{s}}$$

$$\geqslant \frac{s}{36} - \frac{1}{18s} + \frac{1}{36s^3} + \frac{1}{4s^3}\sum_{k=1}^{s-1}\frac{1}{\sin^2\frac{k\cdot m}{s}}$$

$$= \frac{s}{36} - \frac{1}{18s} + \frac{1}{36s^3} + \frac{1}{4s^3}\cdot\frac{s^2-1}{3} > \frac{s}{36}。$$

（最后一个等号是一个经典的结果）故我们完成了证明。

高二年级

第 **2** 天

(2023 年 7 月 31 日　8:00～12:00)

5 如图,在△ABC 中,$AB > AC$,内切圆 I 与边 BC、CA、AB 分别切于点 D、E、F,直线 BC、EF 相交于点 K,$DG \perp EF$ 于点 G,射线 IG 与△ABC 的外接圆相交于点 H,证明:H、G、D、K 四点共圆。(张鹏程供题)

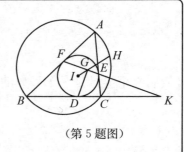

(第 5 题图)

证法一　易知 A、F、I、E 四点共圆,记该圆为圆 Γ。设圆 Γ 与△ABC 的外接圆的另一个交点为 M,IM、EF 相交于点 N,连接 MB、MC、ME、MF,则易知,

$$\angle MBF = \angle MCE,\quad \angle MFB = 180° - \angle AFM = 180° - \angle AEM = \angle MEC,$$

所以 △MFB $\backsim$ △MEC,因此 $\dfrac{MF}{ME} = \dfrac{FB}{EC}$。

又易知 MN 平分 $\angle FME$,所以

$$\frac{FN}{NE} = \frac{MF}{ME} = \frac{FB}{EC}。 \qquad\qquad ①$$

另一方面,由梅涅劳斯定理知,$\dfrac{AF}{FB} \cdot \dfrac{BK}{KC} \cdot \dfrac{CE}{EA} = 1$,又 $AF = EA$,$FB = DB$,$CE = DC$,所以 $\dfrac{KB}{KC} = \dfrac{DB}{DC}$,即 B、D、C、K 为调和点列。

由 $DG \perp KG$ 及调和点列性质知 GD 平分 $\angle BGC$,所以 $\angle BGF = \angle CGE$,又 $\angle BFG = \angle CEG$,因此 △FBG $\backsim$ △ECG,从而

$$\frac{FG}{EG} = \frac{FB}{EC}。 \tag{②}$$

由①、②知 $\frac{FN}{NE} = \frac{FG}{GE}$，又点 N、G 都在线段 FE 内，所以点 N 与点 G 重合，从而点 M 与点 H 重合。

连接 ID、IE、HD，则 $\angle IEG = \angle IEF = \angle IHF = \angle IHE$，所以 $\triangle IEG \backsim \triangle IHE$，从而 $ID^2 = IE^2 = IH \cdot IG$，因此 $\triangle IDH \backsim \triangle IGD$，$\angle GHD = \angle IHD = \angle IDG$ ③，又 $ID \perp BK$，$DG \perp GK$，所以 $\angle IDG = \angle GKD$ ④，由③、④知 $\angle GHD = \angle GKD$，所以 H、G、D、K 四点共圆。

证法二 易知 A、F、I、E 四点共圆，记该圆为圆 Γ。

设圆 Γ 与 $\triangle ABC$ 的外接圆的另一个交点为 M，IM、EF 相交于点 N，连接 MB、MC、ME、MF，则易知，$\angle MBF = \angle MCE$，

$$\angle MFB = 180° - \angle AFM = 180° - \angle AEM = \angle MEC，$$

所以 $\triangle MFB \backsim \triangle MEC$，因此 $\frac{MF}{ME} = \frac{FB}{EC}$。

又易知 MN 平分 $\angle FME$，所以

$$\frac{FN}{NE} = \frac{MF}{ME} = \frac{FB}{EC}。 \tag{①}$$

连接 DE、DF，作 $BR \perp DF$，垂足为 R，则 $FR = \frac{1}{2}DF$。

由 $\angle BFR = \angle DEG$ 知，$\text{Rt}\triangle BFR \backsim \text{Rt}\triangle DEG$，所以

$$\frac{BF}{DE} = \frac{FR}{GE}，\quad BF \cdot GE = FR \cdot DE = \frac{1}{2}DF \cdot DE。$$

类似地，$CE \cdot GF = \frac{1}{2}DF \cdot DE$。

从而 $BF \cdot GE = CE \cdot GF$，即

$$\frac{BF}{CE} = \frac{GF}{GE}。 \tag{②}$$

由①、②知 $\frac{FN}{NE} = \frac{FG}{GE}$，又点 N、G 都在线段 FE 内，所以点 N 与点 G 重

合,从而点 M 与点 H 重合。

连接 ID、IE、HD,则 $\angle IEG = \angle IEF = \angle IHF = \angle IHE$,所以 $\triangle IEG \backsim \triangle IHE$,从而 $ID^2 = IE^2 = IH \cdot IG$,因此 $\triangle IDH \backsim \triangle IGD$,

$$\angle GHD = \angle IHD = \angle IDG。 \tag{③}$$

又 $ID \perp BK$,$DG \perp GK$,所以

$$\angle IDG = \angle GKD。 \tag{④}$$

由③、④知 $\angle GHD = \angle GKD$,所以 H、G、D、K 四点共圆。

---

6 记 $\mathbf{R}[x]$ 为全体实系数多项式,定义映射 $T: \mathbf{R}[x] \rightarrow \mathbf{R}[x]$ 如下:对 $f(x) = a_n x^n + a_{n-1} x^{n-1} + \cdots + a_1 x + a_0$,令

$$T(f(x)) = a_n x^{n+1} + a_{n-1} x^n + (a_n + a_{n-2}) x^{n-1}$$
$$+ (a_{n-1} + a_{n-3}) x^{n-2} + \cdots + (a_2 + a_0) x + a_1。$$

令 $P_0(x) = 1$,$P_n(x) = T(P_{n-1}(x))(n = 1, 2, \cdots)$,求 $P_n(x)$ 的常数项。

（王枫供题）

解 若 $k = 2m$,则常数项为 $\dfrac{1}{m+1}\dbinom{2m}{m}$;若 k 为奇数,则常数项为 0。下面证明该结论。定义映射 $a: \mathbf{R}[x] \rightarrow \mathbf{R}[x]$ 为 $a(f) = xf$,映射 $b: \mathbf{R}[x] \rightarrow \mathbf{R}[x]$ 为 $b(f) = \dfrac{f - f(0)}{x}$。则 $T(f) = (a+b)(f)$,$\underbrace{T \circ T \circ T \circ \cdots \circ T}_{k \text{个}}(1) = (a+b)^k(1) = \sum x_1 \circ x_2 \circ \cdots \circ x_k(1)$,其中 $x_i \in \{a, b\}$。对每个序列 $x_1 x_2 \cdots x_k$ 定义新的序列 ϵ_i 为 $\epsilon_i = \begin{cases} 1, & \text{若 } x_{k+1-i} = a, \\ -1, & \text{若 } x_{k+1-i} = b, \end{cases}$ 则 $x_1 \circ x_2 \circ \cdots \circ x_k(1)$ 的常数项

$$= \begin{cases} 1, & \text{若对 } i = 1, 2, \cdots, k-1, \sum_{j=1}^{i} \epsilon_j \geqslant 0 \text{ 且 } \sum_{j=1}^{k} \epsilon_j = 0, \\ 0, & \text{其他情况}, \end{cases}$$

从而 $\underbrace{T \circ T \circ T \circ \cdots \circ T}_{k\uparrow}(1)$ 的常数项等于满足 $\epsilon_i \in \{1, -1\}$，对 $i = 1, 2, \cdots$,

$k-1$，$\sum_{j=1}^{i} \epsilon_j \geqslant 0$ 且 $\sum_{j=1}^{k} \epsilon_j = 0$ 的序列的个数。根据卡特兰数的组合描述，这样的数列的个数为

$$
\begin{cases}
\dfrac{1}{m+1}\dbinom{2m}{m}, & \text{若 } k = 2m, \\
0, & \text{其他情况,}
\end{cases}
$$

通过以上对应我们可以得到

$$
\underbrace{T \circ T \circ T \circ \cdots \circ T}_{k\uparrow}(1) = \sum_{0 \leqslant i \leqslant k,\ i \equiv k \pmod 2} \frac{2i+2}{k+i+2}\binom{k}{\frac{k+i}{2}} x^i 。
$$

我们也可以在猜测出上式以后归纳证明。

---

7 设 $p(x)$ 为 n 次整系数多项式（$n \geqslant 2$）。若存在无穷多个正整数 m，使得 $p(m)$ 至多有 $n-1$ 个不同的质因子，证明 $p(x)$ 至多有 $n-1$ 个不同的有理根。（杨晓鸣供题）

证明　（反证法）假设 $p(x) = 0$ 的 n 个不同的有理数根 $\dfrac{b_i}{a_i}(i = 1, 2, \cdots,$

$n)$，其中 a_i 为正整数，b_i 为与 a_i 互质的整数，则 $p(x) = A \prod_{i=1}^{n}(a_i x - b_i)$，其中 A 为非零整数。

易知，对任意的 $i, j(1 \leqslant i < j \leqslant n)$，有 $a_i b_j - a_j b_i \neq 0$。

根据题意，可取正整数 m，使得 $p(m)$ 仅含有 $t(1 \leqslant t \leqslant n-1)$ 不同的质因子 $p_1, p_2, \cdots, p_t$，且对任意 $i = 1, 2, \cdots, n$，均有 $a_i m - b_i > k^t$，其中 $k = \max\limits_{1 \leqslant i < j \leqslant n}|a_i b_j - a_j b_i|$。

对每个 $i = 1, 2, \cdots, n$，可设 $a_i m - b_i = p_1^{\alpha_{i,1}} p_2^{\alpha_{i,2}} \cdots p_t^{\alpha_{i,t}}$，其中 $\alpha_{i,1}$, $\alpha_{i,2}, \cdots, \alpha_{i,t}$ 为非负整数。将 $p_1^{\alpha_{i,1}}, p_2^{\alpha_{i,2}}, \cdots, p_t^{\alpha_{i,t}}$ 的最大者记为 x_i，则有

$$
x_i \geqslant \sqrt[t]{a_i m - b_i} > k(i = 1, 2, \cdots, n) 。 \tag{①}
$$

因为 $x_1, x_2, \cdots, x_n$ 仅可能含下列某个质因子 $p_1, p_2, \cdots, p_t$ 的方幂, 而 $t < n$, 故由抽屉原理知, 存在 $j_1, j_2 (1 \leqslant j_1 < j_2 \leqslant n)$, 使得 x_{j_1} 和 x_{j_2} 均为同一个数 $p_l (1 \leqslant l \leqslant t)$ 的方幂, 不妨设 $\alpha_{j_1, l} \leqslant \alpha_{j_2, l}$, 则 $x_{j_1} \mid x_{j_2}$.

故由 $x_{j_1} \mid a_{j_1} m - b_{j_1}$, $x_{j_2} \mid a_{j_2} m - b_{j_2}$, 可知 $x_{j_1} \mid [a_{j_2}(a_{j_1} m - b_{j_1}) - a_{j_1}(a_{j_2} m - b_{j_2})]$, 即 $x_{j_1} \mid (a_{j_1} b_{j_2} - a_{j_2} b_{j_1})$, 注意到 $a_{j_1} b_{j_2} - a_{j_2} b_{j_1} \neq 0$, 可知 $x_{j_1} \leqslant |a_{j_1} b_{j_2} - a_{j_2} b_{j_1}| \leqslant k$. 与①矛盾.

所以 $p(x)$ 至多有 $n-1$ 个不同的有理根.

8 给定正整数 n, A 和 B 玩如下游戏: 有 2023 枚硬币首尾相连排成一圈, 标号为 $1, 2, \cdots, 2023$ (标号按模 2023 理解). 每枚硬币有正反两面, 一开始所有硬币都是正面朝上, A 的目标是让尽可能多的硬币反面朝上. 在每一轮操作中, A 选择标号为 k 和 $k+3$ 的两枚正面朝上的硬币 (若无法选取则游戏结束); 然后 B 选择标号为 $k+1$ 或 $k+2$ 的一枚硬币, 并将这枚硬币翻面. 若某一个时刻有 n 枚硬币反面朝上, 则 A 获胜. 求最大的 n 使得 A 有必胜策略. (欧阳泽轩供题)

解 $n = 675$.

除了全正的状态以外, 对于 2023 个硬币一种状态, 设有 k 个硬币为反, 它们把正硬币分为了 k 段, 每段 $a_1, \cdots, a_k$ 个, 那么非负整数列 $(a_1, \cdots, a_k)$ 完全决定硬币的状态, 所以我们可以用数列 $(a_1, \cdots, a_k)$ 来指代当前的局面. 对两个数列 $(a_1, \cdots, a_k)$ 和 $(b_1, \cdots, b_k)$, 若存在 t, $a_i = b_{i+t}$ 对任意 $1 \leqslant i \leqslant k$ 成立 (下标模 k 处理), 则称这两个数列是循环等价的. 等价的数列对应相同的局面.

对于数列 $(a_1, \cdots, a_k)$, 构造一个简化数列如下: 首先将数列 $(a_1, \cdots, a_k)$ 中 $a_i \equiv 2 \pmod 3$ 的那些项都去掉, 再将 $a_i \equiv 1 \pmod 3$ 的项都换成 1, $a_i \equiv 0 \pmod 3$ 的项都换成 3, 得到一个简化数列 $(b_1, \cdots, b_l)$.

我们称一个局面为好的, 若它满足: 没有两个反硬币相邻, 且满足下面三者之一.

(a) 全正状态;

(b) 对应的简化数列循环等价于 $(0, 0, 1, \cdots, 0, 1, 0, 1)$ (01 间隔, 再加一个 0);

（c）对应的简化数列循环等价于$(1,1,0,1,\cdots,0,1,0,1)$（01 间隔，再加连续的两个 1）。

对于局面$(a_1,\cdots,a_k)$，在一轮操作中：

若 B 将反硬币变正，则局面会变为$(a_1,\cdots a_{i-1},a_i+a_{i+1}+1,a_{i+2},\cdots,a_k)$，或者变回全正状态。若 B 将正硬币变反，则局面会变为$(a_1,\cdots a_{i-1},k,a_i-k-1,a_{i+1},\cdots,a_k)$，$B$ 可以在某两个连续的正整数中选择一个作为 k。

首先，我们考虑 B 的策略。在每一轮中，B 有两个硬币可以选择翻面，若其中有反硬币，则将其翻正，否则，B 必须将数列中 a_i 拆成两项(k,a_i-k-1)，对 a_i 模 3 讨论：

（1）若 $a_i\equiv0(\bmod3)$，拆分后模 3 有三种情况：$(0,2)$，$(2,0)$，$(1,1)$；

（2）若 $a_i\equiv1(\bmod3)$，拆分后模 3 有三种情况：$(1,2)$，$(2,1)$，$(0,0)$；

（3）若 $a_i\equiv2(\bmod3)$，拆分后模 3 有三种情况：$(0,1)$，$(2,2)$，$(1,0)$。

总之，模 3 意义下，a_i 拆成两项有三种可能，B 需要在其中两种中选择一种。

下证 B 有策略能保持始终是好局面，并且在好局面下反硬币始终少于 676。

先证若局面是好局面，那么一轮后 B 能使得局面仍然是好局面，从而 B 可以一直保持局面是好局面。（具体讨论：若某一轮把 a_i、a_{i+1} 合并成一项，容易验证；若某一轮把 a_i 拆成两项，对于全正状态，一轮后简化数列为 (0)，对于情况 $(1)(2)$ B 可以避免最后一种情况，从而不改变简化数列，对于(3) 简单讨论可知 B 可插入连续的 01 或者 10，使得仍是好局面）

于是只要证明在好局面下，反硬币个数 <676 即可。设一个好状态对应的数列为$(a_1,\cdots,a_k)$，设$(a_1,\cdots,a_k)$ 中，模 3 余 i 的共有 x_i 项，那么 $x_1\leqslant x_0+2$，$2023-k=a_1+\cdots+a_k\geqslant x_1+2x_2+3x_0\geqslant2(x_1+x_2+x_0)-2=2k-2$，故 $2025\geqslant3k$，$k\leqslant675$。于是 A 要得到 675 个反硬币，需要设法得到好局面中(3) 的情形。

$n=675$ 时，我们构造 A 的必胜策略：

引理:对于连续的 x 枚正硬币,A 总可以将其中 $\left[\dfrac{x-1}{3}\right]$ 枚硬币变反而不改变其他($2023-x$)枚硬币。

引理的证明如下:

归纳即可,$x=1,2,3$ 已经成立,假设对于 $x<k$ 成立,对 k 枚硬币,首先对最左侧 4 枚硬币操作,再对右侧 $x-3$ 枚硬币用归纳假设即可。

第一轮操作过后,不妨设 0 号硬币变反,然后第二轮 A 选择标号为 3、6 的两枚正硬币。

那么局面会变为(4,2017)或者(3,2018)。对(4,2017),由引理,两段正硬币分别可以贡献 1、672 枚反硬币,加上已有的两个反硬币,总和 675 个。

对(3,2018),第三轮 A 选择标号为 7、10 的两枚正硬币。B 可以选择翻 9 号或者 8 号硬币,对应的局面分别为:(3,4,2013)和(3,3,2014)。对(3,4,2013),A 选择 2023 号、2 号两个正硬币,那么局面会变为(0,2,4,2013)或者(4,2017),由引理都可以达到 675 个反硬币。对(3,3,2014),A 选择标号为 2、5 两个正硬币,那么局面会变为(2,0,3,2014)或者(7,2014),由引理都可以达到 675 个反硬币。

2023 年第 21 届中国数学奥林匹克协作体夏令营

（吉林　长春）

第 21 届中国数学奥林匹克协作体夏令营于 2023 年 7 月 16 日至 25 日在东北师大附中举行。

东北师范大学附属中学,简称东北师大附中、东师附中,始建于 1950 年,为吉林省重点中学。学校有自由、青华、明珠、净月、新城、北京朝阳、深圳等多个校区,涵盖幼儿园、小学、初中、高中、国际部、艺术部等多个学部,构建起了以自身为主体的多元合作办学格局。该校学科竞赛在国际奥林匹克中取得好成绩,涉及数学、信息学、化学、生物学等多个学科。曾获得全国德育先进校、全国五一劳动奖状、全国五四红旗团委创建单位、普通高中新课程新教材实施国家级示范校等荣誉。

中国数学奥林匹克协作体是国内一些在数学奥林匹克活动中成绩卓著的学校,为了探索数学科学人才发现与培养的规律、总结数学奥林匹克活动的经验和教训而共同构筑的一个交流平台。协作体学校校长会议每两年召开一次,确定大政方针。东北师大附中在此之前积极推进筹办了本次线下活动。

参加本次夏令营开营式的领导及嘉宾有:中国数学会数学竞赛委员会中学组副组长、华东师范大学教授熊斌,中国数学会普及工作委员会原主任、首都师范大学教授吴建平,《中等数学》原主编李炘,东北师范大学党委副书记、副校长常青,东北师范大学附校办主任赵树峰,东北师范大学数学与统计学院院长、教授冀书关,吉林省数学会副秘书长、东北师范大学教授郭民,东北师大附中校长邵志豪及协作体成员校的校长、主任等。在开营式上,邵志豪校长致欢迎词。熊斌教授、常青副校长先后致辞。

　　本次夏令营参加的,有来自哈尔滨师大附中、东北师大附中、辽宁东北育才学校、辽宁大连二十四中、山西大学附中、清华附中、山东青岛二中、江苏盐城中学、上海中学、上海延安中学、湖北黄冈中学、福州一中、华中师大一附中、湖北武钢三中、长沙一中、湖南师大附中、华南师大附中、成都七中、江西鹰潭一中、郑州外国语学校、浙江温州中学、天津耀华中学、河北邯郸一中、南京师大附中等 24 个学校的 184 位营员。

　　本次活动的主试委员会由熊斌、李永国、陈先春、申强担任。

　　在闭幕式上,东北师大附中高中部校长助理潘振东作了总结发言,东北师大附中学生李佳桐作为营员代表谈了参加活动的心得,东北师大数学与统计学院教授、院长冀书关对本次活动的圆满成功表示祝贺。闭幕式最后为竞赛优胜者颁奖,有 30 位营员获得一等奖,50 位营员获得二等奖,70 位营员获得三等奖。

　　夏令营期间,召开了两年一次的协作体校长年会,与会的 15 个学校代表参加了此次会议。会议由东北师大附中校长助理潘振东主持,参加会议的还有:首都师范大学教授吴建平,华东师范大学教授熊斌,清华大学教授扈志明、宋元龙等。大会确定下次轮值主席学校依次为:2024 年南京师大附中,2025 年大连二十四中。

第二十一届中国数学奥林匹克协作体夏令营 2023.07.17 东北师范大学附属中学

开幕式表演

学生认真听讲座

两年一次的校长年会

A 水平考试

（2023 年 7 月 23 日　14∶00～17∶00）

1 设 $\mathbf{N}_+$ 是正整数集，函数 $f:\mathbf{N}_+ \to \mathbf{N}_+$ 满足如下两个条件：

(1) $f(n) < f(n+1)$，$n \in \mathbf{N}_+$；

(2) $f(f(f(f(n)))) = 5n$，$n \in \mathbf{N}_+$。

求 $f(2023)$ 的值。

解 若 $f(1) = 1$，则

$$f(f(1)) = f(1) = 1, \ f(f(f(1))) = f(1) = 1, \ f(f(f(f(1)))) = f(1) = 1,$$

这与(2)矛盾。所以 $f(1) > 1$，进而 $f(n) > n$，$n \in \mathbf{N}_+$。

由(1)知，函数 f 是严格递增的，所以

$$1 < f(1) < f(f(1)) < f(f(f(1))) < f(f(f(f(1)))) = 5 < f(5),$$

于是 $f(1) = 2$，$f(2) = f(f(1)) = 3$，$f(3) = f(f(f(1))) = 4$，$f(4) = f(f(f(f(1)))) = 5$。

又由(2)可得 $f(5n) = f(f(f(f(f(n))))) = 5f(n)$，$n \in \mathbf{N}_+$，所以，对任意正整数 n，有 $f(5^k n) = 5f(5^{k-1}n) = \cdots = 5^k f(n)$，$k \in \mathbf{N}_+$。

于是，对于正整数 k，有

$$f(5^k) = f(5^k \cdot 1) = 5^k f(1) = 2 \cdot 5^k,$$
$$f(2 \cdot 5^k) = 5^k f(2) = 3 \cdot 5^k,$$
$$f(3 \cdot 5^k) = 5^k f(3) = 4 \cdot 5^k,$$
$$f(4 \cdot 5^k) = 5^k f(4) = 5 \cdot 5^k。$$

所以 $5^k \leqslant \sum\limits_{n=3\cdot5^k}^{4\cdot5^k-1}(f(n+1)-f(n)) = f(4 \cdot 5^k) - f(3 \cdot 5^k) = 5^k$，故

$$f(n+1)-f(n)=1,\ n=3\cdot 5^k,\ 3\cdot 5^k+1,\cdots,\ 4\cdot 5^k-1,$$

即 $$f(3\cdot 5^k+i)=f(3\cdot 5^k)+i=4\cdot 5^k+i,\ 1\leqslant i\leqslant 5^k。$$

因为 $3\cdot 5^4<2023=3\cdot 5^4+148<4\cdot 5^4-1$，所以

$$f(2023)=f(3\cdot 5^4+148)=f(3\cdot 5^4)+148=4\cdot 5^4+148=2648。$$

---

❷ 用 k 种颜色对一个 7×7 的方格表的每一个小方格染色，每一个小方格染且只染一种颜色，使得任意连在一起的 3 个小方格（横的、竖的、斜的）都有 3 种不同的颜色。

求 k 的最小可能值。

解 首先证明 $k\geqslant 5$。

如图①，按照题意，任意连在一起的 3 个小方格（横的、竖的、斜的）都有 3 种不同的颜色。于是图中的"十字架"中的 5 个小方格的颜色是互不相同，所以，$k\geqslant 5$。

下面构造一个用 5 种颜色染色，使得满足题意的例子，见图②，图中 5 个数字 1、2、3、4、5 表示 5 种不同的颜色。

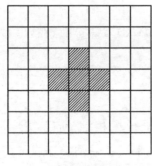

（第 2 题图①）

1	2	3	4	5	1	2
3	4	5	1	2	3	4
5	1	2	3	4	5	1
2	3	4	5	1	2	3
4	5	1	2	3	4	5
1	2	3	4	5	1	2
3	4	5	1	2	3	4

（第 2 题图②）

3 如图①，△ABC 的外心为 O，过点 O 作边 BC 的垂线，分别与边 BC、CA 相交于点 M、P，过点 O 作边 CA 的垂线，分别与边 CA、BC 相交于点 N、Q，直线 PQ 与 MN 相交于点 D，设 PQ 的中点为 R，连接 CR，求证：$OD \perp CR$。

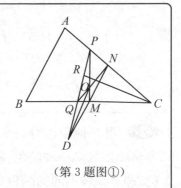

（第 3 题图①）

证明 如图②，延长 CR 至点 T，使得 $TR = RC$，则四边形 CPTQ 是平行四边形。

因为 OP 是边 BC 的垂直平分线，所以 $PB = PC$，于是 $\angle PBC = \angle PCB$，所以

$$\angle APB = 2\angle ACB。$$

同样可得 $\angle AQB = 2\angle ACB$。所以 A、P、Q、B 四点共圆。

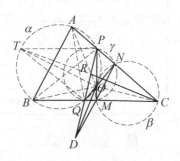

（第 3 题图②）

因为 O 为△ABC 的外心，所以 $\angle AOB = 2\angle ACB$，故点 O 在四边形 APQB 的外接圆上，即 A、P、O、Q、B 五点共圆。

因为 $PT \parallel CQ$，$PO \perp CQ$，所以 $PO \perp PT$，即 $\angle OPT = 90°$。同样可得 $\angle OQT = 90°$。于是，P、O、Q、T 在以 OT 为直径的圆上，故 A、P、O、Q、B、T 六点共圆，记该圆为 α。

因为 $\angle CMO = \angle CNO = 90°$，所以 C、M、O、N 四点在以 CO 为直径的圆上，即 C、M、O、N 四点共圆，记该圆为 β。

因为 $\angle PMQ = \angle PNQ = 90°$，所以 P、N、M、Q 四点在以 PQ 为直径的圆上，即 P、N、M、Q 四点共圆，记该圆为 γ。

因为 PQ 是圆 α、γ 的根轴，MN 是圆 β、γ 的根轴，所以 OD 是圆 α、β 的根轴，于是 OD 垂直圆 α、β 的圆心连线，而圆 α、β 的圆心连线与 CT 平行，故 $OD \perp CT$，即 $OD \perp CR$。

4 一个正整数 n 被称为"好的"，当且仅当存在正整数 a、b、c，使得

$$n = \frac{a^3 + 2b^3 + 5c^3}{ab^2 + 2b^3 + 3b^2 c}。$$

(1) 证明：存在无穷多个正整数 n，它们都是"好的"。

(2) 证明：存在无穷多个正整数 n，它们都不是"好的"。

证明 (1) 令

$$a = 22k^3 + 54k^2 + 33k + 4,\ b = 1,\ c = k,$$

其中 k 是正整数。

于是

$$n = \frac{a^3 + 2b^3 + 5c^3}{ab^2 + 2b^3 + 3b^2 c} = \frac{(22k^3 + 54k^2 + 33k + 4)^3 + 2 + 5k^3}{(22k^3 + 54k^2 + 33k + 4) + 2 + 3k}$$

$$= 484k^6 + 2376k^5 + 4302k^4 + 3534k^3 + 1323k^2 + 198k + 11,$$

故存在无穷多个"好的"正整数 n。

(2) 我们证明 9 的倍数都不是"好的"。

用反证法。设 $n = 9m$，$m \in \mathbf{N}_+$，假设 a、b、c 是一组符合要求的正整数，不妨设 $\gcd(a, b, c) = 1$，否则可以把它们分别除以它们的最大公因数，等式仍然成立。

由于

$$a^3 + 2b^3 + 5c^3 = 9m(ab^2 + 2b^3 + 3b^2 c),$$

可知 $9 \mid a^3 + 2b^3 + 5c^3$。

由于一个立方数 $x^3 \equiv 0, \pm 1 (\mathrm{mod}\ 9)$，可知 a、b、c 都是 3 的倍数，这与 $\gcd(a, b, c) = 1$ 矛盾。

2023 年中国数学奥林匹克希望联盟夏令营

（河北　石家庄）

2023 年中国数学奥林匹克希望联盟夏令营活动于 7 月 16 日至 23 日在石家庄二中举行。

石家庄市第二中学是河北省的重点中学，河北省对外开放的窗口学校，国家教育部"现代教育技术实验学校"，曾获全国教育系统先进集体称号。

中国数学奥林匹克"希望联盟"成立于 2002 年，由国内一些在数学奥林匹克活动中成绩卓著、有望在国际数学竞赛中得奖的学校集中起来成立联盟，是为了探索数学科学人才发现与培养的规律而共同构筑的一个交流平台。该平台邀请数学家和联盟学校的老师，给学有余力的优秀的数学爱好者进行讲座指导。20 多年来，"希望联盟"各成员校踔厉同行，同步巅峰，挖掘和培育了一大批具有数学天赋和才能的优秀学子，在海内外形成了卓越的影响力。

此次夏令营，来自北京市十一学校、重庆市巴蜀中学、福建省厦门双十中学、甘肃省兰州一中、广东省中山纪念中学、河北省石家庄二中、河南师大附中、湖南长沙市雅礼中学、吉林大学附中、江苏省苏州中学、江苏省锡山高级中学、江西省南昌二中、辽宁省实验中学、内蒙古通辽五中、山东省实验中学、陕西省西安高新一中、四川省成都市嘉祥外国语高级中学、天津市南开中学、浙江省宁波市镇海中学等 19 所成员学校的 203 名学生参加了活动，另有 30 余名专家、教练到校参与活动的组织与管理。

开营仪式由石家庄二中副校长宋泽亮主持，党委副书记、校长宋伟致欢迎词。希望联盟总教练、北京十一学校张浩老师介绍了课程安排和评奖办法,石家庄二中奥赛部主任刘小杰介绍本次夏令营规程。开营仪式结束后,雅礼中学陈正老师、成都嘉祥外国语学校张宇宁老师为同学们做了精彩的数学讲座。

夏令营期间将通过开展专家讲座、交流学习、竞赛考试等多种活动形式,拓宽选手们的数学思维,提高解题技巧。活动结束后,根据三次考试成绩,评选出个人奖和团体奖。

夏令营测试命题、协调阅卷、评奖工作由 19 所学校 32 位教练共同完成,其中北京十一学校的张浩老师担任组长,主持工作。

活动的闭幕式由同学自己主持。闭幕式上公布了获奖名单,有 33 名同学获个人一等奖,57 名同学获个人二等奖,59 名同学获个人三等奖,另有 31 名同学获个人优秀奖。

本次夏令营的会徽,由四条四色的正态分布曲线组成,清新、明快、简约。曲线似山峰,激励大家勇攀高峰;又是线线紧吸,代表大家团结协作,合作共赢。正态分布曲线下的面积永远为 1,寓示着不管能达到什么高度,都需 100% 的努力。绿色是清新与希望,橙色是青春与激情,红色是积极与热情,蓝色是宁静与开阔,代表一群年轻的师生们,心怀希望与梦想,激情地工作,共同走向更加广阔的天地。

希望联盟校长合影

总教练安排夏令营任务分工

测试一

1 设 a_1，a_2，$\cdots$，a_{18} 均为非零实数。试求下式的最小可能值：

$$S = \sum_{i=1}^{18} \sum_{j=1}^{18} \frac{(a_i + a_j)^2 (1 + a_i^2 a_j^2)}{a_i^2 a_j^2}。$$

解 所求的 S 的最小值为 1296。

一方面，当 $(a_1, a_2, \cdots, a_{18}) = (\underbrace{1, 1, \cdots, 1}_{9}, \underbrace{-1, -1, \cdots, -1}_{9})$ 时，不难验证 $S = 1296$。

另一方面，我们说明 $S \geqslant 1296$。

事实上，当 a_i、a_j 同号，即 $a_i a_j > 0$ 时，设 $(|a_i|, |a_j|) = (x, y)$ 且 x，$y > 0$，则

$$\frac{(a_i + a_j)^2 (1 + a_i^2 a_j^2)}{a_i^2 a_j^2} = \frac{(x + y)^2 (1 + x^2 y^2)}{x^2 y^2} \geqslant \frac{(2\sqrt{xy})^2 (2xy)}{x^2 y^2} = 8,$$

$$(*)$$

其中的 "$\geqslant$" 用到了均值不等式。

由（*）得

$$S = \sum_{i=1}^{18} \sum_{j=1}^{18} \frac{(a_i + a_j)^2 (1 + a_i^2 a_j^2)}{a_i^2 a_j^2} \geqslant \sum_{\substack{1 \leqslant i, j \leqslant 18 \\ a_i a_j > 0}} \frac{(a_i + a_j)^2 (1 + a_i^2 a_j^2)}{a_i^2 a_j^2}$$

$$\geqslant 8 \sum_{i=1}^{18} \sum_{j=1}^{18} 1_{(a_i a_j > 0)} = 8(n_+^2 + n_-^2) \geqslant 8(9^2 + 9^2) = 1296。$$

其中，n_+、n_- 分别表示 a_1，a_2，$\cdots$，a_{18} 中正数、负数的个数，最后一个 "$\geqslant$" 用到了 $f(x) = x^2$ 的凸性。

综上所述，S 的最小可能值为 1296。

2 如图①，在△ABC 中，$\angle A = 90°$，I 是内心，内切圆与 CA、AB 分别相切于点 E、F。点 M 是 BC 的中点，点 R 在线段 EF 上，满足 $\angle IRF = \angle IMB$。设 P、Q 分别为 BI、CI 的中点。证明：$PR = QR$。

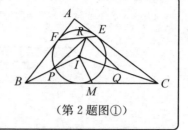

(第 2 题图①)

证明 如图②，分别延长 BI、CI 交直线 EF 于点 U、V。连接 IE、IF、BV、CU、PV、QU。

因为 $\angle A = 90°$，所以由内心的性质可得：$\angle AEF = \angle AFE = 45°$，$\angle BIC = 135°$。于是

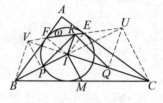

(第 2 题图②)

$$\angle BFV = \angle AFE = 45° = 180° - \angle BIC = \angle BIV,$$

故 B、I、F、V 四点共圆。这表明 $\angle BVI = \angle BFI = 90°$。

同理可得 $\angle CUI = 90°$，故 B、C、U、V 四点共圆，且△IBV、△ICU 均为等腰直角三角形。

因为 P、Q 分别为 BI、CI 的中点，所以 $\angle UPV = \angle UQV = 90°$，又注意到△$IBC(M) \backsim △IVU(R)$，则 R 是线段 UV 的中点，故 $PR = \dfrac{1}{2}UV = QR$。

3 求最大的实数 c，满足：对任意正整数 $n > 1$，均存在 $\{1, 2, 3, \cdots, n\}$ 的子集 A，使得 $|A| \geqslant cn$，且对任意 $x, y, z \in A$（允许相同），均有 n 不是 $x + y - z$ 的因数。

解 所求最大的实数 $c = \dfrac{2}{7}$。

一方面，我们说明：若 $n = 7$，则 $|A| \leqslant 2$，从而 $c \leqslant \dfrac{2}{7}$。

显然 $7 \notin A$。又因为 $|A \cap \{1, 2, 4\}| \leqslant 1$ 且 $|A \cap \{3, 5, 6\}| \leqslant 1$，所以 $|A| \leqslant 2$。

另一方面,我们说明 $c=\dfrac{2}{7}$ 符合要求。

取 $A=\left(\dfrac{n}{3},\dfrac{2n}{3}\right]\cap\mathbb{Z}$。则 $x,y,z\in A$ 蕴含 $0<x+y-z<n$,故 $n\nmid x+y-z$。

(1) 当 $n=3k-1(k\in\mathbf{N}_+)$ 时,易见 $\dfrac{|A|}{n}=\dfrac{k}{3k-1}>\dfrac{2}{7}$。

(2) 当 $n=3k(k\in\mathbf{N}_+)$ 时,易见 $\dfrac{|A|}{n}=\dfrac{k}{3k}>\dfrac{2}{7}$。

(3) 当 $n=3k+1(k\in\mathbf{N}_+)$ 时,易见 $\dfrac{|A|}{n}=\dfrac{k}{3k+1}$,

若 $k\geqslant 2$,则 $\dfrac{|A|}{n}=\dfrac{k}{3k+1}\geqslant\dfrac{2}{7}$。

若 $k=1$,则重新选取 $A=\{1,3\}$ 即 $|A|>\dfrac{2n}{7}$。

综合以上讨论可知 $c=\dfrac{2}{7}$ 满足要求。

综上所述,满足要求的最大实数 $c=\dfrac{2}{7}$。

---

❹ 设 $\{x_k\}=(x_1,x_2,\cdots,x_n)$ 为有限项的实数数列。称 $\{x_k\}$ 为 N-数列,是指:存在 $1\leqslant i\leqslant j\leqslant n$,使得 $(x_1,x_2,\cdots,x_i)$ 严格递增且 $(x_i,\cdots,x_j)$,$(x_j,\cdots,x_n)$ 分别严格单调。求最大的正整数 m,使得任何 $1,2,\cdots,2023$ 的排列都有 m 项的 N-子列。

注:数列 $(x_1,x_2,\cdots,x_p)$ 的子列即形如 $(x_{i_1},x_{i_2},\cdots,x_{i_q})$ 的数列,其中下标 $1\leqslant i_1<\cdots<i_q\leqslant p$。

解 所求最大的正整数 $m=89$。

一方面,我们通过构造说明 $m\leqslant 89$。

考虑 $1,2,\cdots,2023$ 的排列 $\{a_k\}=(\underbrace{45,44,\cdots,1}_{\text{段落}1},\underbrace{90,89,\cdots,46}_{\text{段落}2},\cdots,$

$\underbrace{2023,2022,\cdots,1981}_{\text{段落}45})$。

设 $\{x_l\}=(x_1,\cdots,x_m)$ 是 $\{a_k\}$ 的 N-子列，其中下标 $1\leqslant i\leqslant j\leqslant m$，子列 $(x_1,\cdots,x_i)$ 严格递增且子列 $(x_i,\cdots,x_j)$，$(x_j,\cdots,x_m)$ 分别严格单调。此时 $(x_i,\cdots,x_j)$ 必定含于某个段落 t，从而

$$\begin{cases} i\leqslant t, \\ j-i+1\leqslant 45, \\ m-j+1\leqslant 46-t, \end{cases}$$

于是 $m\leqslant 89$。

另一方面，我们说明 $1,2,\cdots,2023$ 的任何排列 $\{x_k\}$ 都有 89 项的 N-子列。设 $\{y_k\}=(y_1,y_2,\cdots,y_n)$ 为有限项的实数列。称 $\{y_k\}$ 为 V-数列，是指：存在下标 $1\leqslant i\leqslant n$，使得 $(y_1,\cdots,y_i)$ 严格递减且 $(y_i,\cdots,y_n)$ 严格单调。

引理：若正整数 t 使得 $n>1+2+\cdots+(t-1)$，则 $\{y_k\}$ 有 t 项的 V-子列。

引理的证明如下：

对任意 $s=1,2,\cdots,n$，定义：

• $u(s)$ 为 $\{y_k\}$ 终于 y_s 的严格递减子列之最大项数；

• $v(s)$ 为 $\{y_k\}$ 始于 y_s 的严格递增子列之最大项数。

不难看出 $s\to(u(s),v(s))$ 是单射，那么根据 $n>1+2+\cdots+(t-1)$ 可知：$u(\hat{s})+v(\hat{s})\geqslant t+1$ 对至少一个 $\hat{s}\in\{1,2,\cdots,n\}$ 成立。这表明 $y_{\hat{s}}$ 含于 t 项的 V-子列，引理得证。

回到原题。对任意 $s=1,2,\cdots,n$，定义：

• $u(s)$ 为 $\{x_k\}$ 终于 x_s 的严格递增子列之最大项数；

• $v(s)$ 为 $\{x_k\}$ 始于 x_s 的 V-子列之最大项数。

不难看出 $f:s\to(u(s),v(s))$ 是 $\{1,2,\cdots,2023\}\to\mathbf{N}_+^2$ 的单射。记 f 的像集为 F。

断言：对任意正整数 λ，使得 $v(s)\leqslant\lambda$ 的正整数 s 的个数不超过 $1+2+\cdots+\lambda$。

证明：根据引理，若上述 s 的个数大于 $1+2+\cdots+\lambda$，则这些下标 s 诱导的子列 $\{x_{s_l}\}$ 之中又存在 $\lambda+1$ 项的 V-子列 $(x_{s_{l_1}},x_{s_{l_2}},\cdots,x_{s_{l_{\lambda+1}}})$，从而 $v(s_{l_1})\geqslant\lambda+1$。这与 $v(s_{l_1})\leqslant\lambda$ 矛盾！断言为真。

定义 $S=\{(u,v)\in\mathbf{N}_+^2\mid u+v\leqslant 89\}$。在断言中取 $\lambda=44$，注意到

$$|F| = 2023 > 44 \times 45$$
$$= (1 + 2 + \cdots + 44) + (1 + 2 + \cdots + 44)$$
$$\geqslant |F \cap (S \cap \{v \geqslant 45\})| + |F \cap (S \cap \{v \leqslant 44\})|$$
$$= |F \cap S|,$$

则存在 $\hat{s} \in \{1, 2, \cdots, 2023\}$ 使得 $u(\hat{s}) + v(\hat{s}) \geqslant 90$。 这表明 $x_{\hat{s}}$ 含于 89 项的 N - 数列。

综上所述，满足要求的最大正整数 $m = 89$。

注 引理的结果是最优的，这一点可以从以下数列 $(s_k = 1 + 2 + \cdots + k)$ 看出：

$$(1, \underbrace{3, 2}_{\text{段落}2}, \underbrace{6, 5, 4}_{\text{段落}3}, \cdots, \underbrace{s_{t-1}, s_{t-1} - 1, \cdots, s_{t-2} + 1}_{\text{段落}t-1})。$$

测试二

（2023 年 7 月 20 日　9:40～12:30）

1 在平面直角坐标系中，甲、乙二人在下面的点集 P 上面玩一个游戏：$P=\{(x,y)\mid x,y\in\{0,\pm1,\pm2\}\}$。甲将 P 的 25 个点中的 13 个染为红色。乙手中有一个探测器，可以探知以下各直线上红点的个数。

(1) 五条竖直线 $x=0,\pm1,\pm2$；

(2) 五条水平线 $y=0,\pm1,\pm2$；

(3) 九条斜线 $x+y=0,\pm1,\pm2,\pm3,\pm4$；

(4) 九条斜线 $x-y=0,\pm1,\pm2,\pm3,\pm4$。

问：乙是否总能确定 P 中所有红点的位置？证明你的结论。

解　结论是否定的。甲可以采取以下的染色方式使乙无法确定红点的位置。（其中实心表示红点）

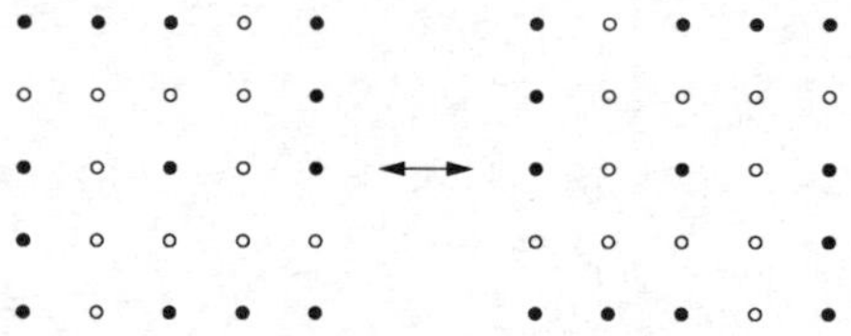

这是因为：在以上两种染色方式下，乙对 28 条直线进行探测得到的结果全部对应相同。

注　构造不唯一。

2 给定锐角三角形 ABC，其中 $AB<AC<BC$。

(1) 请用尺规作出内切圆在 BC 边上的切点 H（无需作出内切圆），使得作图过程中出现的不同圆周和直线的总数不超过 6 个；（这里可以认为直线 BC、CA、AB 都是已知的）

（2）请用尺规作图确定点 P，使四边形 $ABPC$ 既有外接圆又有内切圆。（无需解释常规操作，如构作平行线、垂线、角平分线等等）

注 需要分别证明（1）所作点 H 和（2）所作点 P 满足要求。

解 （1）（i）如图①，以 B 为圆心，BA 为半径作圆弧交 BC 于 D；

（ii）以 C 为圆心，CA 为半径作圆弧交 BC 于 E；

（iii）（iv）如图②，分别以 D、E 为圆心，大于 $\dfrac{1}{2}DE$ 的长为半径作两圆，交于 F、G；

（v）连接 FG 与 BC 交于 H；

得到四个圆弧（（i），（ii），（iii），（iv））和一条直线（（v）），H 即为所求。

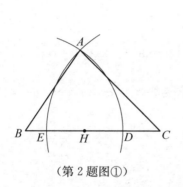

（第2题图①）

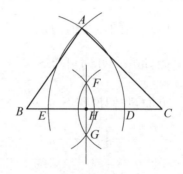

（第2题图②）

（2）如图③，取 $\triangle ABC$ 的内心 I，连接 AI。过 C 作 $CD \parallel AI$ 交 AB 于点 D。设 Ω 为 $\triangle BCD$ 的外接圆。过 I 作 BC 的垂线交圆 Ω 的劣弧 $\overset{\frown}{BC}$ 于点 E。分别作 BC 关于 BE、CE 的对称直线交于点 P。

下面证明点 P 满足要求。

注意到 BE、CE 分别为 $\angle PBC$、$\angle PCB$ 的角平分线，则 E 是 $\triangle BPC$ 的内心，从而

$$\angle BPC = 2\angle BEC - 180 = 2(180° - \angle BDC) - 180°$$

$$= 2\left(180° - \frac{A}{2}\right) - 180° = 180° - A,$$

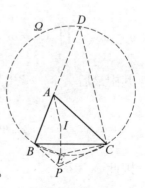

（第2题图③）

这表明 A、B、P、C 四点共圆,即四边形 $ABPC$ 有外接圆。

因为 $IE \perp BC$,所以 $\triangle ABC$ 与 $\triangle PBC$ 各自的内切圆在 BC 边上的切点重合,故 $\dfrac{AB+BC-AC}{2}=\dfrac{PB+BC-PC}{2}$,于是 $AB+PC=AC+PB$。 因此根据皮托(Pitot)定理可知四边形 $ABPC$ 有内切圆。

综上所述,所作点 P 使得四边形 $ABPC$ 既有外接圆又有内切圆,满足要求。

---

❸ 给定正整数 n,记 $\omega = \mathrm{e}^{\frac{2\pi\mathrm{i}}{n}}$。 设 z 为复数,求下式的最小可能值:

$$S = \sum_{k=1}^{n} \left| \prod_{\substack{1 \leqslant j \leqslant n \\ j \neq k}} (z - \omega^j) \right|。$$

解 所求 S 的最小值为 n。

一方面,取 $z=0$ 时可得 $S = \sum\limits_{k=1}^{n} \left| \prod\limits_{\substack{1 \leqslant j \leqslant n \\ j \neq k}} (-\omega^j) \right| = \sum\limits_{k=1}^{n} 1 = n$。

另一方面,我们说明 $S \geqslant n$。 对任意复数 $z \neq \omega, \omega^2, \cdots, \omega^n$,注意到

$$\prod_{\substack{1 \leqslant j \leqslant n \\ j \neq k}} (z - \omega^j) = \frac{\prod\limits_{1 \leqslant j \leqslant n} (z - \omega^j)}{z - \omega^k} = \frac{z^n - 1}{z - \omega^k} = \frac{z^n - (\omega^k)^n}{z - \omega^k} = \sum_{j=0}^{n-1} (\omega^k)^j z^{n-1-j},$$

则上式最左边与最右边作为关于 z 的 $n-1$ 次多项式恒等。因此

$$\sum_{k=1}^{n} \omega^k \cdot \prod_{\substack{1 \leqslant j \leqslant n \\ j \neq k}} (z - \omega^j) = \sum_{k=1}^{n} \omega^k \cdot \sum_{j=0}^{n-1} \omega^{jk} z^{n-1-j} = \sum_{j=0}^{n-1} z^{n-1-j} \cdot \sum_{k=1}^{n} \omega^{(j+1)k} = n,$$

其中最后一个"="用到了

$$\sum_{k=1}^{n} \omega^{(j+1)k} = \begin{cases} 0, & \text{若 } j = 0, 1, \cdots, n-2, \\ n, & \text{若 } j = n-1, \end{cases}$$

因此

$$S = \sum_{k=1}^{n} \left| \prod_{\substack{1 \leqslant j \leqslant n \\ j \neq k}} (z - \omega^j) \right| = \sum_{k=1}^{n} \left| \omega^k \cdot \prod_{\substack{1 \leqslant j \leqslant n \\ j \neq k}} (z - \omega^j) \right|$$

$$\geqslant \left| \sum_{k=1}^{n} \omega^k \cdot \prod_{\substack{1 \leqslant j \leqslant n \\ j \neq k}} (z - \omega^j) \right| = n_{\circ}$$

综上所述，S 的最小可能值为 n。

---

4 是否存在等差数列 a_1，a_2，$\cdots$，a_{2021} 使得 $v_2(\mathrm{C}_{a_2}^{a_1})$，$v_2(\mathrm{C}_{a_3}^{a_2})$，$\cdots$，$v_2(\mathrm{C}_{a_{2021}}^{a_{2020}})$ 构成公差为 2021 的等差数列。（其中 $v_2(n)$ 表示 n 所含 2 的幂）

解法一 存在，可找到 a_1，a_2，$\cdots$，a_{2021} 使 $v_2(\mathrm{C}_{a_{i+1}}^{a_i})$ 构成以 2021 为公差的等差数列。

令 $a_k = a + (k-1)d$，所以

$$v_2(\mathrm{C}_{a_{i+1}}^{a_i}) = -S_2(a+id) + S_2(a+(i-1)d) + S_2(d)_{\circ}$$

下证：$(S_2(a+d) - S_2(d)$，$S_2(a+2d) - S_2(a+d)$，$\cdots$，$S_2(a+nd) - S_2(a+(n-1)d))$ 可取遍所有 n 元整数组（当然可为等差数列）。

对 n 归纳，当 $n=1$ 时，显然成立。假设 $n-1$ 时成立，下证 n 时成立。

设可取到的 n 元数组构成的集合为 S。

先证一个引理：若 v_1，v_2，$\cdots$，$v_r \in S$，则 $v_1 + v_2 + \cdots + v_r \in S$，只需证明 $v_1 + v_2 \in S$ 即可。

设 v_1 对应 a_1、d_1，v_2 对应 a_2、d_2，取 $M > n \cdot 2^{a_i} \cdot 2^{d_i}$，令 $a = a_1 + 2^M a_2$，$d = d_1 + 2^M d_2$，则 $v_1 + v_2$ 对应 a、d，显然 $v_1 + v_2 \in S$。引理证毕。

下面只要证：$(0, 0, \cdots, 0, \pm 1) \in S$，这样，利用引理及 $n-1$ 元归纳假设即可。

由引理，只要找 v_0，v_1，$\cdots$，v_{k-1} 使得 $v_0 + v_1 + \cdots + v_{k-1} = (0, 0, \cdots, 0, 1)$ 以及 $v_0 + v_1 + \cdots + v_{k-1} = (0, 0, \cdots, 0, -1)$ 即可。

取 v_i 对应的 a_i、d_i 中，$d_i = 1$，上式等价于：

$$\sum_{0 \leqslant j < k} (S_2(a_j + l) - S_2(a_j + l - 1)) = \begin{cases} 0, & 1 \leqslant l < n, \\ \pm 1, & l = n_{\circ} \end{cases} \quad (*)$$

记 $f(n) = S_2(n+1) - S_2(n)$，则易知

$$\sum_{0 \leqslant j < a + 2^L} f(j) = S_2(a + 2^L) - S_2(a) = f\left(\left[\frac{a}{2^L}\right]\right)_{\circ}$$

令 $I=[2 \cdot 2^L-n, 3 \cdot 2^L-n)$，$J=[2^L-n, 2 \cdot 2^L-n)$，$K=[3 \cdot 2^{L+1}, 4 \cdot 2^{L+1})$，其中 $2^L \leqslant n < 2^{L+1}$，则

$$\sum_{i \in I} f(i+l)=f\left(2+\left[\frac{-n+l}{2^L}\right]\right)=\begin{cases}0, & 1 \leqslant l < n, \\ 1, & l=n;\end{cases}$$

$$\sum_{i \in J} f(i+l)=f\left(1+\left[\frac{-n+l}{2^L}\right]\right)=\begin{cases}1, & 1 \leqslant l < n, \\ 0, & l=n;\end{cases}$$

$$\sum_{i \in K} f(i+l)=f(3)=-1(1 \leqslant l \leqslant n)。$$

则

$$\sum_{i \in I} f(i+l)=f\left(2+\left[\frac{-n+l}{2^L}\right]\right)=\begin{cases}0, & 1 \leqslant l < n, \\ 1, & l=n,\end{cases}$$

$$\sum_{i \in J \cup K} f(i+l)=\begin{cases}0, & 1 \leqslant l < n, \\ -1, & l=n,\end{cases}$$

分别取 $a_1, a_2, \cdots, a_k$ 为 I 中整数，或 $J \bigcup K$ 中整数，即知（*）式成立，由此可知归纳成立，原命题得证。

解法二 结论是肯定的。

取定正整数 $M > \lceil \log_2 2023 \rceil + 1$，令 $N_i=2^{x_i}=(\underbrace{10\cdots0}_{x_i \text{个}})_2$，其中 $x_i \geqslant M$ 是待定的正整数。

以下用 $\langle m \rangle_i$ 表示十进制正整数 m 在二进制下所对应的长度为 x_i 之字符串（可能补 0）。构造

$$a_1=(\underbrace{0\langle N_{2022}-2022\rangle_{2022}}_{\text{段落}2022}\underbrace{0\langle N_{2021}-2021\rangle_{2021}}_{\text{段落}2021}\cdots\underbrace{0\langle N_2-2\rangle_2}_{\text{段落}2}\underbrace{0\langle N_1-1\rangle_1}_{\text{段落}1})_2,$$

$$d=(\underbrace{0\cdots010\cdots01}_{\substack{x_{2022}\text{个}\\ \text{段落}2022}}\underbrace{\cdots0\cdots010\cdots01}_{\substack{x_{2021}\text{个}\\ \text{段落}2021}}\cdots\underbrace{0\cdots010\cdots01}_{\substack{x_2\text{个}\\ \text{段落}2}}\underbrace{}_{\substack{x_1\text{个}\\ \text{段落}1}})_2,$$

这里多余的 0 仅仅用于将段落长度对齐。

对 $i=2, 3, \cdots, 2023$，令 $a_i=a_1+(i-1)d$，则二进制加法 $a_{i-1}+d=a_i$ 的进位次数是 x_i+y_i，其中 x_i、y_i 分别为段落 i 和其余段落上的进位次数。不难看出 $y_i \leqslant M$。

取 $x_i=2023(M+i)-y_i(i=1, 2, \cdots, 2023)$，则二进制下 $a_{i-1}+d=a_i$

恰进位 $2023(M+i)$ 次。根据库默尔定理可知 $v_2(C^{a_i}_{a_{i+1}})=2023(M+i)$，故 $v_2(C^{a_1}_{a_2})$，$v_2(C^{a_2}_{a_3})$，$\cdots$，$v_2(C^{a_{2022}}_{a_{2023}})$ 构成公差为 2023 的等差数列。

---

❺ 已知 D 是 $\triangle ABC(AB<AC)$ 内一动点，满足 $AB\cdot CD=AC\cdot BD$。证明：存在定点 O，使得可以将 $\triangle ABD$、$\triangle ACD$ 的内心、旁心共 8 个点分为两组，每组的四个点共圆，且两圆的根轴恒过点 O。

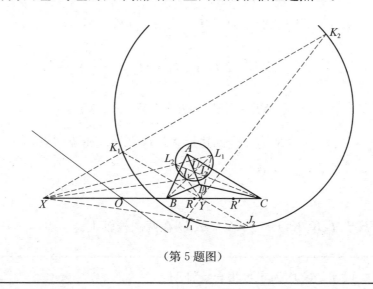

（第 5 题图）

解 记 $\triangle ABD$ 的内心为 I_1，A-旁心为 J_1，D-旁心为 K_1，B-旁心为 L_1，$\triangle ACD$ 的内心为 I_2，A-旁心为 J_2，D-旁心为 K_2，C-旁心为 L_2。

由 $\dfrac{AB}{BD}=\dfrac{AC}{CD}$ 知，BI_1L_1、CI_2L_2、AD 交于一点 U，$\angle I_1DL_1=\angle I_1AL_1=90°$，故 I_1、A、L_1、D 共圆，同理 I_2、A、L_2、D 共圆，故 $UI_1\cdot UL_1=UA\cdot UD=UI_2\cdot UL_2$，故 I_1、I_2、L_1、L_2 共圆，同理 J_1、J_2、K_2、K_1 共圆。

取 X、Y 为 D 的轨迹所在阿氏圆与 BC 的两个交点，故 $\dfrac{BX}{XC}=\dfrac{AB}{AC}=\dfrac{BD}{CD}=\dfrac{AB+BD}{AC+CD}$，由内心性质 $\dfrac{UI_1}{I_1B}=\dfrac{AD}{AB+BD}$，$\dfrac{UI_2}{I_2C}=\dfrac{AD}{AC+CD}$，故 $\dfrac{UI_2}{I_2C}\cdot\dfrac{CX}{XB}\cdot\dfrac{BI_1}{I_1U}=1$，故 X、I_1、I_2 共线，同理 X、J_1、J_2，X、L_1、L_2，X、K_1、K_2 共线，同理 Y、I_1、L_2，Y、L_1、I_2，Y、J_1、K_2，Y、J_2、K_1 共线。

取 XY 中点 O,下证它在两圆根轴上,设 I_1、I_2、L_1、L_2 所在圆心为 M,半径为 r,则由中线长公式知

$$OM^2 - r^2 = \frac{1}{2}(XM^2 - r^2) + \frac{1}{2}(YM^2 - r^2) - \frac{1}{4}XY^2 \text{。}$$

记 (T, Γ) 为 T 对 Γ 的幂,则

$$(O, \odot I_1 I_2 L_1 L_2) = \frac{1}{2}(X, \odot I_1 I_2 L_1 L_2) + \frac{1}{2}(Y, \odot I_1 I_2 L_1 L_2) - \frac{1}{4}XY^2$$

$$= \frac{1}{2}(XI_1 \cdot XI_2 + YI_1 \cdot YL_2) - \frac{1}{4}XY^2$$

$$= \frac{1}{2}(XR \cdot XY + YR \cdot XY) - \frac{1}{4}XY^2$$

（R 为完全四边形 $XI_1 I_2 YL_1 L_2$ 密克尔点）

$$= \frac{1}{4}XY^2,$$

同理 $(O, \odot J_1 J_2 K_2 K_1) = \frac{1}{4}XY^2$,故 O 在两圆根轴上。

---

6 设 A、B、C 均为实数集合。证明:
$$|A + B + C|^2 \leqslant |A + B||B + C||C + A| \text{。}$$
这里 $X + Y = \{x + y \mid x \in X, y \in Y\}$。

证明 对 $|A|$ 归纳。当 $|A| = 1$ 时,要证明的不等式即

$$|B + C|^2 \leqslant |B||B + C||C| \Leftarrow |B + C| \leqslant |B||C| \text{。}$$

因为 $(b, c) \to b + c$ 是 $B \times C \to B + C$ 的满射,所以上式成立。这就完成了归纳奠基。

假设比 $|A|$ 小的情形都已证明。考虑 $|A|$ 的情形:定义

$$U = (A + B + C) \backslash (A' + B + C), \quad V = (A + B) \backslash (A' + B),$$
$$W = (A + C) \backslash (A' + C) \text{。}$$

任取 $\hat{a} \in A$。记 $A = A \backslash \{\hat{a}\}$,则

$$|A+B+C|^2=(|A'+B+C|+|(A+B+C)\backslash(A'+B+C)|)^2$$
$$\leqslant|A'+B+C|^2+2|U||A'+B+C|+|U|^2;$$
$$|A+B||B+C||C+A|=(|A'+B|+|(A+B)\backslash(A'+B)|)|B+C|$$
$$(|C+A'|+|(C+A)\backslash(C+A')|)$$
$$=|A'+B||B+C||C+A'|+|B+C|(|A'+$$
$$B||W|+|C+A'||V|)+|B+C||V||W|,$$

从而只需证明

$$|A'+B+C|^2\leqslant|A'+B||B+C||C+A'|, \qquad ①$$
$$2|U||A'+B+C|\leqslant|B+C|(|A'+B||W|+|C+A'||V|), \qquad ②$$
$$|U|^2\leqslant|B+C||V||W|。 \qquad ③$$

不等式①即归纳假设。根据①③以及均值不等式即可证明不等式②。下面证明不等式③。因为 U 中的数必定形如 $a+b+c(b\in B,c\in C)$，所以 $|U|\leqslant|B+C|$，故只需证明 $|U|\leqslant|V||W|$。

考虑 $U\to B\times C$ 的映射 $\varphi:\hat{a}+b+c\mapsto(\hat{a}+b,\hat{a}+c)$，若左边的表示不唯一，则任选其中之一。

- 注意到 $\hat{a}+b+c=(\hat{a}+b)+(\hat{a}+c)-\hat{a}$，则 φ 是单射。
- 因为 $\hat{a}+b+c\notin A'+B+C$，所以 $\hat{a}+b\notin A'+B$，故 $\hat{a}+b\in V$。
- 因为 $\hat{a}+b+c\notin A'+B+C$，所以 $\hat{a}+c\notin A'+C$，故 $\hat{a}+c\in W$。

综合以上讨论可知 $|U|\leqslant|V||W|$，从而③成立。原命题得证。

测试三

（2023 年 7 月 22 日　9:40～12:30）

1 如图,$\odot O_1$ 与 $\odot O_2$ 相交于 X、Y 两点,AB 是它们的一条外公切线,过 X 作两圆的切线,分别交 O_1O_2 于 K、L 两点。证明:AK、BL、XY 三线共点。

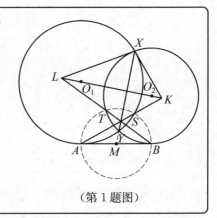

（第 1 题图）

证明　设直线 XY 交 AB 于 M,由 M 在 XY 上,得 $MA = MB$。以 M 为圆心,MA 为半径作圆,分别交 $\odot O_1$、$\odot O_2$ 于 S、T,则 MS、MT 分别为 M 在 $\odot O_1$ 与 $\odot O_2$ 上的切线。

由蒙日定理,$\odot O_1$、$\odot O_2$ 与 $\odot M$ 的根轴 AS、BT、XY 三线共点。

因为 M 在 K 关于 $\odot O_1$ 的切点弦所在直线上,所以 K 在 M 关于 $\odot O_1$ 的切点弦所在直线 AS 上,同理 L 在直线 BT 上。

故 AK、BL、XY 三线共点。

2 设 a_1, a_2, $\cdots$, a_{100} 是和为 1000 的 100 个正整数。记

$$S = a_1a_2 + a_2a_3 + \cdots + a_{99}a_{100}。$$

求 S 的最大值,并确定使 S 取到最大值的所有可能数组(a_1, a_2, $\cdots$, a_{100})的个数。

解　所求 S 的最大值为 204 399,使最大值取到的数组个数为 43 201。

一方面,当 $(a_1, a_2, a_3, a_4, \cdots, a_{100}) = (1, 451, 451, \underbrace{1, \cdots, 1}_{97})$ 时,不

难验证 $S = 204\,399$。

另一方面，我们说明 $S \leqslant 204\,399$ 并对取等条件计数。

先证明 $S \leqslant 204\,399$。设 $a_i = 1 + b_i \, (i = 1, 2, \cdots, 100)$，则 $b_1 + b_2 + \cdots + b_{100} = 900$，从而

$$
\begin{aligned}
S &= 99 + \sum_{i=1}^{100} b_i + \sum_{i=2}^{99} b_i + \sum_{i=1}^{99} b_i b_{i+1} \\
&\leqslant 99 + 2 \sum_{i=1}^{100} b_i + \sum_{i=1}^{99} b_i b_{i+1} \qquad\qquad ① \\
&= 1899 + \sum_{i=1}^{99} b_i b_{i+1} 。
\end{aligned}
$$

由均值不等式得

$$
\sum_{i=1}^{99} b_i b_{i+1} \leqslant \left(\sum_{i=1}^{50} b_{2i-1} \right) \left(\sum_{i=1}^{50} b_{2i} \right) \leqslant \frac{1}{4} \left(\sum_{i=1}^{100} b_i \right)^2 = 202\,500, \qquad ②
$$

从而由①得 $S \leqslant 204\,399$。

再确定取等条件的个数。由①得 $b_1 = b_{100} = 0$。对于②，

- 由第一个"$\leqslant$"可知：除三项 b_i、b_{i+1}、b_{i+2} 以外，其余 b_i 的值都是 0；
- 由第二个"$\leqslant$"可知：$b_1 + b_3 + \cdots b_{99} = b_2 + b_4 + \cdots + b_{100} = 450$。

综合以上讨论可知：所有取等条件可以分成两类，

- 其一是 $b_j = b_{j+1} = 450$ 且其余 $b_i = 0$，如上所述的数组 $(b_1, b_2, \cdots, b_{100})$ 共有 97 个；
- 其二是 $b_j = 450$，正整数 $b_{j-1} + b_{j+1} = 450$，其余 $b_i = 0$ 者，共 $96 \times 449 = 43\,104$ 个。

因此取等条件的个数为 $97 + 43\,104 = 43\,201$。

---

❸ 求最大的正整数 n，使平面直角坐标系 xOy 内存在 n 个各边平行于坐标轴的矩形区域 C_1，C_2，$\cdots$，C_n（不含边界），满足：若 $i \neq j$，则 C_i、C_j 无公共点当且仅当 $i + j$ 是完全平方数。

解 所求最大的正整数 $n = 6$。

称不含边界且各边平行于坐标轴的矩形区域为矩形，两个矩形不交是指

它们无公共点。

一方面，当 $n = 6$ 时，须使 C_i、C_j 不交当且仅当 $\{i, j\} = \{\{1, 3\}, \{3, 6\}, \{4, 5\}\}$。下图满足要求：

另一方面，我们说明：当 $n \geqslant 7$ 时均不存在满足要求的 n 个矩形。

事实上，只需证明满足要求的矩形 C_2，C_3，$\cdots$，C_7 不存在。假设不然。

引理：若矩形 X、Y 不相交，则存在平行于坐标轴的直线 l 分隔 X、Y，即 X、Y 位于 l 的两侧。

证明：不妨设矩形 X、Y 的边界有公共线段 s，这是因为：

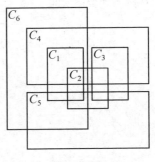

（第 3 题图）

- 若 X、Y 的边界无公共点，则可以用 X 的位似像替代 X，使它们的边界有公共点；
- 若 X、Y 的边界仅有一个公共点，则可以对 X 作拉伸使得它们的边界有公共线段。

此时容易看出线段 s 所在的直线 l 即分割矩形 X、Y。引理得证。

回到原题：根据引理可知：存在平行于坐标轴的直线 l_{27} 与 l_{36} 分别分割 C_2、C_7 与 C_3、C_6。

- 若 $l_{27} \parallel l_{36}$（或重合），则 C_2、C_7 之一与 C_3、C_6 之一无公共点，矛盾！
- 若 $l_{27} \perp l_{36}$，设它们交于点 O，则 O 同时位于 C_4、C_5 内部，这是因为 C_4、C_5 与 C_2、C_3、C_6、C_7 分别都有公共点。

又因为 $4 + 5 = 9$ 是完全平方数，所以 C_4、C_5 不交，矛盾！

综合以上讨论可知假设错误。因此当 $n \geqslant 7$ 时均不存在满足要求的 n 个矩阵。

---

④ 给定奇质数 p，定义集合 $Q = \{x^2$ 模 p 所得余数 $\mid x = 1, 2, \cdots, p - 1\}$。

证明：可以将 Q 中的所有元素排列在圆周上，使得相邻两个元素的和模 p 的余数不属于 Q。

证明 以下解答混淆了 $\mathbf{R}$ 上的运算以及 $F_p = \mathbf{Z}/p\mathbf{Z}$ 上的运算。

记 $Q=\{a_1,a_2,\cdots,a_{\frac{p-1}{2}}\}$，以 Q 为顶点集构作简单图 G，其中 $\{a_i,a_j\}\in E\Leftrightarrow a_i+a_j\notin Q$。

要证明的命题即图 G 存在哈密顿圈。

引理：G 是正则图。

引理的证明：设 $\{b\in Q\mid b+1\in Q\}=\{b_1,b_2,\cdots,b_k\}$，则对任意 $i=1$，$2,\cdots,\dfrac{p-1}{2}$，$a_i+a_j=a_s\Leftrightarrow a_ja_i^{-1}\in\{b_1,b_2,\cdots b_k\}\Leftrightarrow a_j\in\{a_ib_1,a_ib_2,\cdots,a_ib_k\}$。这表明 $\deg_G(a_i)=\dfrac{p-1}{2}-k$。

根据 i 的任意性可知 G 是 $\left(\dfrac{p-1}{2}-k\right)$-正则图。引理得证。

回到原题。根据引理可知 G 是 d-正则图，其中 $d=\dfrac{p-1}{2}-k$。下面证明 $d>\dfrac{p-1}{4}$。

只需计算 k。设 $x,y\in F_p\backslash\{0\}$ 使得 $(b,b+1)=(x^2,y^2)$，且 $x+y=t$，则 $1+x^2=y^2\Rightarrow(x+y)(x-y)=-1\Rightarrow x-y=-t^{-1}$，其中 $t\neq 0$。

于是 $(x,y)=\left(\dfrac{t-t^{-1}}{2},\dfrac{t+t^{-1}}{2}\right)$，又因为 $x\neq 0$，所以 $t\neq 0,\pm 1$。

对任意 $s\neq t$，注意到 $\dfrac{s-s^{-1}}{2}=\dfrac{t-t^{-1}}{2}\Leftrightarrow st=-1$，则根据 b、x 之间以及 x、t 之间的对应关系，对 -1 关于 p 的平方剩余关系分类讨论可知：

- 若 $p\equiv 1\pmod 4$，则 x 的数量恰为 $\dfrac{p-5}{2}$，从而 $k=\dfrac{p-5}{4}$。

- 若 $p\equiv 3\pmod 4$，则 x 的数量恰为 $\dfrac{p-3}{2}$，从而 $k=\dfrac{p-3}{4}$。

综合以上讨论，我们就证明了 $d=\dfrac{p-1}{2}-k>\dfrac{p-1}{4}$。

对任意不同的 $a_i,a_j\in Q$，因为 $\deg_G(a_i)+\deg_G(a_j)=p-1-2k>\dfrac{p-1}{2}$，所以由狄拉克定理可知：图 G 存在哈密顿圈，原命题得证。

注 推荐使用平方剩余的勒让得(Legendre)符号计算 k。

2023年中国北方希望之星数学夏令营

（山东 济南）

2023年中国北方希望之星数学夏令营于2023年7月25日至29日在山东济南举行。此项活动由中国北方希望之星数学夏令营组委会主办,山东省济南市历城第二中学承办。

历城二中为省级规范化学校。学校深受稼轩文化的影响,提炼出了"人生在勤 志达天下"的校训,并逐步形成了"为每一位师生搭建发展阶梯"的办学理念。几十年来,学校始终坚持"不跟风、不盲从、不随波逐流",坚守教育的底线,按教育规律办学,从小事做起、从点滴做起,坚持人格引领。注重常规教育,关注细节,把常规做成文化,把文化落到细节,形成了"精神育人、文化立校、精细管理、特色发展"的办学模式。

中国北方希望之星数学夏令营是北方地区大型的中学数学交流活动,旨在通过夏令营系列活动,促进北方地区各中学的数学交流与合作,提升北方地区中学的数学水平。

中国北方希望之星数学夏令营始于2017年,每年举行一届,比赛时间一般在每年7月底至8月初,已经成功举办5届(2020年和2022年因故未举办),历届活动吸引了北方地区不少优秀学生参与。

来自北京、河北、河南、黑龙江、吉林、辽宁、山东、山西、陕西、天津等地共60支代表队218位同学参加了本届夏令营活动。来自西安铁一中学的张晋阁同学和来自济南稼轩学校的刘亦乐同学以满分120分的成绩获得个人并列第一名,北京师范大学附属实验中学、北京市十一学校、西安铁一中学分别以369分、351分、351分的总成绩获得团体总分第一名和并列第二名。

开幕式上,北京大学数学科学学院副院长刘若川教授、济南市历城区教育和体育局党组书记、历城二中校长李新生先后致辞;历城二中学生代表作为参赛选手代表做了发言。开幕式结束后,出席开幕式的嘉宾、主试委员会命题专家、各参赛学校带队老师、全体学生进行了集体拍照留念。

考试分7月27日、28日进行,每天8:00~12:00,进行四个小时的考试。试题共有8题,每题15分。28日下午主试委员会做了试题分析。

本届夏令营的主试委员会成员为:刘若川(北京大学)、余君(北京大学)、邹瑾(高思教育)、冷福生(中国科学院)、赵彤远(中国石油大学)、张隽(明诚外国语学校)、陈佳杰(人大附中)、金春来(深圳中学)、苗斌(历城二中)。

夏令营闭幕式,宣布了获奖名单。有56人获得一等奖,69人获得二等奖,55人获得三等奖。

第 $\boldsymbol{1}$ 天

（2023 年 7 月 27 日 8：00～12：00）

❶ 设正实数 a_1，a_2，…，a_{10} 满足：(1) 对 $i=1$，2，…，10，有 $a_i \geqslant \dfrac{1}{i}$；(2) 对 $i=1$，2，…，9，有 $a_i a_{i+1} \leqslant 1$。求 $S=\sum_{i=1}^{10} i a_i$ 的最大值。（赵彤远供题）

解 由于 $i a_i \geqslant 1$，故 $(i a_i - 1)((i+1) a_{i+1} - 1) \geqslant 0$，即

$$i a_i + (i+1) a_{i+1} \leqslant i(i+1) a_i a_{i+1} + 1 \leqslant i(i+1) + 1, \ i = 1, \ 2, \ \cdots, \ 9。$$

于是，$\sum_{i=1}^{10} i a_i \leqslant \sum_{i=1}^{5} \left[(2i-1) \cdot 2i + 1 \right] = 195$。

又当 $a_{2i-1} = \dfrac{1}{2i-1}$，$a_{2i} = 2i-1$ 时，满足条件，且 $\sum_{i=1}^{10} i a_i = 195$。

所以最大值为 195。

评注 这是一道比较简单的不等式问题，得分率为 62.75%。利用局部不等式进行放缩，再解出取等情况的值。

❷ 如图①，四点 A、B、C、D 均在 $\odot O$ 上，直线 AD 与直线 BC 相交于点 E，直线 AC 与直线 BD 相交于点 F。线段 EF 的延长线交 $\odot O$ 于点 P，PQ 是 $\odot O$ 的直径。点 S、T 分别在直线 AQ、BQ 上，$OS \perp AC$，$OT \perp BD$。求证：$\angle APS = \angle BPT$。

（张骉供题）

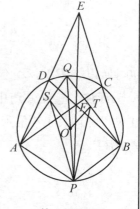

（第 2 题图①）

证明 如图②,连接 AP、BP、CP、DP、AO、CO。

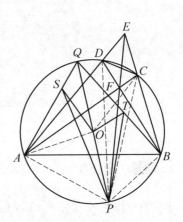

由 $OS \perp AC$ 得 $\angle AOS = \frac{1}{2}\angle AOC = \angle APC$;由 PQ 为 $\odot O$ 的直径得 $AQ \perp AP$,即 $AS \perp AP$,又 $OS \perp AC$,所以 $\angle ASO = \angle CAP$。

从而 $\triangle ASO \backsim \triangle CAP$,所以 $\frac{AO}{AS} = \frac{CP}{AC}$,所以

$$\frac{AP}{AS} = \frac{AP}{AO} \cdot \frac{AO}{AS} = \frac{AP}{AO} \cdot \frac{CP}{AC} \qquad ①$$

$$= \frac{2S_{\triangle ACP}}{AO \cdot AC \cdot \sin \angle APC} = \frac{4S_{\triangle ACP}}{AC^2}。$$

(第 2 题图②)

同理 $\qquad \frac{BP}{BT} = \frac{4S_{\triangle BDP}}{BD^2}。 \qquad ②$

由共边定理得 $\frac{S_{\triangle ACP}}{S_{\triangle ACE}} = \frac{PF}{EF}$ 且 $\frac{S_{\triangle BDP}}{S_{\triangle BDE}} = \frac{PF}{EF}$,所以 $\frac{S_{\triangle ACP}}{S_{\triangle ACE}} = \frac{S_{\triangle BDP}}{S_{\triangle BDE}}$,即

$\frac{S_{\triangle ACP}}{S_{\triangle BDP}} = \frac{S_{\triangle ACE}}{S_{\triangle BDE}}$。再由四边形 $ABCD$ 得 $\triangle ACE \backsim \triangle BDE$,所以 $\frac{S_{\triangle ACE}}{S_{\triangle BDE}} = \frac{AC^2}{BD^2}$,即

$$\frac{S_{\triangle ACE}}{AC^2} = \frac{S_{\triangle BDE}}{BD^2}。 \qquad ③$$

由①②③可知 $\frac{AP}{AS} = \frac{BP}{BT}$。再由 PQ 为 $\odot O$ 的直径得 $\angle PAS = \angle PBT = 90°$,所以 $\triangle PAS \backsim \triangle PBT$,所以 $\angle APS = \angle BPT$。

评注 这是一道中等难度的几何问题,得分率为 40.37%。关键在于找出两个相似的三角形 $\triangle ASO$ 与 $\triangle CAP$,再根据比例关系证明 $\triangle PAS \backsim \triangle PBT$。

③ 给定正整数 k。已知无穷数列 a_1，a_2，$\cdots$ 满足：$a_1=1$，且对任意正整数 n，都有

$$a_{n+1}=\begin{cases} ka_n+1, & (n, a_n)=1, \\ 1, & (n, a_n)>1。 \end{cases}$$

证明：存在正整数 M，使得对任意正整数 n，都有 $a_n<M$。（张骎供题）

证明 若 k 为奇数，则 $a_{2i-1}=1$，$a_{2i}=k+1$，结论成立。

若 k 为偶数，考虑数列中以 1 为起始任意的连续 $2k+3$ 项 $a_{m+1}=1$，a_{m+2}，$\cdots$，a_{m+2k+3}，我们证明，a_{m+2}，$\cdots$，a_{m+2k+3} 中必有一项也为 1。

否则，有 $a_{m+i+1}=ka_{m+i}+1$，$i=1$，$\cdots$，$2k+2$。

于是这 $2k+3$ 项在模 $k+1$ 意义下为 1，0 交替出现。

又 $m+1$，$\cdots$，$m+2k+2$ 这 $2k+2$ 个下标中恰有两数为 $k+1$ 的倍数，且由于 $k+1$ 为奇数，故它们不同奇偶。从而，它们对应的数列中的项中也有一项被 $k+1$ 整除。进而，下一项为 1，矛盾。

从而结论成立。

评注 这是一道有一定难度的数论问题，得分率为 23.30%。解决问题的关键在于，证明数列与其项数在模某个数的意义下循环节互质，且都能被其整除，进而足够大时它们不互质。

④ 给定一个半径为 1 的 $\odot O$，甲、乙两人进行如下游戏：

第 1 步，甲选择 $\odot O$ 上一对对径点，然后乙选择这两个点中的一个作为 A_1；

第 2 步，乙选择 $\odot O$ 上一对对径点，然后甲选择这两个点中的一个作为 A_2；

依此类推，两人交替进行，直到第 2023 步，甲选择 $\odot O$ 上一对对径点，然后乙选择这两个点中的一个作为 A_{2023}；

最后，乙选择 $\odot O$ 上一点 P，并计算 $S=\sum\limits_{1\leqslant i<j\leqslant 2023}\overrightarrow{PA_i}\cdot\overrightarrow{PA_j}$ 作为甲的得分。试问：甲最多能够保证自己得到多少分？（陈佳杰供题）

解 设单位圆圆心为 O，则

$$\sum_{1 \leqslant i < j \leqslant 2023} \overrightarrow{PA_i} \cdot \overrightarrow{PA_j} = \sum_{1 \leqslant i < j \leqslant 2023} (\overrightarrow{OA_i} - \overrightarrow{OP}) \cdot (\overrightarrow{OA_j} - \overrightarrow{OP})$$

$$= \sum_{1 \leqslant i < j \leqslant 2023} \overrightarrow{OA_i} \cdot \overrightarrow{OA_j} - 2022 \sum_{1 \leqslant i \leqslant 2023} \overrightarrow{OA_i} \cdot \overrightarrow{OP} + C_{2023}^2$$

$$= \frac{1}{2} \left(\sum_{1 \leqslant i \leqslant 2023} \overrightarrow{OA_i} \right)^2 - \frac{2023}{2} - 2022 \overrightarrow{OP} \cdot \left(\sum_{1 \leqslant i \leqslant 2023} \overrightarrow{OA_i} \right) + C_{2023}^2 ,$$

于是若记 $\left| \sum_{1 \leqslant i \leqslant 2023} \overrightarrow{OA_i} \right| = t$，则最终得分 $N \geqslant \frac{1}{2} t^2 - 2022t + C_{2023}^2 - \frac{2023}{2}$。

记 $\overrightarrow{s_k} = \sum_{1 \leqslant i \leqslant k} \overrightarrow{OA_i}$，$k = 0, 1, \cdots, 2023$，下面证明甲最多能够保证自己得到 $C_{2023}^2 - 2022\sqrt{2023}$ 分。

甲的策略：

第 $(2k-1)$ 步时，选取与 $\overrightarrow{s_{2k-2}}$ 垂直的两个单位向量对应的一对对径点，则甲可以保证 $|\overrightarrow{s_{2k-1}}|^2 = |\overrightarrow{s_{2k-2}}|^2 + 1$；

第 $2k$ 步时，选取乙给出的对径点中对应单位向量与 $\overrightarrow{s_{2k-1}}$ 夹角不大于 $\frac{\pi}{2}$ 的一个，则甲可以保证 $|\overrightarrow{s_{2k}}|^2 \leqslant |\overrightarrow{s_{2k-1}}|^2 + 1$；

于是，最终必有 $t = |\overrightarrow{s_{2023}}| \leqslant \sqrt{2023}$，从而得分 $N \geqslant C_{2023}^2 - 2022\sqrt{2023}$。

乙的策略：

第 $(2k-1)$ 步时，选取甲给出的对径点中对应单位向量与 $\overrightarrow{s_{2k-1}}$ 夹角不小于 $\frac{\pi}{2}$ 的一个，则乙可以保证 $|\overrightarrow{s_{2k-1}}|^2 \geqslant |\overrightarrow{s_{2k-2}}|^2 + 1$；

第 $2k$ 步时，选取与 $\overrightarrow{s_{2k-1}}$ 垂直的两个单位向量对应的一对对径点，则乙可以保证 $|\overrightarrow{s_{2k}}|^2 = |\overrightarrow{s_{2k-1}}|^2 + 1$；

最后，选取 $\overrightarrow{OP}$ 与 $\overrightarrow{s_{2023}}$ 同向，则乙可以保证 $N = \frac{1}{2} t^2 - 2022t + C_{2023}^2 - \frac{2023}{2}$；

于是，最终必有 $t = |\overrightarrow{s_{2023}}| \geqslant \sqrt{2023}$（且 $t \leqslant 2023$），从而得分 $N \leqslant C_{2023}^2 - 2022\sqrt{2023}$。

综上，甲最多能够保证自己得到 $C_{2023}^2 - 2022\sqrt{2023}$ 分。

评注 这是一道比较困难的组合问题,得分率为 8.62%。但如果能想到首先将 $\overrightarrow{PA_i}$ 改写为 $\overrightarrow{OA_i}-\overrightarrow{OP}$,后续对式子 S 的改写,以及关于 $\left|\sum\limits_{1\leqslant i\leqslant 2023}\overrightarrow{OA_i}\right|$ 的讨论也会自然很多。

5 求最大的正整数 n，使得对任意正整数 x、y、z，都有 $n \mid (x^2 - y^2)(y^2 - z^2)(z^2 - x^2)$。（余君供题）

解　取 $x = 0$，$y = 1$，$z = 2$，则有 $n \mid 12$。

另一方面，完全平方数在模 3 意义下只能余 0，1，在模 4 意义下只能余 0，1。

故由抽屉原理，x^2、y^2、z^2 中必有两数模 3 同余，必有两数模 4 同余。

即 $3 \mid (x^2 - y^2)(y^2 - z^2)(z^2 - x^2)$，$4 \mid (x^2 - y^2)(y^2 - z^2)(z^2 - x^2)$，从而 $12 \mid (x^2 - y^2)(y^2 - z^2)(z^2 - x^2)$。

于是，n 的最大可能值为 12。

评注　这是一道简单的数论问题，得分率为 72.94%。首先根据简单的特殊情形，得出 n 的上界 12，再根据模 3、4 的平方剩余，证明 12 满足条件。

6 标准足球可以看作具有 60 个顶点、12 个五边形面和 20 个六边形面的多面体（如图①）。足球上的每个顶点处恰好聚集了红、黄、蓝三种颜色的小虫各一只。受到开场哨的惊吓，每只小虫都爬至与其初始位置相邻的某个顶点。试问此时是否可能每个顶点上聚集的小虫都是同一种颜色？（冷福生供题）

（第 6 题图①）

解　假设可以做到，则与同一个点相邻的三个点两两不同色，即有距离为 2 的点不同色。

在五边形中，由抽屉原理至少有两点同色，并且它们相邻。

如图②，不妨设 A，B 为红色，则 C 与它们不同色，不妨设为黄色。于是 D，E 只可能为蓝色，进而

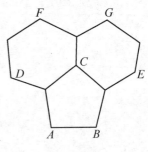

（第 6 题图②）

F，G 只可能为红色，但它们距离为 2，矛盾。

所以不可能每个顶点上聚集的小虫都是同一种颜色。

评注 这是一道中等难度的组合问题，得分率为 48.35%。假设可以做到，能得出距离为 2 的点不同色的结论，再以此对局部进行讨论，得出矛盾。

---

7 设 $f(x)$ 是关于 x 的三次实系数多项式，$g(x)$ 是关于 x 的二次实系数多项式。已知方程 $g(f(x))=0$ 有 6 个互不相同的正整数解，求这些解的和的最小可能值。（邹瑾供题）

解 由于乘上某个系数不影响方程的解，故不妨设 $f(x)$、$g(x)$ 的首项系数为 1。

由于 $g(f(x))=0$ 有六个不同的正整数解，故 $g(x)$ 有两个不同的实根，设为 t_1、t_2。可设方程 $f(x)=t_1$ 和 $f(x)=t_2$ 的解分别为 a、b、c 和 d、e、f，则有 $f(x)-t_1=(x-a)(x-b)(x-c)$ 和 $f(x)-t_2=(x-d)(x-e)(x-f)$。

两式相减得 $(x-a)(x-b)(x-c)-(x-d)(x-e)(x-f)=t_2-t_1$，为常值。于是比较二次项和一次项系数，有 $a+b+c=d+e+f$，$ab+bc+ca=de+ef+fd$。

即 $a+b+c=d+e+f$，$a^2+b^2+c^2=d^2+e^2+f^2$。

由于 a、b、c、d、e、f 为互不相同正整数，故 $a+b+c+d+e+f\geqslant 1+2+3+4+5+6=21$。

又 $a+b+c=d+e+f$，故 $a+b+c+d+e+f$ 为偶数。

若 $a+b+c+d+e+f=22$，只可能 $\{a,b,c,d,e,f\}=\{1,2,3,4,5,7\}$。根据 7 的位置，仅有一种情况组合。不妨设 $\{a,b,c\}=\{1,3,7\}$，$\{d,e,f\}=\{2,4,5\}$。但此时与 $a^2+b^2+c^2=d^2+e^2+f^2$ 矛盾。故 $a+b+c+d+e+f\geqslant 24$。

另一方面，取 $f(x)=x^3-12x^2+41x$，$g(x)=x^2-72x+1260$ 满足条件，此时解的和为 24。

综上，所求最小值为 24。

评注 这是一道中等难度的代数问题，得分率为 41.01%。利用 $g(x)$ 的两个根，得出 $f(x)$ 系数应满足的条件，再从最小情况开始讨论，得出满足要求的最小值。

---

8 平面上给定⊙O 和点 P，点 P 与点 O 不重合。求证：平面上存在定点 S，使得对于⊙O 上的任意相异四点 A、B、C、D，均有 $SP_1 \cdot SP_3 = SP_2 \cdot SP_4$，其中 P_1、P_2、P_3、P_4 分别是点 P 到直线 AB、BC、CD、DA 的射影。（全春来供题）

证明 在射线 OP 上取一点 Q，使得 $OP \cdot OQ = r^2$，其中 r 为⊙O 的半径。设 S 为线段 PQ 的中点。下面证明按此定义的点 S 符合题意。

证法一：首先根据点 P 是否在⊙O 上分两种情况讨论，证明断言 $SP_1 = \dfrac{PA \cdot PB}{2OP}$。

情况一：若点 P 在⊙O 上，则按上述方式定义的点 S 与 P 重合，此时由正弦定理可得 $SP_1 = PA\sin\angle PAB = \dfrac{PA \cdot PB}{2OP}$，从而上述断言获证。

情况二：若点 P 不在⊙O 上。如图，取线段 PB 的中点 M。连接 OA、OB、PA、PB、QA、QB、MS、MP_1、SP_1。

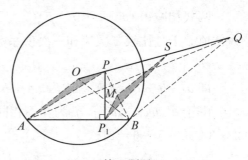

（第 8 题图）

则 MS 是△PBQ 的中位线，故 $MS \parallel BQ$ 且 $MS = \dfrac{1}{2}BQ$。由 $PP_1 \perp BP_1$ 且点 M 是线段 PB 的中点，得 $MP_1 = MB = \dfrac{1}{2}PB$。由 $OP \cdot OQ = OB^2$ 得 △$OBP \backsim$ △OQB。从而 $\dfrac{MS}{MP_1} = \dfrac{BQ}{PB} = \dfrac{OB}{OP} = \dfrac{OA}{OP}$ 且 $\angle SMP_1 = \angle SMB + \angle BMP_1 = (\pi - \angle MBQ) + (\pi - 2\angle MBP_1) = 2\pi - \angle OBQ - \angle OBA - \angle PBA = 2\pi - \angle OPB - \angle OAB - \angle PBA = \angle AOP$。

（注：若要使导角过程不依赖于画图，此处宜用 $\bmod \pi$ 有向角重新表述为：$\measuredangle SMP_1 = \measuredangle SMB + \measuredangle BMP_1 = \measuredangle QBM + 2\measuredangle MBP_1 = \measuredangle QBO + \measuredangle OBA + \measuredangle MBP_1 = \measuredangle OPB + \measuredangle BAO + \measuredangle PBA = \measuredangle POA$）所以 △$MSP_1 \backsim$

$\triangle OAP$，所以 $\dfrac{SP_1}{PA}=\dfrac{MP_1}{OP}=\dfrac{PB}{2OP}$，所以 $SP_1=\dfrac{PA\cdot PB}{2OP}$。

综合以上两种情况可知，均有 $SP_1=\dfrac{PA\cdot PB}{2OP}$ 成立。同理 $SP_2=\dfrac{PB\cdot PC}{2OP}$，$SP_3=\dfrac{PC\cdot PD}{2OP}$，$SP_4=\dfrac{PD\cdot PA}{2OP}$。所以 $SP_1\cdot SP_3=SP_2\cdot SP_4=\dfrac{PA\cdot PB\cdot PC\cdot PD}{4OP^2}$。命题获证。

证法二：复数法。以 O 为原点并使点 P 在实轴正半轴上的方式建立复平面。不妨设 $\odot O$ 的半径为 1，并设点 P、Q、S、A、B、C、D 所对应的复数分别为 p、q、s、a、b、c、d，则 $p>0$，$s=\dfrac{p+q}{2}$，$a\bar{a}=b\bar{b}=c\bar{c}=d\bar{d}=pq=1$。

设 P 关于直线 AB 的对称点为 T，设点 T 对应的复数为 t，则由复数四则运算的几何意义知 $\dfrac{t-a}{b-a}=\overline{\left(\dfrac{p-a}{b-a}\right)}$，从而

$$t=\overline{\left(\dfrac{p-a}{b-a}\right)}\cdot(b-a)+a=\dfrac{p-\dfrac{1}{a}}{\dfrac{1}{b}-\dfrac{1}{a}}\cdot(b-a)+a=a+b-abp。$$

注意点 P_1 是线段 PT 的中点，所以点 P_1 对应的复数为 $\dfrac{1}{2}(p+t)=\dfrac{1}{2}(p+a+b-abp)$，所以线段 SP_1 的长度为

$$SP_1=\left|\dfrac{1}{2}(p+a+b-abp)-\dfrac{p+q}{2}\right|=\dfrac{1}{2p}\mid p-a\mid\cdot\mid p-b\mid=\dfrac{PA\cdot PB}{2OP}。$$

（这里 SP_1、PA、PB、OP 均表示线段长度）

以下过程同证法一。

评注 这是一道非常困难的几何问题，得分率为 5.14%。首先可根据特殊情形猜出点 S 的位置，根据结论的形式，可以想到证明局部等式 $SP_1=\dfrac{PA\cdot PB}{2OP}$。方法二利用复数的方式也比较适合本题。

2023 年第 4 届全国百年老校数学竞赛

（江苏　苏州）

2023 年第 4 届全国百年老校数学竞赛于 2023 年 8 月 1 日至 5 日在江苏省苏州中学举行。

苏州中学的前身可追溯至北宋景祐二年(1035 年)范仲淹创建的苏州府学。其后,在南宋、元、明、清各朝均有沿袭与发展。1953 年,被确定为江苏省重点高级中学,并被教育部确定为全国首批 24 所重点中学之一。1978 年,正名为江苏省苏州中学,再次定为江苏省重点中学。2004 年,学校被评定为江苏省四星级普通高中。学校除常规的教学班外,还开设有匡亚明实验班、伟长实验班、国际班、双语实验班、少年班预备班等。

百年老校数学竞赛(CSMC)是由原中国数学奥林匹克委员会副主席裘宗沪先生倡议发起,以"传承历史,共同发展"为宗旨,采用国际数学奥林匹克(IMO)赛制的高级别数学竞赛。

参加本次竞赛活动学校有:江苏省苏州中学、北京四中、清华附中、上海市上海中学、宁波市镇海中学、浙江省宁波中学、浙江省温州中学、湖北省黄冈中学、湖南省长郡中学、湖南省雅礼中学、南京师大附中、福建省福州一中、香港拔萃女书院和澳门培正中学等 14 所学校,参赛选手共 84 人。

开幕式由苏州中学周祖华书记主持。苏州中学卫新校长向与会嘉宾、参赛学校师生表达诚挚的欢迎。百年老校数学竞赛秘书长、镇海中学常务副校长沈虎跃回忆了自己与百年老校数学竞赛的渊源和过往经历,并介绍了会徽的含义。百年老校数学竞赛主席、广州市博萃德学校荣誉校长、清华大学附中原校长王殿军在讲话中表达了对大家学业和生涯发展的期许。北京大学数学科学学院副书记、副院长孙赵君介绍了北大数学科学学院近年来的成就与收获，并分享了他们在人才培养和课程建设上的探索。主试委员会主任、中国科学院数学与系统科学研究院研究员王彬向参赛学校和同学介绍了本次比赛的赛制和内容，正式开启了第4届百年老校数学竞赛。

主试委员会成员有：王彬(中国科学院)、付云皓(南方科技大学)、冷福生(中国科学院)、邹瑾(高思教育)、金春来(深圳中学)、林秋实(北京师范大学)、李胜宏(浙江大学)、余红兵(苏州大学)、沈虎跃(镇海中学)、周丞芬(宁波中学)。

竞赛分两天进行，每天 8:00～12:30 完成三道题。经过两天紧张的阅卷批改和题目讲解，参照 IMO 标准，$\frac{1}{12}$ 获金牌，$\frac{2}{12}$ 获银牌，$\frac{3}{12}$ 获铜牌。比赛结果，温州中学的郭永涵、徐昊祁、胡驰轩，长沙雅礼中学的曾午午、程政祥，上海中学的张润泽 6 名同学获得金牌；15 名同学获得银牌；25 名同学获得铜牌；21 名同学获得荣誉奖。苏州中学顾归琪同学代表参赛选手做了发言。

活动期间，选手们深度走进府学和苏州园林，进行了一次难忘的文化体验。

此次活动的会徽，以"100"为设计原型，由数学中经典的结构莫比乌斯环组成，突出数学的概念，表明这是数学竞赛，同时这也是数学中"无穷大"的符号，寓意百年老校数学竞赛一直举行下去，并且越办越好。其中的"100"，一方面突出这是由"百年"老校参加的竞赛；另一方面也是满分寓意，祝愿所有参加竞赛的学校和学生可以取得好成绩。

第 5 届全国百年老校数学竞赛将于 2024 年 8 月 1 日在清华大学附中举行。

第 4 届全国百年老校数学竞赛合影留念

第 4 届全国百年老校数学竞赛闭幕式合影留念

左起:李丹、周祖华、周丕芬、王彬、沈虎跃、付云皓、卫新、周建军、金春来、林秋实、王朝和

1 已知正实数 x、y、z 满足 $xyz=1$。证明：

$$\frac{1}{1+x+y^2}+\frac{1}{1+y+z^2}+\frac{1}{1+z+x^2}\leqslant 1。$$

（卢伟供题）

证法一　由柯西不等式，我们做放缩

$$\frac{1}{1+x+y^2}\leqslant\frac{z^{\frac{4}{3}}+x^{\frac{1}{3}}+y^{-\frac{2}{3}}}{(x^{\frac{2}{3}}+y^{\frac{2}{3}}+z^{\frac{2}{3}})^2}。$$

对上式轮换求和，可知我们只需证

$$(x^{\frac{4}{3}}+y^{\frac{4}{3}}+z^{\frac{4}{3}})+(x^{\frac{1}{3}}+y^{\frac{1}{3}}+z^{\frac{1}{3}})+(x^{-\frac{2}{3}}+y^{-\frac{2}{3}}+z^{-\frac{2}{3}})$$

$$\leqslant(x^{\frac{2}{3}}+y^{\frac{2}{3}}+z^{\frac{2}{3}})^2。$$

即只需证 $x^{\frac{1}{3}}+y^{\frac{1}{3}}+z^{\frac{1}{3}}\leqslant x^{-\frac{2}{3}}+y^{-\frac{2}{3}}+z^{-\frac{2}{3}}$。

由均值不等式 $\dfrac{x^{-\frac{2}{3}}+y^{-\frac{2}{3}}}{2}\geqslant x^{-\frac{1}{3}}y^{-\frac{1}{3}}=z^{\frac{1}{3}}$，轮换求和可得上式。

因此原式得证。

评注 1　一般地，对 $0\leqslant\alpha\leqslant\beta\leqslant\gamma\leqslant 2\beta$，（本题是 $\alpha=0$，$\beta=1$，$\gamma=2$ 的特例），我们可以证明：$\dfrac{1}{x^\alpha+y^\beta+z^\gamma}+\dfrac{1}{y^\alpha+z^\beta+x^\gamma}+\dfrac{1}{z^\alpha+x^\beta+y^\gamma}\leqslant 1$。

取参数 $k=\dfrac{1}{3}\gamma$，考虑柯西放缩

$$\frac{1}{x^\alpha+y^\beta+z^\gamma}\leqslant\frac{x^{2k-\alpha}+y^{2k-\beta}+z^{2k-\gamma}}{(x^k+y^k+z^k)^2}，$$

轮换求和后只需证 $\displaystyle\sum_{\text{cyc}} x^{2k-\alpha} \leqslant \sum_{\text{cyc}} x^{2k}$ 以及 $\displaystyle\sum_{\text{cyc}} x^{2k-\beta} \leqslant \sum_{\text{cyc}} x^{-k}$。

考虑函数 $g(t) = x^t + y^t + z^t$ 在 $t \in [0, +\infty)$ 单调增，在 $t \in (-\infty, 0]$ 单调减，并且 $g(-t) \leqslant g(2t)$。由于 $2k - \beta \in \left[-k, \dfrac{k}{2}\right]$，$2k - \alpha \in [-k, 2k]$，因此命题得证。

$g(t)$ 的单调性可以理解为：对 $t_1 \geqslant t_2 \geqslant 0$ 有均值不等式 $\dfrac{t_2}{t_1} x^{t_1} + \dfrac{t_1 - t_2}{t_1} \geqslant x^{t^2}$，轮换求和后可得 $g(t_1) - g(t_2) \geqslant \dfrac{t_1 - t_2}{t_1}(g(t_1) - 3) \geqslant 0$。

证法二 用 $\displaystyle\sum_{\text{cyc}}$ 表示轮换求和，我们考虑对左边式子通分：

分子 $= \displaystyle\sum_{\text{cyc}} (1 + x + y^2)(1 + y + z^2)$

$= \displaystyle\sum_{\text{cyc}} (1 + x + y + y^2 + z^2 + xy + y^2 z^2 + xz^2 + y^3)$

$= 3 + 2\displaystyle\sum_{\text{cyc}} x + 2\sum_{\text{cyc}} x^2 + \sum_{\text{cyc}} \frac{1}{x} + \sum_{\text{cyc}} \frac{1}{x^2} + \sum_{\text{cyc}} x^3 + \sum_{\text{cyc}} xz^2$。

分母 $= (1 + x + y^2)(1 + y + z^2)(1 + z + x^2)$

$= 1 + \displaystyle\sum_{\text{cyc}} (x + y^2) + \sum_{\text{cyc}} (xy + y^3 + xz^2 + y^2 z^2)$

$\quad + (xyz + x^2 y^2 z^2) + \displaystyle\sum_{\text{cyc}} (x^3 y + x^3 z^2)$

$= 3 + \displaystyle\sum_{\text{cyc}} x + \sum_{\text{cyc}} x^2 + \sum_{\text{cyc}} \frac{1}{x} + \sum_{\text{cyc}} x^3 + \sum_{\text{cyc}} \frac{1}{x^2}$

$\quad + \displaystyle\sum_{\text{cyc}} xz^2 + \sum_{\text{cyc}} (x^3 y + x^3 z^2)$。

原问题等价于证明

$$x^3 y + y^3 z + z^3 x + x^3 z^2 + y^3 x^2 + z^3 y^2 \geqslant (x + y + z) + (x^2 + y^2 + z^2)。$$

由均值不等式

$$0.5x^3 y + 0.4x^3 z^2 + 0.1y^3 x^2 \geqslant x^{2.9} y^{0.8} z^{0.8} = x^{2.1}。$$

上式轮换求和可得 $\dfrac{1}{2} \displaystyle\sum_{\text{cyc}} (x^3 y + x^3 z^2) \geqslant \sum_{\text{cyc}} x^{2.1} \geqslant \sum_{\text{cyc}} x^2 \geqslant \sum_{\text{cyc}} x$。

因此原式得证。

评注2 我们考虑用待定参数法做均值不等式的放缩，由于 $\sum\limits_{\text{cyc}} (x^3 y + x^3 z^2)$ 中含有 x 的项有 $x^3 y$、$z^3 x$、$x^3 z^2$、$y^3 x^2$。待定参数 $u, v \in \left[0, \dfrac{1}{2}\right]$，

$$ux^3 y + \left(\frac{1}{2} - u\right)z^3 x + vx^3 z^2 + \left(\frac{1}{2} - v\right)y^3 x^2$$

$$\geqslant (x^3 y)^u \times (z^3 x)^{\frac{1}{2}-u} \times (x^3 z^2)^v \times (y^3 x^2)^{\frac{1}{2}-v}$$

$$= x^{3u + \frac{1}{2} - u + 3v + 1 - 2v} y^{u + \frac{3}{2} - 3v} z^{\frac{3}{2} - 3u + 2v}。$$

要求 y、z 的指数相等 $u + \dfrac{3}{2} - 3v = \dfrac{3}{2} - 3u + 2v$ 即 $4u = 5v$。记 $u = 5t$，$v = 4t$，$0 \leqslant t \leqslant 0.1$。上式右边变成

$$x^{3u + \frac{1}{2} - u + 3v + 1 - 2v} y^{u + \frac{3}{2} - 3v} z^{\frac{3}{2} - 3u + 2v} = x^{\frac{3}{2} + 14t} y^{\frac{3}{2} - 7t} z^{\frac{3}{2} - 7t} = x^{21t}。$$

我们也可以取 $t = \dfrac{2}{21}$，即 $u = \dfrac{10}{21}$，$v = \dfrac{8}{21}$ 得：

$$\frac{20}{42} x^3 y + \frac{1}{42} z^3 x + \frac{16}{42} x^3 z^2 + \frac{5}{42} y^3 x^2 \geqslant x^2。$$

轮换求和后可得 $\dfrac{1}{2} \sum\limits_{\text{cyc}} (x^3 y + x^3 z^2) \geqslant \sum\limits_{\text{cyc}} x^2 \geqslant \sum\limits_{\text{cyc}} x$。

---

❷ 平面上互不相同的七个点 A、B、C、D、M、P、Q 满足下列条件：

(1) 四边形 $ABCD$ 是两组对边都不平行的凸四边形；

(2) $\triangle MAB \backsim \triangle MDC$ 且为顺相似；

(3) $\triangle PAB \backsim \triangle PDC$ 且为逆相似，$\triangle QAD \backsim \triangle QBC$ 且为逆相似。

证明：直线 AP、BM、CQ 交于一点。（金春来供题）

证法一 在平面上定义两个几何变换 f 和 g，其中变换 f 是以点 M 为反演中心，$\sqrt{MA \cdot MC}$ 为反演半径的反演变换，变换 g 是以 $\angle AMC$ 的平分线所在的直线为对称轴的轴对称变换。设 f 和 g 的复合变换 $\varphi = g \circ f$。根据变换 φ 的定义，易知 $\varphi \circ \varphi$ 是平面上的恒等变换，即对于平面上任意两点 X

和 Y，若 $\varphi(X)=Y$，则 $\varphi(Y)=X$。由 φ 的定义，显然有 $\varphi(A)=C$。

如图①，因为 $\triangle MAB \backsim \triangle MDC$，所以 $\dfrac{MA}{MD}=\dfrac{MB}{MC}$ 且 $\angle AMB=\angle DMC$，即 $MA \cdot MC=MB \cdot MD$ 且 $\angle AMC$ 的平分线与 $\angle BMD$ 的平分线重合，所以由变换 φ 的定义有 $\varphi(B)=D$。

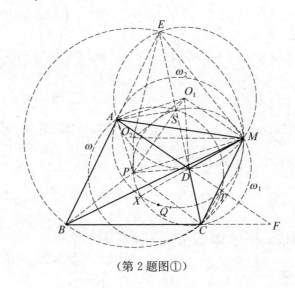

（第 2 题图①）

设 $\varphi(P)=P'$，$\varphi(Q)=Q'$，设过 M、C、P' 三点的圆 ω_1 与直线 CD 异于点 C 的交点是 S，过 M、A、Q' 三点的圆 ω_2 与直线 AD 异于点 A 的交点是 T。连接 AS、CT。

根据变换 φ 的定义，由 $\varphi(A)=C$ 及 $\varphi(P)=P'$ 得 $\triangle MAP' \backsim \triangle MPC$ 顺相似，故 $\dfrac{P'A}{CP}=\dfrac{MA}{MP}$。同理，$\dfrac{P'D}{BP}=\dfrac{MD}{MP}$。由 $\triangle MAB \backsim \triangle MDC$ 得 $\dfrac{MA}{MD}=\dfrac{AB}{DC}$。由 $\triangle PAB \backsim \triangle PDC$ 得 $\dfrac{BP}{CP}=\dfrac{AB}{DC}$。故 $\dfrac{P'A}{P'D}=\dfrac{MA}{MD} \cdot \dfrac{CP}{BP}=1$，即 $P'A=P'D$。同理，$P'B=P'C$。

设直线 AB 与直线 CD 相交于点 E，直线 AD 与直线 BC 相交于点 F。由于 $\triangle MAB$ 与 $\triangle MDC$ 顺相似，可知点 M 是完全四边形 $ABCDEF$ 的密克点，即点 M 在 $\triangle EAD$、$\triangle EBC$、$\triangle FAB$、$\triangle FCD$ 的外接圆上。分别作 $\triangle EAD$ 和 $\triangle EBC$ 的外接圆 $\odot O_1$ 和 $\odot O_2$，则 $\odot O_1$ 和 $\odot O_2$ 均经过点 M。

连接 AO_1、DO_1、$P'M$、$P'O_1$、$P'O_2$、MO_1、MO_2、EO_2。由 $O_1A=$

O_1D，$P'A=P'D$，故 O_1P' 垂直平分线段 AD，$O_1P' \perp AF$。同理，$O_2P' \perp BF$，所以 $\angle O_1P'O_2 = \angle AFB$。点 M 同在 $\odot O_1$ 和 $\odot O_2$ 上，故 $\angle O_1ME + \angle EAM = 90°$ 且 $\angle O_2ME + \angle EBM = 90°$。所以，

$$\angle O_1MO_2 = \angle O_2ME - \angle O_1ME = \angle EAM - \angle EBM = \angle AMB。$$

又由于点 M 在 $\triangle ABF$ 的外接圆上，故 $\angle AFB = \angle AMB$。因此 $\angle O_1P'O_2 = \angle O_1MO_2$，故 M、O_1、O_2、P' 四点共圆，因此 $\angle MP'O_1 = \angle MO_2O_1$。由 S、M、C、P' 四点均在圆 ω_1 上，且点 S 在直线 CE 上，得 $\angle MP'S = \angle MCS = \angle MCE$。注意线段 EM 是 $\odot O_1$ 和 $\odot O_2$ 的公共弦，故直线 O_1O_2 垂直平分 EM，故 $\angle MO_2O_1 = \dfrac{1}{2}\angle MO_2E = \angle MCE$。从而，$\angle MP'O_1 = \angle MP'S$，故 P'、S、O_1 三点共线。又由于直线 O_1P' 垂直平分线段 AD，故点 S 在线段 AD 的中垂线上，因此 $\angle DAS = \angle ADS$。

注意 $\triangle MAB$ 与 $\triangle MDC$ 顺相似蕴含着 $\triangle MAD$ 与 $\triangle MBC$ 顺相似，故同理可得 $\angle DCT = \angle CDT$。因为 $\angle ADS = \angle CDT$，所以 $\angle DAS = \angle DCT$，故 A、C、T、S 四点共圆，记该圆为 ω。设圆 ω_1 与 ω_2 异于点 M 的交点为 X。对圆 ω、ω_1、ω_2 用根心定理得 CS、AT、MX 三线共点，即 M、D、X 三点共线，即圆 ω_1、圆 ω_2 和直线 MD 均经过点 X。再由变换 φ 的保圆性可知，$\varphi(\omega_1) =$ 直线 AP，$\varphi(\omega_2) =$ 直线 CQ，$\varphi($直线 $MD) =$ 直线 MB，从而直线 AP、BM、CQ 均经过点 $\varphi(X)$。

证法二 如图②，设直线 AB 与 CD 交于点 E，直线 AD 与 BC 交于点 F。由阿波罗尼斯(Apollonius)定理可知，平面上到 A、B 两点的距离之比为 $\dfrac{AD}{BC}$ 的点的轨迹为一圆周，记该圆周为 $\odot O_1$。类似地，设平面上到 B、C 两点的距离之比为 $\dfrac{AB}{CD}$ 的点的轨迹为 $\odot O_2$，平面上到 C、D 两点的距离之比为 $\dfrac{AD}{BC}$ 的点的轨迹为 $\odot O_3$，平面上到 A、D 两点的距离之比为 $\dfrac{AB}{CD}$ 的点的轨迹为 $\odot O_4$。(图中仅画出这些圆的圆心)。

由 $\triangle MAD \backsim \triangle MBC$ 以及 $\triangle QAD \backsim \triangle QBC$ 得 $\dfrac{MA}{MB} = \dfrac{AD}{BC} = \dfrac{QA}{QB}$，所以点 M 和 Q 均在 $\odot O_1$ 上，同理点 M 和 Q 均在 $\odot O_3$ 上，故点 M 与 Q 关于直线

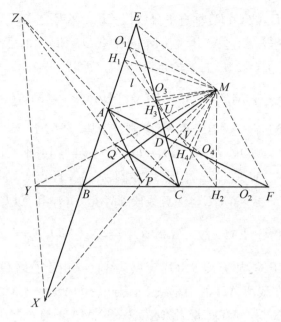

(第 2 题图②)

O_1O_3 轴对称。同理点 M 与点 P 关于直线 O_2O_4 轴对称。

由点 M 在 $\odot O_1$ 上并根据阿波罗尼斯圆的性质，有 $\triangle O_1MA \backsim$ $\triangle O_1BM$，从而 $\angle O_1MA = \angle ABM$。同理 $\angle O_3MD = \angle DCM$。再由 $\triangle MAB$ $\backsim \triangle MDC$ 得 $\angle ABM = \angle DCM$ 且 $\angle EAM = \angle EDM$，所以

$$\angle EO_1M = \angle EAM + \angle O_1MA = \angle EDM + \angle O_3MD = \angle EO_3M,$$

所以 E、M、O_1、O_3 四点共圆。同理 F、M、O_2、O_4 四点共圆。

过点 M 分别作直线 AB、BC、CD、DA、O_1O_3、O_2O_4 的垂线，设垂足分别为 H_1、H_2、H_3、H_4、U、V，注意到点 M 在 $\triangle EAD$、$\triangle EO_1O_3$、$\triangle FCD$、$\triangle FO_2O_4$ 的外接圆上，由西姆松（Simson）定理可知这 6 个垂足共线，记该直线为 l。且由点 M 与点 Q 关于直线 O_1O_3 轴对称可知 U 是线段 MQ 的中点，同理 V 是线段 MP 的中点。

设直线 AB 与直线 MP 相交于 X，直线 BC 与直线 MQ 相交于 Y，直线 AC 与直线 PQ 相交于 Z。

由 E、M、O_1、O_3 四点共圆，以及 E、M、D、A 四点共圆得 $\angle O_3O_1M = \angle O_3EM = \angle DAM$，再由 $O_1O_3 \perp MQ$ 以及 $\triangle O_1MA \backsim$

$\triangle O_1BM$，得

$$\angle YMB = \angle O_1MB - \angle O_1MQ = \angle MAO_1 - 90° + \angle O_3O_1M$$
$$= \angle MAO_1 - 90° + \angle DAM = \angle DAE - 90°。$$

同理 $\angle YMC = \angle ADC - 90°$。所以

$$\frac{YB}{YC} = \frac{MB}{MC} \cdot \frac{\sin\angle YMB}{\sin\angle YMC} = \frac{MB}{MC} \cdot \frac{|\cos\angle BAD|}{|\cos\angle ADC|}。$$

同理 $\dfrac{XA}{XB} = \dfrac{MA}{MB} \cdot \dfrac{|\cos\angle ADC|}{|\cos\angle BCD|}$。

注意 C、M、H_2、H_3 四点共圆，A、M、H_1、H_4 四点共圆，所以

$$\frac{d(C, l)}{d(M, l)} = \frac{CH_2 \cdot CH_3}{MH_2 \cdot MH_3} = \cot\angle MCF \cdot \cot\angle MCE。$$

$$\frac{d(A, l)}{d(M, l)} = \frac{AH_1 \cdot AH_4}{MH_1 \cdot MH_4} = \cot\angle MAE \cdot \cot\angle MAF。$$

其中 $d(C, l)$ 表示点 C 到直线 l 的距离，依此类推。所以

$$\frac{ZC}{ZA} = \frac{d(C, PQ)}{d(A, PQ)} = \frac{d(M, l) - d(C, l)}{d(M, l) - d(A, l)} = \frac{1 - \cot\angle MCF \cdot \cot\angle MCE}{1 - \cot\angle MAE \cdot \cot\angle MAF}$$

$$= \frac{\sin\angle MAE \cdot \sin\angle MAF}{\sin\angle MCE \cdot \sin\angle MCF} \cdot \left|\frac{\cos(\angle MCE + \angle MCF)}{\cos(\angle MAE + \angle MAF)}\right|$$

$$= \frac{\sin\angle MFC}{\sin\angle MCF} \cdot \frac{\sin\angle MAF}{\sin\angle MFA} \cdot \left|\frac{\cos\angle BCD}{\cos\angle BAD}\right|$$

$$= \frac{MC}{MF} \cdot \frac{MF}{MA} \cdot \left|\frac{\cos\angle BCD}{\cos\angle BAD}\right| = \frac{MC}{MA} \cdot \left|\frac{\cos\angle BCD}{\cos\angle BAD}\right|。$$

所以 $\dfrac{XA}{XB} \cdot \dfrac{YB}{YC} \cdot \dfrac{ZC}{ZA} = 1$，所以 X、Y、Z 三点共线，即 $\triangle ABC$ 与 $\triangle PMQ$ 的三组对应边的交点三点共线，故由笛沙格（Desargues）定理可知 AP、BM、CQ 三线共点。

评注 从证法二中可以看出直线 PQ 是完全四边形 $ABCDEF$ 的垂心线。

3 对正整数 n，称两个 n 元 $0-1$ 数组 $\alpha = (x_1, x_2, \cdots, x_n)$ 与 $\beta = (y_1, y_2, \cdots, y_n)$ 相邻，如果 $\sum\limits_{i=1}^{n} |x_i - y_i| = 1$。

证明：对任意整数 $m > 2^{2026}$，均存在正整数 k，以及由 m 个两两不同的 k 元 $0-1$ 数组构成的集合 A，使得 A 中每个数组都至少与 A 中 2023 个数组相邻。（付云皓供题）

证法一 若正整数 m 满足，存在正整数 n 及 m 个两两不同的 n 元 $0-1$ 数组 $\alpha_1, \alpha_2, \cdots, \alpha_m$，使得任何一个数组都至少与 2023 个数组相邻，则称 m 为"好的"。我们依次证明如下结论。

结论 1：若 m_1、m_2 都是"好的"，则 $m_1 + m_2$ 也是"好的"。

设 m_1 个 n_1 元 $0-1$ 数组 $\alpha_1, \alpha_2, \cdots, \alpha_{m_1}$，使得任何一个数组都至少与 2023 个数组相邻，m_2 个 n_2 元 $0-1$ 数组 $\beta_1, \beta_2, \cdots, \beta_{m_2}$，使得任何一个数组都至少与 2023 个数组相邻，且不妨设 $n_1 \leqslant n_2$。现在，在 $\alpha_1, \alpha_2, \cdots, \alpha_{m_1}$ 后面都添上 $n_2 - n_1 + 1$ 个 0，在 $\beta_1, \beta_2, \cdots, \beta_{m_2}$ 后面都添上一个 1，就形成了 $m_1 + m_2$ 个两两不同的 $n_2 + 1$ 元 $0-1$ 数组，且任何一个数组都至少与 2023 个数组相邻，即 $m_1 + m_2$ 也是"好的"。

结论 2：2^{2023} 是"好的"。

选取所有 2023 元 $0-1$ 数组，这样每个数组均与 2023 个数组相邻。

结论 3：$2^{2024} - 2^{2022}$ 是"好的"。

选取所有 2024 元 $0-1$ 数组，这样每个数组均与 2024 个数组相邻。然后去掉其中前两位均为 0 的所有数组，这样剩下的数组若要与被去掉的数组相邻，必须是前两位不同，故易知剩下的每个数组最多与 1 个被去掉的数组相邻，故在剩下的数组中，每个数组均至少与 2023 个数组相邻。

结论 4：若整数 $d_1, d_2, \cdots, d_l$ 满足 $0 \leqslant d_1 < d_2 < \cdots < d_l \leqslant 2021$，且对 $i = 1, 2, \cdots, k-1$ 均有 $d_{i+1} - d_i \geqslant 3$，则 $2^{2024} - (2^{d_1} + 2^{d_2} + \cdots + 2^{d_l})$ 是"好的"。

选取所有 2024 元 $0-1$ 数组，再去掉下面的数组：

前 $2024 - d_l$ 位均为 0 的所有数组，共 2^{d_l} 个，记这些数组的集合为 T_l；

前 $2024 - d_l$ 位均为 1，接下来 $d_l - d_{l-1}$ 位均为 0 的所有数组，共 $2^{d_{l-1}}$ 个，记这些数组的集合为 T_{l-1}；

……

前 $2024-d_2$ 位均为 1，接下来 d_2-d_1 位均为 0 的所有数组，共 2^{d_1} 个，记这些数组的集合为 T_1。

与结论 3 的证明类似，在所有 2024 元 0—1 数组中，每个数组均与 2024 个数组相邻。注意对于 $1 \leqslant i < j \leqslant l$，$T_i$ 中的数组的第 $2024-d_{j+1}+1$，$2024-d_{j+1}+2$，…，$2024-d_j$ 位均为 1（这里定义 $d_{l+1}=2024$），而 T_j 中的数组的第 $2024-d_{j+1}+1$，$2024-d_{j+1}+2$，…，$2024-d_j$ 位均为 0，故对于剩下的每个数组，它不可能同时与 T_i 中的数组和 T_j 中的数组相邻。使用结论 3 中的推理可知，剩下的每个数组最多与某个 T_i 中的一个数组相邻，因此在剩下的数组中，每个数组均至少与 2023 个数组相邻。剩下的数组恰为 $2^{2024}-(2^{d_1}+2^{d_2}+\cdots+2^{d_l})$ 个，故 $2^{2024}-(2^{d_1}+2^{d_2}+\cdots+2^{d_l})$ 是"好的"。

现在，对于 $m > 2^{2026}$，设 $m = 2^{2026}-K+c \times 2^{2023}$，其中 $0 \leqslant K < 2^{2023}$。易知 K 可以写成最多一个 2^{2022} 和最多 3 个 $2^{d_1}+2^{d_2}+\cdots+2^{d_l}$ 之和，其中 d_1，d_2，…，d_l 满足结论 4 的条件。由结论 1、2、3、4 可知 $2^{2026}-K$ 是"好的"，再结合结论 1、2 可知 m 是"好的"，证毕。

证法二 对任意整数 $k \geqslant 2$，我们选取所有 k 元 0—1 数组，这样选取了 2^k 个数组，且每个数组均与 k 个数组相邻。下面我们证明引理：

引理：对 $2^{k-1} < m \leqslant 2^k$，可以将这些数组分为 A、B 两个集合，其中 $|A|=m$，且 A 中每个数组最多与 B 中 4 个数组相邻。　　　　　　　　（＊）

如果 $m = 2^k$，那么取 A 为所有 k 元 0—1 数组，取 $B = \varnothing$ 即可。下面假设 $m < 2^k$，设 $m = 2^k-(2^{d_1}+2^{d_2}+\cdots+2^{d_t})$，这里整数 $d_1 < d_2 < \cdots < d_t \leqslant k-2$。

对 $i=1, 2, \cdots, t$，我们记前 $k-d_i-2$ 位均为 0，接下来两位即第 $k-d_i-1$ 位与第 $k-d_i$ 位均为 1 的所有 k 元数组（共 2^{d_i} 个）构成的集合为 B_i。显然 B_1，B_2，…，B_t 两两不交。我们取 $B = B_1 \cup B_2 \cup \cdots \cup B_t$，取 A 为 B 的补集，则有 $|A|=m$。由证法一的结论 3 的证明类似可知：对 A 中任意一个数组 α 与 $1 \leqslant i \leqslant t$，$\alpha$ 至多与 B_i 中一个数组相邻。因此，为了证明（＊），我们只需证明对 A 中任意一个数组 α，最多存在四个不同的 i，使得 α 与 B_i 中某一个数组相邻。

假设不然，设有五个这样的 i，记为 $i_1 < i_2 < i_3 < i_4 < i_5$，我们只考虑

B_{i_1}、B_{i_3}、B_{i_5}。由于 $d_{i_3}-d_{i_1} \geqslant i_3-i_1 \geqslant 2$,故 $k-d_{i_1}-2 \geqslant k-d_{i_3}$,因此 B_{i_1} 中所有数组的第 $k-d_{i_3}-1$、$k-d_{i_3}$ 位都是 0,而 B_{i_3} 中所有数组的第 $k-d_{i_3}-1$、$k-d_{i_3}$ 位都是 1,因此 α 的第 $k-d_{i_3}-1$、$k-d_{i_3}$ 位必须是一个 0 与一个 1。同理,α 的第 $k-d_{i_5}-1$、$k-d_{i_5}$ 位也必须是一个 0 与一个 1,但此时 α 与 B_{i_3} 中的任何一个数组至少有两位不同,不可能相邻,矛盾!

因此(*)成立。对题述的 m,选取 k 使得 $2^{k-1}<m \leqslant 2^k$,则 $k \geqslant 2027$,由(*)知可以选出由 m 个两两不同的 k 元 0-1 数组构成的集合 A,使得 A 中每个数组都至少与 A 中 $k-4 \geqslant 2023$ 个数组相邻,证毕。

评注 事实上,(*)可以加强到:A 中每个数组最多与 B 中 3 个数组相邻。为此我们在证明中假设 A 中某一个数组 α 与 B_{i_1}、B_{i_2}、B_{i_3}、B_{i_4} 中各一个数组相邻,这里 $i_1<i_2<i_3<i_4$。事实上,上面证明类似可得 α 的第 $k-d_{i_4}-1$、$k-d_{i_4}$ 位也必须是一个 0 与一个 1。注意到 B_{i_2} 中任意一个数组的第 $k-d_{i_2}-1$ 位为 1,B_{i_1} 中任意一个数组的第 $k-d_{i_2}-1$ 位为 0,(因为 $k-d_{i_2}-1 \leqslant k-d_{i_1}-2$)。因此:

如果 α 的第 $k-d_{i_2}-1$ 位为 0,那么 α 与 B_{i_2} 中的任何一个数组至少有两位不同,不可能相邻,矛盾;

如果 α 的第 $k-d_{i_2}-1$ 位为 1,那么 α 与 B_{i_1} 中的任何一个数组至少有两位不同,不可能相邻,亦矛盾。

由此可知,证明中的 k 只需不小于 2026 即可,因此题目中的 $m>2^{2026}$ 可以放宽为 $m>2^{2025}$。

4 已知平面直角坐标系中的点集

$$L = \{(x, y) \mid x, y \in \{1, 2, \cdots, 100\}\}.$$

设 A 是由平面上若干个凸多边形组成的集合，满足：A 中每个凸多边形的所有顶点均属于 L，并且 L 中的每个点都恰好是 A 中一个凸多边形的顶点。

求 A 中所有凸多边形的面积之和的最小可能值。（朱磊克供题）

解　假设 A 中一共有 m 个凸多边形，分别有 $a_1, a_2, \cdots, a_m$ 个顶点。由题意知 $a_1 + a_2 + \cdots + a_m = |L| = 100 \times 100 = 10\,000$。

根据皮克(Pick)定理知：有 a_k 个顶点的凸多边形的面积 $\geqslant \dfrac{a_k - 2}{2} \geqslant \dfrac{1}{2} \times \left\lceil \dfrac{a_k}{3} \right\rceil$，因此总面积 $S \geqslant$

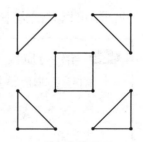

$\displaystyle\sum_{k=1}^{m} \frac{a_k - 2}{2} \geqslant \frac{1}{2} \times \sum_{k=1}^{m} \left\lceil \frac{a_k}{3} \right\rceil \geqslant \frac{1}{2} \times \left\lceil \frac{10\,000}{3} \right\rceil = \frac{1}{2} \times 3334 = 1667$。

关于构造，我们首先有一个 4×4 的点阵的构造，如图①。

（第 4 题图①）

这个 4×4 可以放在左上角，由于 $100 - 4$ 是 6 的倍数，100×100 点阵的其余区域可以分成若干个下图的 2×6 的区域（或者旋转 $90°$ 后的 6×2 的区域），如图②。

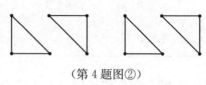

（第 4 题图②）

这个构造恰好包含 3332 个面积为 $\dfrac{1}{2}$ 的三角形与 1 个单位正方形，总面积为 1667。

评注　对于一般的 $n \times n$ 的点阵（$n \geqslant 2$ 是整数），问题的结果即凸多边形的面积之和的最小可能值为 $S_{\min} = \dfrac{1}{2} \times \left\lceil \dfrac{n^2}{3} \right\rceil + \dfrac{1}{2} \times \mathbf{1}_{\{n=3,\,5\}}$。

我们考虑点阵中横纵坐标均为奇数的点的个数，3×3 点阵中有 4 个这样的点，5×5 点阵中有 9 个这样的点，因此一定有某个凸 a_k 边形含有两个这样的点作为顶点，该凸多边形中内部含有一个整点，这时面积不等式无法取等。

因此 $n=3$ 时无法恰好有 3 个面积为 $\dfrac{1}{2}$ 的三角形，$n=5$ 时无法恰好有 7 个面积为 $\dfrac{1}{2}$ 的三角形与 1 个面积为 1 的四边形，即 $n=3,\,5$ 时，$S \geqslant \dfrac{1}{2} \times \left\lceil \dfrac{n^2}{3} \right\rceil$ 无法取等，（取等要求每个 a_k 边形的面积恰好是 $\dfrac{1}{2} \times \left\lceil \dfrac{a_k}{3} \right\rceil$，只能 $a_k = 3,\,4$；并且

$$\sum_k \left\lceil \frac{a_k}{3} \right\rceil \geqslant \left\lceil \frac{\sum_k a_k}{3} \right\rceil$$

取等时至多有一个四边形）。

面积之和的最小值 $S_{\min} = \dfrac{1}{2} \times \left\lceil \dfrac{n^2}{3} \right\rceil + \dfrac{1}{2} \times \mathbf{1}_{\{n=3,\,5\}}$ 是可以取到的，有兴趣的同学可以尝试构造。

---

⑤ 给定奇质数 p，求满足下述条件的最大正整数 k：

对任意非负整数 $a_0,\,a_1,\,\cdots,\,a_{k-1}$，存在非负整数 u、v 使得

$$C_u^{v+i} \equiv a_i \pmod{p}, \quad i = 0,\,1,\,\cdots,\,k-1。$$

其中组合数 C_n^m（n、m 是非负整数）定义如下：

如果 $m \leqslant n$，则 $C_n^m = \dfrac{n!}{m!\,(n-m)!}$，否则 $C_n^m = 0$。这里 $0! = 1$。（付云皓供题）

解 我们先证明 $k=2$ 符合题意。不妨设 $0 \leqslant a_0 \leqslant p-1$，$0 \leqslant a_1 \leqslant p-1$。

如果 $a_1 = 0$，我们取 $u = p \times a_0$，$v = p$，由卢卡斯（Lucas）定理，$C_u^v \equiv a_0 \pmod{p}$，而 C_u^{v+1} 是 p 的倍数，符合题意；

如果 $a_1 > 0$，$a_0 = 0$，我们取 $u = p \times a_1$，$v = p-1$，由卢卡斯定理，$C_u^{v+1} \equiv$

$a_1 \pmod p$，而 C_u^v 是 p 的倍数，符合题意；

如果 $a_1 > 0$，$a_0 > 0$，假设 $a_1 \equiv m \times a_0 \pmod p$，其中 $m \in \{1, 2, \cdots, p-1\}$，我们取 $u = p \times a_0 + m$，$v = p$，由卢卡斯定理，$C_u^v \equiv a_0 \pmod p$，而 $C_u^{v+1} \equiv m \times a_0 \equiv a_1 \pmod p$，符合题意。

下面我们证明 $k \geq 3$ 不合题意，为此我们证明不存在非负整数 u、v 使得 C_u^v、C_u^{v+1}、C_u^{v+2} 均模 p 余 1。

假设它们均模 p 余 1，在恒等式 $(u-v) \times C_u^v = (v+1) \times C_u^{v+1}$ 两边模 p 得到 $v+1 \equiv u-v \pmod p$，在恒等式 $(u-v-1) \times C_u^{v+1} = (v+2) \times C_u^{v+2}$ 两边模 p 得到 $v+2 \equiv u-v-1 \pmod p$，两式相减得到 $-1 \equiv 1 \pmod p$，矛盾！

综上所述，所求最大的 $k = 2$。

评注 如果质数 $p = 2$，则本题的结果为 $k = 3$。事实上不存在 u、v 使得
$$C_u^v \equiv 1, \ C_u^{v+1} \equiv 1, \ C_u^{v+2} \equiv 0, \ C_u^{v+3} \equiv 1 \pmod 2 。$$

若不然，则二进制加法 $v + (u-v)$ 不进位，$(v+1) + (u-v-1)$ 也不进位，若 u 是偶数则其中有一个式子是两个奇数相加一定会进位。因此 u 是奇数，这时对任意偶数 x，二进制加法 $x + (u-x)$ 不进位等价于 $(x+1) + (u-x-1)$ 不进位，若 v 是偶数则取 $x = v+2$，若 v 是奇数则取 $x = v+1$，将会产生进位情况不一致的矛盾。

---

6 设 n 是正整数，记 λ_n 是满足下述条件的最小实数 λ：

对任意 n 个复数 z_1，z_2，$\cdots$，z_n，均存在 $\{1, 2, \cdots, n\}$ 的非空子集 B 使得 $\lambda \cdot \left| \sum_{k \in B} z_k \right| \geq \sum_{k=1}^{n} |z_k|$。求：

(1) 求 λ_4；

(2) 求 λ_{100}。（王彬供题）

解 对复数集合（可重集）$Z = \{z_1, z_2, \cdots, z_n\}$，定义其所有部分和的最大模长 $H(Z) = \max_{B \subseteq \{1, 2, \cdots, n\}} \left| \sum_{k \in B} z_k \right|$。问题等价于考虑 Z 中元素的模长总和至多是 $H(Z)$ 的多少倍。

如果 $z_1 + z_2 + \cdots + z_n \neq 0$，不妨设 $z_1 + z_2 + \cdots + z_n = 1$，由 $n \geq 3$ 知存

在某个数的实部 $\mathcal{R}(z_k) < \dfrac{1}{2}$，这样 $|z_k-1| > |z_k|$。我们在 $Z=\{z_1,$ $z_2,\cdots,z_n\}$ 中将 z_k 替换为 z_k-1，得到集合 Z'，由于 Z' 的部分和都是 $\{z_1,$ $z_2,\cdots,z_n,-1\}$ 的部分和，并且 $\{z_1,\cdots,z_n,-1\}$（总和为 0）的部分和均为 Z 的部分和或部分和的相反数，因此 $H(Z')\leqslant H(\{z_1,\cdots,z_n,-1\})=H(Z)$，同时 Z' 的模长总和大于 Z 的模长总和。

我们假设 $z_1+z_2+\cdots+z_n=0$，并且 $z_1,z_2,\cdots,z_n$ 的幅角主值从小到大排列。我们考虑顺次求和：

$$A_1=z_1,\ A_2=z_1+z_2,\cdots,\ A_k=z_1+z_2+\cdots+z_k,\cdots,$$
$$A_n=z_1+z_2+\cdots+z_n=0。$$

在复平面上，$A_1,A_2,\cdots,A_n$ 构成某个凸 n 边形 Ω 的按逆时针排列 n 个顶点。由于 Z 的任何部分和 S 的模长 $|S|$ 不超过 Z 中与 S 夹角 $<90°$ 的复数到 S 方向的投影长度之和，因此 $|S|$ 不超过 $z_1,z_2,\cdots,z_n$ 中幅角在某个半平面内（即其中连续若干项）的部分和的模长，即 $|S|$ 不超过某个 A_i-A_j 的模长，也就是 $|S|$ 不超过 Ω 的某条对角线长或某条边长。另一方面 $A_1,$ $A_2,\cdots,A_n$ 中任意两数之差均为 Z 的部分和。因此 $H(Z)$ 等于凸 n 边形 Ω 的所有对角线长的最大值。为方便叙述，我们将凸多边形的边也视为对角线。

这样我们的问题转化为：已知凸 n 边形的所有对角线长均不超过 1，求该凸 n 边形的周长 L 的最大可能值 λ_n。

（1）当 $n=4$ 时，考虑凸四边形 $A_1A_2A_3A_4$，如果某条边的长度 $=1$，不妨设 $|A_1A_2|=1$，此时 A_3、A_4 在图①中的区域内（即分别以 A_1,A_2 为中心的 60° 圆弧与线段 A_1A_2 围成的区域）。

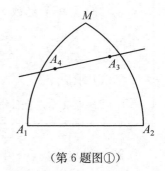

（第 6 题图①）

为使周长最大化，首先 A_3、A_4 需在区域边界上，不然取直线 A_3A_4 与区域边界的交点，（易知区域边界上任意两点的距离不超过 1），四边形周长变大。

情况 1：如果 A_3、A_4 在同一侧边界上，不妨设均在左边界弧 $\overset{\frown}{MA_1}$ 上，记 $\alpha=\angle A_1A_2A_4$，$\beta=\angle A_4A_2A_3$，满足 $\alpha+\beta\leqslant 60°$，则周长

$$L = 2 + 2\sin\frac{\alpha}{2} + 2\sin\frac{\beta}{2} \leqslant 2 + 4\sin\frac{\alpha+\beta}{4}$$

$$\leqslant 2 + 4\sin 15° = 2 + \sqrt{6} - \sqrt{2} := L^{*}.$$

当 A_3 取 M 点，A_4 取弧 $\overset{\frown}{MA_1}$ 的中点时，L 达到最大值 L^{*}。

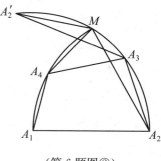

情况 2：如图②，如果 A_4 在左边界，A_3 在右边界，不妨设 A_3 相比 A_4 到直线 A_1A_2 的距离更大。我们断言将 A_3 移动至点 M 时，四边形周长变大，即

$$|A_3A_2| + |A_3A_4| < |MA_2| + |MA_4|.$$

（第 6 题图②）

这等价于证明 $|A_2M| - |A_2A_3| > |A_4A_3| - |A_4M|$，考虑点 A_2 关于 A_3M 的中垂线的对称点 A_2'，即 A_3 绕 A_1 逆时针旋转 $60°$ 到达 A_2'，此时 $|A_2M| - |A_2A_3| = |A_2'A_3| - |A_2'M|$。证明断言转化为证明 $|A_2'A_3| - |A_2'M| > |A_4A_3| - |A_4M|$，即

$$|A_2'A_3| + |A_4M| > |A_4A_3| + |A_2'M|.$$

由于点 A_4、A_2' 在直线 A_3M 的下方，且点 A_4、A_3、M、A_2' 到直线 A_1A_2 的距离依次增大，这样射线 A_4A_3 与射线 $A_2'M$ 交于直线 A_3M 上方的某点。因此 A_4、A_3、M、A_2' 构成凸四边形的四个顶点，其两条对角线 $A_2'A_3$、A_4M 长度之和大于两条对边 A_4A_3、$A_2'M$ 的长度之和，即上式成立，从而断言得证。

这样，四边形 $A_1A_2A_3A_4$ 的周长，不超过四边形 $A_1A_2MA_4$ 的周长，即不超过情况 1 中的上界 $L^{*} = 2 + \sqrt{6} - \sqrt{2}$。

如果凸四边形 $A_1A_2A_3A_4$ 的四条边长均小于 1，记 A_1、A_3 所在直线为 l，如图③，我们固定 A_2、A_4 两点，让 A_1、A_3 在直线 l 上活动，向右移动 t 距离到达 U_t、V_t 的位置（$t < 0$ 时即为向左移动 $-t$ 的

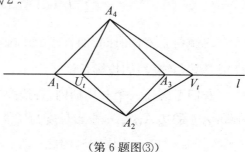

（第 6 题图③）

距离）。考虑四边形 $U_t A_2 V_t A_4$ 的周长

$$L(t) = |U_t A_2| + |U_t A_4| + |V_t A_2| + |V_t A_4|$$

是关于 t 的下凸函数,因为每一项均为 $\sqrt{(t-\square)^2 + \square^2}$ 的形式,均为下凸函数。

考虑每条边长 $\leqslant 1$ 对 t 的约束,对应 t 的范围是一个包含 0 的闭区间。四个闭区间的交集仍为某个闭区间 $[t_1, t_2]$,其中 $t_1 < 0 < t_2$。对 $t = t_1$ 或 $t = t_2$ 的情形,四边形至少有一条边长为 1,此时周长 $L(t_1) \leqslant L^*$,$L(t_2) \leqslant L^*$。 由函数 $L(t)$ 的下凸性质可知 $L(0) \leqslant \max\{L(t_1), L(t_2)\} \leqslant L^* = 2 + \sqrt{6} - \sqrt{2}$。

因此 $\lambda_4 = 2 + \sqrt{6} - \sqrt{2}$。 对应的四个复数是

$$\{z_1, z_2, z_3, z_4\}$$
$$= \left\{ -\frac{1}{2} + \frac{\sqrt{3}}{2}i, \ -\frac{1}{2} - \frac{\sqrt{3}}{2}i, \ \frac{1}{2} + \left(1 - \frac{\sqrt{3}}{2}\right)i, \ \frac{1}{2} - \left(1 - \frac{\sqrt{3}}{2}\right)i \right\}.$$

(2) 对一般的 n,我们证明:如果复平面上的凸 n 边形 $\Omega = A_1 A_2 \cdots A_n$ 的每条对角线长(包括边长)均 $\leqslant 1$,则其周长 $L \leqslant 2n \sin \dfrac{\pi}{2n}$。

我们考虑多边形向各方向投影长度的平均值来估计周长。

对倾角为 α 的直线 l_α,考虑凸多边形 Ω 向 l_α 的投影长度 $J_\alpha(\Omega)$。同时考虑每条边 $A_k A_{k+1}$ 到直线 l_α 的投影长度 $J_\alpha(A_k A_{k+1})$,由于是凸多边形,总投影区间里面的每个小段恰好被两条边的投影覆盖,因此

$$\sum_{k=1}^{n} J_\alpha(A_k A_{k+1}) = 2 J_\alpha(\Omega).$$

将倾角 α 看作时间,即直线 l_α 的倾角 α 逐渐变化,注意任意图形(多边形 Ω 或是某条线段)的投影长度 $J_\alpha = J_{\alpha+\pi}$,即投影长度的变化以时间 π 为周期。

我们考虑在一个 π 周期内,各边投影长度的平均值(或累积值)。对某个倾角为 β 的边 $A_k A_{k+1}$,投影长度为 $J_\alpha(A_k A_{k+1}) = |A_k A_{k+1}| \cdot |\cos(\alpha - \beta)|$,(函数 $|\cos x|$ 以 π 为周期),因此

$$\int_0^\pi J_\alpha(A_k A_{k+1}) \mathrm{d}\alpha = \int_0^\pi |A_k A_{k+1}| \cdot |\cos(\alpha - \beta)| \, \mathrm{d}\alpha$$

$$= \int_{-\frac{\pi}{2}}^{\frac{\pi}{2}} |A_k A_{k+1}| \cdot |\cos x| \, \mathrm{d}x = 2 \cdot |A_k A_{k+1}| .$$

所以 $\int_0^\pi J_\alpha(\Omega) \mathrm{d}\alpha = \dfrac{1}{2} \sum_{k=1}^n \int_0^\pi J_\alpha(A_k A_{k+1}) \mathrm{d}\alpha = \sum_{k=1}^n |A_k A_{k+1}| = L$。

我们估计周长 $L = \int_0^\pi J_\alpha(\Omega) \mathrm{d}\alpha$ 的上界。对每个时刻 α，多边形 Ω 有某条对角线到 l_α 的投影长度恰好为 $J_\alpha(\Omega)$，称该对角线为此时的"支撑对角线"，并称执行过一段时间支撑任务的对角线为"好对角线"。当 α 缓缓增加时，只有直线 l_α 恰好与某条边 $A_k A_{k+1}$ 垂直时，支撑对角线会发生变化（称之为换班），即此时将"对角线二点组"里面的 A_k 换为 A_{k+1}。在一个 π 周期内，所有好对角线恰好各出场一次，但周期内换班不超过 n 次，因此好对角线不超过 n 条。

考虑某条好对角线 $A_i A_j$，设其倾角为 β，长度 $|A_i A_j| \leqslant 1$。在某个周期内执行支撑任务的时间区间为 $[\alpha_1, \alpha_2]$，(其中 $\beta - \dfrac{\pi}{2} \leqslant \alpha_1 \leqslant \beta \leqslant \alpha_2 \leqslant \beta + \dfrac{\pi}{2}$)，该对角线对 $\int_0^\pi J_\alpha(\Omega) \mathrm{d}\alpha$ 的贡献为

$$\int_{\alpha_1}^{\alpha_2} J_\alpha(\Omega) \mathrm{d}\alpha = |A_i A_j| \cdot \int_{\alpha_1}^{\alpha_2} \cos(\alpha - \beta) \mathrm{d}\alpha = |A_i A_j| \cdot (\sin(\alpha_2 - \beta) - \sin(\alpha_1 - \beta))$$

$$= |A_i A_j| \cdot 2\sin\frac{\alpha_2 - \alpha_1}{2} \cdot \cos\left(\frac{\alpha_2 + \alpha_1}{2} - \beta\right) \leqslant 2\sin\frac{\alpha_2 - \alpha_1}{2} .$$

假设所有 $n_1 \leqslant n$ 条好对角线在 π 周期内的执行支撑任务的时长分别为 $\theta_1, \theta_2, \cdots, \theta_{n_1}$，总和为 π。由 $\sin$ 函数在 $[0, \pi]$ 的凸性可知

$$L = \int_0^\pi J_\alpha(\Omega) \mathrm{d}\alpha \leqslant \sum_{k=1}^{n_1} 2\sin\frac{\theta_k}{2} \leqslant 2n_1 \sin\frac{\pi}{2n_1} \leqslant 2n \sin\frac{\pi}{2n} .$$

关于构造，我们希望恰有 n 个对角线各执行 $\dfrac{\pi}{n}$ 时间的支撑任务。

如果 n 不是 2 的方幂，则可以分解为 $n = m \times r$，其中 $m = 2h + 1 \geqslant 3$ 是奇数。我们取正 m 边形 $B_1 B_2 \cdots B_m$，其中最长对角线 $B_k B_{k+h} = B_k B_{k+h+1} = 1$，

对 $k=1, 2, \cdots, m$，依次以 B_k 为心，1 为半径画劣弧 $\overparen{B_{k+h}B_{k+h+1}}$，然后将该劣弧 r 等分，取出 $r-1$ 个等分点，这样得到的 $m(r-1)$ 个等分点以及原来的 $B_1, \cdots, B_m$ 一共 $mr=n$ 个点构成多边形 Ω 的 n 个顶点，易知 Ω 的最长对角线为 1 且每条边长均为 $2\sin\dfrac{\pi}{2mr}=2\sin\dfrac{\pi}{2n}$，周长 $L=2n\sin\dfrac{\pi}{2n}$ 达到最大。

多边形 Ω 以 $\dfrac{1}{2\sin\dfrac{\pi}{2n}}$ 的比例位似放大后，其 n 条边的向量（复数）可以是

$$\left\{ e^{(u\times 2r+v)\times\frac{2\pi i}{2n}} \,\middle|\, u=0, 1, \cdots, m-1, v=0, 1, \cdots, r-1 \right\}.$$

这是达到极值的 $\{z_1, z_2, \cdots, z_n\}$。如图④，这个构造可以理解为把所有 $2n=2mr$ 次单位根分成 $2m$ 组，每组是连续 r 个单位根，然后取一组，空一组，取一组，空一组，$\cdots$，一共取出 $n=mr$ 个单位根。

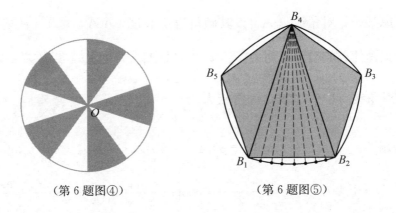

（第 6 题图④）　　　　　　　（第 6 题图⑤）

因此当 n 不是 2 的方幂时，$\lambda_n=2n\sin\dfrac{\pi}{2n}$。特别的，$\lambda_{100}=200\sin\dfrac{\pi}{200}$。图⑤是 $n=100(m=5)$ 时的多边形 Ω 的示意图（该图的构造是受到等宽曲线的启发）。图④是 $n=100(m=5)$ 时的复数 $\{z_1, z_2, \cdots, z_n\}$ 的分布的示意图。

（2）**另解**　构造同上。证明部分，我们假设 $\{z_1, z_2, \cdots, z_n\}$ 的任意部分和的模长均 $\leqslant 1$。（可以不假设总和为 0）

将总和为 0 的 $2n$ 个复数 $\{z_1, z_2, \cdots, z_n, -z_1, -z_2, \cdots, -z_n\}$ 按照幅角主值从小到大的顺序排列，并顺次组成某个凸 $2n$ 边形（可能不严格凸）$\Omega=P_1P_2\cdots P_nP_{n+1}\cdots P_{2n}$ 的 $2n$ 个边向量（这相当于把 $2n$ 个复数对应的向量围成

一圈）。此时 Ω 是中心对称图形，设其对称中心为 O。

在复平面上，Ω 的两个顶点的差是 $\{z_1, z_2, \cdots, z_n\}$ 的某两个部分和之差，即两个顶点的距离等于

$$\Big| \sum_{k \in B_1} z_k - \sum_{l \in B_2} z_l \Big| \leqslant \Big| \sum_{k \in B_1} z_k \Big| + \Big| \sum_{l \in B_2} z_l \Big| \leqslant 2,$$

特别的 $|P_k P_{n+k}| = 2|OP_k| \leqslant 2$，因此 Ω 的所有顶点均在以 O 为中心、半径为 1 的圆盘内。对 $k = 1, 2, \cdots, 2n$，延长 OP_k 交圆周于点 Q_k，这时凸多边形 Ω 被凸 $2n$ 边形 $\Omega' = Q_1 Q_2 \cdots Q_{2n}$ 覆盖。

我们每次沿着 Ω 的某条边所在直线切一刀，把 Ω' 的在直线另一侧的部分切掉，这样使得剩下的图形周长变小，经过若干次操作后 Ω' 最终变成 Ω，且周长不断变小。因此周长 $L(\Omega) \leqslant L(\Omega')$。

设单位圆内接 $2n$ 边形 Ω' 各边对应的圆周角分别为 $\theta_1, \theta_2, \cdots, \theta_{2n}$（总和为 π，且 $\theta_k = \theta_{k+n}$），则其周长

$$L(\Omega') = \sum_{k=1}^{2n} 2\sin\theta_k \leqslant 2 \times 2n \sin \frac{\theta_1 + \theta_2 + \cdots + \theta_{2n}}{2n} = 4n \sin \frac{\pi}{2n},$$

因此 $|z_1| + |z_2| + \cdots + |z_n| = \frac{1}{2} L(\Omega) \leqslant \frac{1}{2} L(\Omega') \leqslant 2n \sin \frac{\pi}{2n}$。

评注 1 我们考虑 $\lambda_n = 2n \sin \frac{\pi}{2n}$ 的可能构造，由解法一的思路可知此时恰有 n 条好对角线，满足长度相等（设长度均为 1）且两两夹角均为 $\frac{\pi}{n}$ 的整数倍。此时任意两条好对角线均相交（不然会有两个顶点的距离大于 1）。考虑 n 个顶点与 n 条好对角线（看作图的边）构成的图，由顶点数等于边数知图中有圈，若是长度为偶数的圈 $X_1 X_2 \cdots X_{2h}$，则 $X_k X_{k+1}$ 与 $X_1 X_2$ 相交，即点 X_k、X_{k+1} 在直线 $X_1 X_2$ 两侧（$k = 3, 4, \cdots, 2h-1$），这样可推得 X_3 与 X_{2h} 在直线 $X_1 X_2$ 两侧，这会使得 $X_{2h} X_1$ 与 $X_2 X_3$ 不交导致矛盾，因此图中一定有长度为奇数的圈 $X_1 X_2 \cdots X_{2h+1}$，即一个 $m = 2h + 1$ 角星的形状的骨架。这个 m 角星的 m 个角均为 $\frac{\pi}{n}$ 的整数倍，且 m 个角之和等于 π。

当 n 有奇数因子 $m = 2h + 1$ 时，我们容易想到正 m 角星的例子，这也是解答中的构造。记 $\omega = e^{\frac{\pi i}{n}}$ 是 $2n$ 次单位根，一般的满足要求的 m 角星对应多

项式 $f(x) = x^{i_1} + x^{i_2} + \cdots + x^{i_m}$ 使得 $f(\omega) = 0$。

当 $n = 2^r$ 是 2 的方幂时，$\omega = \mathrm{e}^{\frac{\pi\mathrm{i}}{n}}$ 的极小多项式是分圆多项式 $\Phi_{2n}(x) = x^n + 1$，若存在上述多项式 $f(x) = x^{i_1} + \cdots + x^{i_m}$ 使得 $f(\omega) = 0$，则整系数多项式 $\Phi_{2n}(x) = x^n + 1$ 整除 $f(x)$，此时代入 $x = 1$ 可得 2 整除奇数 m，导致矛盾。

因此当 n 是 2 的方幂时有 $\lambda_n < 2n\sin\dfrac{\pi}{2n}$。

评注 2 从解法二的角度来看 $\lambda_n = 2n\sin\dfrac{\pi}{2n}$ 的构造，由于 $\{z_1, z_2, \cdots, z_n, -z_1, -z_2, \cdots, -z_n\}$ 恰好是所有的 $2n$ 次单位根 $\{\omega^0, \omega^1, \cdots, \omega^{2n-1}\}$，且 $\{z_1, z_2, \cdots, z_n\}$ 是其中每对相反数 $\{\omega^k, \omega^{k+n}\}$ 中恰好取出一个，所以 $z_1 + z_2 + \cdots + z_n = 0$ 可以表示为某个 $\pm\omega^0 \pm\omega^1 \pm\omega^2 \pm\cdots \pm\omega^{n-1}$ 的形式。

当 $n = 2^r$ 是 2 的方幂时，由于 ω 的极小多项式是分圆多项式 $\Phi_{2n}(x) = x^n + 1$，可知上式无法成立。即 n 是 2 的方幂时有 $\lambda_n < 2n\sin\dfrac{\pi}{2n}$。

2024 年 IMO 中国国家队选拔考试

2024 年第 65 届国际数学奥林匹克(IMO)中国国家集训队主要任务是为中国参加 2024 年在英国巴斯举办的第 65 届国际数学奥林匹克竞赛选拔中国国家队队员。

第 65 届国际数学奥林匹克中国国家队选拔考试(第一阶段)于 2024 年 3 月 3 日至 12 日在北京市十一学校举行。选拔考试时间为 3 日、5 日、6 日、10 日、11 日,每天上午 8:00—12:30。60 名国家集训队队员参加了集训。经过 4 次考试后,最终选拔出了 17 名同学为国家队预备队队员。

第 65 届国际数学奥林匹克中国国家队选拔考试(第二阶段)于 2024 年 3 月 21 日至 29 日在湖北省武昌实验中学举行。选拔考试时间为 23 日、24 日、27 日、28 日,每天上午 8:00—12:30。19 名国家队预备队员参加了集训。经过 4 次考试后,最终选拔出了 6 名同学为国家队队员,他们是:王淳稷(上海市上海中学,高二),邓哲文(湖北省武昌实验中学,高一),叶语行(北京市中国人民大学附属中学,高一),史皓嘉(浙江省诸暨市海亮高级中学,高二),徐祺铭(湖北省武汉市经开外国语高级中学,高一),王衔邦(北京市中国人民大学附属中学,高二)。

国家集训队的教练(按拼音排序)是:艾颖华(清华大学)、付云皓(南方科技大学)、韩京俊(复旦大学)、何忆捷(华东师范大学)、赖力(北京大学)、瞿振华(华东师范大学)、王彬(中国科学院数学与系统科学研究院)、肖梁(北京大学)、熊斌(华东师范大学)、姚一隽(复旦大学)、余君(北京大学)、张思汇(上海理工大学)。

测试一

第 **1** 天

（2024 年 3 月 5 日　8:00～12:30）

---

1 已知凸多面体 P 的每个顶点恰属于三个不同的面,并且可以将 P 的每个顶点都染为黑白两种颜色之一,使得 P 的每条棱的两个端点不同色。

证明:可以将 P 的每条棱的内部染为红、黄、蓝三种颜色之一,使得每个顶点所连的三条棱的颜色两两不同,并且每个面恰含有两种颜色的棱。

（肖梁供题）

证法一　将 P 的顶点按题目要求黑白二染色。取定 P 的一条棱的中点记为 A_0。现在假设有一只蚂蚁在 P 的棱上爬,初始时位于 A_0。蚂蚁每从一条棱的中点 A_i 爬到一个顶点时会左转或者右转（多面体外部看来）,到达下一条棱的中点 A_{i+1}。

- 若蚂蚁在黑点处左转或在白点处右转,记 $s(A_i, A_{i+1}) = 1$;
- 若蚂蚁在黑点处右转或在白点处左转,记 $s(A_i, A_{i+1}) = -1$。

对任意一条棱的中点 A,我们总可以让蚂蚁从 A_0 出发沿着棱爬到 A,依次经过棱的中点:$A_0, A_1, \cdots, A_n = A$。下面说明以下求和模 3 的余数不依赖于蚂蚁爬行路线的选取。

$$f(A) := s(A_0, A_1) + s(A_1, A_2) + \cdots + s(A_{n-1}, A_n) \pmod 3 \qquad ①$$

这等价于证明对任意蚂蚁沿棱爬行的闭合路径 $A_0, A_1, \cdots, A_{2m} = A_0$（由黑白染色知闭合路径有偶数个顶点和棱）,总和

$$s(A_0, A_1) + s(A_1, A_2) + \cdots + s(A_{2m-1}, A_{2m})$$

是 3 的倍数。我们不妨假设蚂蚁行走路线不自交,否则可以化为更小的圈。

蚂蚁爬行的闭合路径将 P 的表面分为两个部分,其中一部分称为"内部"使得蚂蚁行进的方向从内部看来为顺时针。记 X_i 为蚂蚁从 A_{i-1} 爬到 A_i 时穿过的顶点 $(1 \leqslant i \leqslant 2m)$。

设 $X_1, X_2, \cdots, X_{2m}$ 中向内连出棱的黑点有 a 个,向内连出棱的白点有 b 个。则蚂蚁在上述黑点处共左转 a 次,右转 $m-a$ 次,上述白点处共左转 b 次,右转 $m-b$ 次。故

$$\sum_{i=0}^{2m-1} s(A_i, A_{i+1}) = a - (m-a) - b + (m-b) = 2(a-b)。$$

只需证明 $a \equiv b \pmod 3$。设内部一共有 x 个黑点、y 个白点和 p 条棱。对每条棱上的黑白点分别计数得到

$$p = a + 3x, \quad p = b + 3y。$$

由此得 $a \equiv p \equiv b \pmod 3$。这说明求和函数 $f(A)$(模 3 的余数)不依赖于路径的选取。

我们将棱中点 f 值为 0 的棱染为红色,棱中点 f 值为 1 的棱染为黄色,棱中点 f 值为 2 的棱染为蓝色。显然每个顶点的三条棱不同色,对每个面可以让蚂蚁绕着它走一圈知一个面上只有两种颜色。即完成染色的构造。

证法二　将 P 的顶点按题目黑白二染色。首先证明可以将 P 的所有面染为 0、1、2 三种颜色之一,使得相邻两面的颜色不同。

对相邻的两个面 F 和 F',它们相交的棱的两个顶点一黑一白,从多面体外部看向其中的黑点,定义

$$s(F, F') = \begin{cases} 1, & \text{如果 } F' \text{ 是 } F \text{ 在黑点处顺时针下一个面;} \\ -1, & \text{如果 } F' \text{ 是 } F \text{ 在黑点处逆时针下一个面。} \end{cases}$$

显然,$s(F, F') = -s(F', F)$。

引理:如果 $F_0, F_1, \cdots, F_n = F_0$ 是一列 P 的面使得 F_{i-1} 与 F_i 相邻,则

$$\sum_{i=1}^{n} s(F_{i-1}, F_i) \equiv 0 \pmod 3。$$

引理的证明如下:

不妨假定 $F_0, F_1, \cdots, F_{n-1}$ 两两不同,否则可以转化为对更短的列进行求和。考虑一条不自交的闭曲线 C 从 F_0 出发经过 F_0 与 F_1 相交的棱的中点

进入 F_1，再经过 F_1 与 F_2 相交的棱的中点进入 F_2，……，最后经过 F_{n-1} 与 $F_n = F_0$ 相交的棱的中点进入 F_0 并回到出发点。闭曲线 C 将 P 的表面分成两个区域，从其中一个区域看来 C 的方向为顺时针，记为 A 区域，另一个为 B 区域；记 z 为 A 区域内部的棱的个数。注意到与 C 相交的棱恰好是所有 F_{i-1} 与 $F_i (1 \leqslant i \leqslant n)$ 相交的棱，设这其中有 x 条棱是白色端点在 A 内部（黑色端点在 B 内部），y 条棱是黑色端点在 A 内部（白色端点在 B 内部）。由函数 $s(F, F')$ 的定义可知

$$\sum_{i=1}^{n} s(F_{i-1} - F_i) = y - x。$$

而另一方面，A 区域内白点的总度数为 $x + z$，黑点的总度数为 $y + z$。因为每个顶点的度数都是 3，所以

$$x + z \equiv 0 (\mathrm{mod}\, 3), \quad y + z \equiv 0 (\mathrm{mod}\, 3)。$$

由此知 $x \equiv y (\mathrm{mod}\, 3)$。引理得证。

现在，先任取一个面 F_0 染为颜色 0，对任何一个面 F，考虑从 F_0 出发的任意一个面的序列 $F_0, F_1, \cdots, F_n = F$ 使得 F_{i-1} 与 $F_i (1 \leqslant i \leqslant n)$ 相邻，给 F 染的颜色为求和

$$s(F_0, F_1) + s(F_1, F_2) + \cdots + s(F_{n-1}, F_n)$$

模 3 的余数。由前述引理知，这样的定义不依赖于面的序列的选取，且这样的定义显然满足相邻两面所染的颜色不同。

现在对 P 的棱进行染色：将颜色为 0、1 的两个相邻面相交的棱染为红色，将颜色为 0、2 的两个相邻面相交的棱染为黄色，将颜色为 1、2 的两个相邻面相交的棱染为蓝色。由于每个顶点所在的三个面两两相邻，所以每个顶点连出的三条棱不同色。而每个面都至多有两种颜色，因为标记 0 的面的边没有蓝色，标记 1 的面的边没有黄色，标记 2 的面的边没有红色。任意面相邻两条棱不同色，所以每个面都恰含有两种颜色的棱。此染色法满足题意。

注 1 事实上，当确定某个顶点连出三条棱的颜色之后，满足题意的染色方法存在且被唯一确定。

注 2 将凸多面体对应于一个平面图，还有另外一种证明染色存在性的方法：从某一个不是无界面的面出发每次扩大到一个新的面。但此方法必须

要保证新增加的面与已染色的区域的交为连续一段的棱,这可以通过取一个距离无界面"距离最远"的面得到。

注 3 此题与张筑生老师为 1991 年 CMO 提供的第六题有一定的相似度,是张老师题目的某种逆命题。张老师的题目更显巧妙,现将它记录于此,供有兴趣的读者思考。

MO 牌足球由若干个多边形皮块用三种不同颜色的丝线缝制而成,满足:

(1)任一多边形皮块的一条边恰与另一多边形皮块同样长的一条边用一种颜色的丝线缝合;

(2)足球上每一结点,恰好是三个多边形的顶点,每一结点的三条缝线的颜色不同。

求证:可以在 MO 牌足球的每一个结点上放置一个不等于 1 的复数,使得任一多边形的所有顶点上放置的复数的乘积都等于 1。

---

❷ 锐角三角形 ABC 中,$\angle A > \angle B > \angle C$。平面上两点 B_1、C_1 满足:$\triangle AC_1B$ 和 $\triangle CB_1A$ 是分别以 AB 和 CA 为底边,且顺向相似的等腰三角形。记直线 BB_1 和直线 CC_1 的交点为 T。假设上述各点两两不同。证明:$\angle ATC \neq 90°$。(姚一隽供题)

分析 本题的几何实质是:

- T 点的轨迹是一条等轴(渐近线互相垂直的)双曲线(这称为 $\triangle ABC$ 的 Kiepert[①] 双曲线);
- 点 A、C 在这条双曲线的一支上,而点 B 在这条双曲线的另一支上;
- 由等轴双曲线的性质,这条双曲线上的任何(不同于 A、C 的)一点 T,都满足 $\angle ATC \neq 90°$。

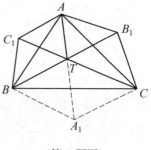

(第 2 题图)

---

① Friedrich Wilhelm August Ludwig Kiepert (1846—1934)于 1869 年(作为法国期刊 Annales de Mathématiques 上 Lemoine 提出的一个征解问题的解答)发表了这一结果。他是 Weierstrass 的博士生,后来在德国汉诺威工作并曾任院长。他写过一本直到二十世纪二十年代在德国都经常使用的微积分教材。他的研究工作主要在精算方面。

但具体证明题目中的结论时,完全可以回避掉二次曲线,我们给出三种证明。

证法一 如图,以 BC 为底边,用同样方式作一个顺向相似的等腰三角形 BA_1C。设等腰三角形的底角为 $\theta \in \left(-\dfrac{\pi}{2}, \dfrac{\pi}{2}\right)$(负号意味着等腰三角形和$\triangle ABC$ 在公共边的同侧)。我们有

$$\frac{S_{\triangle ATB}}{S_{\triangle ATC}} = \frac{S_{\triangle ABA_1}}{S_{\triangle AA_1C}} = \frac{\sin C \sin(B+\theta)}{\sin B \sin(C+\theta)},$$

由角元塞瓦(Ceva)定理可知:AA_1、BB_1 和 CC_1 共点。

我们要证明的是 $\overrightarrow{AA_1} \cdot \overrightarrow{CC_1} \neq 0$。而(设$\triangle ABC$ 的外接圆心为O)

$$\overrightarrow{AA_1} = \frac{1}{2}(\overrightarrow{AB} + \overrightarrow{AC}) + \tan\theta \, \frac{|BC|}{2} \, \frac{\overrightarrow{OA_1}}{|\overrightarrow{OA_1}|},$$

$$\overrightarrow{CC_1} = \frac{1}{2}(\overrightarrow{CA} + \overrightarrow{CB}) + \tan\theta \, \frac{|AB|}{2} \, \frac{\overrightarrow{OC_1}}{|\overrightarrow{OC_1}|},$$

从而 $\overrightarrow{AA_1} \cdot \overrightarrow{CC_1}$ 为参数 $\tan\theta$(记为 k)的二次表达式。

在这个表达式中:

- k^2 的系数为 $\dfrac{ac}{4}(-\cos B) = -\dfrac{a^2 + c^2 - b^2}{8}$;

- k 的系数为 $S_{\triangle ABC}$;

- 常数项为

$$\frac{1}{4}(\overrightarrow{AB} \cdot \overrightarrow{CA} + \overrightarrow{AB} \cdot \overrightarrow{CB} + \overrightarrow{AC} \cdot \overrightarrow{CA} + \overrightarrow{AC} \cdot \overrightarrow{CB})$$

$$= \frac{1}{4}(-\overrightarrow{AB} \cdot \overrightarrow{AC} + \overrightarrow{AB} \cdot \overrightarrow{CB} - |AC|^2 + \overrightarrow{AC} \cdot \overrightarrow{CB})$$

$$= \frac{1}{4}(\overrightarrow{CA} \cdot \overrightarrow{AC} + \overrightarrow{AB} \cdot \overrightarrow{CB} - |AC|^2)$$

$$= \frac{1}{4}(ac\cos B - 2b^2)$$

$$= \frac{1}{8}(a^2 + c^2 - 5b^2)。$$

其判别式为：

$$S^2 - 4\frac{a^2+c^2-b^2}{8} \cdot \frac{5b^2-a^2-c^2}{8}$$

$$=\frac{1}{16}(16S^2 - (a^2+c^2-b^2)(5b^2-a^2-c^2))$$

$$=\frac{1}{16}((a+b+c)(a+b-c)(b+c-a)(c+a-b)$$

$$\quad -(a^2+c^2-b^2)(5b^2-a^2-c^2))$$

$$=\frac{1}{16}\left(2\sum_{\text{cyc}}a^2b^2 - \sum_{\text{cyc}}a^4 - (6a^2b^2+6b^2c^2-2a^2c^2-a^4-c^4-5b^4)\right)$$

$$=\frac{1}{4}(b^4-a^2b^2-b^2c^2+a^2c^2)$$

$$=\frac{1}{4}(b^2-a^2)(b^2-c^2) < 0。$$

从而该表达式关于 k 不变号，命题成立。

证法二 设 AC 边的中点为复平面的原点，对于复平面上用大写字母表示的各点，以相应的小写字母代表对应的复数，不妨设 $a=1$, $c=-1$。则 $b = x+\mathrm{i}y$ 满足

$$|b+1| > 2 \Leftrightarrow (x+1)^2+y^2 > 4;$$
$$|b-1| < 2 \Leftrightarrow (x-1)^2+y^2 < 4。$$

我们得到 $x > 0$，同时不妨设 $y > 0$。此时 $b_1 = k\mathrm{i}(k \in \mathbf{R})$，

$$c_1 = \frac{1}{2}(1+x+\mathrm{i}y) + \frac{1}{2}(x-1+\mathrm{i}y) \cdot k\mathrm{i}$$

$$= \frac{1}{2}[(1+x-ky)+\mathrm{i}(kx-k+y)]。$$

我们有

$$B、T、B_1 \text{ 共线} \Leftrightarrow \frac{t-b}{b-k\mathrm{i}} = \frac{\bar{t}-\bar{b}}{\bar{b}+k\mathrm{i}}$$

$$\Leftrightarrow [x+(k-y)\mathrm{i}] \cdot t - [x+(y-k)\mathrm{i}]\bar{t} = b(\bar{b}+k\mathrm{i}) - \bar{b}(b-k\mathrm{i})$$

$$= (b+\bar{b})k\mathrm{i} = 2xk\mathrm{i};$$

C、T、C_1 共线 $\Leftrightarrow \dfrac{t+1}{c_1+1} = \dfrac{\overline{t}+1}{\overline{c_1}+1}$

$\Leftrightarrow \dfrac{1}{2}\{[(3+x-ky)-(kx-k+y)\mathrm{i}] \cdot t - [(3+x-ky)+(kx-k+y)\mathrm{i}] \cdot \overline{t}\}$

$= c_1 - \overline{c_1} = (kx-k+y)\mathrm{i}$。

因此我们有一个关于 t 和 $\overline{t}$ 的二元一次方程组

$$[x+(k-y)\mathrm{i}] \cdot t - [x+(y-k)\mathrm{i}]\overline{t} = 2xk\mathrm{i},$$

$$[(3+x-ky)-(kx-k+y)\mathrm{i}] \cdot t - [(3+x-ky)+(kx-k+y)\mathrm{i}]\overline{t}$$
$$= 2(kx-k+y)\mathrm{i}。$$

要证明 $|t| \ne 1$。我们知道 t 可以表示为方程组系数的一个分式表达式,其中

$$\begin{aligned}
\text{分母} &= [x+(y-k)\mathrm{i}][(3+x-ky)-(kx-k+y)\mathrm{i}] \\
&\quad - [x+(k-y)\mathrm{i}][(3+x-ky)+(kx-k+y)\mathrm{i}] \\
&= 2\mathrm{i}[(k-y)(3+x-ky)+x(kx-k+y)] \\
&= 2\mathrm{i}[k(x^2+y^2)-(k^2+3)y+3k],
\end{aligned}$$

$$\begin{aligned}
\text{分子} &= 2\mathrm{i}\{xk[(3+x-ky)+(kx-k+y)\mathrm{i}]-(kx-k+y)[x-(k-y)\mathrm{i}]\} \\
&= 2\mathrm{i}\{(3xk+kx^2-k^2xy-kx^2+kx-ky)+(kx-k+y)(xk+k-y)\mathrm{i}\} \\
&= 2\mathrm{i}\{(4k-k^2y-y)x+(k^2x^2-(k-y)^2)\mathrm{i}\}。
\end{aligned}$$

所以要证明的命题等价于:对于任意(满足 $T \ne A$、B、C 的)实数 k,

$$[-yk^2+(x^2+y^2+3)k-3y]^2 \qquad (*)$$
$$\ne x^2(-yk^2+4k-y)^2+((x^2-1)k^2+2yk-y^2)^2。$$

整理上式,可知其等价于

$$(x^2-1)(x^2+y^2-1)k^4+2y(y^2-k^2+1)k^3+[16x^2-$$
$$(x^2+y^2+3)^2]k^2+2y(y^2-x^2+9)k+y^2(x^2+y^2-9) \ne 0。$$

将左边分解因式,得

$$[(x+1)k-y][(x-1)k+y][(x^2+y^2-1)k^2-4yk-(x^2+y^2-9)] \ne 0。$$
$$\qquad (**)$$

前两个因式等于 0 分别对应于 $T=C$ 和 $T=A$ 的情形。对于第三个因式,作为 k 的二次式,其二次项系数 $x^2+y^2-1>0$,而常数项 $-(x^2+y^2-9)>0$,从而只需证明这个因式在 $\mathbf{R}$ 上不变号,这等价于

$$16y^2 < 4(x^2+y^2-1)(9-(x^2+y^2))$$
$$\Leftrightarrow 4y^2 < (x^2+y^2-1)(9-(x^2+y^2)) = 4^2-(5-(x^2+y^2))^2。$$

我们把 B 的取值范围分为两部分,

- 对于 $y \in [0, \sqrt{3}]$,$5-(x^2+y^2) < 5-(\sqrt{4-y^2}-1)^2-y^2 = 2\sqrt{4-y^2}$,此时有

$$4^2-(5-(x^2+y^2))^2 > 4^2-(2\sqrt{4-y^2})^2 = 4y^2。$$

- 对于 $y \in [\sqrt{3}, 2]$,$5-(x^2+y^2) < 5-(1-\sqrt{4-y^2})^2-y^2 = 2\sqrt{4-y^2}$,此时有

$$4^2-(5-(x^2+y^2))^2 > 4^2-(2\sqrt{4-y^2})^2 = 4y^2。$$

证毕。

说明:这个证法从头开始计算,不添任何辅助的点、线,相应地带来计算量的大幅增加。

证法三 同证法一,T 是 AA_1、BB_1、CC_1 的交点。设等腰三角形的底角为 $\theta \in \left(-\dfrac{\pi}{2}, \dfrac{\pi}{2}\right)$(负号意味着等腰三角形和 $\triangle ABC$ 在公共边的同侧)。

我们有

$$\frac{S_{\triangle ATB}}{S_{\triangle ATC}} = \frac{S_{\triangle ABA_1}}{S_{\triangle AA_1 C}} = \frac{\sin C \sin(B+\theta)}{\sin B \sin(C+\theta)},$$

所以 T 点的重心坐标为(以下考虑的都是有向面积)

$$S_{\triangle ATB} : S_{\triangle BTC} : S_{\triangle CTA} = \frac{\sin C}{\sin(C+\theta)} : \frac{\sin A}{\sin(A+\theta)} : \frac{\sin B}{\sin(B+\theta)}。$$

所以,T 的等角共轭点 T' 的重心坐标为 $\left(\dfrac{\sin(C+\theta)}{\sin C} : \dfrac{\sin(A+\theta)}{\sin A} : \right.$

$\left. \dfrac{\sin(B+\theta)}{\sin B}\right)$,这是一条直线。(重心坐标 (x, y, z) 下,直线的一般方程具有

形式 $rx + sy + tz = 0$，而 $\sum\limits_{\text{cyc}} (\sin A \sin(B - C)) \cdot \dfrac{\sin(A + \theta)}{\sin A} = 0$。）

同时，我们有

命题：作一条直线上的各点关于一个给定三角形的等角共轭点，得到一条二次曲线。

命题的证明：设 $B(0, 0)$、$C(1, 0)$，直线 BA 为 $y = k_1 x$，CA 为 $y = k_2(x - 1)$。考虑直线 $\ell : ax + by = c$ 上的一点 (x, y)，它关于 $\triangle ABC$ 的等角共轭点 (x', y') 满足方程组：

$$
\begin{cases}
\dfrac{y}{x} = \dfrac{k_1 - \dfrac{y'}{x'}}{1 + k_1 \dfrac{y'}{x'}}, \\[4mm]
\dfrac{y}{1 - x} = \dfrac{-k_2 - \dfrac{y'}{1 - x'}}{1 - k_2 \dfrac{y'}{1 - x'}}
\end{cases}
$$

$$
\Leftrightarrow
\begin{cases}
(k_1 x' - y')x - (x' + k_1 y')y = 0, \\
-(k_2(1 - x') + y')x + (1 - x' - k_2 y')y = -(k_2(1 - x') + y').
\end{cases}
$$

从而 x、y 分别是一个分式，每个分式的分子和分母分别是 x' 和 y' 的二次式，且两个分式的分母相同。因此，代入 $ax + by = c$，即可知 (x', y') 满足一个 x' 和 y' 的二元二次方程，从而在一条二次曲线上。

在等腰三角形的底角分别取成 $-\angle BAC$、$-\angle ABC$、$-\angle BCA$ 时，T 分别为 A、B、C 三点；而考虑 $\theta \to \dfrac{\pi}{2}$ 的极限情况，此时 T 为 $\triangle ABC$ 的垂心。因此只能是双曲线或者一对相交直线（再取一点，例如费马（Fermat）点（对应于三个指向形外的正三角形），因为 $\triangle ABC$ 三边不等，故该点与任何一个顶点的连线不会与高线重合，即可排除相交直线的情况）。所以这是过一个"垂心四点组"的双曲线。

我们来证明，这一定是一条等轴双曲线：设 $H(0, 0)$，$B(1, b)$，$C(1, c)$ $(b > 0 > c)$，则 $A(1 + bc, 0)$。设过这四点的双曲线方程为 $Ax^2 + Bxy + Cy^2 + Dx + Ey + F = 0$，则

• 由曲线过 H 点可知 $F = 0$；

- 由曲线过 A 点可知 $A(1+bc)+D=0$；
- 由曲线过 B、C 两点可知 b、c 是二次方程 $(A+D)+(B+E)y+Cy^2=0$ 的两根。

从而 $C=\dfrac{A+D}{bc}=-A$，因此这是一条等轴双曲线。

而在底角从 $\angle C \to \angle B$，从 $\angle B \to \angle A$ 的过程中，T 各有一次会跑到无穷远点，因此点 B 和 A、C 都不在双曲线的同一支上，因此 A、C 是等轴双曲线同一支上的两点，所以 $\angle ATC \neq 90°$。

---

3 设正整数 M 恰有 L 个不同的质因子。对正整数 n，记 $h(n)$ 是集合 $\{1, 2, \cdots, n\}$ 中与 M 互质的数的个数。记 $\beta=\dfrac{h(M)}{M}$。

证明：集合 $\{1, 2, \cdots, M\}$ 中存在不少于 $\dfrac{M}{3}$ 个数 n 满足

$$\beta n - \sqrt{\beta \cdot 2^{L-3}} - 1 \leqslant h(n) \leqslant \beta n + \sqrt{\beta \cdot 2^{L-3}} + 1。$$

（王彬供题）

证明 设 M 的质因子为 p_1，p_2，$\cdots$，p_L，我们只需证明 $M=p_1 p_2 \cdots p_L$ 的情形。

对指标集 $I \subseteq [L]:=\{1, 2, \cdots, L\}$，记 $P_I=\prod_{i \in I} p_i$。由容斥原理，我们有

$$h(x)=\sum_{I \subseteq [L]}(-1)^{|I|} \cdot \left\lfloor \frac{x}{P_I} \right\rfloor = \sum_{I \subseteq [L]}(-1)^{|I|} \cdot \left\lfloor \frac{x+\dfrac{1}{2}}{P_I} \right\rfloor$$

$$=\sum_{I \subseteq [L]}(-1)^{|I|} \cdot \frac{x+\dfrac{1}{2}}{P_I} - \sum_{I \subseteq [L]}(-1)^{|I|} \cdot \left\{ \frac{x+\dfrac{1}{2}}{P_I} \right\}$$

$$=\prod_{i=1}^{L}\left(1-\frac{1}{p_i}\right) \cdot \left(x+\frac{1}{2}\right) - \sum_{I \subseteq [L]}(-1)^{|I|} \cdot \left(\left\{ \frac{x+\dfrac{1}{2}}{P_I} \right\} - \frac{1}{2} \right)。$$

上式中的 $x+\dfrac{1}{2}$ 以及 $\left\{\dfrac{x+\dfrac{1}{2}}{P_I}\right\}-\dfrac{1}{2}$ 的处理是为了让波动项在对完系中的所有 x 求平均之后为 0。上式中的

$$\prod_{i=1}^{L}\left(1-\frac{1}{p_i}\right)=\frac{\Phi(M)}{M}=\beta,$$

我们记

$$g(x)=\sum_{I\subseteq[L]}(-1)^{|I|}\cdot\left(\left\{\frac{x+\dfrac{1}{2}}{P_I}\right\}-\frac{1}{2}\right)。$$

即 $h(x)=\beta\left(x+\dfrac{1}{2}\right)-g(x)$，我们考虑 $g(x)^2$ 的平均。即

$$S=\sum_{x=1}^{M}g(x)^2=\sum_{x=1}^{M}\sum_{I\subseteq[L]}(-1)^{|I|}\left(\left\{\frac{x+\dfrac{1}{2}}{P_I}\right\}-\frac{1}{2}\right)\sum_{J\subseteq[L]}(-1)^{|J|}\left(\left\{\frac{x+\dfrac{1}{2}}{P_J}\right\}-\frac{1}{2}\right)$$

$$=\sum_{I\subseteq[L]}\sum_{J\subseteq[L]}(-1)^{|I|+|J|}\left(\sum_{x=1}^{M}\left(\left\{\frac{x+\dfrac{1}{2}}{P_I}\right\}-\frac{1}{2}\right)\left(\left\{\frac{x+\dfrac{1}{2}}{P_J}\right\}-\frac{1}{2}\right)\right)。$$

固定某组 (I,J)，记 $P_{I\cap J}=A$，$P_{I\setminus J}=B$，$P_{J\setminus I}=C$，A、B、C 两两互质，

且 $P_I=AB$，$P_J=AC$。我们关心 $\left\{\dfrac{x+\dfrac{1}{2}}{AB}\right\}$ 与 $\left\{\dfrac{x+\dfrac{1}{2}}{AC}\right\}$ 的分布（联合分布）。

设 x 模 A 余 $r_1\in\{0,1,\cdots,A-1\}$，模 B 余 r_2，模 C 余 r_3。考虑 x 遍历模 ABC 的完系求平均。

固定 r_1，当 r_2 遍历模 B 的完系时，$\left\{\dfrac{x+\dfrac{1}{2}}{AB}\right\}$ 均匀遍历

$$\left\{\frac{r_1+\dfrac{1}{2}}{AB},\frac{r_1+\dfrac{1}{2}+A}{AB},\cdots,\frac{r_1+\dfrac{1}{2}+(B-1)A}{AB}\right\},$$

平均为 $\dfrac{r_1+\dfrac{1}{2}-\dfrac{A}{2}}{AB}+\dfrac{1}{2}$。

同理,固定 r_1,当 r_3 遍历模 C 的完系时,$\left\langle\dfrac{x+\dfrac{1}{2}}{AC}\right\rangle$ 平均为 $\dfrac{r_1+\dfrac{1}{2}-\dfrac{A}{2}}{AC}+$

$\dfrac{1}{2}$。且由中国剩余定理知,r_1 固定时,$\left\langle\dfrac{x+\dfrac{1}{2}}{AB}\right\rangle$ 与 $\left\langle\dfrac{x+\dfrac{1}{2}}{AC}\right\rangle$ 条件独立。

因此

$$\frac{1}{M}\sum_{x=1}^{M}\left(\left\langle\frac{x+\frac{1}{2}}{P_I}\right\rangle-\frac{1}{2}\right)\left(\left\langle\frac{x+\frac{1}{2}}{P_J}\right\rangle-\frac{1}{2}\right)$$

$$=\frac{1}{A}\sum_{r_1=0}^{A-1}\left(\frac{r_1+\frac{1}{2}-\frac{A}{2}}{AB}\right)\left(\frac{r_1+\frac{1}{2}-\frac{A}{2}}{AC}\right)=\frac{\dfrac{A^2-1}{12}}{AB\cdot AC}。$$

由于 $BC=P_{I\triangle J}$,($I\triangle J$ 为对称差),上式即为 $\dfrac{1}{12}\left(\dfrac{1}{P_{I\triangle J}}-\dfrac{1}{P_I P_J}\right)$。因此

$$S=\frac{1}{12}\cdot M\cdot\sum_{I\subseteq L}\sum_{J\subseteq L}(-1)^{|I|+|J|}\left(\frac{1}{P_{I\triangle J}}-\frac{1}{P_I P_J}\right)。$$

固定子集 $K\subseteq\{1,2,\cdots,L\}$,满足 $I\triangle J=K$ 的集合对 (I,J) 恰有 2^L 组,且 $|I|+|J|$ 与 $|I\triangle J|$ 同奇偶,因此

$$\sum_{I\subseteq[L]}\sum_{J\subseteq[L]}(-1)^{|I|+|J|}\frac{1}{P_{I\triangle J}}=2^L\cdot\sum_{K}(-1)^{|K|}\frac{1}{P_K}=2^L\cdot\frac{\Phi(M)}{M}=2^L\beta。$$

再结合 $\displaystyle\sum_{I\subseteq[L]}\sum_{J\subseteq[L]}(-1)^{|I|+|J|}\frac{1}{P_I P_J}=\left(\sum_{I\subseteq[L]}\frac{(-1)^{|I|}}{P_I}\right)\left(\sum_{J\subseteq[L]}\frac{(-1)^{|J|}}{P_J}\right)=\beta^2$。

可得 $S=\displaystyle\sum_{x=1}^{M}g(x)^2=\frac{M}{12}\cdot(2^L\beta-\beta^2)<\frac{2}{3}M\cdot(\beta\cdot2^{L-3})$。

因此,$g(1),g(2),\cdots,g(M)$ 中满足 $|g(n)|\geqslant\sqrt{\beta\cdot2^{L-3}}$ 的 n 不超过 $\left\lfloor\dfrac{2}{3}M\right\rfloor$ 个。

即存在至少 $\left\lceil \dfrac{M}{3} \right\rceil$ 个 n 满足

$$\mid g(n) \mid = \left| h(n) - \beta \cdot \left(n + \frac{1}{2} \right) \right| < \sqrt{\beta \cdot 2^{L-3}} \, ,$$

即

$$\beta n - \sqrt{\beta \cdot 2^{L-3}} - 1 \leqslant h(n) \leqslant \beta n + \sqrt{\beta \cdot 2^{L-3}} + 1 \, 。$$

第 **2** 天

（2024 年 3 月 6 日　8：00～12：30）

❹ 设正整数 n 无平方因子，S 为集合 $\{1, 2, \cdots, n\}$ 的子集，且 S 的元素个数不小于 $\dfrac{n}{2}$。证明：存在 S 中的元素 a、b、c（可以相同）满足 $ab \equiv c (\bmod n)$。（瞿振华供题）

证明　记 $X = \{1, 2, \cdots, n\}$。对 $d \mid n$，记 $X_d = \{x \in X \mid \gcd(x, n) = d\}$，$S_d = S \cap X_d$。于是 $X = \bigcup\limits_{d \mid n} X_d$ 构成了 X 的划分，相应地 $S = \bigcup\limits_{d \mid n} S_d$ 给出 S 的划分。由于 $|S| \geqslant \dfrac{1}{2} |X|$，且 $X_n = \{n\}$ 是一元集合，因而存在 $d \mid n$，使得

$$|S_d| > \frac{1}{2} |X_d|。$$

取定 $a \in S_d$。对任意 $x \in X_d$，由于 n 无平方因子，我们有 $\gcd(ax, n) = d$，故 ax 模 n 的最小正剩余在 X_d 中。从而可以定义映射 $f : X_d \to X_d$，$f(x) \equiv ax (\bmod n)$。注意 f 是单射，因为对 $x, y \in X_d$，$ax \equiv ay (\bmod n)$ 当且仅当 $a \cdot \dfrac{x}{d} \equiv a \cdot \dfrac{y}{d} \left(\bmod \dfrac{n}{d}\right)$，由于 a 与 $\dfrac{n}{d}$ 互质，故 $\dfrac{x}{d} \equiv \dfrac{y}{d} \left(\bmod \dfrac{n}{d}\right)$，即 $x \equiv y (\bmod n)$。

最后，由于 $|S_d| > \dfrac{1}{2} |X_d|$，$f(S_d) \cap S_d \neq \varnothing$，故存在 $b, c \in S_d$，满足 $ab \equiv c (\bmod n)$。

❺ 记 $\mathbf{N}_+$ 是所有正整数构成的集合。求所有的函数 $f : \mathbf{N}_+ \to \mathbf{N}_+$，满足对任意正整数 a、b 均有

$$\sum_{k=0}^{2b} f(a + k) = (2b + 1) \cdot f(f(a) + b)。 \tag{$*$}$$

（肖梁、付云皓供题）

证法一 （S1）易验证 $f(x) \equiv c$（c 是任意正整数）和 $f(x) \equiv x$ 满足要求。下证仅有上述解。

（S2）若 $f(1)$，$f(2)$，$f(3)$，$\cdots$ 中有一个值出现无穷多次，则 f 是常值。

设 $f(x_1) = f(x_2) = \cdots = k$，其中 $x_1 < x_2 < \cdots$，且 k 最小的出现无穷多次的值。从而存在 N，当 $n \geqslant N$ 时，$f(n) \geqslant k$。对任意 $a \geqslant N$，可取 $b \in \mathbf{Z}_{>0}$，使得 $f(a) + b = x_j$，这样由于 $f(a)$，$f(a+1)$，$\cdots$，$f(a+2b) \geqslant k$，有

$$(2b+1)k \leqslant f(a) + f(a+1) + \cdots + f(a+2b)$$
$$= (2b+1)f(x_j) = (2b+1)k,$$

只能 $f(a) = f(a+1) = \cdots = f(a+2b) = k$。因而对任意 $a \geqslant N$，$f(a) = k$。

另外，对任意奇数 $m > 1$，$f(n) \pmod{m}$ 是以 m 为周期的，因为设 $m = 2b+1$，由于

$$f(a) + f(a+1) + \cdots + f(a+2b) \equiv 0$$
$$\equiv f(a+1) + f(a+2) + \cdots + f(a+2b+1) \pmod{m},$$

故 $f(a) \equiv f(a+m) \pmod{m}$。

对每个 $0 < a < N$，取奇数 $m > f(a) + k + N$，由于 $f(a) \equiv f(a+m) = k \pmod{m}$，且 $|f(a+m) - f(a)| < f(a) + f(a+m) = f(a) + k < m$，故 $f(a) = f(a+m) = k$，从而 f 是常值。

（S3）若 f 不是单射，则 f 是常值。

设 $f(a_1) = f(a_2)$，$a_1 < a_2$。对任意 $b \geqslant a_2 - a_1$，有

$$\sum_{i=a_1}^{a_1+2b} f(i) = (2b+1)f(f(a_1)+b) = (2b+1)f(f(a_2)+b) = \sum_{j=a_2}^{a_2+2b} f(j).$$

故 $\displaystyle\sum_{i=a_1}^{a_2-1} f(i) = \sum_{j=a_1+2b+1}^{a_2+2b} f(j)$，记左边为 M，则对 $a_1 + 2b + 1 \leqslant j \leqslant a_2 + 2b$，均有 $f(j) \leqslant M$，从而有一个值在 $f(1)$，$f(2)$，$\cdots$ 中出现无穷多次，由（S2）知 f 是常值。

（S4）下面假设 f 是单射。则对任意 $a \in \mathbf{N}_+$，有 $f(a) \leqslant a+1$。

假设某个 a，满足 $f(a) \geqslant a+2$。取 $b = f(a) - a - 1 > 0$。则由

$$\sum_{i=a}^{a+2b} f(i) = (2b+1)f(f(a)+b),$$

$$\sum_{j=a}^{a+2b+2} f(j) = (2b+3)f(f(a)+b+1),$$

两式相减得 $(2b+3)f(f(a)+b+1)-(2b+1)f(f(a)+b)=f(a+2b+2)+f(a+2b+1)$。由于 $f(a)+b=a+2b+1$，可得 $f(a+2b+1)=f(a+2b+2)$，与 f 是单射矛盾。

特别，$f(1) \in \{1, 2\}$。

(S5) 设 $f(1)=1$。由于 $f(1)+f(2)+f(3)=3f(f(1)+1)=3f(2)$，$f(1)$、$f(2)$、$f(3)$ 构成等差数列，利用 f 是单射，且 $f(a) \leqslant a+1$，只能 $f(2)=2$，$f(3)=3$。

假设对 $1 \leqslant i \leqslant 2n+1$，均已证明 $f(i)=i$。由于

$$f(2n+1)+f(2n+2)+f(2n+3)=3f(f(2n+1)+1)=3f(2n+2),$$

可知 $f(2n+1)$、$f(2n+2)$、$f(2n+3)$ 构成等差数列，利用 f 是单射以及 $f(a) \leqslant a+1$，只能 $f(2n+2)=2n+2$，$f(2n+3)=2n+3$。由数学归纳法可知 $f(x) \equiv x$。

(S6) 设 $f(1)=2$。由 $f(1)+f(2)+f(3)=3f(f(1)+1)=3f(3)$，可知 $f(1)$、$f(3)$、$f(2)$ 构成等差数列，这样 $f(2) \geqslant 4$，与(S4)矛盾。

综上所述，所有满足要求的解为(S1)中描述的解。

证法二 (S1) 易验证 $f(x) \equiv c$（c 是任意正整数）和 $f(x) \equiv x$ 满足要求。下证仅有上述解。

(S2) 若存在 $f(a_1)=f(a_2)$，$a_1 < a_2$，则 f 有界。

若 $a_2-a_1 \geqslant 2$，则在(∗)中分别取 $a=a_1$ 和 $a=a_2$ 比较两边得到

$$f(a_1)+f(a_1+1)+\cdots+f(a_2-1)=f(a_1+2b+1)+\cdots+f(a_2+2b),$$

故 f 有界。

若 $a_2-a_1=1$，则取 $b=1$ 且分别取 $a=a_1$ 和 $a=a_2$ 得到

$$f(a_1)+f(a_1+1)+f(a_1+2)=f(a_1+1)+f(a_1+2)+f(a_1+3)。$$

故 $f(a_1+3)=f(a_1)$ 化为 $a_2-a_1 \geqslant 2$ 的情况。

(S3) 若 f 有界，则 f 为常数。

设 M 是最大的出现过无限次的 f 值。取 b 充分大且 $f(f(1)+b)=M$，则

$$(f(1) - M) + (f(2) - M) + \cdots + (f(2b+1) - M) = 0 \text{。}$$

由于 $f(k) - M$ 当 k 充分大时 $\leqslant 0$，故只能恒为零，即存在 $N \in \mathbf{N}^*$，$f(x) = M$ 对任意 $x \geqslant N_0$ 成立。

若存在 $f(k) \neq M$，设 k_0 为最大的这样的 k。在（＊）中取 $a = k$，$f(a) + b > k$ 可得

$$2bM + f(k) = (2b+1)M \text{。}$$

得到矛盾。

以下假设 f 不是常数，则由上述知 f 是单射。

(S4) 证明 $f(n) < f(n+2)$。

若不然，假设 $f(n) = f(n+2) + r$。在（＊）中分别取 $a = n$，$b = b_0$ 及 $a = n+2$，$b = b_0 + r$ 得

$$\frac{f(n) + f(n+1) + \cdots + f(n+2b_0)}{2b_0 + 1}$$
$$= \frac{f(n+2) + f(n+3) + \cdots + f(n+2+2b_0+2r)}{2b_0 + 2r + 1} \text{。}$$

由 f 为单射知，当 b_0 充分大时，$f(n)$ 和 $f(n+1)$ 均小于左边，故

$$\frac{f(n+2) + f(n+3) + \cdots + f(n+2b_0)}{2b_0 - 1} >$$
$$\frac{f(n+2) + f(n+3) + \cdots + f(n+2+2b_0+2r)}{2b_0 + 2r + 1} \text{。}$$

这相当于在 $f(n+2)$，$\cdots$，$f(n+2b_0)$ 后再加上 $2r+2$ 项，平均值变小，但这显然与单射矛盾。

(S5) 证明 $f(n) \leqslant n+1$。

若不然，在（＊）中取 $a = n$，$b = 1$ 和 $a = n$，$b = 2$ 得

$$f(n) + f(n+1) + f(n+2) = 3f(f(n)+1),$$
$$f(n) + f(n+1) + f(n+2) + f(n+3) + f(n+4) = 5f(f(n)+1),$$

但由 (S4) 即 $f(n) \geqslant n+2$ 知，$f(f(n)+1)$ 与 $f(f(n)+2)$ 中较大的那个应大于等于左边每一项，结合 f 的单射可得矛盾。

(S6) 使得 $f(n)=n+1$ 的 n 仅有有限个。

若不然，设 $f(a)=a+1$，$f(a+b+1)=a+b+2$。则

$$f(a)+f(a+1)+\cdots+f(a+2b)=(2b+1)(a+b+2)。$$

但

$$
\begin{aligned}
&f(a)+f(a+1)+\cdots+f(a+2b)\\
&=(a+1)+(a+2)+\cdots+(a+2b+1)\\
&=(2b+1)(a+b+1)<(2b+1)(a+b+2)。
\end{aligned}
$$

矛盾！

现在由(S6)及 f 为单射可知 $f(n)=n$ 对 n 充分大成立。对任意 a，取 b 充分大，则 $f(f(a)+b)=f(a)+b$。而

$$|(f(a)+f(a+1)+\cdots+f(a+2b))-(a+(a+1)+\cdots+(a+2b))|<A$$

故 $|(2b+1)(f(a)+b)-(2b+1)(a+b)|<A$，只能 $f(a)=a$。

证法三 （根据王衍邦的解答整理）取一次函数 $g:\mathbf{N}_+ \to \mathbf{Z}$，使得 $g(1)=f(1)$，$g(2)=f(2)$。下面对 $t\in\mathbf{N}$ 证明 $f(x)\equiv g(x)\pmod{3^t}$。

$t=0$ 时显然成立。假设结论对 t 成立，下证结论对 $t+1$ 也成立。只需证明对任意正整数 a，有 $3^{t+1}\mid f(a)-2f(a+1)+f(a+2)$。

由归纳假设(对 $x=f(a)$)知

$$3^{t+1}\mid 105(f(f(a)+1)-2f(f(a)+2)+f(f(a)+3))。$$

由恒等式（＊）(分别取 $b=1,2,3$)得到

$$3^{t+1}\Big|\,35\sum_{k=0}^{2}f(a+k)-42\sum_{k=0}^{4}f(a+k)+15\sum_{k=0}^{6}f(a+k)。$$

又由归纳假设知

$$
\begin{aligned}
3^{t+1}\mid\,&24(f(a+1)-2f(a+2)+f(a+3))+\\
&48(f(a+2)-2f(a+3)+f(a+4))+\\
&45(f(a+3)-2f(a+4)+f(a+5))+\\
&15(f(a+4)-2f(a+5)+f(a+6))。
\end{aligned}
$$

两式相减得 $3^{t+1}\mid 8(f(a)-2f(a+1)+f(a+2))$，完成归纳证明。

因此必有 $f(x)=g(x)$ 是一次函数,代入条件易得 $f(x)=x$ 或 $f(x)\equiv C(C\in \mathbf{N}_+)$。

---

6 给定两个大于 2 的整数 m、n,记 m、n 的最小公倍数为 $[m,n]$。

已知平面上的正 n 边形区域 T 包含某个边长为 1 的正 m 边形区域。

证明:该平面上的任意一个边长为 $\cos\dfrac{\pi}{[m,n]}$ 的正 m 边形区域 S,可以平移嵌入区域 T,即存在向量 $\vec{\alpha}$ 满足:区域 S 中的每个点平移 $\vec{\alpha}$ 后都落在区域 T 中。

注:多边形区域是指多边形内部与边界的所有点构成的集合。

（王彬供题）

证法一 设 $\Omega=A_0A_1\cdots A_{n-1}$(顶点逆时针排列)是以原点 O 为中心,内切圆半径为 r 的正 n 边形区域,并且边 A_0A_1 的中点为 $(r,0)$ 在 x 正半轴上。记边 A_kA_{k+1} 所在直线为 l_k,直线 l_k 将平面分成两个半平面,称 O 所在的半平面为 l_k 的左侧,另一个半平面为 l_k 的右侧。对平面每个点 P,记点 P 到直线 l_k 的距离为 $d_{l_k}(P)$(P 在 l_k 的左侧时取正值,在右侧时取负值)。

对中心为 M 的外接圆半径为 1 的正 m 边形 $\Gamma=B_0B_1\cdots B_{m-1}$(逆时针排列),设 $\overrightarrow{MB_0}$ 的倾斜角(与 x 正半轴的夹角)为 θ,这样 $\overrightarrow{MB_j}$ 的倾斜角为 $\theta+j\cdot\dfrac{2\pi}{m}$。

我们考虑区域 Γ 能否平移嵌入 Ω,即是否存在点 M 的合理位置使得 M 附带所有顶点 $B_0B_1\cdots B_{m-1}$ 都在区域 Ω 中,这等价于对每个 $k=0,1,\cdots,n-1$,点 M 附带的顶点 $B_0B_1\cdots B_{m-1}$ 都在直线 l_k 左侧,即

$$d_{l_k}(B_j)=d_{l_k}(M)-\cos\left(\theta+j\frac{2\pi}{m}-k\frac{2\pi}{n}\right)\geqslant 0,\ j=0,1,2,\cdots,m-1.$$

即 $d_{l_k}(M)\geqslant h_k:=\max\limits_{j=0,1,\cdots,m-1}\left\{\cos\left(\theta+j\dfrac{2\pi}{m}-k\dfrac{2\pi}{n}\right)\right\}$。 即 M 在半平面区域

$$V_k=\{P\mid d_{l_k}(P)\geqslant h_k\}$$

中。这样，区域 Γ 能平移嵌入 Ω 等价于 $V_0 \bigcap V_1 \bigcap \cdots \bigcap V_{n-1} \neq \varnothing$。由于 V_k 是半平面，是平面凸集，根据海莱(Helly)定理，我们只需考虑其中每三个半平面区域的交集是否非空。记集合

$$D = \left\{ (k_1, k_2, k_3) \,\middle|\, 0 \leqslant k_1 < k_2 < k_3 \leqslant n-1, \, k_2 - k_1 \leqslant \frac{n}{2}, \right.$$
$$\left. k_3 - k_2 \leqslant \frac{n}{2}, \, n + k_1 - k_3 \leqslant \frac{n}{2} \right\}。$$

对 $k_1 < k_2 < k_3$，若 $(k_1, k_2, k_3) \notin D$，则三个半平面 V_{k_1}、V_{k_2}、V_{k_3} 的交集是由两条射线与一条线段围成的区域，一定非空。

对 $(k_1, k_2, k_3) \in D$，直线 l_{k_1}、l_{k_2}、l_{k_3} 所围成的三角形的三边长的比例为

$$a : b : c = \sin \frac{(n - 2(k_3 - k_2))\pi}{n} : \sin \frac{(n - 2(n + k_1 - k_3))\pi}{n} :$$
$$\sin \frac{(n - 2(k_2 - k_1))\pi}{n}。$$

记上式中的三个 $\sin$ 式子分别为 $a(k_1, k_2, k_3)$、$b(k_1, k_2, k_3)$、$c(k_1, k_2, k_3)$。该三角形内存在点 P 满足 $d_{l_{k_i}}(P) \geqslant h_{k_i}$，$i = 1, 2, 3$，等价于内切圆半径 r 满足

$$a \cdot h_{k_1} + b \cdot h_{k_2} + c \cdot h_{k_3} \leqslant 2S_{\triangle} = (a + b + c) \cdot r。$$
$$a(k_1, k_2, k_3) \cdot h_{k_1} + b(k_1, k_2, k_3) \cdot h_{k_2} + c(k_1, k_2, k_3) \cdot h_{k_3}$$
$$\leqslant (a(k_1, k_2, k_3) + b(k_1, k_2, k_3) + c(k_1, k_2, k_3)) \cdot r。$$

(当 l_{k_1}、l_{k_2}、l_{k_3} 中有两条线平行时，三角形看作有一个角为 0 的特殊情况，此时三边长的比例为 $1:1:0$，上述等价性的推断仍然成立)。因此，Γ 能平移嵌入 Ω 等价于对每组 $(k_1, k_2, k_3) \in D$ 以及任意 $j_1, j_2, j_3 \in \{0, 1, \cdots, m-1\}$ 均有

$$r \geqslant \frac{\begin{aligned} &a(k_1, k_2, k_3)\cos\left(\theta + j_1 \frac{2\pi}{m} - k_1 \frac{2\pi}{n}\right) + b(k_1, k_2, k_3)\cos\left(\theta + j_2 \frac{2\pi}{m} - k_2 \frac{2\pi}{n}\right) \\ &+ c(k_1, k_2, k_3)\cos\left(\theta + j_3 \frac{2\pi}{m} - k_3 \frac{2\pi}{n}\right) \end{aligned}}{a(k_1, k_2, k_3) + b(k_1, k_2, k_3) + c(k_1, k_2, k_3)}。$$

对每组$(k_1, k_2, k_3, j_1, j_2, j_3)$，上式的右边都可以写成$\lambda\cos(\theta-t)$的形式，所有的参数$(\lambda, t)$构成集合$H$。（集合$H$只依赖于$m$、$n$）

因此，区域Γ能平移嵌入Ω等价于

$$r \geqslant f(\theta) = \max_{(\lambda_i, t_i)\in H} \lambda_i\cos(\theta-t_i)。$$

由于正m边形旋转$\dfrac{2\pi}{m}$之后不变，正n边形旋转$\dfrac{2\pi}{n}$后不变，由这个对称性可知$f\left(\theta+\dfrac{2\pi}{m}\right)=f(\theta)$，$f\left(\theta+\dfrac{2\pi}{n}\right)=f(\theta)$。记$\beta=\dfrac{\pi}{[m, n]}$，即函数$f(\theta)$以$2\beta$为周期。

本题所证等价于：对任意角度θ_1、θ_2有$f(\theta_2) \geqslant f(\theta_1)\cdot\cos\dfrac{\pi}{[m, n]}$。

由于函数$f(\theta)$是若干个（带系数的）余弦函数的最大值，设它的某个最大值点为θ^*，最大值$f(\theta^*)=\lambda_{i_0}\cos(\theta^*-t_{i_0})$取自参数$(\lambda_{i_0}, t_{i_0})$。不妨设$\lambda_{i_0}\geqslant 0$，由最大值的性质知$\theta^*-t_{i_0}$是$2\pi$的整数倍，即$f(\theta^*)=\lambda_{i_0}$。由周期性假设$\theta_3\in[\theta^*-\beta, \theta^*+\beta]$与$\theta_2$相差$2\beta$的整数倍。此时

$$f(\theta_2)=f(\theta_3)=\max_{(\lambda_i, t_i)\in H}\lambda_i\cos(\theta_3-t_i)$$
$$\geqslant \lambda_{i_0}\cos(\theta_3-t_{i_0})=\lambda_{i_0}\cos(\theta_3-\theta^*)$$
$$\geqslant \lambda_{i_0}\cos\beta=f(\theta^*)\cdot\cos\beta$$
$$\geqslant f(\theta_1)\cdot\cos\dfrac{\pi}{[m, n]}。$$

证法二 记$\omega=e^{\frac{2\pi i}{m}}$，$\tau=e^{\frac{2\pi i}{n}}$分别是$m$、$n$次单位根。

在复平面上看，设区域T的中心为原点O，其内部所含的正m边形区域H_0以a为中心，以$\{a+b, a+\omega b, a+\omega^2 b, \cdots, a+\omega^{m-1}b\}$为顶点。我们把区域$H_0$绕原点$O$旋转$\dfrac{2\pi}{n}$的若干倍，得到区域$H_1, H_2, \cdots, H_{n-1}$，其中$H_i$是以$\tau^i a$为中心，以$\{\tau^i(a+b), \tau^i(a+\omega b), \cdots, \tau^i(a+\omega^{m-1}b)\}$为顶点的正$m$边形，$(i=0, 1, \cdots, n-1)$。由于区域$T$旋转$\dfrac{2\pi}{n}$后不变，因此$H_0$，$H_1, \cdots, H_{n-1}$均包含于$T$，考虑它们的所有辐向量（中心到顶点的向量）$C=$

$$\{\tau^i \omega^j \cdot b \mid i=0,\, 1,\, \cdots,\, n-1,\, j=0,\, 1,\, \cdots,\, m-1\}.$$

由于 $\dfrac{1}{m}$ 与 $\dfrac{1}{n}$ 的最大公因数是 $\dfrac{1}{[m,\, n]}$，由裴蜀定理可知，集合 C 中恰有 $L=[m,\, n]$ 个不同的向量，即 $C=\{c_0,\, c_1,\, \cdots,\, c_{L-1}\}$，$c_k=\mathrm{e}^{\frac{2\pi i}{L}k} \cdot b$ 是某个正 L 边形区域 H 的 L 个顶点。

我们取区域 S 的某个辐向量 β，满足 $|\beta|=|b| \cdot \cos\dfrac{\pi}{L}$ 等于 H 的内切圆半径，因此 β 落在区域 H 中。存在 k 使得 β 在 O、c_k、c_{k+1} 所围成的三角形中，即 $\beta=\lambda_1 \cdot c_k + \lambda_2 \cdot c_{k+1}$，其中 $\lambda_1,\, \lambda_2 \geqslant 0$ 且 $\lambda_1+\lambda_2 \leqslant 1$。

设 c_k 是 H_{u_1} 的辐向量 $\tau^{u_1}\omega^{v_1} \cdot b$，$c_{k+1}$ 是 H_{u_2} 的辐向量 $\tau^{u_2}\omega^{v_2} \cdot b$。我们把 S 的中心平移到 $a_0=\lambda_1 \cdot \tau^{u_1}a + \lambda_2 \cdot \tau^{u_2}a$，此时 S 的顶点

$$a_0+\beta \cdot \omega^k = \lambda_1 \cdot \tau^{u_1}(a+b \cdot \omega^{v_1+k}) + \lambda_2 \cdot \tau^{u_2}(a+b \cdot \omega^{v_2+k})$$
$$+ (1-\lambda_1-\lambda_2) \cdot 0$$

是 H_{u_1} 的顶点 $\tau^{u_1}(a+b \cdot \omega^{v_1+k})$，$H_{u_2}$ 的顶点 $\tau^{u_2}(a+b \cdot \omega^{v_2+k})$ 以及原点 O 的凸组合，一定落在凸区域 T 中。

注 本题的背景是正 m 边形 S 在（可伸缩的）正 n 边形 T 内旋转，把 T 撑起来，即 T 的大小刚好卡住 S，每个时刻均有 T 的三条边（或者平行的两条边）卡住 S。考虑 T 的大小变化范围。

一个简单模型是 $\triangle XYZ$ 在（可伸缩的）$\triangle ABC$ 内旋转（设 X 在边 BC 上，Y 在边 CA 上，Z 在边 AB 上滑动，$\triangle ABC$ 的三边方向固定），从刚体运动或者几何变换的角度看，以 $\angle BCA$ 的顶点与两边为参考系看 $\triangle XYZ$ 的旋转，应是平动与转动的叠加，瞬时转动中心是过 X 作 BC 的垂线与过 Y 作 CA 的垂线的交点。类似也有 $\angle ABC$ 的参考系与 $\angle CAB$ 的参考系，以及相应的瞬时转动中心。

当 $\triangle ABC$ 被撑到最大时，三个参考系相对速度为 0，即此时三个参考系下的瞬时转动中心是同一个点，即此时过 X 作 BC 的垂线，过 Y 作 CA 的垂线，过 Z 作 AB 的垂线，这三条垂线交于一点。记此时 $\triangle XYZ$ 的角度为 θ_0，则当 θ 在 θ_0 的某个邻域内，$\triangle ABC$ 的大小与 $\cos(\theta-\theta_0)$ 成正比。

对于多边形 S 在（可伸缩的）多边形 T 中转动的模型，一个周期可分成

若干个段,每段中 S 的某三个顶点在 T 的某三条边上滑动,这段过程可以看作 S 在绕着某个点转动,当 S 的三个顶点之一滑动到 T 的边的端点,或者 S 的别的顶点碰到 T 的某条边时,这段过程结束,S 进入下一段转动轨道,有新的转动中心。

测试二

第 **1** 天

（2024 年 3 月 10 日　8:00～12:30）

---

1 对于互质的正整数 a、b，我们将满足 $am \equiv 1 \pmod{b}$，$0 \leqslant m < b$ 的唯一整数 m 记作 $(a^{-1} \bmod b)$。例如，$(3^{-1} \bmod 7) = 5$，$(17^{-1} \bmod 13) = 10$。证明：

(1) 对于任意两两互质的正整数 a、b、c，$1 < a < b < c$，都有

$$(a^{-1} \bmod b) + (b^{-1} \bmod c) + (c^{-1} \bmod a) > \sqrt{a}。$$

(2) 对于任意正整数 M，存在两两互质的正整数 a、b、c，满足 $M < a < b < c$，且

$$(a^{-1} \bmod b) + (b^{-1} \bmod c) + (c^{-1} \bmod a) < 100\sqrt{a}。$$

（赖力供题）

证明　(1) 设 $1 < a < b < c$，且 a、b、c 两两互质。记 $x = (a^{-1} \bmod b)$，$y = (b^{-1} \bmod c)$，$z = (c^{-1} \bmod a)$。则根据定义，存在正整数 k_1、k_2、k_3 使得

$$ax = k_1 b + 1, \quad by = k_2 c + 1, \quad cz = k_3 a + 1。$$

将上述三式移项并相乘，我们有 $(ax - 1)(by - 1)(cz - 1) = k_1 k_2 k_3 abc$，整理得

$$abxy + bcyz + cazx - ax - by - cz + 1 = (xyz - k_1 k_2 k_3)abc。 \quad ①$$

由于 $ax > k_1 b$，$by > k_2 c$，$cz > k_3 a$，相乘得 $xyz > k_1 k_2 k_3$，故 $xyz - k_1 k_2 k_3 \geqslant 1$。于是①推出 $abxy + bcyz + cazx > abc$，即 $\dfrac{xy}{c} + \dfrac{yz}{a} + \dfrac{zx}{b} > 1$。

因为 a 是 a、b、c 中最小的数，所以

$$xy + yz + zx > a \cdot \left(\frac{xy}{c} + \frac{yz}{a} + \frac{zx}{b} \right) > a。$$

利用不等式 $(x + y + z)^2 \geqslant 3(xy + yz + zx)$ 我们便得到 $x + y + z > \sqrt{3a}$。（1）小问得证。

（2）对一个正整数 n，取 $a = n^2$，$b = n^3 - 1$，$c = n^4 - n - 1$。

显然 $a < b < c$。取 n 充分大使得 $a > M$。直接验证可知以下的等式成立：

$$n \cdot a = 1 \cdot b + 1, \ n \cdot b = 1 \cdot c + 1, \ (n-1) \cdot c = (n^3 - n^2 - 1) \cdot a + 1。$$

于是 a、b、c 两两互质，且

$$(a^{-1} \bmod b) = n, (b^{-1} \bmod c) = n, (c^{-1} \bmod a) = n - 1。$$

从而 $(a^{-1} \bmod b) + (b^{-1} \bmod c) + (c^{-1} \bmod a) = 3n - 1 < 3n < 3\sqrt{a}$。（2）小问得证。

注 多位同学将（2）小问中的常数 100 改进成了任何一个大于 $\sqrt{3}$ 的实数。例如，取

$$a = 3n^4 - n^3 - n^2 + n - 1,$$
$$b = 3n^4 - n^3 + 2n^2 + 1,$$
$$c = 3n^4 + 2n^3 + n^2 - n - 1。$$

当 n 是一个充分大的正整数时，不难验证 $M < a < b < c$，并且以下的等式成立：

$$n^2 \cdot a = (n^2 - 1) \cdot b + 1,$$
$$n^2 \cdot b = (n^2 - n + 1) \cdot c + 1,$$
$$n^2 \cdot c = (n^2 + n + 1) \cdot a + 1。$$

对任何 $\varepsilon > 0$，当 n 充分大时，我们有

$$(a^{-1} \bmod b) + (b^{-1} \bmod c) + (c^{-1} \bmod a) = 3n^2 < (\sqrt{3} + \varepsilon)\sqrt{a}。$$

2 设 Ω 是锐角 $\triangle ABC$ 的外接圆，O 是其外心。Ω 在 B、C 处的切线交于点 M，Ω 在 A、B 处的切线交于点 N。设 AM 交 BC 于点 D，CN 交 AB 于点 F，延长 DF 交 Ω 于点 P。过 P 且平行于 BO 的直线分别交线段 AB、AC 于点 Q、R。示意图如图①所示。

若已知 $PQ^2 = PR \cdot QR$，求 $\angle ACB$ 的值。（张思汇供题）

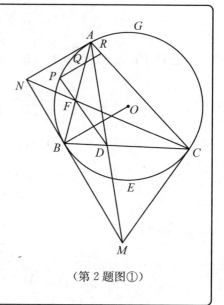

（第 2 题图①）

证法一 如图②，过 P 做 OA 的垂线交线段 AB、AC 于点 Q'、R'。下证：$PQ'^2 = PR' \cdot Q'R'$。则 $Q' = Q$，$R' = R$，且 $\angle AOB = 90°$。由此可得 $\angle ACB = 45°$。

延长 PR' 交圆 Ω 于 G。

$$\angle AQ'R' = \frac{1}{2}(\overset{\frown}{AG} + \overset{\frown}{BP})$$

$$= \frac{1}{2}(\overset{\frown}{AP} + \overset{\frown}{BP}) = \angle ACB。$$

所以，$\triangle AQ'R' \backsim \triangle ACB$。由此得，

$$\frac{Q'A}{R'A} = \frac{CA}{BA}。 \qquad ①$$

由 $\dfrac{Q'A}{Q'P} = \dfrac{GA}{BP}$，$\dfrac{R'P}{R'A} = \dfrac{PC}{GA}$ 知

$$\frac{PR'}{PQ'} \cdot \frac{Q'A}{R'A} = \frac{PC}{PB}。 \qquad ②$$

（第 2 题图②）

由①和②知，

$$\frac{PR'}{PQ'} = \frac{AB \cdot PC}{CA \cdot PB}。 \tag{③}$$

延长 PD 交外接圆 Ω 于 E。我们有

$$\frac{BE \cdot BP}{CE \cdot CP} = \frac{S_{\triangle BPE}}{S_{\triangle CPE}} = \frac{DB}{DC} = \frac{AB^2}{AC^2}, \tag{④}$$

这里最后一步为对称中线熟知的性质。同理,交换 A、C 的位置得到

$$\frac{BE \cdot BP}{AE \cdot AP} = \frac{CB^2}{AC^2}。 \tag{⑤}$$

由④和⑤得

$$\frac{BC}{BC^2 \cdot PA} - \frac{AB}{AB^2 \cdot PC}$$

$$= \frac{BC}{AC^2 \cdot \dfrac{BE \cdot BP}{AE}} - \frac{AB}{AC^2 \cdot \dfrac{BE \cdot BP}{CE}}$$

$$= \frac{BC \cdot AE - AB \cdot CE}{AC^2 \cdot BE \cdot BP} = \frac{AC \cdot BE}{AC^2 \cdot BE \cdot BP} = \frac{AC}{AC^2 \cdot BP}。$$

所以,$\dfrac{1}{AB \cdot PC} + \dfrac{1}{AC \cdot BP} = \dfrac{1}{BC \cdot PA} = \dfrac{1}{AB \cdot PC - CA \cdot PB}。$

两边同时乘 $AB \cdot PC$ 并结合③ 知 $1 + \dfrac{PR'}{PQ'} = \dfrac{1}{1 - \dfrac{PQ'}{PR'}}。$

由此得到,$\dfrac{PR'}{PQ'} = \dfrac{\sqrt{5}+1}{2}。$

这等价于 $PQ'^2 = PR' \cdot Q'R'$。完成证明。

证法二 (证法一的不同理解)对平面上一点 P,记 $d(P, AB)$、$d(P, BC)$、$d(P, AC)$ 分别为点 P 到 $\triangle ABC$ 三边 AB、BC、AC 的有向距离,即若 P 在 $\triangle ABC$ 内部时距离为正。

如图③,设 P 到 BC、AB、AC 的垂足分别为 X、Y、Z。由西姆松定理知 X、Y、Z 共线。

首先研究直线 DF 上的点的性质。熟知

$$\frac{d(D,AB)}{AB} = \frac{d(D,AC)}{AC}, \quad d(D,BC) = 0。$$

$$\frac{d(F,BC)}{BC} = \frac{d(F,AC)}{AC}, \quad d(F,AB) = 0。$$

将上式重写为

$$\frac{d(D,AB)}{AB} + \frac{d(D,BC)}{BC} - \frac{d(D,AC)}{AC} = 0,$$

$$\frac{d(F,AB)}{AB} + \frac{d(F,BC)}{BC} - \frac{d(F,AC)}{AC} = 0。$$

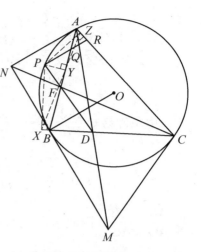

由于有向距离关于点的坐标均为线性函数,直线 DF 上的点,特别地,点 P 也满足上述条件。注意到 $d(P,AB) < 0$, $d(P,BC) > 0$, $d(P,AC) > 0$, 故

（第 2 题图③）

$$\frac{|d(P,BC)|}{BC} = \frac{d(P,AB)}{AB} + \frac{d(P,AC)}{AC},$$

即

$$\frac{PX}{BC} = \frac{PY}{AB} + \frac{PZ}{AC}。 \qquad ⑥$$

易知 $\angle XPY = \angle B$, $\angle YPZ = \angle A$, 由张角定理知

$$\frac{\sin(A+B)}{PY} = \frac{\sin A}{PX} + \frac{\sin B}{PZ},$$

即

$$\frac{AB}{PY} = \frac{BC}{PX} + \frac{AC}{PZ}。 \qquad ⑦$$

设 $\frac{PY}{AB} = \lambda \cdot \frac{PX}{BC}$, 则由⑥得 $\frac{PZ}{AC} = (1-\lambda) \cdot \frac{PX}{BC}$。 故

$$\frac{BC}{PX} = \lambda \cdot \frac{AB}{PY}, \quad \frac{AC}{PZ} = \frac{1}{1-\lambda} \cdot \frac{BC}{PX} = \frac{\lambda}{1-\lambda} \cdot \frac{AB}{PY}。$$

将上述比例代入⑦得 $1 = \lambda + \frac{\lambda}{1-\lambda}$。 故 $(1-\lambda)^2 = \lambda$, $\lambda = \frac{3-\sqrt{5}}{2}$。 因此,

$$\frac{PY}{PZ}=\frac{\dfrac{PY}{AB}}{\dfrac{PZ}{AC}}\cdot\frac{AB}{AC}=\frac{\lambda}{1-\lambda}\cdot\frac{AB}{AC}=\frac{\sqrt5-1}{2}\cdot\frac{AB}{AC}。$$

由条件易知 $\dfrac{PQ}{PR}=\dfrac{\sqrt5-1}{2}$，故 $\dfrac{PY}{PZ}=\dfrac{PQ}{PR}\cdot\dfrac{AB}{AC}$。 由于

$$\frac{PY}{PQ}\cdot\frac{PR}{PZ}=\frac{\sin\angle PQY}{\sin\angle ARQ}=\frac{\sin\angle AQR}{\sin\angle ARQ}=\frac{AR}{AQ}。$$

故 $\dfrac{AR}{AQ}=\dfrac{AB}{AC}$。因此 $\angle C=\angle AQR=\angle ABO=90°-\angle C$。由此知 $\angle C=45°$。

---

❸ 将每个正整数染成 c_1、c_2、c_3、c_4 四种颜色之一。证明：

(1) 存在一个正整数 n 以及 $i,j\in\{1,2,3,4\}$，使得 n 的全体正因数中 c_i 颜色的数比 c_j 颜色的数至少多 3 个；

(2) 对任意正整数 A，存在一个正整数 n 以及 $i,j\in\{1,2,3,4\}$，使得 n 的全体正因数中 c_i 颜色的数比 c_j 颜色的数至少多 A 个。

(付云皓供题)

证明 (1) 考虑以所有质数为顶点的(无穷)完全图,将两个质数 p、q 的连边染成与 pq 相同的颜色。由拉姆齐(Ramsey)定理,图中存在同色 K_4,即存在四个不同质数 p、q、r、s,使得 pq、pr、ps、qr、qs、rs 彼此同色。这样,$pqrs$ 的 16 个正因数中至少有 6 个同色,由抽屉原理,剩下 3 种颜色中至少有一种颜色出现不超过 3 次,证毕。

(2) 我们先证明一个引理。

引理(广义拉姆齐定理):对任意正整数 m、n,和正整数 a_1, a_2, $\cdots$, a_n,存在正整数 N,使得不论以什么方式把 $\{1,2,\cdots,N\}$ 的所有 m 元子集染成 n 种颜色,总存在 $i\in\{1,2,\cdots,n\}$ 和整数 $1\leqslant x_1<x_2<\cdots<x_{a_i}\leqslant N$,使得 $\{x_1,x_2,\cdots,x_{a_i}\}$ 的每个 m 元子集都被染成了第 i 种颜色。(当 $m=2$ 时,这就是拉姆齐定理。)

引理的证明如下:

如果引理对某一组 m、n,和正整数 a_1, a_2, $\cdots$, a_n 成立,那么我们记符

合要求的最小的 N 为 $R(m, n, a_1, a_2, \cdots, a_n)$（最小数原理保证了存在性，也可以任选这样的一个 N。）我们对 m 进行归纳。当 $m = 1$ 时，相当于对 1，2，$\cdots$，N 染色。令 $N = 1 + \sum\limits_{i=1}^{n}(a_i - 1)$ 即可保证结论成立。

下面假设引理对 $m - 1$ 成立，考虑 m 的情况。我们再对 $a_1 + a_2 + \cdots + a_n$ 进行归纳，并假设 $a_1 + a_2 + \cdots + a_n \leqslant B - 1$ 时，结论均成立，考虑 $a_1 + a_2 + \cdots + a_n = B$ 的情况。注意如果某个 $a_i < m$，那么只需令 $N = a_i$ 即可，故我们可以假设每个 a_i 均不小于 m。令 $N = R(m - 1, n, b_1, b_2, \cdots, b_n) + 1$。这里

$$b_i = R(m, n, a_1, \cdots, a_{i-1}, a_i - 1, a_{i+1}, \cdots, a_n), \quad i = 1, 2, \cdots, n。$$

由归纳假设知这些定义都是已经定义好的。考虑 $\{1, 2, \cdots, N-1\}$ 的所有 $m - 1$ 元子集，将这样的子集的颜色视为并上 $\{N\}$ 之后得到的 m 元子集的颜色。由 N 的定义知存在 $i \in \{1, 2, \cdots, n\}$ 和 $\{1, 2, \cdots, N-1\}$ 的一个 b_i 元子集 P，使得 P 的任意一个 $m - 1$ 元子集都是第 i 种颜色，即 $P \bigcup \{N\}$ 的任意一个含 N 的 m 元子集都是第 i 种颜色。由 b_i 的定义知，要么存在 $j \in \{1, 2, \cdots, n\}$，$j \neq i$ 及 P 的一个 a_j 元子集 Q_j，使得 Q_j 的任意一个 m 元子集都是第 j 种颜色（此时 Q_j 符合题意），要么存在 P 的一个 $a_i - 1$ 元子集 Q_i，使得 Q_i 的任意一个 m 元子集都是第 i 种颜色（此时 $Q_i \bigcup \{N\}$ 符合题意）。因此引理对 $a_1 + a_2 + \cdots + a_n = B$ 也成立。至此我们证明了引理。

回到原题，选择奇质数 $r \geqslant A + 3$，我们试图找到 r 个不同的质数 p_1，p_2，$\cdots$，p_r 满足如下条件：

- 它们中任意 $m (1 \leqslant m \leqslant r - 1)$ 个两两不同的数的乘积的颜色仅与 m 有关，即存在从 $\{1, 2, \cdots, r-1\}$ 到 $\{1, 2, 3, 4\}$ 的映射 f，使得对任意 $1 \leqslant m \leqslant r - 1$ 和 p_1，p_2，$\cdots$，p_r 中任意 m 个两两不同的数，这 m 个数的乘积的颜色均为第 $f(m)$ 种颜色。 （$*$）

事实上，我们可以选择任意多个颜色相同的质数。使用引理可知，可以找到任意多个质数使得（$*$）对 $m = 1, 2$ 成立；再使用引理可知，可以找到任意多个质数使得（$*$）对 $m = 1, 2, 3$ 成立。依此类推，最终可以找到任意多个质数使得（$*$）对 $m = 1, 2, \cdots, r - 1$ 均成立。选择其中 r 个质数即可。

现在我们考虑 $p_1 p_2 \cdots p_r$ 的所有正因数。由（$*$）及卢卡（Lucas）定理可

知,去掉 1 和 $p_1 p_2 \cdots p_r$ 之后,每种颜色出现的次数都是 r 的倍数。注意 $2^r - 2$ 不是 4 的倍数,故存在两种颜色出现次数不等,即它们的次数至少相差 r。加上 1 和 $p_1 p_2 \cdots p_r$ 之后,次数之差也至少为 $r - 2 \geqslant A + 1$,这样就证明了结论。

注 这道题由 2022 年 Tuymaada 数学竞赛高年级组第 3 题改编,原题如下:

证明:可以把每个正整数都染成 3 种颜色之一,使得对任意一个正整数,它的全体正因数中任意两种颜色出现的次数之差不超过 2。

(事实上,原题中的 2 可以改为 1。)

三种颜色时,染色方式即为:对 $n = p_1 p_2 \cdots p_k$(质因子允许重复),将 n 染成第 $(k+1) (\bmod 3)$ 种颜色。如果换为两种颜色,改为将 n 染成第 $(k+1)$ $(\bmod 2)$ 种颜色即可。若颜色数 $d \geqslant 4$,按照同样办法,只需让 $d \nmid 2^r - 2$ 即可。当 $4 \mid d$ 时这是显然的,而若 d 含有一个不小于 5 的质因子 q,我们可以用狄利克雷(Dirichlet)质数分布定理令 $r \equiv -1 (\bmod q-1)$,这样 $2^{r+1} - 4 \equiv 1 - 4 \equiv -3 (\bmod q)$,同样有 $d \nmid 2^r - 2$。

---

4 设 M 是正整数，$f(x) = x^3 + ax^2 + bx + c$ 是整系数多项式，且 $-M \leqslant a, b, c \leqslant M$。已知 $x_1, x_2 \in \mathbf{C}$ 满足 $x_1 \neq x_2$ 且 $f(x_1) = f(x_2) = 0$。证明：

$$|x_1 - x_2| > \frac{1}{M^2 + 3M + 1}。$$

（韩京俊供题）

证明　若 f 有三重根，不存在这样的 x_1、x_2。

若 f 恰有一个二重根，则对 f 的导数 f'，$\gcd(f, f')$ 是一次式，由此知 f 的重根为有理数。再由高斯引理知 f 的所有根都是整数。此时，

$$|x_1 - x_2| \geqslant 1 > \frac{1}{M^2 + 3M + 1}。$$

下面我们不妨设 f 的三个复根 x_1、x_2、x_3 两两不同。设

$$D = (x_1 - x_2)(x_2 - x_3)(x_1 - x_3),$$

则 D^2 是关于 x_1、x_2、x_3 的对称多项式，故其可以表示为 a、b、c 的整系数多项式组合。特别地，$D^2 \in \mathbf{Z}$，而 $D \neq 0$，故 $|D| \geqslant 1$。

令 $y_1 = x_1 - x_2$，$y_2 = x_2 - x_3$，$y_3 = x_3 - x_1$，则 $y_1 + y_2 + y_3 = 0$。记 $q = y_1 y_2 + y_2 y_3 + y_3 y_1$，计算得

$$|q| = \left| -\sum_{i=1}^{3} x_i^2 + \sum_{cyc} x_1 x_2 \right| = \left| -\left(\sum_{i=1}^{3} x_i\right)^2 + 3\sum_{cyc} x_1 x_2 \right|$$

$$= |-a^2 + 3b| \leqslant M^2 + 3M。$$

于是 y_1 是方程 $y^3 + qy - D = (y - y_1)(y - y_2)(y - y_3)$ 的根。

用反证法,假设 $|y_1| \leqslant \dfrac{1}{M^2+3M+1} < 1$,则

$$1 \leqslant |D| = |y_1^3 + qy_1|$$
$$\leqslant \left(\dfrac{1}{M^2+3M+1}\right)^3 + (M^2+3M) \cdot \dfrac{1}{M^2+3M+1} < 1。$$

矛盾!结论得证

注 1 本题实际证明了 $|x_1-x_2| \geqslant \min\left\{1, \dfrac{\sqrt{\mathrm{disc}(f)}}{M^2+3M+1}\right\}$,这里的 $\mathrm{disc}(f)$ 是 f 的判别式 D^2。当 $M \to +\infty$ 时,这里的 M^2+3M 是最佳的。

事实上,令 $f(x) = x^3 - Mx^2 - Mx$,则 $x_1 = \dfrac{-M+\sqrt{M^2+4M}}{2}$,$x_2 = 0$ 为 f 的两个根。此时 $\sqrt{\mathrm{disc}(f)} = |D| = \sqrt{M^3(M+4)} < M^2+3M+1$。我们有

$$\dfrac{\sqrt{\mathrm{disc}(f)}}{M|x_1-x_2|} = \dfrac{2\sqrt{M^3(M+4)}}{M(-M+\sqrt{M^2+4M})} = \dfrac{\sqrt{M(M+4)}(\sqrt{M^2+4M}+M)}{2M}$$
$$= \dfrac{\sqrt{M+4}(\sqrt{M+4}+\sqrt{M})}{2} = \dfrac{M+4+\sqrt{M(M+4)}}{2},$$

因此,

$$\lim_{M\to+\infty} \dfrac{\sqrt{\mathrm{disc}(f)}}{M|x_1-x_2|} - M = \lim_{M\to+\infty} \dfrac{4+\sqrt{M(M+4)}-M}{2} = 3。$$

注 2 对于非负实数 M,d 次多项式 $f = \sum_{i=0}^{d} a_i x^i$ 满足 $|a_i| \leqslant M$,记

$$\mathrm{sep}(f) = \min_{x_i \neq x_j} |x_i - x_j|。$$

利用 Schmidt/Wirsing 的一个结果,Mignotee 指出

$$\sup \lim \dfrac{\ln \mathrm{sep}(f)^{-1}}{\ln \sum_{i=0}^{d} |a_i|} \geqslant \left\lfloor \dfrac{n+1}{2} \right\rfloor。$$

对于一般的高次多项式,我们有如下界:

$d \geqslant 2$ 是正整数，$f(x) = a_d x^d + a_{d-1} x^{d-1} + \cdots + a_0 (a_d \neq 0)$ 是 d 次整系数多项式，则

$$\mathrm{sep}(f) \geqslant \frac{\sqrt{3}\, d^{-\frac{d+2}{2}}}{\left(\sum\limits_{i=0}^{d} |a_i|^2\right)^{\frac{d-1}{2}}} > \begin{cases} \dfrac{\sqrt{3}\, d^{-\frac{d+2}{2}}}{\left(\sum\limits_{i=0}^{d} |a_i|\right)^{d-1}}, \\[3mm] \dfrac{\sqrt{6}\, d^{-\frac{d+1}{2}}}{\left(\max\limits_{0 \leqslant i \leqslant d} |a_i|\right)^{d-1}} \text{。} \end{cases}$$

5 初始时，黑板上写有一个实数 1。

第 1 步操作：将黑板上的 1 擦掉，并在黑板上写上两个非负实数使得它们的和为 1。记此时这两个非负实数中的最小数为 L_2。

对任何整数 $k \geqslant 2$，第 k 步操作为：在第 $k-1$ 步操作完成后黑板上写有 k 个非负实数，任意选取其中一个数擦掉，并在黑板上写上两个非负实数使得它们的和为擦掉的数。记此时黑板上所有 $k+1$ 个非负实数中的最小数为 L_{k+1}。

求 $\sum\limits_{k=2}^{2024} L_k$ 的最大可能值。（赖力供题）

解法一 $\sum\limits_{k=2}^{2024} L_k$ 的最大可能值为 $\dfrac{1405}{256}$。

我们先构造使得 $\sum\limits_{k=2}^{2024} L_k = \dfrac{1405}{256}$ 的操作序列。第 1 步操作：擦掉一个 1，写上两个 $\dfrac{1}{2}$。于是 $L_2 = \dfrac{1}{2}$。一般地，对任意正整数 m，设第 $2^m - 1$ 步操作完成后，黑板上写有 2^m 个 $\dfrac{1}{2^m}$。从第 2^m 步直到第 $2^{m+1} - 1$ 步操作，每步操作均擦掉一个 $\dfrac{1}{2^m}$，写上两个 $\dfrac{1}{2^{m+1}}$。于是 $L_k = \dfrac{1}{2^{m+1}}$ $(2^m + 1 \leqslant k \leqslant 2^m)$，并且第 $2^{m+1} - 1$ 步操作完成后，黑板上写有 2^{m+1} 个 $\dfrac{1}{2^{m+1}}$。在这个操作序列下，对任何整数 $k \geqslant 2$ 有 $L_k = \dfrac{1}{2^{\lceil \log_2 k \rceil}}$，于是

$$\sum_{k=2}^{2024} L_k = \sum_{m=0}^{9} \sum_{k=2^m+1}^{2^{m+1}} \frac{1}{2^{m+1}} + \sum_{k=1025}^{2024} \frac{1}{2048} = 10 \cdot \frac{1}{2} + \frac{1000}{2048} = \frac{1405}{256}。$$

下面我们对 n 归纳来证明,对任何整数 $n \geqslant 2$ 有

$$\sum_{k=2}^{n} L_k \leqslant \frac{\lfloor \log_2 n \rfloor}{2} + \frac{n - 2^{\lfloor \log_2 n \rfloor}}{2^{\lfloor \log_2 n \rfloor + 1}}。 \qquad ①$$

为方便,我们称①式为命题(P_n)。

$n = 2$ 时,由于第一步操作完成后得到的两个非负实数和等于1,故这两个非负实数中的最小数不超过 $\frac{1}{2}$,即 $L_2 \leqslant \frac{1}{2}$,命题($P_2$)成立。以下设 $n \geqslant 3$,并且命题(P_m)对 $m = 2, 3, \cdots, n-1$ 均成立。

设第 $n-1$ 步操作完成后黑板上的 n 个非负实数按从小到大的顺序为 $x_1 \leqslant x_2 \leqslant \cdots \leqslant x_n$。则由定义,有 $L_n = x_1$。注意每步操作不改变黑板上所有数字的和,故

$$\sum_{k=1}^{n} x_k = 1。 \qquad ②$$

引理:对任何正整数 $k < \dfrac{n}{2}$,我们有 $L_{n-k} \leqslant x_{2k+1}$。

引理的证明如下:

我们观察第 $n-k-1$ 步操作完成后得到的 $n-k$ 个非负实数在后续操作中的变化。由于每一步只擦掉一个数,故再进行 k 次操作后,这 $n-k$ 个非负实数中至少有 $(n-k) - k = n-2k$ 个数未发生变化。即,第 $n-k-1$ 步操作完成后得到的 $n-k$ 个非负实数中存在 $n-2k$ 个非负实数,它们是 x_1,x_2,$\cdots$,x_n 中的某 $n-2k$ 个数。由于 $x_1 \leqslant x_2 \leqslant \cdots \leqslant x_n$,故这 $n-2k$ 个非负实数中的最小的数一定 $\leqslant x_{2k+1}$。于是 $L_{n-k} \leqslant x_{2k+1}$。引理证毕。

我们根据 n 的奇偶性分两种情况。

情况一:$n = 2m$ 是偶数。则根据引理,我们有

$$\sum_{k=m+1}^{2m} L_k \leqslant x_1 + x_3 + \cdots + x_{2m-1}。$$

又由②,我们有

$$x_1 + x_3 + \cdots + x_{2m-1} \leqslant \frac{1}{2} \sum_{k=1}^{2m} x_k = \frac{1}{2},$$

从而

$$\sum_{k=m+1}^{2m} L_k \leqslant \frac{1}{2}\text{。} \qquad\qquad ③$$

根据归纳假设，我们有

$$\sum_{k=2}^{m} L_k \leqslant \frac{\lfloor \log_2 m \rfloor}{2} + \frac{m - 2^{\lfloor \log_2 m \rfloor}}{2^{\lfloor \log_2 m \rfloor + 1}}\text{。} \qquad\qquad ④$$

将③④相加并利用 $n = 2m$，$\lfloor \log_2 m \rfloor = \lfloor \log_2 n \rfloor - 1$，我们便得到

$$\sum_{k=2}^{n} L_k \leqslant \frac{\lfloor \log_2 n \rfloor}{2} + \frac{n - 2^{\lfloor \log_2 n \rfloor}}{2^{\lfloor \log_2 n \rfloor + 1}}\text{。}$$

于是命题 (P_n) 成立。

情况二：$n = 2m + 1$ 是奇数。则一方面，根据引理，我们有

$$\sum_{k=m+1}^{2m+1} L_k \leqslant x_1 + x_3 + \cdots + x_{2m+1}\text{。} \qquad\qquad ⑤$$

而由归纳假设，当 $m \geqslant 2$ 时有命题 (P_m) 成立，即

$$\sum_{k=2}^{m} L_k \leqslant \frac{\lfloor \log_2 m \rfloor}{2} + \frac{m - 2^{\lfloor \log_2 m \rfloor}}{2^{\lfloor \log_2 m \rfloor + 1}}\text{。} \qquad\qquad ⑥$$

当 $m = 1$ 时，⑥式左右两端均为 0，也成立。将⑤⑥两式相加，得

$$\sum_{k=2}^{n} L_k \leqslant \frac{\lfloor \log_2 m \rfloor}{2} + \frac{m - 2^{\lfloor \log_2 m \rfloor}}{2^{\lfloor \log_2 m \rfloor + 1}} + \sum_{k=0}^{m} x_{2k+1}\text{。} \qquad\qquad ⑦$$

另一方面，根据引理，我们有

$$\sum_{k=m+2}^{2m+1} L_k \leqslant x_1 + x_3 + \cdots + x_{2m-1}\text{。}$$

又因为 $x_1 + x_3 + \cdots + x_{2m-1} \leqslant x_2 + x_4 + \cdots + x_{2m}$，故

$$\sum_{k=m+2}^{2m+1} L_k \leqslant x_2 + x_4 + \cdots + x_{2m}\text{。} \qquad\qquad ⑧$$

而由归纳假设,命题(P_{m+1})成立,即

$$\sum_{k=2}^{m+1} L_k \leqslant \frac{\lfloor \log_2(m+1) \rfloor}{2} + \frac{m+1-2^{\lfloor \log_2(m+1) \rfloor}}{2^{\lfloor \log_2(m+1) \rfloor+1}} \text{。} \qquad \text{⑨}$$

将⑧⑨两式相加,得

$$\sum_{k=2}^{n} L_k \leqslant \frac{\lfloor \log_2(m+1) \rfloor}{2} + \frac{m+1-2^{\lfloor \log_2(m+1) \rfloor}}{2^{\lfloor \log_2(m+1) \rfloor+1}} + \sum_{k=1}^{m} x_{2k} \text{。} \qquad \text{⑩}$$

将⑦⑩两式相加再除以 2,并利用②式,得到

$$\sum_{k=2}^{n} L_k \leqslant \frac{\lfloor \log_2 m \rfloor + \lfloor \log_2(m+1) \rfloor + 2}{4} + \frac{m-2^{\lfloor \log_2 m \rfloor}}{2^{\lfloor \log_2 m \rfloor+2}} + \frac{m+1-2^{\lfloor \log_2(m+1) \rfloor}}{2^{\lfloor \log_2(m+1) \rfloor+2}} \text{。}$$
$$\qquad \text{⑪}$$

我们断言⑪式右端等于

$$\frac{\lfloor \log_2 n \rfloor}{2} + \frac{n-2^{\lfloor \log_2 n \rfloor}}{2^{\lfloor \log_2 n \rfloor+1}} \text{。} \qquad \text{⑫}$$

事实上,如果 $m+1$ 不是 2 的方幂,则$\lfloor \log_2 m \rfloor = \lfloor \log_2(m+1) \rfloor = \lfloor \log_2 n \rfloor - 1$,于是⑪式右端等于

$$\frac{\lfloor \log_2 n \rfloor}{2} + \frac{m-2^{\lfloor \log_2 n \rfloor-1}}{2^{\lfloor \log_2 n \rfloor+1}} + \frac{m+1-2^{\lfloor \log_2 n \rfloor-1}}{2^{\lfloor \log_2 n \rfloor+1}} = \frac{\lfloor \log_2 n \rfloor}{2} + \frac{n-2^{\lfloor \log_2 n \rfloor}}{2^{\lfloor \log_2 n \rfloor+1}} \text{。}$$

如果 $m+1$ 是 2 的方幂,设 $m+1=2^r$,则$\lfloor \log_2 m \rfloor = r-1$,$\lfloor \log_2(m+1) \rfloor = r$,而 $n=2m+1=2^{r+1}-1$,$\lfloor \log_2 n \rfloor = r$。 我们直接计算可验证⑪式右端与⑫式均等于

$$\frac{r+1}{2} - \frac{1}{2^{r+1}} \text{。}$$

故断言成立,所以⑪式就是

$$\sum_{k=2}^{n} L_k \leqslant \frac{\lfloor \log_2 n \rfloor}{2} + \frac{n-2^{\lfloor \log_2 n \rfloor}}{2^{\lfloor \log_2 n \rfloor+1}} \text{。}$$

于是命题(P_n)成立。

由归纳法，命题(P_n)对任何整数$n \geqslant 2$成立。特别地，命题(P_{2024})成立，即

$$\sum_{k=2}^{2024} L_k \leqslant \frac{1405}{256}。$$

综上，$\sum_{k=2}^{2024} L_k$的最大可能值为$\frac{1405}{256}$。

解法二 $\sum_{k=2}^{2024} L_k$的最大可能值为$\frac{1405}{256}$。

使得$\sum_{k=2}^{2024} L_k = \frac{1405}{256}$的构造同解法一。下面我们用另一种方法来证明$\sum_{k=2}^{2024} L_k \leqslant \frac{1405}{256}$。

定义数列$a_k = \frac{1}{2^{\lceil \log_2 k \rceil}}$，$k = 2, 3, 4, \cdots$。即$a_2 = \frac{1}{2}$，$a_3 = a_4 = \frac{1}{4}$，$a_5 = a_6 = a_7 = a_8 = \frac{1}{8}$，$\cdots$。我们对$n$归纳来证明对任何正整数$n \geqslant 2$，以下命题$(P_n)$成立：若将原问题中初始时黑板上的实数1换成任何非负实数l，每步操作的要求不变，记号$L_k (k = 2, 3, \cdots)$的含义不变，则不论前$n-1$步如何操作，总有

$$\sum_{k=2}^{n} L_k \leqslant l \cdot \sum_{k=2}^{n} a_k。$$

当$n = 2$时，显然有$L_2 \leqslant \frac{l}{2}$，命题$(P_2)$成立。以下设$n \geqslant 3$并且命题$(P_m)$对$m = 2, 3, \cdots, n-1$均成立。

设第1步操作时，我们擦去了黑板上初始的非负实数l，写上了两个非负实数l'、l''，满足$l' + l'' = l$。不妨设$l' \leqslant l''$，于是$0 \leqslant l' \leqslant \frac{l}{2}$，并且$L_2 = l'$。我们将黑板上的非负实数$l'$染成红色，将$l''$染成蓝色。后续每步操作，若擦去的是一个红（蓝）色的数，那么我们将新写上的两个非负实数也染成红（蓝）色，并且我们称该步操作为红（蓝）操作。

设第2步直到第$n-1$步操作中，共有$n_1 - 1$步红操作，$n_2 - 1$步蓝操作。

这里 n_1、n_2 是正整数,满足 $n_1 + n_2 = n$。设第 i_1, i_2, $\cdots$, i_{n_1-1} 步操作是红操作,第 j_1, j_2, $\cdots$, j_{n_2-1} 步操作是蓝操作,则集合 $\{i_1, i_2, \cdots, i_{n_1-1}\}$ 与 $\{j_1, j_2, \cdots, j_{n_2-1}\}$ 构成集合 $\{2, 3, \cdots, n-1\}$ 的一个划分。

对于 $1 \leqslant k \leqslant n_1 - 1$,我们将第 i_k 步操作完成后黑板上的所有红数的最小值记作 L'_{k+1}。对于 $1 \leqslant k \leqslant n_2 - 1$,我们将第 j_k 步操作完成后黑板上的所有蓝数的最小值记作 L''_{k+1}。 则根据定义,我们有

$$L_{i_k+1} \leqslant L'_{k+1}, \quad k = 1, 2, \cdots, n_1 - 1,$$
$$L_{j_k+1} \leqslant L''_{k+1}, \quad k = 1, 2, \cdots, n_2 - 1.$$

于是

$$\sum_{k=3}^{n} L_k = \sum_{k=1}^{n_1-1} L'_{i_k+1} + \sum_{k=1}^{n_2-1} L''_{j_k+1} \leqslant \sum_{k=2}^{n_1} L'_k + \sum_{k=2}^{n_2} L''_k 。 \tag{⑬}$$

考虑所有红数与红操作,根据归纳假设(命题(P_{n_1})),我们有

$$\sum_{k=2}^{n_1} L'_k \leqslant l' \cdot \sum_{k=2}^{n_1} a_k 。 \tag{⑭}$$

考虑所有蓝数与蓝操作,根据归纳假设(命题(P_{n_2})),我们有

$$\sum_{k=2}^{n_2} L''_k \leqslant l'' \cdot \sum_{k=2}^{n_2} a_k 。 \tag{⑮}$$

将⑭⑮代入⑬,再加上 $L_2 = l'$,并利用 $l'' = l - l'$,我们得到

$$\sum_{k=2}^{n} L_k \leqslant l' + l' \cdot \sum_{k=2}^{n_1} a_k + (l - l') \cdot \sum_{k=2}^{n_2} a_k 。 \tag{⑯}$$

欲证命题(P_n),只用证⑯式右端不超过 $l \cdot \sum_{k=2}^{n} a_k$。 注意到⑯式右端是 l' 的线性函数,而 $0 \leqslant l' \leqslant \dfrac{l}{2}$,故只用证当 $l' = 0$ 与 $l' = \dfrac{l}{2}$ 时成立即可。

当 $l' = 0$ 时,我们有

$$\sum_{k=2}^{n} L_k \leqslant l \cdot \sum_{k=2}^{n_2} a_k < l \cdot \sum_{k=2}^{n} a_k 。$$

当 $l' = \dfrac{l}{2}$ 时,我们有

$$\sum_{k=2}^{n} L_k \leqslant \frac{l}{2} + \frac{l}{2} \cdot \sum_{k=2}^{n_1} a_k + \frac{l}{2} \cdot \sum_{k=2}^{n_2} a_k \text{。} \qquad ⑰$$

回忆 $a_k = \dfrac{1}{2^{\lceil \log_2 k \rceil}}$。注意到数列 $\{a_k\}_{k \geqslant 2}$ 满足以下性质：

- 单调不增；

- $a_{2k} = \dfrac{1}{2} a_k (k \geqslant 2)$。

于是我们有

$$a_k = 2a_{2k} \leqslant 2a_{2k-1} (k \geqslant 2) \text{。} \qquad ⑱$$

利用⑱，我们从⑰推出

$$\sum_{k=2}^{n} L_k \leqslant \frac{l}{2} + l \cdot \sum_{k=2}^{n_1} a_{2k} + l \cdot \sum_{k=2}^{n_2} a_{2k-1} \text{。} \qquad ⑲$$

由于集合 $\{a_{2k} \mid 2 \leqslant k \leqslant n_1\} \bigcup \{a_{2k-1} \mid 2 \leqslant k \leqslant n_2\}$ 共有 $(n_1 - 1) + (n_2 - 1) = n - 2$ 个元素，并且该集合是 $\{a_k\}_{k \geqslant 3}$ 的子集，利用数列 $\{a_k\}_{k \geqslant 3}$ 的单调不增性，我们有

$$\sum_{k=2}^{n_1} a_{2k} + \sum_{k=2}^{n_2} a_{2k-1} \leqslant \sum_{k=3}^{n} a_k \text{。} \qquad ⑳$$

将⑳代入⑲，我们得到

$$\sum_{k=2}^{n} L_k \leqslant \frac{l}{2} + l \cdot \sum_{k=3}^{n} a_k = l \cdot \sum_{k=2}^{n} a_k \text{。}$$

故命题 (P_n) 成立。

于是由归纳法，命题 (P_n) 对任何整数 $n \geqslant 2$ 成立。特别地，由命题 (P_{2024}) 成立，我们得到

$$\sum_{k=2}^{2024} L_k \leqslant \sum_{k=2}^{2024} a_k = \sum_{k=2}^{2024} \frac{1}{2^{\lceil \log_2 k \rceil}} = \sum_{m=0}^{9} \sum_{k=2^m+1}^{2^{m+1}} \frac{1}{2^{m+1}} + \sum_{k=1025}^{2024} \frac{1}{2048}$$

$$= 10 \cdot \frac{1}{2} + \frac{100}{2048} = \frac{1405}{256} \text{。}$$

综上，$\sum_{k=2}^{2024} L_k$ 的最大可能值为 $\dfrac{1405}{256}$。

6 设 m 是正奇数，a 是整数。证明：对任意实数 c，区间 $\left[c,\,c+\sqrt{m}\,\right]$ 中满足同余方程 $x^2 \equiv a\,(\mathrm{mod}\,m)$ 的整数 x 的个数不超过 $2+\log_2 m$。

（艾颖华供题）

证法一 先证明如下引理。

引理：设 m 是正奇数，整数 $x_1 < x_2 < \cdots < x_n$ 是同余方程方程 $x^2 \equiv a\,(\mathrm{mod}\,m)$ 的解。若记 $k = \left\lfloor \dfrac{n-1}{2} \right\rfloor$，则有 $x_n - x_1 \geqslant m^{\frac{k}{2k+1}}$。

由引理可得到本题的结论。设区间 $\left[c,\,c+\dfrac{\sqrt{m}}{2}\right]$ 中同余方程的解为

$x_1 < x_2 < \cdots < x_n$，则有 $\dfrac{\sqrt{m}}{2} \geqslant x_n - x_1 \geqslant m^{\frac{1}{2} - \frac{1}{2(2k+1)}}$，化简得到 $2(2k+1) \leqslant$

$\log_2 m$，进而有 $n \leqslant 2k+2 \leqslant 1 + \dfrac{\log_2 m}{2}$。这样，区间 $\left[c,\,c+\dfrac{\sqrt{m}}{2}\right]$ 中同余方程

的解数至多为 $1 + \dfrac{\log_2 m}{2}$，类似的区间 $\left[c+\dfrac{\sqrt{m}}{2},\,c+\sqrt{m}\,\right]$ 也如此。由此得

证本题的结论。

引理的证明如下：

设 $m = \prod\limits_r p_r^{\alpha_r}$，记 $q_r = p_r^{\alpha_r}$，$d_r = \gcd(a,\,q_r)$，$q'_r = \dfrac{q_r}{d_r}$，$a_r = \dfrac{a}{d_r}$，则 $\gcd(q'_r,\,a_r) = 1$。

若 $q'_r = 1$，则有 $x^2 \equiv a\,(\mathrm{mod}\,q_r) \Leftrightarrow q_r \mid x^2 \Leftrightarrow p_r^{\left\lceil \frac{\alpha_r}{2} \right\rceil} \mid x$。

设 $x_i = p_r^{\left\lceil \frac{\alpha_r}{2} \right\rceil} y_i$，$m' = \dfrac{m}{q_r}$，则 y_i 满足同余方程 $p_r^{2\left\lceil \frac{\alpha_r}{2} \right\rceil} y^2 \equiv a\,(\mathrm{mod}\,m')$。

记 $p_r^{2\left\lceil \frac{\alpha_r}{2} \right\rceil}$ 模 m' 的数论倒数为 L，则 y_i 是同余方程 $y^2 \equiv La\,(\mathrm{mod}\,m')$ 的

解。利用 $\{y_i\}$ 版本引理的结论，可得 $y_n - y_1 \geqslant (m')^{\frac{k}{2k+1}}$，进而有

$$x_n - x_1 = p_r^{\left\lceil \frac{\alpha_r}{2} \right\rceil}(y_n - y_1) \geqslant p_r^{\frac{\alpha_r}{2}}(m')^{\frac{k}{2k+1}} \geqslant (p_r^{\alpha_r} m')^{\frac{k}{2k+1}} = m^{\frac{k}{2k+1}},$$

得证 $\{x_i\}$ 版本的结论。

以下假设所有的 $q_r' > 1$。由 $q_r' \mid \dfrac{x_i^2}{d_r} - a_r$ 及 $\gcd(q_r', a_r) = 1$，可知 d_r 是 p_r 的偶数次幂，从而 d_r 是平方数且 $\sqrt{d_r} \mid x_i$。设 $x_i = \left(\prod_r \sqrt{d_r}\right) y_i$，则有

$$\left(\prod_{\ell \neq r} d_\ell\right) y_i^2 \equiv a_r \pmod{q_r'}.$$

对 $i \neq j$，有 $q_r' \mid y_i^2 - y_j^2 = (y_i - y_j)(y_i + y_j)$。显然 $y_i \pm y_j$ 不可能都是 p_r 的倍数，否则的话 $p_r \mid 2y_i$，结合 p_r 为奇质数可知 $p_r \mid y_i$，进而 $p_r \mid a_r$，矛盾！这样，或者 $q_r' \mid y_i - y_j$ 或者 $q_r' \mid y_i + y_j$，表明 $\{y_j : 1 \leqslant j \leqslant n\}$ 模 q_r' 至多两个余数。设两种余数的 y_i 的个数分别为 A、B，则有

$$(q_r')^{C_A^2 + C_B^2} \Big| \prod_{1 \leqslant i < j \leqslant n}(y_j - y_i).$$

记 $L = C_{\lfloor \frac{n}{2} \rfloor}^2 + C_{\lceil \frac{n}{2} \rceil}^2 = \left\lfloor \dfrac{(n-1)^2}{4} \right\rfloor$，利用函数 C_x^2 的下凸性可知 $C_A^2 + C_B^2 \geqslant L$，即有 $(q_r')^L \Big| \prod\limits_{1 \leqslant i < j \leqslant n}(y_j - y_i)$。由此可得

$$\prod_{1 \leqslant i < j \leqslant n}(y_j - y_i) \geqslant \prod_r (q_r')L.$$

结合 $y_j - y_i \leqslant \dfrac{x_n - x_1}{\prod\limits_r \sqrt{d_r}}$，得到

$$x_n - x_1 \geqslant \left(\prod_r q_r'\right)^{\frac{L}{C_n^2}} \prod_r \sqrt{d_r} = m^{\frac{L}{C_n^2}} \prod_r (d_r)^{\frac{1}{2} - \frac{L}{C_n^2}}$$

$$= m^{\frac{k}{2k+1}} \prod_r (d_r)^{\frac{1}{2} - \frac{k}{2k+1}} \geqslant m^{\frac{k}{2k+1}}.$$

证法二 （根据集训队同学们的解答整理而成）设 m 的不同质因子的个数为 $\omega(m)$，则 $\omega(m) \leqslant \log_2 m$。我们来证明更强的结论：同余方程 $x^2 \equiv a \pmod{m}$ 在任何长为 $\sqrt{m}$ 的区间 I 中的解的数目 N 不超过 $\omega(m) + 2$。

先化归成 a、m 互质的情形。若 $\gcd(a, m) = d > 1$，取 d 的质因子 p。对同余方程在区间 I 中的任何解 x 都有 $p \mid x$，设 $x = px'$。

(1) 如果 $v_p(m) \geqslant 2$，则 $p^2 \mid a$，记 $m = p^2 m'$，$a = p^2 a'$，则 x' 满足同余方程 $(x')^2 \equiv a' \pmod{m'}$ 且在区间 $I' = \dfrac{1}{p} I$ 中。由于 I' 的长度为 $\sqrt{m'}$，利用

m'、a' 情形命题的结论可得 $N \leqslant \omega(m') + 2 \leqslant \omega(m) + 2$。

(2) 若 $v_p(m) = 1$,记 $m = pm'$,$a = pa'$,设 p 模 m' 的数论倒数为 L,则 x' 满足同余方程 $(x')^2 \equiv La' \pmod{m'}$ 且在区间 $I' = \dfrac{1}{p} I$ 中。由于 I' 的长度为 $\dfrac{1}{p}\sqrt{m} = \sqrt{\dfrac{m'}{p}} < \sqrt{m'}$,利用 m'、La' 情形命题的结论可得 $N \leqslant \omega(m') + 2 \leqslant \omega(m) + 2$。总之,若 a、m 不互质,则可约化到更小 m 情形的命题。

以下假设 $(a, m) = 1$。若 $m = 1$,则显然 $N \leqslant 2 = 2 + \omega(1)$,命题成立。假设 $m > 1$,设 m 分解成质数幂之积 $m = q_1 q_2 \cdots q_k$,其中 $k = \omega(m)$ 且每个 q_i 都是奇质数的正整数次幂。对每个 i,同余方程 $x^2 \equiv a \pmod{q_i}$ 至多两个解(理由见证法一),选定一个解为 r_i。

设 x_1,x_2,$\cdots$,x_N 是区间 I 中同余方程 $x^2 \equiv a \pmod{m}$ 的全部解,对每个 $1 \leqslant s \leqslant N$,定义 $\mathbf{R}^k$ 的向量 $\boldsymbol{v}_s = (v_{s,1}, \cdots, v_{s,k})$ 如下:

$$v_{s,i} = \begin{cases} \sqrt{\ln q_i}, & x_s \equiv r_i \pmod{q_i}, \\ -\sqrt{\ln q_i}, & x_s \not\equiv r_i \pmod{q_i}。 \end{cases}$$

断言:对任何 $s \neq t$,有 $\boldsymbol{v}_s \cdot \boldsymbol{v}_t < 0$。理由如下。记 $A = \{i : v_{s,i} = v_{t,i}\}$,$B = \{i : v_{s,i} \neq v_{t,i}\}$,对每个 $i \in A$ 有 $x_s \equiv x_t \pmod{q_i}$,从而有

$$\prod_{i \in A} q_i \mid x_s - x_t。$$

结合 $0 < |x_s - x_t| \leqslant \sqrt{m}$ 可得 $\displaystyle\prod_{i \in A} q_i \leqslant \sqrt{m}$。此式取不到等号,否则的话有 $\displaystyle\prod_{i \in A} q_i = \prod_{j \in B} q_j = \sqrt{m} > 1$,与算术基本定理矛盾!这样,有

$$\prod_{i \in A} q_i < \sqrt{m} < \prod_{j \in B} q_j,$$

进而有 $\boldsymbol{v}_s \cdot \boldsymbol{v}_t = \displaystyle\sum_{i \in A} \ln q_i - \sum_{j \in B} \ln q_j < 0$,得证断言。

由断言可知,$\boldsymbol{v}_1$,$\boldsymbol{v}_2$,$\cdots$,$\boldsymbol{v}_N$ 是 $\mathbf{R}^k$ 中两两内积为负的向量组,由熟知的结论可得 $N \leqslant k + 1 < \omega(m) + 2$。这就完成了命题的证明。

测试三

第 **1** 天

(2024 年 3 月 23 日　8:00～12:30)

---

1 记 $\mathbb{N}=\{0,1,2,\cdots\}$ 是所有非负整数构成的集合。对每个 $n\in\mathbb{N}$，定义卡塔兰数

$$C_n = \frac{1}{n+1}C_{2n}^n = \frac{(2n)!}{n!(n+1)!}。$$

证明：对任意正整数 m，有

$$\sum_{\substack{i,j,k\in\mathbb{N}\\i+j+k=m}} C_{i+j}C_{i+k}C_{j+k} = \frac{3}{2m+3}C_{2m+1}。 \qquad ①$$

（王彬供题）

证法一　考虑三元有序数组构成的集合：

$$A = \{(u,v,w)\in\mathbb{N}^3 \mid u,v,w\leqslant m; u+v+w=2m\},$$

$B = \{(u,v,w)\in\mathbb{N}^3 \mid u+v+w=2m\}$，$B_1 = \{(u,v,w)\in B \mid u\geqslant m+1\}$，
$B_2 = \{(u,v,w)\in B \mid v\geqslant m+1\}$，$B_3 = \{(u,v,w)\in B \mid w\geqslant m+1\}$。

则 $A = B\backslash(B_1\bigcup B_2\bigcup B_3)$。故

① 左边 $= \displaystyle\sum_{\substack{i,j,k\in\mathbb{N}\\i+j+k=m}} C_{i+j}C_{i+k}C_{j+k} = \sum_{(u,v,w)\in A} C_u C_v C_w$

$$= \sum_{(u,v,w)\in B} C_u C_v C_w - \sum_{(u,v,w)\in B_1} C_u C_v C_w - \sum_{(u,v,w)\in B_2} C_u C_v C_w - \sum_{(u,v,w)\in B_3} C_u C_v C_w。$$

$$②$$

由对称性可知 B_1、B_2、B_3 中的求和结果相同。由卡塔兰数的递推公式

$$C_{n+1} = \sum_{i=0}^{n} C_i C_{n-i} = C_0 C_n + C_1 C_{n-1} + \cdots + C_n C_0,$$

可得

$$\sum_{(u,\,v,\,w)\in B} C_u C_v C_w = \sum_{u=0}^{2m} C_u \Big(\sum_{v=0}^{2m-u} C_v C_{2m-u-v} \Big) = \sum_{u=0}^{2m} C_u C_{2m+1-u}$$

$$= \Big(\sum_{u=0}^{2m+1} C_u C_{2m+1-u} \Big) - C_{2m+1} C_0 = C_{2m+2} - C_{2m+1},$$

$$\sum_{(u,\,v,\,w)\in B_1} C_u C_v C_w = \sum_{u=m+1}^{2m} C_u \Big(\sum_{v=0}^{2m-u} C_v C_{2m-u-v} \Big) = \sum_{u=m+1}^{2m} C_u C_{2m+1-u}$$

$$= \frac{1}{2} \cdot \Big(\sum_{u=1}^{2m} C_u C_{2m+1-u} \Big) = \frac{1}{2} \cdot (C_{2m+2} - 2C_{2m+1}).$$

又由于

$$C_{2m+2} = \frac{(4m+4)!}{(2m+2)!(2m+3)!} = \frac{(4m+3)(4m+4)}{(2m+2)(2m+3)} \cdot \frac{(4m+2)!}{(2m+1)!(2m+2)!}$$

$$= \frac{2(4m+3)}{(2m+3)} \cdot C_{2m+1},$$

所以

① 左边 $= \sum_{(u,\,v,\,w)\in A} C_u C_v C_w = (C_{2m+2} - C_{2m+1}) - 3 \cdot \frac{1}{2}(C_{2m+2} - 2C_{2m+1})$

$$= 2 \cdot C_{2m+1} - \frac{1}{2} \cdot C_{2m+2} = \frac{3}{2m+3} C_{2m+1} = ① \text{ 右边}.$$

证法二 （组合模型）对凸 n 边形 $P_1 P_2 \cdots P_n$ 添加 $n-3$ 条在形内不相交的对角线,从而分成 $n-2$ 个三角形的三角剖分的方法数恰是卡塔兰数 C_{n-2}。

该结论可用对 n 归纳证明。考虑顶点 P_n,若 P_n 没连对角线,则 P_1 和 P_{n-1} 相连,可转化为凸 $n-1$ 边形 $P_1 P_2 \cdots P_{n-1}$ 的剖分,方法数是 C_{n-3};若 P_n 连有对角线,设与之相连的标号最小的顶点为 $P_k (2 \leqslant k \leqslant n-2)$,即 P_n 与 P_k 相连,与 $P_1, \cdots, P_{k-1}$ 都不连,考虑边 $P_n P_1$ 所在的三角形可知 P_1 与 P_k 相连,从而问题转化为凸 k 边形 $P_1 P_2 \cdots P_k$ 的剖分与凸 $n-k+1$ 边形 $P_k P_{k+1} \cdots P_n$ 的剖分,方法数是 $C_{k-2} C_{n-k-1}$。对 $k=2, \cdots, n-2$ 求和再加上之

前的 C_{n-3} 可知总方法数是:

$$(C_0 C_{n-3} + C_1 C_{n-4} + \cdots + C_{n-4} C_1) + C_{n-3} = C_{n-2} 。$$

下面回到原题,取圆内接正 $2m+3$ 边形 $P_1 P_2 \cdots P_{2m+3}$ (设顶点顺时针排列)的所有三角剖分,再在三角剖分中选出唯一的含圆心的三角形(即唯一的锐角三角形),并指定该三角形的一个顶点。考虑该系列操作共有多少种方式。

如果先选那个指定顶点 P_u (有 $2m+3$ 种方式),然后再画出包含圆心的三角形 $P_u P_v P_w$,要求 $v-u$, $w-v$, $u-w$ 模 $2m+3$ 的余数 $\in \{1, 2, \cdots, m+1\}$,且三个余数之和等于 $2m+3$,这对应于 $(i, j, k) \in \mathbb{N}^3$ 满足条件 $i+j+k=m$ 且

$$v-u \equiv i+j+1, \quad w-v \equiv j+k+1, \quad u-w \equiv k+i+1 \pmod{2m+3} 。$$

然后在该三角形三边的三个弓形区域中分别进一步三角剖分,例如包含 $P_u P_v$ 的弓形区域恰好是一个 $i+j+2$ 边形,有 C_{i+j} 种三角剖分方式。

因此事件的方法数为

$$(2m+3) \cdot \sum_{\substack{i, j, k \in \mathbb{N} \\ i+j+k=m}} C_{i+j} C_{i+k} C_{j+k} 。$$

另一方面,可以考虑先对正 $2m+3$ 边形进行三角剖分,再在唯一的含圆心的三角形中任选一个顶点,共有 $3C_{2m+1}$ 种方式。

两种计数方式的结果相等,即

$$(2m+3) \cdot \sum_{\substack{i, j, k \in \mathbb{N} \\ i+j+k=m}} C_{i+j} C_{i+k} C_{j+k} = 3C_{2m+1} 。$$

因此题述恒等式成立。

---

❷ 对正整数 n,称 $\{1, 2, \cdots, n\}$ 的子集 S 为 n-好集合,如果对 S 的任意元素 x、y(可以相同),若 $x+y \leqslant n$,则 $x+y \in S$。

对正整数 n,定义 r_n 为满足下面条件的最小实数:对任意正整数 $m \leqslant n$ 都存在某个 m 元的 n-好集合,使得其所有元素之和不超过 $m \cdot r_n$。

证明:存在实数 α,使得对任意正整数 n,都有 $|r_n - \alpha n| < 2024$ 成立。

(付云皓供题)

证明 我们证明 $\alpha = 2 - \sqrt{2}$ 满足题意。我们分两步证明。

先证明 $r_n \geq \alpha n - 4$。为此只需考虑 $n > 4$ 的情形。取 $m = \left\lceil \dfrac{n}{\sqrt{2}} \right\rceil < n$，令 $d = n - m$。考虑一个 m 元的 n-好集合 S，记 S 的补集为 $S^c = \{1, 2, \cdots, n\} \setminus S = \{a_1, a_2, \cdots, a_d\}$，这里 $a_1 < a_2 < \cdots < a_d$。对任意 $1 \leq i \leq d$，我们断言 $a_i \leq 2i - 1$。事实上，若 $a_i \geq 2i$，则 $(1, a_i - 1), (2, a_i - 2), \cdots, (i, a_i - i)$ 至少有一对中的数都在 S 中，从而导致 S 不能满足 n-好集合的条件，矛盾！（当 $a_i = 2i$ 时，最后一个数对两个数相等，但不影响证明。）故

$$\sum_{x \in S} x = \frac{n(n+1)}{2} - \sum_{x \in S^c} x$$
$$\geq \frac{n(n+1)}{2} - (1 + 3 + \cdots + (2d - 1))$$
$$= \frac{n(n+1)}{2} - d^2 \text{。}$$

因此，

$$c_n \geq \frac{\frac{n(n+1)}{2} - d^2}{n - d} = (n + d) - \frac{\frac{n(n-1)}{2}}{n - d} = 2n - m - \frac{n(n-1)}{2m}$$
$$> 2n - \left(m + \frac{n^2}{2m}\right) > 2n - \sqrt{2}\,n - 1 = \alpha n - 1, \qquad \text{①}$$

这里最后一个不等号是因为 $m + \dfrac{n^2}{2m}$ 在 $m = \dfrac{n}{\sqrt{2}}$ 时取最小值，取整导致不超过 1 的误差。

再证明 $r_n \leq \alpha n + 100$。为此只需考虑 $n > 100$ 的情况。分几种情况讨论。

情况 1：若 $m = n$，$\{1, 2, \cdots, n\}$ 是 n-好集合，其算术平均值为

$$\frac{n+1}{2} < \alpha n + 4 \text{。}$$

情况 2：若 $m \leq \sqrt{n} - 1$，令 $k = \left\lceil \dfrac{n+1}{m+1} \right\rceil$，则 $(m+1)k \geq n + 1 > n$，而

$$mk \leqslant m \cdot \frac{m+n+1}{m+1} = \frac{mn+m^2+m}{m+1} \leqslant \frac{mn+n}{m+1} = n.$$

故 $\{k, 2k, \cdots, mk\}$ 是一个 m 元 n-好集合, 且其所有元素的算术平均值为

$$\frac{m+1}{2} \cdot k \leqslant \frac{m+1}{2} \cdot \frac{m+n+1}{m+1} = \frac{n+m+1}{2} \leqslant \frac{n+\sqrt{n}}{2} \leqslant \frac{11n}{20} < \alpha n.$$

情况 3: 若 $\sqrt{n} - 1 < m \leqslant n - 1$, 设 $\left\lfloor \frac{n}{k} \right\rfloor \leqslant m < \left\lfloor \frac{n}{k-1} \right\rfloor$, 这里 $k \geqslant 2$。

我们先选择 $1, 2, \cdots, n$ 中所有 k 的倍数 (共 $\left\lfloor \frac{n}{k} \right\rfloor$ 个), 再从大到小选择 $m -$ $\left\lfloor \frac{n}{k} \right\rfloor$ 个模 k 余 r 的数 (这里 $r \in \{1, 2, \cdots, k-1\}$ 且 $r \equiv n+1 \pmod{k}$ 或 $r \equiv n+2 \pmod{k}$)。当 $k = 2$ 时, 未被选中的数仅有从 1 开始的若干个奇数, 由不等式 ① 易知被选出的数构成一个 n-好集合。当 $k \geqslant 3$ 时, $m \leqslant \left\lfloor \frac{n}{k} \right\rfloor +$ $\left\lfloor \frac{n}{2k} \right\rfloor$。这是因为:

当 $k \geqslant 4$ 时, $\left\lfloor \frac{n}{k} \right\rfloor + \left\lfloor \frac{n}{2k} \right\rfloor > \frac{3n}{2k} - 2 = \frac{n}{k-1} + \frac{(k-3)n}{2k(k-1)} - 2 \geqslant \frac{n}{k-1} + \frac{n}{24} -$ $2 > \frac{n}{k-1}$;

当 $k = 3$ 时, $\left\lfloor \frac{n}{k} \right\rfloor + \left\lfloor \frac{n}{2k} \right\rfloor > \frac{n}{2} - 2$。

故被选出的模 k 余 r 的数都大于 $n - \left\lfloor \frac{n}{2k} \right\rfloor \cdot k \geqslant \frac{n}{2}$, 故其中任选两个数之和大于 n, 由此知被选出的数构成一个 n-好集合。设其中 k 的倍数有 $a = \left\lfloor \frac{n}{k} \right\rfloor$ 个, 则模 k 余 r 的数有 $m - a$ 个, 它们的平均值不超过

$$\frac{1}{m} \left(\frac{ka(a+1)}{2} + (m-a)(n+2) - \frac{k(m-a)(m-a+1)}{2} \right)$$

$$= n + 2 + \left(a - \frac{1}{2} \right) k - \left(\frac{km}{2} + \frac{(n+k+2)a}{m} \right)$$

$$\leqslant n + 2 + \left(a - \frac{1}{2} \right) k - \sqrt{2ak(n+k+2)}$$

$$< 2n + 2 - \sqrt{2(n-k+1)(n+k-1)}$$

$$= 2n + 2 - \sqrt{2(n^2 - (k-1)^2)}$$

$$\leqslant 2n + 2 - \sqrt{2(n^2 - n)} < \alpha n + 4。$$

故上述 n-好集合的所有元素算术平均值不超过 $\alpha n + 4$。

综上所述，$\alpha = 2 - \sqrt{2}$ 满足题意，证毕。

注 还有如下方式证明 $r_n < \alpha n + 2024$。

(1) 当 $m < \dfrac{n}{6}$ 时：取 m 元子集

$$\left\{\left\lceil \frac{n}{2} \right\rceil, \left\lceil \frac{n}{2} \right\rceil + 1, \cdots, \left\lceil \frac{n}{2} \right\rceil + m - 1\right\}。$$

其中元素的算术平均值小于等于 $\dfrac{m+n}{2} < \dfrac{7n}{12} < \alpha n$。

(2) 首先说明 $m > \dfrac{n}{2}$ 的情况：即取 $\{1, 2, \cdots, n\}$ 中所有偶数及最大的 $m - \left\lfloor \dfrac{n}{2} \right\rfloor$ 个奇数。若 $m \in \left(\dfrac{n}{4}, \dfrac{n}{2}\right]$，考虑只选取偶数，这等价于在 $\left\{0, 1, 2, \cdots, \left\lfloor \dfrac{n}{2} \right\rfloor\right\}$ 中选取 m 个数，转化到上面的情况。若 $m \in \left(\dfrac{n}{8}, \dfrac{n}{4}\right]$，可以取所有 4 的倍数转化到前述情况。

---

③ 给定整数 $n > 1$。设实数 $x > 1$ 满足

$$x^{101} - nx^{100} + nx - 1 = 0。 \qquad ①$$

证明：对任意实数 $0 < a < b < 1$，存在正整数 m 使得

$$a < \{x^m\} < b。$$

这里 $\{t\} = t - \lfloor t \rfloor$ 表示实数 t 的小数部分。（俞辰捷供题）

证明 我们依次证明如下的结论：

(1) 方程①有 99 个模长等于 1 的根。

显然 $x = 1$ 是方程①的一个根。考虑方程 $\dfrac{x^{101} - nx^{100} + nx - 1}{x - 1} = 0$，

也即

$$f(x) = x^{100} - (n-1)\sum_{j=1}^{99} x^j + 1 = 0。$$

考虑所有 100 次单位根 ω，容易发现 $f(\omega) = n+1$。

注意到 $\dfrac{f(x)}{x^{50}}$ 可以表示成 $g\left(x + \dfrac{1}{x}\right)$ 的形式，其中 $g(x) \in \mathbb{Z}[x]$，因此

$$g\left(2\cos\frac{k\pi}{50}\right) = (\mathrm{e}^{\mathrm{i}k\pi/50})^{50} f(\mathrm{e}^{\mathrm{i}k\pi/50}) = (n+1)(-1)^k, \ k = 0, 1, 2, \cdots, 49。$$

这表明 $g(2\cos\theta)$ 在区间 $\left(\dfrac{k\pi}{50}, \dfrac{(k+1)\pi}{50}\right)$ 中有根 $\theta = \theta_k (k = 0, 1, 2, \cdots,$ 48)。故 $g(x)$ 有 49 对共轭虚根 $\cos\theta_k \pm \mathrm{i}\sin\theta_k$。于是 $f(x)$ 有 98 个模长等于 1 的根，继而原方程(4)有 99 个模长等于 1 的根。

(2) $f(x)$ 有根 α 大于 1。

这是因为 $f(1) = 2 - 99(n-1) < 0$，由介值原理立得。

再结合 $f(0) = 1 > 0$ 以及 $f(x)$ 的所有根乘积等于 1，可知原方程除了 99 个模长等于 1 的根外，剩余两个根为 α 和 $\dfrac{1}{\alpha}$。

(3) $f(x)$ 的 99 个模长等于 1 的根不全为单位根。

如果这些根中有单位根，则该单位根对应的分圆多项式整除 $f(x)$。因此，如果它们都是单位根，这意味着 $(x - \alpha)\left(x - \dfrac{1}{\alpha}\right) = x^2 - Ax + 1$，其中 A 是正整数。

若 $A \geqslant n+1$，则 $\alpha \geqslant n$，故 $\alpha^{101} - n\alpha^{100} + n\alpha - 1 > 0$，矛盾！

若 $A \leqslant n$，则由 $(\alpha+1)(\alpha^2 - A\alpha + 1) = \alpha^3 - (A-1)\alpha^2 - (A-1)\alpha + 1$ 知 $\alpha^3 < (A-1)\alpha^2 + (A-1)\alpha \leqslant (n-1)\alpha^2 + (n-1)\alpha$。因此

$$\alpha^{100} - (n-1)(\alpha^{99} + \alpha^{98} + \cdots + \alpha) + 1 < -(n-1)(\alpha^{97} + \cdots + \alpha) + 1 < 0，$$

矛盾！

因此假设不成立，也就是①的根不全是单位根。

由于单位根的幂次只有有限种情况，以及利用牛顿公式我们可知原方程的所有根的幂和都是整数，至此，想要证明原题，我们只需要证明如下的结论：

$z_1, z_2, \cdots, z_k$ 是模长为 1 的不为单位根的复数，$S_r = \sum_{j=1}^{k} (z_j^r + \bar{z}_j^r)$，则

S_r 的小数部分在 $(0,1)$ 上稠密。

也即：若 $\lambda_1,\cdots,\lambda_k$ 是无理数，$T_r=\sum_{j=1}^{k}\cos(2r\lambda_j\pi)$，则 $2T_r$ 的小数部分在 $(0,1)$ 上稠密。

取充分大的正整数 N，考虑数组

$$X_r=(\lfloor N\{r\lambda_1\}\rfloor,\cdots,\lfloor N\{r\lambda_k\}\rfloor)\quad(r=1,2,\cdots,N^k+1),$$

由抽屉原理存在 $r_1<r_2$ 满足 $X_{r_1}=X_{r_2}$。这表明记 $s=r_2-r_1$，则 $\{s\lambda_j\}$ 要么小于 $\dfrac{1}{N}$，要么大于 $1-\dfrac{1}{N}$，也就是 $\cos(2s\lambda_j\pi)>\cos\dfrac{2\pi}{N}$。所以，$T_s>k\cos\dfrac{2\pi}{N}$。

另一方面，由于 $\{s\lambda_1\}\neq0$，于是存在正整数 t，使得 $\left|t\{s\lambda_1\}-\dfrac{1}{2}\right|<\dfrac{1}{N}$，因此 $\cos(2st\lambda_1\pi)<-\cos\dfrac{2\pi}{N}$。因此，$T_{st}<(k-1)-\cos\dfrac{2\pi}{N}$。

但我们知道，

$$|T_{(d+1)s}-T_{ds}|=\left|\sum_{j=1}^{k}(\cos(2(d+1)s\lambda_j\pi)-\cos(2ds\lambda_j\pi))\right|$$

$$=\left|\sum_{j=1}^{k}2\sin(s\lambda_j\pi)\sin((2d+1)s\lambda_j\pi)\right|\leqslant\sum_{j=1}^{k}|2\sin(s\lambda_j\pi)|<2k\sin\dfrac{2\pi}{N},$$

因此取 N 充分大时，利用离散介值原理，我们可以知道，T_r 在 $\left(k-\dfrac{3}{2}\right.$,

$\left.k-\dfrac{1}{2}\right)$ 上稠密。

所求结论获证。

注 α 事实上是一个 Salem 数，即是一个严格大于 1 的实数 α，它是一个不可约整系数首一多项式 $f(x)$ 的根，且此多项式除了 α 和 $\dfrac{1}{\alpha}$ 之外的其他复根的绝对值都恰好等于 1。现在已知的最小的 Salem 数是 $\alpha=1.17628\cdots$，它是方程 $x^{10}+x^9-x^7-x^6-x^5-x^4-x^3+x+1=0$ 的根。

4 设整数 $m > 1$,已知区间 $[2m - \sqrt{m} + 1, 2m]$ 中有质数。证明:在任意 m 个两两不同的正整数 $a_1, a_2, \cdots, a_m$ 中都存在两个数 a_i 和 $a_j (1 \leq i, j \leq m)$ 使得

$$\frac{a_i}{(a_i, a_j)} \geq m,$$

其中 (a_i, a_j) 表示正整数 a_i 与 a_j 的最大公因数。(姚一隽供题)

证明 不妨假设 $a_1, a_2, \cdots, a_m$ 的最大公因数为 1,否则将 $a_1, a_2, \cdots, a_m$ 同时除以它们的最大公因数不改变结论。

设 p 为区间 $[2m - \sqrt{m} + 1, 2m]$ 中的一个质数。若 p 整除某个 a_i,由 $a_1, \cdots, a_m$ 最大公因数为 1 知某个 a_j 不被 p 整除,则 $\frac{a_i}{(a_i, a_j)} \geq p > m$。

所以,下面假设 $a_1, a_2, \cdots, a_m$ 都不被 p 整除。

若存在 $a_i \equiv a_j \pmod{p}$,不妨设 $a_i > a_j$,则

$$\frac{a_i}{(a_i, a_j)} = \frac{a_i - a_j}{(a_i, a_j)} + \frac{a_j}{(a_i, a_j)} \geq p + 1 > m。$$

因此可不妨设 $a_1, a_2, \cdots, a_m$ 模 p 的余数两两不同。

设 $m = \frac{p-1}{2} + r$,则条件 $2m - \sqrt{m} + 1 \leq p \leq 2m$ 等价于 $r \in \left[1, \frac{\sqrt{m}}{2}\right]$。将模 p 的所有非零剩余类分为 $\frac{p-1}{2}$ 组,第 i 组包含余数为 i 和 $p - i$ 的剩余类。使用抽屉原理易知,存在 r 个组,每组中有 $a_1, a_2, \cdots, a_m$ 中的 2 个元素。故可不妨设

$$a_{2i-1} \equiv -a_{2i} \pmod{p}, \ a_{2i-1} < a_{2i}, \ i = 1, 2, \cdots, r。$$

注意到对 $i=1,2,\cdots,r$ 均有 $p \left| \dfrac{a_{2i-1}+a_{2i}}{(a_{2i-1},a_{2i})} \right.$。如果 $\dfrac{a_{2i-1}+a_{2i}}{(a_{2i-1},a_{2i})} \geqslant 2p$，那么

$$\max\left(\frac{a_{2i-1}}{(a_{2i-1},a_{2i})}, \frac{a_{2i}}{(a_{2i-1},a_{2i})}\right) \geqslant p > m。$$

因此可假定对 $i=1,2,\cdots,r$，均有 $\dfrac{a_{2i-1}+a_{2i}}{(a_{2i-1},a_{2i})}=p$。 设

$$d_i=(a_{2i-1},a_{2i}), \quad a_{2i-1}=u_i d_i, \quad a_{2i}=v_i d_i,$$

则 $u_i < v_i$ 且 $u_i+v_i=p$。注意到如果某个 $v_i \geqslant m$，那么结论已经成立。故可设

$$v_i \in \left\{\frac{p-1}{2}+1, \frac{p-1}{2}+2, \cdots, \frac{p-1}{2}+r-1=m-1\right\}。$$

由抽屉原理知 $v_1,\cdots,v_r$ 中存在两个数相等。不妨 $v_1=v_2=v$，故 $u_1=u_2=p-v$，记为 u。显然 $d_1 \neq d_2$（因为 $a_1 \neq a_3$）。

以下仅考虑 a_1、a_2、a_3、a_4，此时可假设 d_1 与 d_2 互质（否则将它们同时除以它们的最大公因数），且不妨 $d_2 \geqslant 2$。 易知 u 和 v 互质。我们有

$$\frac{a_1}{(a_1,a_4)} = \frac{d_1 u}{(d_1,v)\cdot(d_2,u)} \geqslant \frac{(d_1,u)}{(d_2,u)} \cdot u;$$

$$\frac{a_3}{(a_2,a_3)} = \frac{d_2 u}{(d_1,u)\cdot(d_2,v)} \geqslant \frac{(d_2,u)}{(d_1,u)} \cdot u; \qquad \text{①}$$

$$\frac{a_2}{(a_2,a_3)} = \frac{d_1 v}{(d_1,u)\cdot(d_2,v)} \geqslant \frac{(d_1,v)}{(d_2,v)} \cdot v;$$

$$\frac{a_4}{(a_1,a_4)} = \frac{d_2 v}{(d_1,v)\cdot(d_2,u)} \geqslant \frac{(d_2,v)}{(d_1,v)} \cdot v。 \qquad \text{②}$$

注意到条件 $r \in \left[1, \dfrac{\sqrt{m}}{2}\right]$ 和 $p-m+1 \leqslant u < v \leqslant m-1$ 给出如下的不等式

$$\frac{m-1}{v} < \frac{m-1}{u} \leqslant \frac{m-1}{p-m+1} \leqslant \frac{m-1}{m-\sqrt{m}+2} < \frac{m-1}{m-\sqrt{m}} = \frac{\sqrt{m}+1}{\sqrt{m}}。$$

若①中的两个 $\dfrac{a_i}{(a_i, a_j)}$ 均不超过 $m-1$，则

$$\frac{\sqrt{m}+1}{\sqrt{m}} \geqslant \frac{(d_1, u)}{(d_2, u)}, \quad \frac{\sqrt{m}+1}{\sqrt{m}} \geqslant \frac{(d_2, u)}{(d_1, u)}。$$

由此知，要么 $(d_1, u) = (d_2, u)$，要么 $(d_1, u) > \sqrt{m}$ 和 $(d_2, u) > \sqrt{m}$ 同时成立。但注意到 $(d_1, u) \cdot (d_2, u) \leqslant u < m$，故只能有 $(d_1, u) = (d_2, u)$，结合 d_1 与 d_2 互质知它们都等于 1。

同理，若②中的两个 $\dfrac{a_i}{(a_i, a_j)}$ 均不超过 $m-1$，则 $(d_1, v) = (d_2, v) = 1$，但此时

$$\frac{a_4}{(a_1, a_4)} \geqslant \frac{d_2 v}{(d_2, u)(d_1, v)} = d_2 v \geqslant 2v > m,$$

矛盾！

综上所述，必存在 a_i 和 a_j 满足 $\dfrac{a_i}{(a_i, a_j)} \geqslant m$。

注 用本题的结论可以说明任意 2024 元正整数集中必有两个数 x、y，满足 $\dfrac{y}{(x, y)} \geqslant 2024$。

本题参考：M. Szegedy, The solution of Graham's greatest common divisor problem, *Combinatorica* 6(1)(1986), 67-71。

---

5 如图，凸五边形 $ABCDE$ 满足 B、C、D、E 四点共圆，且 $AC = BD = CD$。

证明：若 $\angle ACD = \angle BDE$ 且 $\angle BAC + \angle AED = 180°$，则或者 $AB = 2AE$ 或者 $AB = DE$。

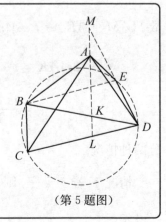

（第 5 题图）

证明 不妨设 $AC=BD=CD=1$。设 $DE=t(0<t<1)$。在 BD、CD 上分别取点 K、L，使 $BK=CL=t$，则 $DK=DL=1-t$。四边形 $BKLC$ 为等腰梯形。

由于 $AC=BD$，$\angle ACD=\angle BDE$，$CL=DE$，故 $\triangle ACL\cong\triangle BDE$。得 $\angle ALC=\angle BED=180°-\angle BCD$。于是 $AL\parallel BC$。又 $KL\parallel BC$，所以 A、K、L 共线。

延长 KA、DE 交于点 M，则

$$\angle MKD=\angle BKL=180°-\angle BCD=\angle BED。$$

故 $\triangle MDK\backsim\triangle BDE$。进而

$$\triangle MDK\backsim\triangle ACL。 \qquad\qquad ①$$

于是 $\angle AME=\angle KMD=\angle LAC=\angle BCA$。又 $\angle AEM=180°-\angle AED=\angle BAC$。所以，

$$\triangle AEM\backsim\triangle BAC。 \qquad\qquad ②$$

由①知 $\dfrac{MD}{AC}=\dfrac{MK}{AL}=\dfrac{DK}{CL}$，即 $\dfrac{ME+t}{1}=\dfrac{MK}{AL}=\dfrac{1-t}{t}$。

故 $ME=\dfrac{1-t-t^2}{t}$，$t\cdot MK=(1-t)\cdot AL$。

由②知

$$AM=\frac{EM\cdot BC}{AC}=EM\cdot\frac{BC}{CD}=EM\cdot\frac{KL}{LD}=KL\cdot\frac{1-t-t^2}{t(1-t)}。$$

故 $t(AM+AK)=t\cdot MK=(1-t)\cdot AL=(1-t)\cdot(AK+KL)$。

$$(1-2t)AK=t\cdot AM-(1-t)KL=\left(\frac{1-t-t^2}{1-t}-(1-t)\right)KL$$

$$=\frac{t(1-2t)}{1-t}KL。$$

分两种情况。

情况 1：若 $t=\dfrac{1}{2}$，则 $\triangle AEM$ 对 $\triangle BAC$ 的相似比为 $\dfrac{1}{2}$，由此知 $AB=2AE$。

情况 2:若 $t \neq \dfrac{1}{2}$,则 $\dfrac{AK}{KL} = \dfrac{t}{1-t} = \dfrac{BK}{KD}$,故 $AB \parallel CD$。此时 $ABCL$ 为平行四边形,有 $AB = CL$。故 $AB = DE$。

结合两种情况的讨论得证。

---

❻ 给定正整数 m、n 与非负实数 a_0,a_1,$\cdots$,a_m,b_0,b_1,$\cdots$,b_n。定义

$$c_k = \max_{i+j=k} a_i b_j \quad (k = 0, 1, \cdots, m+n)。$$

证明:

$$\frac{c_0 + c_1 + \cdots + c_{m+n}}{m+n+1} \geqslant \frac{a_0 + a_1 + \cdots + a_m}{m+1} \cdot \frac{b_0 + b_1 + \cdots + b_n}{n+1}。$$

(艾颖华供题)

证法一 称点列 $\mathcal{P} = \{(i_0, j_0), (i_1, j_1), \cdots, (i_{m+n}, j_{m+n})\}$ 为一条从 $(0, 0)$ 到 (m, n) 的"单调路",如果 $(i_0, j_0) = (0, 0)$,$(i_{m+n}, j_{m+n}) = (m, n)$ 且对每个指标 $0 \leqslant k < m+n$,有

$$(i_{k+1}, j_{k+1}) \in \{(i_k+1, j_k), (i_k, j_k+1)\}。$$

给定两个递减的非负实数序列 $u_0 \geqslant u_1 \geqslant \cdots \geqslant u_m$ 与 $v_0 \geqslant v_1 \geqslant \cdots \geqslant v_n$,定义单调路 $\mathcal{P}$ 的权为

$$W(\mathcal{P}) = \sum_{k=0}^{m+n} u_{i_k} v_{j_k}。$$

引理:*存在单调路 $\mathcal{P}$,使得* $W(\mathcal{P}) \geqslant \dfrac{m+n+1}{(m+1)(n+1)} \left(\sum\limits_{i=0}^{m} u_i \right) \left(\sum\limits_{j=0}^{n} v_j \right)$。

引理的证明如下:

对 $m+n$ 归纳。当 $m=0$ 或者 $n=0$ 时,引理的结论是平凡的。设 $m+n < k$ 时引理成立,考虑 $m+n=k$ 且 $m, n > 0$ 的情形。记 $S = \max\limits_{单调路 \mathcal{P}} W(\mathcal{P})$。

由归纳假设,对序列 $u_0 \geqslant u_1 \geqslant \cdots \geqslant u_{m-1}$ 与 $v_0 \geqslant v_1 \geqslant \cdots \geqslant v_n$,存在从 $(0, 0)$ 到 $(m-1, n)$ 的单调路 $\mathcal{P}_0$ 使得

$$W(\mathcal{P}_0) \geqslant \frac{(m-1)+n+1}{m(n+1)} \left(\sum_{i=0}^{m-1} u_i \right) \left(\sum_{j=0}^{n} v_j \right) 。$$

令 $\mathcal{P}$ 为 $\mathcal{P}_0$ 并上 (m, n) 所得的单调路,可得

$$S \geqslant W(\mathcal{P}) = W(\mathcal{P}_0) + u_m v_n$$

$$\geqslant \frac{(m-1)+n+1}{m(n+1)} \left(\sum_{i=0}^{m-1} u_i \right) \left(\sum_{j=1}^{n} v_j \right) + u_m v_n 。 \qquad ①$$

类似地,对序列 $u_0 \geqslant u_1 \geqslant \cdots \geqslant u_m$ 与 $v_0 \geqslant v_1 \geqslant \cdots \geqslant v_{n-1}$ 用归纳假设,可得

$$S \geqslant \frac{m+(n-1)+1}{(m+1)n} \left(\sum_{i=0}^{m} u_i \right) \left(\sum_{j=0}^{n-1} v_j \right) + v_m v_n 。 \qquad ②$$

记 $U = u_0 + u_1 + \cdots + u_m$, $V = v_0 + v_1 + \cdots + v_n$。将①式乘 $\frac{m}{m+n}$,加

上②式乘 $\frac{n}{m+n}$,可得

$$S \geqslant \frac{1}{n+1}(U - u_m)V + \frac{1}{m+1}U(V - v_n) + u_m v_n$$

$$= \frac{m+n+1}{(m+1)(n+1)}UV + \left(\frac{U}{m+1} - v_m \right) \left(\frac{V}{n+1} - v_n \right)$$

$$\geqslant \frac{m+n+1}{(m+1)(n+1)}UV,$$

从而完成了引理的证明。

回到原题。将 $\{a_i\}$ 排序为 $u_0 \geqslant u_1 \geqslant \cdots \geqslant u_m$,将 $\{b_j\}$ 排序为 $v_0 \geqslant v_1 \geqslant \cdots \geqslant v_n$,则存在 $\{0, 1, \cdots, m\}$ 的置换 π 满足对任何指标 i 有 $u_i = a_{\pi(i)}$;类似的存在 $\{0, 1, \cdots, n\}$ 的置换 σ 满足对任何指标 j 有 $v_j = b_{\sigma(j)}$。

由引理,存在从 $(0, 0)$ 到 (m, n) 的单调路 $\mathcal{P} = \{(i_0, j_0), (i_1, j_1), \cdots, (i_{m+n}, j_{m+n})\}$,使得 $W(\mathcal{P}) \geqslant \frac{m+n+1}{(m+1)(n+1)}UV$。

由单调路的定义可知,对每个指标 $k \in \{0, 1, \cdots, m+n\}$ 有

$$\#\{i_0, i_1, \cdots, i_k\} = i_k + 1, \quad \#\{j_0, j_1, \cdots, j_k\} = j_k + 1,$$

从而有 $\#\{\pi(i_0), \cdots, \pi(i_k)\} + \#\{\sigma(j_0), \cdots, \sigma(j_k)\} = i_k + j_k + 2 = k + 2$。熟知,对于有限的非空实数集 X、Y,有 $|X+Y| \geqslant |X| + |Y| - 1$。若记

$$\sum\nolimits_k = \{\pi(i_0), \cdots, \pi(i_k)\} + \{\sigma(j_0), \cdots, \sigma(j_k)\},$$

则 $\sum\nolimits_k \subseteq \{0, 1, \cdots, m+n\}$ 且 $\left|\sum\nolimits_k\right| \geqslant k+1$。这样,可逐一选取

$$\tau(0) \in \sum\nolimits_0, \tau(k) \in \sum\nolimits_k \backslash \{\tau(0), \tau(1), \cdots, \tau(k-1)\}, \forall 1 \leqslant k \leqslant m+n.$$

由于 $\tau(0), \cdots, \tau(m+n)$ 彼此互异且都介于 0 到 $m+n$ 之间,可知它们构成 $0, 1, \cdots, m+n$ 的一个置换。对每个 k,设 $\tau(k) = \pi(i_p) + \sigma(j_q)$,其中 p,$q \leqslant k$,由 c_* 的定义可得

$$c_{\tau(k)} \geqslant a_{\pi(i_p)} b_{\sigma(j_q)} = u_{i_p} v_{j_q} \geqslant u_{i_k} v_{j_k},$$

进而得到 $\sum\limits_{k=0}^{m+n} c_k = \sum\limits_{k=0}^{m+n} c_{\tau(k)} \geqslant \sum\limits_{k=0}^{m+n} u_{i_k} v_{j_k} = W(\mathcal{P}) \geqslant \dfrac{m+n+1}{(m+1)(n+1)} UV$,此即所要证明的不等式。

证法二 (根据田俊锋同学的解答整理而成)称点列

$$\mathcal{P} = \{(i_0, j_0), (i_1, j_1), \cdots, (i_{m+n}, j_{m+n})\}$$

为一条从 $(0, 0)$ 到 (m, n) 的"单调路",如果

$$(i_0, j_0) = (0, 0), (i_{m+n}, j_{m+n}) = (m, n)$$

且对每个指标 $0 \leqslant k < m+n$,有

$$(i_{k+1}, j_{k+1}) \in \{(i_k + 1, j_k), (i_k, j_k + 1)\}.$$

注意到 $i_k + j_k = k$,可得 $\sum\limits_{k=0}^{m+n} a_{i_k} b_{j_k} \leqslant \sum\limits_{k=0}^{m+n} c_{i_k+j_k} = \sum\limits_{k=0}^{m+n} c_k$。称上式左边为单调路 $\mathcal{P}$ 的权,记为 $W(\mathcal{P})$。为了证明本题的结论,只需证明如下的命题($*$):存在一条单调路 $\mathcal{P}$ 使得 $W(\mathcal{P}) \geqslant \dfrac{m+n+1}{(m+1)(n+1)} \sum\limits_{i=0}^{m} a_i \sum\limits_{j=0}^{n} b_j$。

先建立如下引理:设 $0 \leqslant x, y \leqslant 1$,则有

$$xy + \max\left\{\dfrac{m+n}{m(n+1)}(1-x), \dfrac{m+n}{(m+1)n}(1-y)\right\} \geqslant \dfrac{m+n+1}{(m+1)(n+1)}。$$

引理的证明如下:

记上式左边为 L。由对称性,不妨设 $\dfrac{m+n}{m(n+1)}(1-x) \geqslant \dfrac{m+n}{(m+1)n}(1-$

y），则有 $y \geqslant 1 - \dfrac{(m+1)n}{m(n+1)}(1-x)$。

结合 x 非负，可得

$$L \geqslant x\left(1 - \frac{(m+1)n}{m(n+1)}(1-x)\right) + \frac{m+n}{m(n+1)}(1-x)$$

$$= \frac{m+n+1}{(m+1)(n+1)} + \frac{n}{m(m+1)(n+1)}((m+1)x-1)^2$$

$$\geqslant \frac{m+n+1}{(m+1)(n+1)},$$

从而完成了引理的证明。

回到命题（∗）的证明。对 $m+n$ 归纳，当 $m=0$ 或 $n=0$ 时，命题显然成立。设 $m+n<\ell$ 时命题成立，考虑 $m+n=\ell$ 且 $m, n>0$ 的情形。由齐次性，可不妨假设 $\sum\limits_{i=0}^{m}a_i = \sum\limits_{j=0}^{n}b_j = 1$，则有 $0 \leqslant a_0, b_0 \leqslant 1$。记 $S = \max\limits_{\text{单调路}\mathcal{P}}W(\mathcal{P})$。

由归纳假设，存在从 $(1, 0)$ 到 (m, n) 的单调路 $\mathcal{P}_0$ 使得

$$W(\mathcal{P}_0) \geqslant \frac{m+n}{m(n+1)}\sum_{i=1}^{m}a_i\sum_{j=0}^{n}b_j = \frac{m+n}{m(n+1)}(1-a_0)。$$

令 $\mathcal{P}$ 为从 $(0, 0)$ 走到 $(1, 0)$ 再并上 $\mathcal{P}_0$ 所得的单调路，可得

$$S \geqslant W(\mathcal{P}) = a_0 b_0 + \frac{m+n}{m(n+1)}(1-a_0)。$$

类似地，考虑先从 $(0, 0)$ 走到 $(0, 1)$ 再用归纳假设，可得

$$S \geqslant a_0 b_0 + \frac{m+n}{(m+1)n}(1-b_0)。$$

结合这两式，再用引理可得

$$S \geqslant a_0 b_0 + \max\left\{\frac{m+n}{m(n+1)}(1-a_0), \frac{m+n}{(m+1)n}(1-b_0)\right\} \geqslant \frac{m+n+1}{(m+1)(n+1)},$$

这就完成了整个证明。

第 1 天

（2024 年 3 月 27 日　8：00～12：30）

1　给定正整数 n，将一个边长为 $3n$ 的大正三角形划分成 $9n^2$ 个边长为 1 的小正三角形，然后将每个小正三角形染为红、黄、蓝三种颜色之一，使得每种颜色的小正三角形各有 $3n^2$ 个。称一个由 3 个小正三角形构成的梯形为标准梯形，图①是 $n=2$ 的情形，其中两个阴影部分分别为标准梯形。称一个标准梯形是多彩梯形，如果它所含的 3 个小正三角形所染颜色各不相同。求多彩梯形的数目的最大可能值。（不要求这些多彩梯形两两无重叠部分。）（付云皓供题）

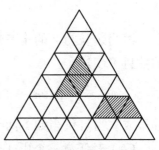

（第 1 题图①）

解　所求的最大值为 $18n^2-9n$。

用标数 1、2、3 来代替三种颜色。首先考虑由 4 个小正三角形组成的边长为 2 的正三角形。如图②，设中间的小正三角形标数为 a，其它三个小正三角形标数分别为 b、c、d。那么这里的 3 个标准梯形内部的标数分别为（a，b，c）、（a，b，d）和（a，c，d）。

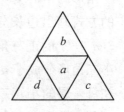

（第 1 题图②）

（1）如果 $a=b$，那么这个正三角形中至多有 1 个标准梯形可能是多彩的。$a=c$ 或 $a=d$ 时同理。

（2）如果 a 与 b、c、d 均不等，那么 b、c、d 至少有两个数相等，故至多有 2 个标准梯形是多彩的，等号成立当且仅当 a 与 b、c、d 均不等且 b、c、d 不全相等。

易知由 4 个小三角形组成的边长为 2 的正三角形个数为

$$(1+2+\cdots+(3n-1))+(1+2+\cdots+(3n-3))=9n^2-9n+3,$$

且这些正三角形包含的标准梯形都彼此不同,因为将标准梯形补全为边长为 2 的正三角形的方式是唯一的。

除去这些标准梯形外,还有一些标准梯形,它们需要补充一个在大三角形外面的小正三角形才能得到边长为 2 的正三角形,这些梯形长为 1 的底边必然在大三角形的边界上,易知这样的标准梯形个数为

$$3(3n-2)=9n-6。$$

因为边长为 2 的正三角形内多彩梯形的个数不超过 2 个,所以多彩梯形的数目不超过

$$2(9n^2-9n+3)+(9n-6)=18n^2-9n。$$

等号成立当且仅当如下两个条件同时成立。

(A) 对任意一个由 4 个小正三角形组成的边长为 2 的正三角形,其中间的小正三角形的标数与其余三个小正三角形的标数均不同,且其余三个小正三角形标数不全相同。

(B) 每个长为 1 的底在大三角形边界上的标准梯形必须是多彩的。

下面给出一个构造使得上述两个条件同时成立。如图③,以大三角形的中心为中心,以顺向位似的方式画出边长分别为 3,6,$\cdots$,$3(n-1)$ 的正三角形,它们把所有小三角形分成了 n 个"层"。在每一层的小正三角形中,去掉三个角上的小正三角形(称这些小正三角形为特殊三角形),使得剩下的小正三角形可以连成一个圈(相邻两个小正三角形有公共边)。从内向外数,第 k 个圈中有 $18k-12$

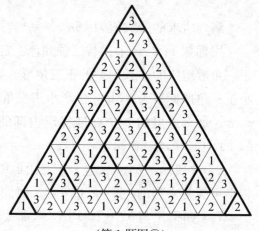

(第 1 题图③)

个正三角形,故可以从某个三角形开始,按照顺时针转圈的方式依次标 1,2,3,1,2,3,…,直到标完一圈。(每一圈的出发的小正三角形待定。)这样,这个圈上的所有标准梯形都是多彩的。

现在条件(B)已经满足,而对于条件(A),考虑由 4 个小正三角形组成的边长为 2 的正三角形,这样的正三角形可以分为三类:第一类是由一个圈上的一个标准梯形加上一个特殊三角形形成;第二类是由一个圈上的一个标准梯形加上另一个圈上的一个小正三角形形成;第三类是以特殊三角形为中心三角形的正三角形。所以特别地,对第一类和第三类边长为 2 的正三角形,角上的三个小正三角形的颜色不全相同。

因此,我们只需要同时满足

(a) 任意两个分属不同圈且相邻的小正三角形标数不同;

(b) 每个特殊三角形与其邻居的标数均不同,且除了最角落的 3 个特殊三角形外,其余每个特殊三角形的 3 个邻居的标数不全相同。

我们先定好最里面一个圈上的数,并保证对两个圈中相邻的小正三角形,外圈中的小正三角形的标数比内圈中的小正三角形的标数大 1(模 3 意义下)。这是可以做到的,因为从内外圈上一对相邻的小正三角形开始,内圈沿顺时针前进 2 步就会到达下一个接触位置,而外圈要么走 2 步,要么走 8 步(绕过一个特殊三角形),所以每次接触的位置都是外圈的小正三角形标数比内圈中的小正三角形标数大 1。这样条件(a)已经满足了。而对于(b),我们只需定义每个特殊三角形上的标数比其相邻且在内圈上的小正三角形标数多 1(模 3 意义下)即可,这样假设这个特殊三角形上的标数是 x,它的三个邻居的标数应分别为 $x-1$,$x+1$,$x-1$(模 3 意义下),因此(b)也成立。

最后我们计算每个颜色使用的次数。首先每个圈上各个颜色出现的次数显然是相等的。对于第 k 个圈上与其外面的特殊三角形接触的三个小正三角形,由于 $\dfrac{18k-12}{3}=6k-4$ 不是 3 的倍数,所以这三个小正三角形标数彼此不同,故三个对称位置的特殊三角形的标数也彼此不同,这就说明了每个颜色出现的次数均相等。

综上所述,所求多彩梯形数目最大值为 $18n^2-9n$。

❷ 称正整数 N 为好数,如果 N 的十进制表示可以划分为**至少** 5 段数码,每段数码至少含有一个非零数码,并且将每段数码(忽略一开始的一些 0)看作一个正整数后,可以把这些正整数分成两组,满足每组的正整数在适当的顺序下构成等比数列。(如果某组只有一个或者两个正整数,也认为构成等比数列。)

例如 20240327 是好数,事实上,它可以划分为 2|02|403|2|7,共 5 段数码,对应的两组正整数 $(2, 2, 2)$ 和 $(7, 403)$ 分别构成等比数列。

设质数 $p = 1 + a + a^2 + \cdots + a^m$,其中整数 $a > 1$,$m > 2$。证明:$\dfrac{10^{p-1}-1}{p}$ 是好数。(瞿振华供题)

证明 因为 $p = 1 + a + \cdots + a^m = \dfrac{a^{m+1}-1}{a-1}$ 是质数,所以 $q = m+1$ 是质数。又因 $q = m+1 > 3$,故 $q \geqslant 5$。注意到 $p = \dfrac{a^q-1}{a-1}$ 整除 $a^q - 1$ 且 p 不整除 $a-1$,所以 a 模 p 的阶恰为 q。因此 $q \mid p-1$。记 $p-1 = qL$。

考虑 $10^L = 10^{(p-1)/q}$ 模 p 的余数 t,它满足 $t^q \equiv 1 \pmod{p}$。由拉格朗日定理知同余方程 $x^q - 1 \equiv 0 \pmod{p}$ 的解恰好为 $\{1, a, a^2, \cdots, a^{q-1}\}$。因此我们可以假设 $t = a^r$,其中 $r \in D = \{0, 1, \cdots, q-1\}$。进一步的,$10^{kL}$ 模 p 的余数为 $a^{\langle kr \rangle}$。这里,我们用 $\langle \cdot \rangle$ 表示模 q 的余数,在 $D = \{0, 1, \cdots, q-1\}$ 中取值。

我们在 $N = \dfrac{10^{p-1}-1}{p} = \dfrac{10^{qL}-1}{p} = \left\lfloor \dfrac{10^{qL}-1}{p} \right\rfloor$ 左边补充一些 0 将 N 看为 $p-1$ 位数,这样从左边开始到右边,分成长为 L 的段(最左边的段可能包含一些开头的 0),共 q 段,它们分别对应正整数 $x_0, x_1, \cdots, x_{q-1}$:

$$x_0 = \left\lfloor \dfrac{10^L}{p} \right\rfloor = \dfrac{10^L - a^r}{p},$$

$$x_1 = \left\lfloor \dfrac{10^{2L}}{p} \right\rfloor - 10^L \cdot x_0 = \dfrac{10^{2L} - a^{\langle 2r \rangle}}{p} - 10^L \cdot \dfrac{10^L - a^r}{p} = \dfrac{a^r \cdot 10^L - a^{\langle 2r \rangle}}{p},$$

$$\cdots$$

$$x_k = \dfrac{a^{\langle kr \rangle} \cdot 10^L - a^{\langle (k+1)r \rangle}}{p}, \quad k = 1, 2, \cdots, q-1.$$

如果 $r=0$，则 $x_0=x_1=\cdots=x_{q-1}=\dfrac{10^L-1}{p}$ 可分成两组分别构成等比数列。

如果 $r\in\{1,2,\cdots,q-1\}$，则 $\{\langle kr\rangle\mid k=0,1,\cdots,q-1\}=\{0,1,2,\cdots,q-1\}$。取

$$A=\{k\in D\mid\langle kr\rangle=0,1,\cdots,q-r-1\},$$
$$B=\{k\in D\mid\langle kr\rangle=q-r,\cdots,q-1\}。$$

当 $k\in A$ 时 $\langle(k+1)r\rangle=\langle kr\rangle+r$，$k\in B$ 时，$\langle(k+1)r\rangle=\langle kr\rangle+r-q$。由此知 $\{x_k\mid k\in A\}=\dfrac{10^L-a^r}{p}\cdot\{1,a,a^2,\cdots,a^{q-r-1}\}$ 构成等比数列，

$$\{x_k\mid k\in B\}=\frac{10^L-a^{r-q}}{p}\cdot\{a^{q-r},a^{q-r+1},\cdots,a^{q-1}\}$$
$$=\frac{a^{q-r}\cdot10^L-1}{p}\cdot\{1,a,\cdots,a^{r-1}\}$$

也构成等比数列。这完成此题的构造。

---

❸ 给定整数 $n\geqslant 3$。设 $\dfrac{n(n-1)}{2}$ 个非负实数 $x_{i,j}$（$1\leqslant i<j\leqslant n$）满足：对任意 $1\leqslant i<j<k\leqslant n$，均有 $x_{i,j}+x_{j,k}\leqslant x_{i,k}$。证明：

$$\left\lfloor\frac{n^2}{4}\right\rfloor\cdot\sum_{1\leqslant i<j\leqslant n}x_{i,j}^4\geqslant\Big(\sum_{1\leqslant i<j\leqslant n}x_{i,j}^2\Big)^2。$$

（韩京俊、韦东奕供题）

证明　首先指出等号成立的一个情况，这将帮助我们思考。令 $0=y_1=\cdots=y_{\lfloor\frac{n}{2}\rfloor}<y_{\lfloor\frac{n}{2}\rfloor+1}=\cdots=y_n=1$，取 $x_{i,j}=y_j-y_i$，$1\leqslant i<j\leqslant n$。此时 $x_{i,j}+x_{j,k}=x_{i,k}$，且

$$\sum_{1\leqslant i<j\leqslant n}x_{i,j}^4=\sum_{1\leqslant i<j\leqslant n}x_{i,j}^2=\left\lfloor\frac{n}{2}\right\rfloor\cdot\left\lceil\frac{n}{2}\right\rceil=\left\lfloor\frac{n^2}{4}\right\rfloor，$$

即所证的不等式在此时等号成立。

下面证明此不等式。我们先证明如下引理。

引理: 设正整数 $m \geqslant 2$, $x_1, x_2, \cdots, x_m \geqslant 0$, 记 $\lambda_m = \left\lfloor \dfrac{m^2}{4} \right\rfloor$, 我们有

$$\lambda_m \sum_{i=1}^{m} x_i^3 \geqslant \left(m \sum_{i=1}^{m} x_i^2 - \left(\sum_{i=1}^{m} x_i \right)^2 \right) \sum_{i=1}^{m} x_i。$$

引理的证明如下:

不妨设 $\sum_{i=1}^{m} x_i = 1$。对固定的 $x_1, x_2, \cdots, x_m$, 不妨设 $x_1 \geqslant x_2 \geqslant \cdots \geqslant x_k > 0$ 且 $x_i = 0$ 若 $i > k$。记 $s = \dfrac{1}{k} \sum_{i=1}^{k} x_i = \dfrac{1}{k}$,

$$F(x_1, x_k) := \lambda_m \sum_{i=1}^{m} x_i^3 - \left(m \sum_{i=1}^{m} x_i^2 - \left(\sum_{i=1}^{m} x_i \right)^2 \right) \sum_{i=1}^{m} x_i。$$

当 $x_1 + x_k$ 固定且 $x_2, x_3, \cdots, x_{k-1}, x_{k+1}, \cdots, x_m$ 固定时, F 是关于 $x_1 x_k$ 的线性函数, 故 F 在 $x_1 x_k$ 取最值时取到最小值。注意到, $s(x_1 + x_k - s) \geqslant x_1 x_k \geqslant (x_1 + x_k) \cdot 0 = 0$, 因此

$$F(x_1, x_k) \geqslant \min \{ F(x_1 + x_k, 0), F(s, x_1 + x_k - s) \},$$

即我们每次必可将其中两个取值为正的变量调整为(1)其中一个变量取值为 0, 或(2)其中一个变量取值为所有取值为正的变量的算术平均数。调整(1)至多只能进行 $m-1$ 次, 这之后每次都进行调整(2), 故此后至多进行 $m-1$ 次调整。因此, 有限步后这样的调整必能终止, 此时取值为正的变量均相等。不妨设 $x_1 = x_2 = \cdots = x_u > x_{u+1} = x_{u+2} = \cdots = x_m = 0$。我们只需证明对任意 $1 \leqslant u \leqslant m$, 有

$$\lambda_m u \geqslant (mu - u^2) u \Leftrightarrow \lambda_m \geqslant u(m - u)。$$

上式由 AM-GM 不等式知成立。

回到原题, 令 $\lambda_n = \left\lfloor \dfrac{n^2}{4} \right\rfloor$, 我们对 n 归纳证明更强的命题: 对任意正整数 $n \geqslant 2, l$, 有

$$P(n, l) := \lambda_{n+l-1} \left(\sum_{1 \leqslant i < j < n} x_{i,j}^4 + l \sum_{i=1}^{n-1} x_{i,n}^4 \right) - \left(\sum_{1 \leqslant i < j < n} x_{i,j}^2 + l \sum_{i=1}^{n-1} x_{i,n}^2 \right)^2 \geqslant 0,$$

①

当 $l=1$ 时即为欲证不等式。

我们用归纳法证明。当 $n=2$ 时，①等价于

$$\lambda_{l+1} l x_{1,2}^4 \geqslant l^2 x_{1,2}^4 \Longleftrightarrow \lambda_{l+1} \geqslant l$$

成立。当 $n \geqslant 3$ 时，对固定的 n, l, $x_{i,j}$, $1 \leqslant i < j < n$, 记

$$f(x_1, x_2, \cdots, x_{n-1}) := \lambda_{n+l-1}\Big(\sum_{1 \leqslant i < j < n} x_{i,j}^4 + l\sum_{i=1}^{n-1} x_i^4\Big) - \Big(\sum_{1 \leqslant i < j < n} x_{i,j}^2 + l\sum_{i=1}^{n-1} x_i^2\Big)^2.$$

若 $x_j + x_{i,j} \leqslant x_i$, $1 \leqslant i < j < n$, 则我们有

$$\sum_{1 \leqslant i < j < n} x_{i,j}^2 \leqslant \sum_{1 \leqslant i < j < n} (x_i - x_j)^2 = (n-1)\sum_{i=1}^{n-1} x_i^2 - \Big(\sum_{i=1}^{n-1} x_i\Big)^2. \qquad ②$$

利用②，并在引理中令 $m = n+l-1$, $x_i = 0$, $n \leqslant i \leqslant n+l-1$, 我们有

$$\sum_{i=1}^{n-1} \frac{\partial f}{\partial x_i} = 4l\lambda_{n+l-1}\sum_{i=1}^{n-1} x_i^3 - 4l\Big(\sum_{1 \leqslant i < j < n} x_{i,j}^2 + l\sum_{i=1}^{n-1} x_i^2\Big)\sum_{i=1}^{n-1} x_i$$

$$\geqslant 4l\lambda_{n+l-1}\sum_{i=1}^{n-1} x_i^3 - 4l\Big((n+l-1)\sum_{i=1}^{n-1} x_i^2 - \Big(\sum_{i=1}^{n-1} x_i\Big)^2\Big)\sum_{i=1}^{n-1} x_i \geqslant 0.$$

记 $g(y) = f(x_{1,n}+y, \cdots, x_{n-1,n}+y)$, 则当 $y \geqslant -x_{n-1,n}$ 时, $g'(y) \geqslant 0$。从而，$g(0) \geqslant g(-x_{n-1,n})$, 我们只需考虑 $x_{n-1,n} = 0$ 的情形即可。

当 $x_{n-1,n} = 0$ 时, 设

$$A_p := \sum_{1 \leqslant i < j < n-1} x_{i,j}^p, B_p := \sum_{i=1}^{n-2} x_{i,n-1}^p, C_p := \sum_{i=1}^{n-2} x_{i,n}^p, p \in \{2, 4\}.$$

则此时①等价于

$$\lambda_{n+l-1}(A_4 + B_4 + lC_4) \geqslant (A_2 + B_2 + lC_2)^2, \qquad ③$$

而由归纳假设知 $P(n-1, l+1) \geqslant 0$, 故

$$\lambda_{n+l-1}(A_4 + (l+1)B_4) \geqslant (A_2 + (l+1)B_2)^2,$$
$$\lambda_{n+l-1}(A_4 + (l+1)C_4) \geqslant (A_2 + (l+1)C_2)^2.$$

由此，再结合柯西不等式有

$$(A_2 + B_2 + lC_2)^2 = \frac{1}{(l+1)^2}(A_2 + (l+1)B_2 + l(A_2 + (l+1)C_2))^2$$

$$\leqslant \frac{1}{l+1}((A_2+(l+1)B_2)^2+l(A_2+(l+1)C_2)^2)$$

$$\leqslant \frac{1}{l+1}(\lambda_{n+l-1}(A_4+(l+1)B_4)+l\lambda_{n+l-1}(A_4+(l+1)C_4))$$

$$=\lambda_{n+l-1}(A_4+B_4+lC_4)\text{。}$$

即③成立，我们完成了归纳。

注 本题源于求当 $x_i>0$，$1\leqslant i\leqslant n$，且 $S=\sum_{i=1}^{n}x_i\sum_{i=1}^{n}\frac{1}{x_i}$ 固定时，$T=$
$\sum_{i=1}^{n}x_i^2\sum_{i=1}^{n}\frac{1}{x_i^2}$ 的最小值。即当 $n\geqslant 2$ 时，求 λ_n 的最小值，使得对任意 x_1，
x_2，$\cdots$，$x_n>0$，有

$$\lambda_n\sum_{1\leqslant i<j\leqslant n}\frac{(x_i-x_j)^4}{x_i^2 x_j^2}\geqslant\left(\sum_{1\leqslant i<j\leqslant n}\frac{(x_i-x_j)^2}{x_i x_j}\right)^2\text{。} \qquad ④$$

当 $x_1=x_2=\cdots=x_{\lfloor\frac{n}{2}\rfloor}$，$x_{\lfloor\frac{n}{2}\rfloor+1}=x_{\lfloor\frac{n}{2}\rfloor+2}=\cdots=x_n$ 时，可知 $\lambda_n\geqslant\left\lfloor\frac{n^2}{4}\right\rfloor$。 我们
可证明此时不等式成立。

当 n 为偶数时，有较为简单的初等证明。此时，④等价于

$$\frac{n^2}{4}(T-n^2-4(S-n^2))\geqslant(S-n^2)^2$$

$$\Leftrightarrow T\geqslant\left(\frac{2}{n}S-n\right)^2\Leftrightarrow\sqrt{T}+n\geqslant\frac{2}{n}S\text{。}$$

在已知不等式⑤中令 $a_i=x_i$，$b_i=\frac{1}{x_i}$，$i=1,2,\cdots,n$，即知上式成立。

n 是正整数，$a_i,b_i\in\mathbb{R}$，$i=1,2,\cdots,n$，有

$$\sqrt{\sum_{i=1}^{n}a_i^2\sum_{i=1}^{n}b_i^2}+\sum_{i=1}^{n}a_ib_i\geqslant\frac{2}{n}\sum_{i=1}^{n}a_i\sum_{i=1}^{n}b_i\text{。} \qquad ⑤$$

当 n 为奇数时，④已经较为困难。若在④中令 $x_{i,j}=\frac{|x_i-x_j|}{\sqrt{x_i x_j}}$，$1\leqslant$
$i<j\leqslant n$，则 $x_{i,j}+x_{j,k}\leqslant x_{i,k}$，$1\leqslant i<j<k\leqslant n$，故本题为④的推广。

4 给定等腰三角形 ABC，$AB=AC$。动点 D 满足 $AD \parallel BC$ 且 $DB >$ DC。动点 E 在 $\triangle ABC$ 外接圆的不含点 A 的弧 $\overparen{BC}$ 上，满足 $EB < EC$。设 BC 延长线上一点 F 满足 $\angle DFE = \angle ADE$，FD 的延长线与 BA 的延长线交于点 X，FD 的延长线与 CA 的延长线交于点 Y。

证明：$\angle XEY$ 为定值。（何忆捷供题）

证法一　如图①，设 AE、DE 分别与直线 BC 交于点 P、Q，连接 BE。由 $AB = AC$ 及 A、B、E、C 共圆知

$$\angle ABP = \angle ACB = \angle AEB。$$

故 $AP \cdot AE = AB^2$。

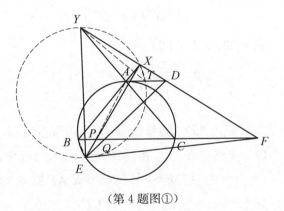

（第 4 题图①）

注意到 Q 可能在 BC 延长线上，但 F 只能在 BQ 延长线上。否则，假如 F 在射线 QB 上，则结合 F 在 BC 延长线上知 $\angle DFE >$ $\angle DCE > \angle FCE > 90°$，而显然 $\angle ADE < 90°$，故 $\angle ADE \neq \angle DFE$，矛盾！

由于 $AD \parallel BC$，我们有 $\angle DQF = \angle ADE = \angle DFE$，由此得 $DQ \cdot DE = DF^2$。于是，

$$\frac{AB^2}{DF^2} = \frac{AP \cdot AE}{DQ \cdot DE} = \frac{AE^2}{DE^2},$$

即有 $\dfrac{AB}{DF} = \dfrac{AE}{DE}$。所以 $\dfrac{AX}{DX} = \dfrac{AB}{DF} = \dfrac{AE}{DE}$。同理，$\dfrac{AY}{DY} = \dfrac{AC}{DF} = \dfrac{AE}{DE}$。

取线段 AD 上一点 T，满足 $\dfrac{AT}{TD}=\dfrac{AE}{DE}$。则 X、Y、E、T 共圆（为阿波罗尼斯圆）。连接 XT、YT，则 XT、YT 分别平分 $\angle AXD$、$\angle AYD$。从而

$$\angle XEY=\angle XTY=\angle TXD-\angle TYD=\frac{1}{2}\angle AXD-\frac{1}{2}\angle AYD$$

$$=\frac{1}{2}\angle XAY=\frac{1}{2}\angle BAC$$

为定值。

证法二 由 $AB=AC$ 及 $AD \parallel BC$ 知 AD 平分 $\angle XAY$ 的外角。如图②，设 P 为 XY 中垂线与 AD 的交点，则熟知 A、X、Y、P 共圆。故 $\angle PYD=\angle PXY=\angle PAY$。由此，

$$\triangle PYD \backsim \triangle PAY。$$

由此知，$PA \cdot PD=PY^2$ 且

$$\frac{PA}{PD}=\frac{PA}{PY}\cdot\frac{PY}{PD}=\left(\frac{YA}{YD}\right)^2。$$

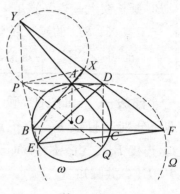

（第 4 题图②）

记 $\triangle ABC$ 的外接圆为 ω，其圆心为 O，$\triangle DEF$ 的外接圆为 Ω，其圆心为 Q。显然 PA 与 ω 相切于点 A，又由 $\angle DFE=\angle ADE$ 知，PA 与 Ω 相切于点 D。（注意只可能有 $\angle DFE=\angle ADE$，否则假如 $\angle EFD=\angle ADE$，由 F 在 BC 延长线上知 $\angle EFD>\angle ECD>\angle ECF>90°$，而显然 $\angle ADE<90°$，矛盾！）又由于 $AD \parallel CF$，故

$$\frac{AO}{DQ}=\frac{2AO}{2DQ}=\frac{\dfrac{AC}{\sin\angle ABC}}{\dfrac{DF}{\sin\angle DEF}}=\frac{AC}{DF}\cdot\frac{\sin\angle YDA}{\sin\angle DAY}=\left(\frac{YA}{YD}\right)^2=\frac{PA}{PD}。$$

从而 P 为圆 ω 和 Ω 的外位似中心。

由于 E 为 ω 与 Ω 的交点，熟知 $PE^2=PA \cdot PD$。事实上，设以 P 为位似中心，$PA:PD$ 为位似比的变换将 ω 上的点 E 映射到 Ω 上的点 E'，则有 $AE \parallel DE'$。故 $\angle PEA=\angle PE'D=\angle PDE$。所以 $PE^2=PA \cdot PD$。

从而，$PE=\sqrt{PA\cdot PD}=PY=PX$。即 P 为 $\triangle EXY$ 的外心。于是

$$\angle XEY=\frac{1}{2}\angle XPY=\frac{1}{2}\angle XAY=\frac{1}{2}\angle BAC\text{ 为定值。}$$

---

5 设 n 是正整数。复系数多项式

$$P(z)=a_nz^n+a_{n-1}z^{n-1}+\cdots+a_1z+a_0\quad(a_n\neq0)$$

满足：对任何模长为 1 的复数 z，均有 $|P(z)|\leqslant1$。

证明：对任意 $k\in\{0,1,\cdots,n-1\}$，均有 $|a_k|\leqslant1-|a_n|^2$。（姚一隽供题）

证明 设 $l\in\{1,2,\cdots,n\}$。对复数 $\alpha\in\mathbb{C}$，考虑

$$\begin{aligned}
Q(z)&=P(z)(1+\alpha z^l)\\
&=\alpha a_nz^{n+l}+\cdots+\alpha a_{n-l+1}z^{n+1}+(a_n+\alpha a_{n-l})z^n+\cdots+\\
&\quad(a_l+\alpha a_0)z^l+a_{l-1}z^{l-1}+\cdots+a_0。
\end{aligned}$$

取 $M>2n$，则有

$$\begin{aligned}
\sum_{j=1}^M|Q(\mathrm{e}^{\mathrm{i}\frac{2j\pi}{M}})|^2&=\sum_{j=1}^M|P(\mathrm{e}^{\mathrm{i}\frac{2j\pi}{M}})|^2\cdot|(1+\alpha\mathrm{e}^{\mathrm{i}\frac{2j\pi}{M}l})|^2\\
&\leqslant\sum_{j=1}^M|(1+\alpha\mathrm{e}^{\mathrm{i}\frac{2j\pi}{M}l})|^2=M(1+|\alpha|^2)。
\end{aligned}$$

而另一方面，

$$\begin{aligned}
&\sum_{j=1}^M|Q(\mathrm{e}^{\mathrm{i}\frac{2j\pi}{M}})|^2\\
&=M\cdot(|\alpha a_n|^2+\cdots+|\alpha a_{n-l+1}|^2+\sum_{j=l}^n|a_{n-j+l}+\alpha a_{n-j}|^2\\
&\quad+|a_{l-1}|^2+\cdots+|a_0|^2)。
\end{aligned}$$

结合以上两方面的估计得

$$\begin{aligned}
&|\alpha|^2(|a_n|^2+\cdots+|a_{n-l+1}|^2)+\sum_{j=l}^n|a_{n-j+l}+\alpha a_{n-j}|^2+\\
&|a_{l-1}|^2+\cdots+|a_0|^2\leqslant1+|\alpha|^2。
\end{aligned}$$

特别地，$\quad |\alpha a_n|^2 + |a_n + \alpha a_{n-l}|^2 \leqslant 1 + |\alpha|^2$。

在上式中取 $\alpha \in \mathbb{C}$ 使得 $|\alpha| = \dfrac{1}{|a_n|}$ 且 $\arg(a_n) = \arg(\alpha a_{n-l})$ 可得

$$1 + \left(|a_n| + \frac{|a_{n-l}|}{|a_n|}\right)^2 \leqslant 1 + \frac{1}{|a_n|^2}。$$

解得 $|a_{n-l}| \leqslant 1 - |a_n|^2$。证毕。

注 1 如果我们考虑某个 $a_k \neq 0 \left(k \leqslant \dfrac{n}{2}\right)$，那么可以取一个模长为 1 的复数 z_0，使得 $\dfrac{a_n}{a_k} z_0^{n-k} > 0$，令 $\omega = \mathrm{e}^{\frac{2\pi i}{n-k}}$。考虑

$$\sum_{j=0}^{n-k-1} \frac{P(z_0 \omega^j)}{(z_0 \omega^j)^n} = a_n \sum_{j=0}^{n-k-1} 1 + \frac{a_k}{z_0^{n-k}} \sum_{j=0}^{n-k-1} 1 = (n-k)\left(a_n + \frac{a_k}{z_0^{n-k}}\right),$$

由此可得 $|a_n| + |a_k| \leqslant 1$，从而我们得到一个更强的不等式。

注 2 利用复变函数中的施瓦茨-皮克(Schwarz-Pick)引理：如果一个全纯函数 $g(z) = b_0 + b_1 z + \cdots$ 把单位圆盘映到单位圆盘内，则

$$\frac{|g'(z)|}{1 - |g(z)|^2} \leqslant \frac{1}{1 - |z|^2}。$$

进一步令 $z = 0$ 可以得到 $|b_1| \leqslant 1 - |b_0|^2$。

现在考虑多项式 $g(z)$ 使得

$$g(z^k) \leqslant \frac{1}{k} \sum_{j=0}^{k-1} z^n f(\mathrm{e}^{\frac{2\pi i}{k} j} z^{-1}) = a_n + a_{n-k} z^k + a_{n-2k} z^{2k} + \cdots,$$

由此可以得到 $|a_{n-k}| \leqslant 1 - |a_n|^2$。

本题参考：C. J. Smyth, On the Product of the Conjugates Outside the Unit Circle of an Algebraic Integer. Bull. London Math. Soc., 3(1971), 169 - 175.

---

6 令 $N = 10^{2024}$，设 S 是直角坐标平面中各边平行于坐标轴且边长为 N 的正方形。设 $P_1, P_2, \cdots, P_N$ 是 S 内部 N 个横坐标两两不同的点，满足对任何 $i \neq j$，直线 $P_i P_j$ 的斜率的绝对值不超过 1。

证明：存在一条直线 l，使得 $P_1, P_2, \cdots, P_N$ 中至少有 2024 个点到 l 的距离不超过 1。（张瑞祥供题）

解 设 N 个点的坐标分别为 (x_1, y_1), (x_2, y_2), $\cdots$, (x_N, y_N), 则由条件可知 x_1, x_2, $\cdots$, x_N 彼此不同且对任何 $i \neq j$ 有 $|y_i - y_j| \leqslant |x_i - x_j|$。对任何 $1 \leqslant i, j \leqslant N$, $i \neq j$, 定义

$$I_{i,j} = \left\{ \frac{y_j + \theta - y_i}{x_j - x_i} : -1 \leqslant \theta \leqslant 1 \right\} \bigcap [-1, 1],$$

记 $I_{i,j}$ 的长度为 $|I_{i,j}|$。

对每个 $k \in I_{i,j}$, 设 $k = \dfrac{y_j + \theta_k - y_i}{x_j - x_i}$, 其中 $\theta_k \in [-1, 1]$, 将过点 (x_i, y_i) 且斜率为 k 的直线记为 $l_i(k)$, 则 $l_i(k)$ 也经过点 $(x_j, y_j + \theta_k)$, 结合 $|\theta_k| \leqslant 1$ 可知点 (x_j, y_j) 到 $l_i(k)$ 的距离不超过 1。若存在一个指标 i 满足

$$\sum_{j \neq i} |I_{i,j}| > 4044, \tag{①}$$

由于 $I_{i,j}$ 都是 $[-1, 1]$ 的子集,可知存在点 k 被 $\{I_{i,j} : j \neq i\}$ 覆盖至少 2023 次。设 $k \in \bigcap\limits_{r=1}^{2023} I_{i,j_r}$, 则令 $l = l_i(k)$, 有 2024 个点 (x_i, y_i), (x_{j_1}, y_{j_1}), $\cdots$, $(x_{j_{2023}}, y_{j_{2023}})$ 到 l 的距离都不超过 1,从而证得本题的结论。

下面来证明存在 i 满足①式,为此只需证明

$$\sum_{1 \leqslant i < j \leqslant N} |I_{i,j}| > 2022N。 \tag{②}$$

先来估计 $|I_{i,j}|$ 的下界。(1)当 $|x_j - x_i| \leqslant \dfrac{1}{2}$ 时,有 $|y_j - y_i| \leqslant \dfrac{1}{2}$, 故 $y_j + \theta - y_i$ 可取遍 $[-|x_j - x_i|, |x_j - x_i|]$ 中的每个值,因而有 $I_{i,j} = [-1, 1]$。(2)当 $|x_j - x_i| > \dfrac{1}{2}$ 时,不妨设 $x_j > x_i$。若 $y_j \geqslant y_i$, 记 $\Delta x = x_j - x_i$, $\Delta y = y_j - y_i$, 则 $\theta \in [-1, 1]$ 且 $\dfrac{y_j + \theta - y_i}{x_j - x_i} \in [-1, 1] \Leftrightarrow$

$$\max\{-1, -\Delta x - \Delta y\} \leqslant \theta \leqslant \min\{1, \Delta x - \Delta y\},$$

可得 $|I_{i,j}| = \dfrac{\min\{1, \Delta x - \Delta y\} + \min\{1, \Delta x + \Delta y\}}{\Delta x} \geqslant \dfrac{1}{\Delta x}$。

类似地,当 $y_j < y_i$ 时也有 $|I_{i,j}| \geqslant \dfrac{1}{|x_i - x_j|}$。这样,对任何 $i \neq j$ 都

有 $|I_{i,j}| \geqslant \min\left\{2, \dfrac{1}{|x_j - x_i|}\right\}$。

现在来估计 $S = \displaystyle\sum_{1 \leqslant i < j \leqslant N} |I_{i,j}|$ 的下界。不妨设 $x_1 < x_2 < \cdots < x_N$。对每个 $1 \leqslant d \leqslant N-1$，考虑 $x_{d+1} - x_1, x_{d+2} - x_2, \cdots, x_N - x_{N-d}$，它们的总和不超过 dN，设其中恰有 k 个数不超过 $\dfrac{1}{2}$，利用柯西不等式可得

$$\sum_{i=1}^{N-d} |I_{i,i+d}| \geqslant 2k + \sum_{x_{i+d}-x_i > \frac{1}{2}} \frac{1}{x_{i+d} - x_i}$$

$$\geqslant 2k + \frac{(N-d-k)^2}{dN}$$

$$= \frac{(N-d)^2 + k^2}{dN} + 2k\frac{dN - N + d}{dN}$$

$$\geqslant \frac{(N-d)^2}{dN} = \frac{N}{d} + \frac{d}{N} - 2。$$

对 d 求和可得

$$S = \sum_{d=1}^{N-1} \sum_{i=1}^{N-d} |I_{i,i+d}|$$

$$\geqslant \sum_{d=1}^{N-1} \left(\frac{N}{d} + \frac{d}{N} - 2\right)$$

$$= N\left(\frac{1}{1} + \frac{1}{2} + \cdots + \frac{1}{N-1}\right) + \frac{N-1}{2} - 2(N-1)$$

$$> N\left(\ln N - \frac{3}{2}\right) > 2022N，$$

这就完成了整个证明。

2024 年第 53 届美国数学奥林匹克

    美国数学奥林匹克(USAMO)是美国选拔中学生参加国际数学奥林匹克(IMO)过程中一个重要的考试。

    美国国家队的选拔过程较长(大约一年半左右)。有志于参加 IMO 的美国中学生需要先参加美国数学竞赛(AMC)的 10 年级比赛(AMC10)或 12 年级比赛(AMC12)。AMC 由 25 道选择题组成,满分 150 分。在比赛中超过一定分数线的同学可以参加美国数学邀请赛(AIME)。AIME 由 15 道填空题组成,每题 1 分。将 AMC 成绩加上 AIME 成绩的 10 倍所得的分数作为参加 USAMO 及少年数学奥林匹克(USAJMO)的依据(参加 AMC10 的参加 USAJMO,参加 AMC12 的参加 USAMO)。

    USAMO 及 USAJMO 采用 IMO 的形式,分两天举行,每天 3 题,时间为 4 小时 30 分钟。

    通过 USAMO 及 USAJMO 选拔出的选手(USAMO 的前 60 名左右和 USAJMO 的前 20 名左右)参加数学奥林匹克夏令营项目(MOP)。在 MOP 期间,会有 3 次 TSTST 考试(每次 3 题),通过考试选拔出 30 人左右正式组成美国国家集训队。

    美国国家集训队在集训期间进行 6 次考试(包括次年的 USAMO,算作其中的两次成绩),于次年 4 月左右选出 6 名美国国家队队员。

❶ 求所有的整数 $n \geqslant 3$，使得若 $n!$ 的所有正因数为 $1 = d_1 < d_2 < \cdots < d_k = n!$，则 $d_2 - d_1 \leqslant d_3 - d_2 \leqslant \cdots \leqslant d_k - d_{k-1}$。

解 容易验证 $n = 3, 4$ 满足要求。

对 $n \geqslant 5$，设 t 为不整除 $n!$ 的最小正整数，s 为大于 t 且整除 $n!$ 的最小正整数，则 $t > 5$ 且 $t-2$、$t-1$、s 是 $n!$ 的连续三个从小到大的正因数，因此 $\dfrac{n!}{s}$、

$\dfrac{n!}{t-1}$、$\dfrac{n!}{t-2}$ 也是 $n!$ 的连续三个从小到大的正因数。但由 $t > 5$ 知 $\dfrac{2}{t+1} > $

$\dfrac{1}{t-2}$，这等价于 $\dfrac{1}{t-1} - \dfrac{1}{t+1} > \dfrac{1}{t-2} - \dfrac{1}{t-1}$，结合 $s \geqslant t+1$，我们得到 $\dfrac{n!}{t-1} - $

$\dfrac{n!}{s} > \dfrac{n!}{t-2} - \dfrac{n!}{t-1}$，这不满足题设要求。

综上所述，所求的所有整数 $n = 3, 4$。

❷ 设 S_1，S_2，$\cdots$，S_{100} 是有限整数集，交集非空。已知对 $\{S_1$，S_2，$\cdots$，$S_{100}\}$ 的任意非空子集 T，T 中集合的交集的元素个数是 T 中集合个数的倍数。求至少属于 S_1，S_2，$\cdots$，S_{100} 中 50 个集合的元素的个数的最小可能值。

解 我们先重新叙述一下题目，设 $\mathbb{F}_2^{100}$ 表示长为 100 的 0－1 序列全体，对 v，$w \in \mathbb{F}_2^{100}$，$v \subseteq w$ 表示 v 中取 1 的位置 w 中也取 1，用 $|v|$ 表示 v 中 1 的个数。

对每个 v，其第 i 位上的值记为 v_i，用 $f(v)$ 表示满足 $x \in \bigcup S_i$，$x \in S_i \Leftrightarrow v_i = 1$ 的 x 的个数，例如，$f(1\cdots1)$ 表示 $\left|\bigcap_{i=1}^{100} S_i\right|$，因此 $f(1\cdots1) \equiv 0 \pmod{100}$；$f(1\cdots10)$ 表示在 S_1 到 S_{99} 中，但不在 S_{100} 中的元素个数，因此

$f(1\cdots1)+f(1\cdots10)\equiv0(\mathrm{mod}\,99)$，等等。

$f(v)$，由上述定义，题目条件即为对任意 $u\neq0\cdots0$，$|u|$ 整除 $\sum\limits_{v\supseteq u}f(v)$，将这个条件记为 $P(u)$。

注意到 $f(1\cdots1)>0$，记 $A:=\sum\limits_{|v|\geqslant50}f(v)$，本题即求 A 的最小值。

我们断言，只需对 $|v|\geqslant50$ 定义 $f(v)$ 即可。这是因为对 $|v|<50$，假设对任意满足 $|u|>|v|$ 的 u，$f(u)$ 均已定义好，则只需定义 $f(v)$ 为满足 $|v|$ 整除 $\sum\limits_{u\supseteq v}f(u)$ 的任一个值即可，因为和式中除了 $f(v)$ 外均是已经定义好的，因此 $f(v)$ 的值可以确定，且不会影响 A 的取值，因此我们的断言成立。

对 $|v|\geqslant50$，定义 $f_0(v)=2|v|-100$，我们证明这个定义满足条件。

对任意 $|u|\geqslant50$，设 $|u|=100-k$，$k\leqslant50$，则

$$\sum_{v\supseteq u}f_0(v)=\mathrm{C}_k^0\cdot100+\mathrm{C}_k^1\cdot98+\mathrm{C}_k^2\cdot96+\cdots+\mathrm{C}_k^k\cdot(100-2k)$$
$$=\mathrm{C}_k^0\cdot(100-2k)+\mathrm{C}_k^1\cdot(102-2k)+\mathrm{C}_k^2\cdot(104-2k)+\cdots+\mathrm{C}_k^k\cdot100$$
$$=(100-k)\cdot2^k=|u|\cdot2^k,$$

为 $|u|$ 的倍数，故 $P(u)$ 成立。

此时，$A=\sum\limits_{i=50}^{100}\mathrm{C}_{100}^i(2i-100)$，对 k 归纳易知 $\sum\limits_{i=0}^k\mathrm{C}_{100}^i(100-2i)=(100-k)\mathrm{C}_{100}^k$，因此 $A=\sum\limits_{i=0}^{50}\mathrm{C}_{100}^i(100-2i)=50\mathrm{C}_{100}^{50}$。

下证上述例子中的 A 是最小的。

对任一个 f 及任意满足 $|v|\geqslant50$，$f(v)\geqslant|v|$ 的 v，定义一个对 v 的操作如下：将 $f(v)$ 减少 $|v|$，对任意满足 $|w|=|v|-1$ 的 $w\subseteq v$，将 $f(w)$ 加 1。显然，当 $|v|>50$ 时，对 v 的操作不改变 A 的值，当 $|v|=50$ 时，A 的值减少 50；注意到对 v 的操作只对那些 $u\subseteq v$ 的 $P(u)$ 有影响，此时，$P(u)$ 的和式中，有一项减少 $|v|$，有 $|v|-|u|$ 项增加 1，因此总和的改变量为 $|u|$ 的倍数，故 $P(u)$ 仍成立。

对任一个 f，我们先对 $1\cdots1$ 操作直至 $f(1\cdots1)=100$（由于 $f(1\cdots1)\equiv0(\mathrm{mod}\,100)$，因此这是可以做到的），再对 $|v|=99$ 的 v 操作直至 $f(v)<99$，对 $|v|=98$ 的 v 操作直至 $f(v)<98$，……，对 $|v|=50$ 的 v 操作直至 $f(v)<50$。

此时，$f(1\cdots1)=100=f_0(1\cdots1)$，且对 $50\leqslant|v|\leqslant99$，有 $0\leqslant f(v)<|v|$。设 $1\leqslant k\leqslant50$，对 $|v|>100-k$，均有 $f(v)=f_0(v)$。对 $|v|=100-k$，由 $C_k^0\cdot100+C_k^1\cdot98+C_k^2\cdot96+\cdots+C_k^k\cdot(100-2k)=(100-k)\cdot2^k$ 知，

$$f(v)\equiv100-2k=2|v|-100=f_0(v)(\mathrm{mod}\,|v|)。$$

注意到 $f_0(v)$ 和 $f(v)$ 均非负且小于 $|v|$，因此 $f(v)=f_0(v)$。

由数学归纳法知，$f(v)=f_0(v)$ 对 $|v|=100,99,98,\cdots,50$ 均成立。故 $f=f_0$。这说明对任意 f，其对应的 A 均不小于 f_0 对应的 A。

综上所述，所求的最小可能值为 $50C_{100}^{50}$。

---

❸ 设 m 为正整数，称多边形的一个三角剖分是 m-平衡的，如果其三角形可以染为 m 种颜色，使得每种颜色的三角形的面积之和相等。求所有的正整数 n，使得正 n 边形有一个 m-平衡的三角剖分。

解 设正 n 边形为 $A_0A_1\cdots A_{n-1}$，内接于单位圆，O 为其外心，记 $\omega=e^{\frac{2\pi i}{n}}$，不妨设 $A_0=1$，$A_1=\omega$。则对任意 $0\leqslant u<v\leqslant n-1$，

$$S_{\triangle OA_uA_v}=\frac{1}{2}\sin\frac{2(v-u)\pi}{n}=\frac{1}{4i}(\omega^{v-u}-\omega^{u-v})$$

$$=\frac{1}{4i}(\omega-\omega^{-1})(\omega^{v-u-1}+\omega^{v-u-3}+\cdots+\omega^{u-v+1})$$

$$=\frac{1}{2}\sin\frac{2\pi}{n}(\omega^{v-u-1}+\omega^{v-u-3}+\cdots+\omega^{u-v+1})。$$

由 ω 是代数整数知，$\omega^{v-u-1}+\omega^{v-u-3}+\cdots+\omega^{u-v+1}$ 是代数整数，所以 $S_{\triangle OA_uA_v}$ 是 $\frac{1}{2}\sin\frac{2\pi}{n}$ 与一个代数整数之积。对 $0\leqslant u<v<w\leqslant n-1$，考虑有向面积知，$S_{\triangle A_uA_vA_w}=\pm S_{\triangle OA_uA_v}\pm S_{\triangle OA_vA_w}\pm S_{\triangle OA_wA_u}$，所以 $S_{\triangle A_uA_vA_w}$ 也是 $\frac{1}{2}\sin\frac{2\pi}{n}$ 与一个代数整数之积。当正 n 边形有一个 m-平衡的三角剖分时，存在代数整数 α 使得每种颜色的三角形的面积之和均为 $\frac{1}{2}\sin\frac{2\pi}{n}\cdot\alpha$。又正 n 边形的面积为 $\frac{n}{2}\sin\frac{2\pi}{n}$，所以 $\frac{n}{2}\sin\frac{2\pi}{n}=\frac{m}{2}\sin\frac{2\pi}{n}\cdot\alpha$，于是 $\frac{n}{m}=\alpha$ 是代数整数。因

为 $\dfrac{n}{m}$ 是有理数,故 $\dfrac{n}{m}$ 是整数。显然 $n-2 \geqslant m$,故 n 为 m 的倍数且 $n \neq m$。

当 $m \mid n$ 且 $n \neq m$ 时,连对角线 $A_0 A_2, A_0 A_3, \cdots, A_0 A_{n-2}$。对 $1 \leqslant k \leqslant n-2$,将 $\triangle A_0 A_k A_{k+1}$ 染为第 $k (\bmod m)$ 种颜色。

注意到以 ω^k、ω^{k+a}、ω^{k+b} 为顶点的三角形面积和以 1、ω^a、ω^b 为顶点的三角形面积均等于

$$\frac{i}{4} \cdot \begin{vmatrix} 1 & 1 & 1 \\ \omega^a & \omega^{-a} & 1 \\ \omega^b & \omega^{-b} & 1 \end{vmatrix} = \frac{i(\omega^a - 1)(\omega^b - 1)(\omega^{-a} - \omega^{-b})}{4}。$$

对 $1 \leqslant r \leqslant m$,第 r 种颜色的三角形的面积之和为

$$\sum_{j \equiv r(\bmod m)} S_{\triangle A_0 A_j A_{j+1}} = -\sum_{j \equiv r(\bmod m)} S_{\triangle A_j A_0 A_{j+1}}$$

$$= \sum_{j \equiv r(\bmod m)} \frac{(\omega^{-j} - 1)(\omega^1 - 1)(\omega^j - \omega^{-1})}{4i}$$

$$= \frac{\omega - 1}{4i} \sum_{j \equiv r(\bmod m)} (\omega^{-j} - 1)(\omega^j - \omega^{-1})$$

$$= \frac{\omega - 1}{4i} \left(\frac{n}{m} (1 + \omega^{-1}) - \sum_{j \equiv r(\bmod m)} (\omega^{-1-j} + \omega^j) \right)。$$

注意到 $\displaystyle\sum_{j \equiv r(\bmod m)} \omega^j = \omega^r (1 + \omega^m + \omega^{2m} + \cdots + \omega^{n-m}) = \omega^r \cdot \dfrac{1 - \omega^n}{1 - \omega^m} = 0$,同理有 $\displaystyle\sum_{j \equiv r(\bmod m)} \omega^{-1-j} = 0$,因此第 r 种颜色的三角形的面积之和为 $\dfrac{n}{m} \dfrac{(\omega - 1)(\omega^{-1} + 1)}{4i}$,不依赖于 r。故每种颜色的三角形的面积之和相等,满足要求。

综上所述,所求的 n 为 m 的倍数且 $n \neq m$。

④ 设 m、n 为正整数。一个圆形项链有 mn 颗珠子,每颗均为红色或蓝色。已知无论如何将项链切成 m 段连续的 n 颗珠子,各段中红色珠子的个数均互不相同。求有序数对 (m,n) 的所有可能值。

解 因为 m 段中红色珠子的个数互不相同,所以必有一段中至少 $m-1$ 颗珠子,于是 $n \geqslant m-1$。

当 $n=m-1$ 时,考虑 $m(m-1)$ 颗珠子的如下排列,其中 1 表示红色、0 表示蓝色:

$$\underbrace{11\cdots111}_{m-1}\underbrace{\cdots101}_{m-2}\underbrace{1\cdots100}_{m-3}\cdots\underbrace{1100\cdots0}_{m-3}\underbrace{100\cdots0}_{m-2}\underbrace{00\cdots0}_{m-1}。$$

从最左边连续 $m-1$ 颗珠子开始,每次向右移动一位,写下连续 $m-1$ 颗珠子中红色珠子的个数,因为排列为圆排列,所以一共写了 $m(m-1)$ 个数。将这些数从左往右,每 $m-1$ 个换下一行,排成如下 $m \times (m-1)$ 的表格:

$$
\begin{array}{cccccc}
m-1 & m-1 & m-1 & \cdots & m-1 & m-1 \\
m-2 & m-2 & m-2 & \cdots & m-2 & m-3 \\
m-3 & m-3 & m-3 & \cdots & m-4 & m-4 \\
\vdots & \vdots & \vdots & & \vdots & \vdots \\
2 & 2 & 1 & \cdots & 1 & 1 \\
1 & 0 & 0 & \cdots & 0 & 0 \\
0 & 1 & 2 & \cdots & m-3 & m-2
\end{array}
$$

将表格从下往上标记为第 $0,1,\cdots,m-1$ 行,从左往右标记为第 $0,1,\cdots,m-2$ 列,容易验证,第 k 行第 i 列的数 $a_{ki}=\begin{cases} k, & k>i, \\ k-1, & i \geqslant k>0, \\ i, & k=0。\end{cases}$

每列即对应一种将项链切成 m 段的方式,它们都是 $0,1,\cdots,m-1$ 的排列(第 0 列从下往上依次为 $0,1,\cdots,m-1$;对 $k>0$,第 k 列从下往上依次为 $k,0,\cdots,k-1,k+1,\cdots,m-1$),满足要求。

当对 (m,n) 有构造时,每隔 n 位插入一个红色珠子便得到 $(m,n+1)$ 的构造,这是因为此时 m 段各多一个红色珠子,因此红色珠子的个数仍不相同。

综上所述,所求的一切 m、n 为满足 $n\geqslant m-1$ 的所有正整数 m、n。

---

❺ 如图①,D 是锐角 $\triangle ABC$ 内一点,满足 $\angle DAC=\angle ACB$ 且 $\angle BDC=90°+\angle BAC$。点 E 在射线 BD 上,满足 $AE=EC$。设 M 为 BC 的中点,求证:AB 与 $\triangle BEM$ 的外接圆相切。

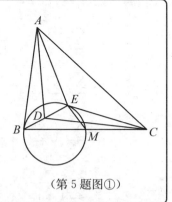

(第 5 题图①)

证明 如图②,延长 BE 至 K,使 $BE=EK$。设 B 关于 AC 的中垂线对称点为 P。

注意到四边形 $ABPC$ 为等腰梯形,因此 $\angle PAC=\angle BCA=\angle DAC$,故 A、D、P 三点共线。

因为 BK 的中点 E 在 AC 的中垂线上,所以 $PK\perp AC$,由此得到 $\angle CPK=90°-\angle PCA=90°-\angle BAC=180°-\angle BDC=\angle CDK$,所以 C、P、D、K 四点共圆。因此 $\angle CKB=180°-\angle CPA=180°-\angle CBA$,所以 AB 与 $\odot BCK$ 相切,进而 AB 与 $\odot BEM$ 相切,命题得证。

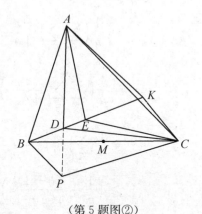

(第 5 题图②)

---

❻ 给定整数 $n>2$ 和 $l\in\{1,2,\cdots,n\}$,称 $\{1,2,\cdots,n\}$ 的子集族 $A_1,A_2,\cdots,A_k$(允许相同)是 l-大的,如果对任意 $1\leqslant i\leqslant k$ 有 $|A_i|\geqslant$

> l。求最大的实数 c，使得对任意正整数 k、任意非负实数 $x_1, x_2, \cdots, x_k$，以及 $\{1, 2, \cdots, n\}$ 的任意 l-大的子集族 $A_1, \cdots, A_k$，均有
>
> $$\sum_{i=1}^{k}\sum_{j=1}^{k} x_i x_j \frac{|A_i \cap A_j|^2}{|A_i \cdot |A_j|} \geqslant c \Big(\sum_{i=1}^{k} x_i\Big)^2 。$$

解 记 $A = \{1, 2, \cdots, n\}$，则

$$\sum_{i=1}^{k}\sum_{j=1}^{k} x_i x_j \frac{|A_i \cap A_j|^2}{|A_i \cdot |A_j|}$$

$$= \sum_{i=1}^{k}\sum_{j=1}^{k} \Big(\frac{x_i}{|A_i|} \frac{x_j}{|A_j|} \sum_{x,y \in A_i \cap A_j} 1\Big)$$

$$= \sum_{x,y \in A} \Big(\sum_{\substack{1 \leqslant i \leqslant k \\ x,y \in A_i}} \frac{x_i}{|A_i|}\Big)\Big(\sum_{\substack{1 \leqslant j \leqslant k \\ x,y \in A_j}} \frac{x_j}{|A_j|}\Big) = \sum_{x,y \in A} \Big(\sum_{\substack{1 \leqslant i \leqslant k \\ x,y \in A_i}} \frac{x_i}{|A_i|}\Big)^2$$

$$= \sum_{x \in A} \Big(\sum_{\substack{1 \leqslant i \leqslant k \\ x \in A_i}} \frac{x_i}{|A_i|}\Big)^2 + \sum_{\substack{x,y \in A \\ x \neq y}} \Big(\sum_{\substack{1 \leqslant i \leqslant k \\ x,y \in A_i}} \frac{x_i}{|A_i|}\Big)^2$$

$$\geqslant \frac{1}{n}\Big(\sum_{x \in A}\sum_{\substack{1 \leqslant i \leqslant k \\ x \in A_i}} \frac{x_i}{|A_i|}\Big)^2 + \frac{1}{n(n-1)}\Big(\sum_{\substack{x,y \in A \\ x \neq y}}\sum_{\substack{1 \leqslant i \leqslant k \\ x,y \in A_i}} \frac{x_i}{|A_i|}\Big)^2$$

$$= \frac{1}{n}\Big(\sum_{i=1}^{k}\sum_{x \in A_i} \frac{x_i}{|A_i|}\Big)^2 + \frac{1}{n(n-1)}\Big(\sum_{i=1}^{k}\sum_{\substack{x,y \in A_i \\ x \neq y}} \frac{x_i}{|A_i|}\Big)^2$$

$$= \frac{1}{n}\Big(\sum_{i=1}^{k} x_i\Big)^2 + \frac{1}{n(n-1)}\Big(\sum_{i=1}^{k} (|A_i|-1) x_i\Big)^2$$

$$\geqslant \Big(\frac{1}{n} + \frac{(l-1)^2}{n(n-1)}\Big)\Big(\sum_{i=1}^{k} x_i\Big)^2 ,$$

其中最后一步用到了 $|A_i| \geqslant l$。

当 $k = C_n^l$，$x_1 = x_2 = \cdots = x_k = 1$，$A_1, A_2, \cdots, A_k$ 取遍 $\{1, 2, \cdots, n\}$ 的所有 l 元子集时，上述等号均成立。

综上所述，c 的最大值为 $\dfrac{1}{n} + \dfrac{(l-1)^2}{n(n-1)}$。

2024 年第 50 届俄罗斯数学奥林匹克

第 50 届俄罗斯数学奥林匹克决赛于 2024 年 4 月 19 日至 25 日在下诺夫哥罗德市举行。与以往各届一样,考试进行两天,分九、十和十一 3 个年级进行,每天 5 个小时考四道题。中国队取得了令人瞩目的成绩,其中杭州学军中学教育集团文渊中学的张培铭以第二名的优异成绩获得金牌。以下各个年级的前四道题都是第一天的试题,后四道题则为第二天的试题。

九年级

9.1 别佳和瓦夏只知道不超过 $10^9 - 4000$ 的正整数。别佳把可以表示为形如 $abc + ab + ac + bc$ 的数叫做好数,其中 a、b、c 都是不小于 100 的正整数。而瓦夏把可以表示为形如 $xyz - x - y - z$ 的数叫做好数,其中 x、y、z 都是大于 100 的正整数。谁的好数更多?

解 瓦夏的好数多。

如果正整数 $k = abc + ab + ac + bc \leqslant 10^9 - 4000$ 是别佳的好数,那么

$$k - 2 = (a+1)(b+1)(c+1) - (a+1) - (b+1) - (c+1)$$

就是瓦夏的好数($k - 2$ 当然是正整数)。这意味着只要别佳有 p 个好数,那么我们就可以找到瓦夏的 p 个不同的好数,它们全都严格小于 $10^9 - 4000$。另一方面,由于

$$10^9 - 4000 = (1000 - 1)1000(1000 + 1) - (1000 - 1) - 1000 - (1000 + 1),$$

所以 $10^9 - 4000$ 也是瓦夏的好数;故而瓦夏至少有 $p + 1$ 个好数。

9.2 某正整数刚好有 50 个正因数。试问,它的任何两个正因数的差能否都不是 100 的倍数?

解 不能。

假设存在这样的正整数 n。那么题中条件等价于 n 的所有正因数的末两位数是互不相同的二位数。将正整数的末二位数形成的二位数称为原来的数的"尾数"(若只有个位,则前面加 0)。注意,尾数被 4 和 5 除的余数跟原来的数相同。

如果 n 是 5 的倍数,那么对于 n 的任何一个不可被 5 整除的因数 d,亦存在着可被 5 整除的因数 $5d$。对于不同的 d,所得的 $5d$ 也不相同。所以在 n 的因数中,5 的倍数至少占一半,意即不少于 25 个。这样的因数的尾数皆或以 0 结尾或以 5 结尾,然而这样的可能的尾数不多于 20 个,从而其中必有两个相同。这个矛盾表明,n 不是 5 的倍数,从而它的因数都不以 0 和 5 结尾。

如果 n 是奇数，它的所有因数都是奇数。然而一共只有 50 个可能的奇数尾数，其中还有 10 个以 5 结尾，它们不可能出现。从而此时亦可找到两个相同的尾数，矛盾。

如果 n 是 2 的倍数，但不是 4 的倍数。则它的所有因数分成一系列对子 $(d, 2d)$，其中 d 是 n 的奇因数。此时，所有的形如 $2d$ 均具有不可被 4 整除的尾数，而这样的（不可被 5 整除）尾数一共只有 20 个，故亦可找到两个相同的尾数，再次矛盾。

最后，假设可以整除 n 的 2 最高方幂数是 2^r，其中 $r \geqslant 2$。如果 d 是 n 的奇因数，那么 $d, 2d, 2^2d, \cdots, 2^rd$ 都是 n 的因数，并且 n 的所有正因数均可如此分组。这就表明，n 因数个数是 $r+1$ 的倍数，意即 50 可被 $r+1$ 整除，从而 $r \geqslant 4$。

此时，n 有 $\dfrac{50}{r+1} \leqslant 10$ 个奇因数，并且也有同样多个可被 2 整除但不可被 4 整除的正因数。这也就意味着其余的正因数都是 4 的倍数，它们不少于 30 个。但是这样的尾数至多只可能有 25 个，故亦可找到两个相同的尾数，还是矛盾。

9.3 两个男孩每人得到一口袋土豆，每人的口袋里都有 150 颗土豆。两人依次交换土豆，每人每次都从自己的口袋里取出非零个土豆放入对方的口袋。在此过程中他们必须遵守"新可能性条件"：每一次他们每个人所拿出的土豆数目都要多于此前他的任何一次交换前口袋里所有的土豆数目（如果此前他有过交换）。意即，每人的第一次都可以拿出任意非零颗土豆，而在第 5 次交换时，男孩可以拿出 200 颗土豆，如果在他的第一、第二、第三和第四次交换前，口袋里的土豆数目都少于 200 颗。试问，两个男孩最多一共可以交换多少次？

解 19 次。

假设一共可以交换 n 次。

我们来观察第 k 次行动。以 a_k 表示进行第 k 次交换的男孩在刚刚结束这次交换时，他的口袋里的土豆数目。此时对方口袋里的土豆数目是 $300 - a_k$。我们还以 $a_0 = 150 = 300 - a_0$ 表示第一次行动前，每个男孩口袋里的土豆数目。

根据这些记号，在将要进行第 k 次交换的男孩的口袋里原有 $300-a_{k-1}$ 颗土豆，而行动后有 a_k 颗土豆。这说明，他在这次交换中，转移了 $300-a_{k-i}-a_k$ 颗土豆(给对方)。如果 $k\geqslant 3$，那么该数目应当大于他的前一次交换(亦即第 $k-2$ 次行动)之前他口袋里的土豆数目，即大于 $300-a_{k-3}$，故知 $300-a_{k-1}-a_k>300-a_{k-3}$，亦即 $a_{k-3}>a_{k-1}+a_k$。由于都是整数，故知对一切 $k=3,4,\cdots,n$，都有 $a_{k-3}\geqslant a_{k-1}+a_k+1$。

现在来确定诸 a_i 的值，从尾部开始。定义数列 $\{b_k\}$ 如下：$b_0=b_1=b_2=0$，而 $b_{k+3}=b_{k+1}+b_k+1$。我们用归纳法来证明，对于 $k=0,1,\cdots,n$，有 $a_{n-k}\geqslant b_k$ 和 $b_{k+1}\geqslant b_k$。对于 $k=0,1,2$，结论显然成立。而为完成归纳过渡，只需指出，对于 $k\geqslant 3$，根据归纳假设，有

$$a_{n-k}\geqslant a_{n-k+2}+a_{n-k+3}+1\geqslant b_{k-2}+b_{k-3}+1=b_k,$$
$$b_{k+1}=b_{k-1}+b_{k-2}+1\geqslant b_{k-2}+b_{k-3}+1=b_k.$$

这样，我们就有 $a_0\geqslant b_n$。下面列表给出 b_k 开头的一些值：

k	0	1	2	3	4	5	6	7	8	9	10	11	12	13	14	15	16	17	18	19	20
b_k	0	0	0	1	1	2	3	4	6	8	11	15	20	27	36	48	64	85	113	150	199

故由条件 $b_n\leqslant 150$ 得到 $n\leqslant 19$。

下面说明男孩们可以按照上表进行 19 次交换。开始时，每个男孩都有 $b_{19}=150$ 颗土豆。记他们在完成(从头数的)第 k 次交换后，执行此次行动的男孩剩有 b_{19-k} 颗土豆。于是在第 k 次交换中该男孩转移了 $300-b_{20-k}-b_{19-k}$ 颗土豆，而在此前他的任何一次交换之前，他有 $300-b_i$ 颗土豆，其中 $i\geqslant 17-k$，并且 $300-b_i\leqslant 300-b_{17-k}<300-b_{19-k}-b_{20-k}$。这就表明，该次行动满足题中条件，而且两个男孩一共可进行 19 次交换。

9.4 设 $ABCD$ 是圆内接四边形，且 $\angle A+\angle D=90°$。它的两条对角线相交于点 E。直线 l 分别与线段 AB、CD、AE 和 ED 相交于点 X、Y、Z 和 T。今知 $AZ=CE$，$BE=DT$。证明：线段 XY 等于 $\triangle ETZ$ 的外接圆直径。

证明 对△ETZ 和割线 AXB 与 CYD 运用梅涅劳斯定理,得知

$$\frac{AZ}{AE} \cdot \frac{BE}{BT} \cdot \frac{XT}{XZ} = \frac{CE}{CZ} \cdot \frac{DT}{DE} \cdot \frac{YZ}{YT} = 1。$$

再由等式 $AZ = CE$ 和 $BE = DT$ 推知 $AE = CZ$ 和 $BT = DE$。把这些等量关系代入前面的等式,得到

$$\frac{XT}{XZ} = \frac{YZ}{YT}。$$

这表明,点 X 与 Y 关于线段 ZT 的中点 S 对称(如图)。

由题中条件可知,射线 AB 与 DC 相交于某个点 F,且形成直角。从而在直角三角形△XFY 中,中线 FS 等于弦 XY 的长度的一半。

分别以 M 和 N 记线段 AD 和 BC 的中点,以 O 记圆$(ABCD)$ 的圆心,则点 O 是线段 AC 和 BD

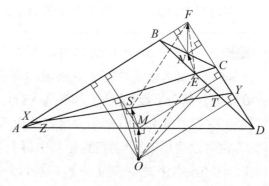

(第 9.4 题图)

的中垂线的交点,而这两条中垂线分别重合于线段 EZ 和 ET 的中垂线。这表明,点 O 也是圆(ETZ) 的圆心,而 OE 是其半径。所以,我们只需证明 $OE = FS$。下面来证明:四边形 $OEFS$ 是平行四边形,由此即可推出所需结论。

既然 EN 是△EBC 的中线,而 MS 是四边形 $AZTD$ 的对边中点连线,我们有

$$\overrightarrow{EN} = \frac{\overrightarrow{EB} + \overrightarrow{BC}}{2} = \frac{\overrightarrow{DT} + \overrightarrow{AZ}}{2} = \overrightarrow{MS}。$$

在直角三角形△FBC 中,斜边中线 $\overrightarrow{NF}$ 在直线 BF 与 CF 上的投影分别等于 $\frac{\overrightarrow{BF}}{2}$ 和 $\frac{\overrightarrow{CF}}{2}$。既然 O 与 M 分别是圆$(ABCD)$和圆(ADF)的圆心,它们在这些直线上投影时,前者重合于线段 AB 与 CD 的中点,而后者重合于线段

AF 与 DF 的中点。所以，向量 $\overrightarrow{OM}$ 在这些直线上的投影分别等于 $\dfrac{(\overrightarrow{AF}-\overrightarrow{AB})}{2}=\dfrac{\overrightarrow{BF}}{2}$ 和 $\dfrac{(\overrightarrow{DF}-\overrightarrow{DC})}{2}=\dfrac{\overrightarrow{CF}}{2}$。这表明向量 $\overrightarrow{NF}$ 与 $\overrightarrow{OM}$ 在我们的两条直线上的投影相等，故知 $\overrightarrow{NF}=\overrightarrow{OM}$。

这样一来，就有 $\overrightarrow{OS}=\overrightarrow{OM}+\overrightarrow{MS}=\overrightarrow{NF}+\overrightarrow{EN}=\overrightarrow{EF}$，所以四边形 $OEFS$ 是平行四边形。

◆ 还有证明四边形 $OEFS$ 是平行四边形的其他方法。例如，可以利用点 O 与 F 关于 $\triangle ADE$ 等角共轭的事实。

亦可以采用第 10.4 题中的解答方法。

9.5 今有一个 10×10 方格的正方形广场。新年之夜突然降起了大雪，从那时起，每天夜晚在每个方格里的降雪深度都有 $10\,\mathrm{cm}$，并且都只在夜晚降雪。每个早晨，清洁工都挑选一行（或一列）方格，把里面的积雪清扫到相邻的行（或列）里（每个方格里的积雪清扫到依边相邻的方格里）。例如，他可以选择第七列方格，把其中每个方格里的积雪都铲到左邻的方格里。不允许把积雪铲到正方形广场以外，该年的第一百天的傍晚将会到来一位检查员，他要找出积雪堆得最厚的方格。清洁工则力争使该高度达到最小。试问，检查员可以看到多高的雪堆？（译者注：俄罗斯冬季寒冷，在这一百天内积雪都不会融化。）

解 $1120\,\mathrm{cm}$。

我们将以分米（dm）为单位，并认为方格的边长也是 $1\,\mathrm{dm}$，于是每个夜晚在每个方格里降下了 $1\,\mathrm{dm}^3$ 的雪。

我们来证明，在第一百个早晨清扫之后，可以找到高度不低于 $112\,\mathrm{dm}$ 的雪堆。假设找不到这样的雪堆，由于在第一百个早晨，清洁工必须清扫干净某一行（或某一列）方格中的积雪，所以有 10 个方格里是没有积雪的。而根据我们的假设，在其余 90 个方格里，积雪的厚度都不超过 $111\,\mathrm{dm}$。因此，积雪的总体积不大于 $9990\,\mathrm{dm}^3$。然而在一百个夜晚却一共降下了 $10\,000\,\mathrm{dm}^3$ 的雪，此为矛盾。

下面来说明，清洁工如何可以做到，在第一百个早晨之后，每一个雪堆的高度都不大于 $112\,\mathrm{dm}$（意即每个雪堆中的雪都不多于 $112\,\mathrm{dm}^3$）。

方法 1：前 11 天中，清洁工把第二列方格中的积雪铲到第一列中，在接下来的 11 天中，他把第三列方格中的积雪铲到第二列中；在再接下来的 11 天中，他把第四列方格中的积雪铲到第三列中；依此类推。经过 99 天以后，第十列方格里没有积雪。我们来计算经过 99 天之后，在第 $i \leqslant 9$ 列方格里的积雪厚度。在第 $11(i-1)$ 个傍晚，在第 i 列中没有积雪，而在第 $i+1$ 列的每一个方格里都有 $11(i-1)\mathrm{dm}^3$ 积雪。于是在下一个傍晚，在第 i 列的每一个方格里都有 $11(i-1)+2\,\mathrm{dm}^3$ 积雪。在接下来的 10 天中，第 i 列的每一个方格里的积雪厚度都会增加 2 dm，而在后面的 $11(9-i)$ 天里，则会增厚 1 dm。从而在经过 99 天之后，在第 i 列的每一个方格里都有 $11(i-1)+22+11(9-i)=110\,\mathrm{dm}^3$ 积雪。在第 100 个夜晚，每个方格分别都增加 1 dm^3 积雪。于是，每个方格里的积雪都不多于 112 dm^3。

方法 2：让清洁工在前 9 天里，依次把第二列方格里的雪铲到第一列方格中，把第三列方格里的雪铲到第二列方格中，如此等等，把第十列方格里的雪铲到第九列方格中，于是在第九天傍晚，前九列方格中各有 10 dm^3 积雪，而第十列方格都是空的。在接下来的九天中，清洁工进行反向的类似操作：把第九列方格里的雪铲到第十列方格中，把第八列方格里的雪铲到第九列方格中，如此等等，把第一列方格里的雪铲到第二列方格中，于是在第十八天傍晚，后九列方格中各有 20 dm^3 积雪，而第一列方格都是空的。以后再反复进行类似这样的操作，每九天算作一轮，共操作十一轮。于是除了边缘上的一列方格都是空的之外，其余每个方格里都有积雪 110 dm^3。在第一百个早晨，清洁工把那列边缘方格里的积雪铲到相邻的列里，于是每个方格里的积雪都不多于 112 dm^3。

9.6 在 $\triangle ABC$ 中有 $AB < AC$。分别以 H 和 O 记它的垂心和外心，以 Ω 记它的外接圆。线段 OH 与 $\triangle BHC$ 的外接圆相交于点 X，点 X 与 O 和 H 都不重合。$\triangle AOX$ 的外接圆与圆 Ω 的劣弧 $\overset{\frown}{AB}$ 相交于点 Y。证明：直线 XY 平分线段 BC。

证法一 设点 H' 与 X' 分别是点 H 与 X 关于边 BC 中点的对称点（如图 ①）。于是四边形 $HXH'X'$ 是平行四边形。由于 $\angle BX'C = \angle BH'C = \angle BHC = 180° - \angle BAC$，所以点 X' 与 H' 都在圆 Ω 上。又由 $H'B \parallel CH$，

$CH \perp AB$ 得 $H'B \perp AB$,故知点 H' 是点 A 在该圆上的对径点。因而,线段 AH' 经过点 O。回忆起 $XO \parallel X'H'$,获知 $\angle AYX' = 180° - \angle AH'X' = 180° - \angle AOX = \angle AYX$,这表明,点 Y、X 和 X' 位于同一条平分 BC 的直线上。

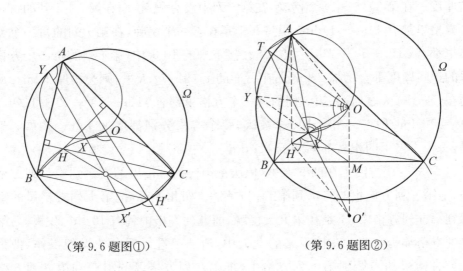

(第 9.6 题图①)　　　　　　　　　(第 9.6 题图②)

证法二　因为 $\angle BHC = 180° - \angle ABC$,所以圆 (BHC) 与圆 Ω 关于 BC 对称。设 O' 是圆 BHC 的圆心,M 是线段 BC 的中点。则点 M 亦是 OO' 的中点(如图②)。

众所周知,$AH = 2OM$(可以通过以 $\triangle ABC$ 的重心为中心以 -2 为系数的位似变换来证明这一点)。所以 $OO' = 2OM = AH$。又因为 $OO' \perp BC$,$AH \perp BC$,所以四边形 $AHO'O$ 是平行四边形。

设点 T 在射线 $O'X$ 上,使得 $O'T = 2O'X$,则有 $XT = O'X = O'H = AO$。由于 $\triangle O'XH$ 是等腰三角形,所以 $\angle TXO = \angle O'XH = \angle O'HX = \angle AOX$,故知 $\triangle TXO \cong \triangle AXO$,这表明 $\angle TOX = \angle AXO$。

由于 XM 是 $\triangle O'TO$ 的中位线,我们获知 $\angle MXO = \angle TOX = \angle AXO$,意即 XO 是 $\angle AXM$ 的平分线。而在圆 $(AXOY)$ 中有 $OA = OY$,因而知 O 是弧 $\overset{\frown}{AXY}$ 的中点,因此,XO 是 $\angle AXY$ 的外角平分线。由此可知 $\angle AXM$ 与 $\angle YXA$ 互补,意即 X、Y、M 三点共线。

注　我们再列举有关图形的若干性质,它们对于题目的解答是有益的(所有符号均与上述解答相同)。

点 A 与 X' 关于直线 OH 对称,特别地,有 $XA = XX' = 2XM$。

还有一些点也在圆 $AOXY$ 上. 例如,线段 AM 与圆 (BHC) 的交点,点 O' 在圆周 $(BO'C)$ 上的对径点,等等。

9.7 黑板上写着 8 个二次三项式,其中任何两个的和都不是零多项式。现知,如果从中任意选出两个多项式 $g_1(x)$ 和 $g_2(x)$,那么剩下的六个多项式都可以如此来称呼为 $g_3(x)$, $g_4(x)$, $\cdots$, $g_8(x)$,使得 $g_1(x) + g_2(x)$, $g_3(x) + g_4(x)$, $g_5(x) + g_6(x)$ 和 $g_7(x) + g_8(x)$ 这四个多项式有公共根。试问,八个多项式是否一定有公共根?

解 不一定。

我们来构造满足题中所有条件但却没有公共根的八个多项式,令

$$f_1(x) = -x^2 + 2, \qquad f_2(x) = 3x^2 - 2,$$
$$f_3(x) = -4x^2 + 3, \qquad f_4(x) = 2x^2 - 3,$$
$$f_5(x) = -4x^2 + x + 4, \qquad f_6(x) = 4x^2 + x - 4,$$
$$f_7(x) = -5x^2 - x + 5, \qquad f_8(x) = 5x^2 - x - 5。$$

这八个多项式在 $x = -1, 0, 1$ 处的值如下表所列:

x	$f_1(x)$	$f_2(x)$	$f_3(x)$	$f_4(x)$	$f_5(x)$	$f_6(x)$	$f_7(x)$	$f_8(x)$
-1	1	1	-1	-1	-1	-1	1	1
0	2	-2	3	-3	4	-4	5	-5
1	1	1	-1	-1	1	1	-1	-1

这八个多项式没有公共根,甚至连 $f_1(x)$ 与 $f_2(x)$ 也没有公共根。下面来验证它们满足题中条件.

假设从它们之中任意选出两个多项式。

如果选出的两个多项式是 $(f_{2k-1}(x), f_{2k}(x))$,其中 $k = 1, 2, 3, 4$,那么所有八个多项式可配对为 $(f_1(x), f_2(x))$,$(f_3(x), f_4(x))$,$(f_5(x), f_6(x))$,$(f_7(x), f_8(x))$,这些对子的和都以 0 为根。

如果选出的是其他形式的两个多项式,那么不难确认这两个多项式的和

或者在 $x_0 = -1$ 或者在 $x_0 = 1$ 处的值是 0(也可能在两处的值都是 0)。取定这样的 x_0,其余六个多项式在 x_0 处的值有三个为 1,有三个为 -1,于是可将它们配为三对,使得每一对的和在 x_0 处的值都是 0。

9.8 1000 个身高互不相等的孩子站成一队。称两个不同孩子构成的对子 (a, b) 是好的,如果在他们之间没有站着比 a、b 之一高而比另一个矮的孩子。试问,最多可能有多少个好的对子?(对子 (a, b) 与对子 (b, a) 视为相同的。)

解 $501^2 - 3 = 250\,998$。

假设一共有 $2n$ 个孩子,我们来考虑与题目类似的问题,证明最多可能有 $(n+1)^2 - 3$ 个好的对子。

将孩子按身高下降的顺序编号为 $1, 2, \cdots, 2n$。不难看出,如果他们列成如下的一队:

$$n+1, n+2, \cdots, 2n, 1, 2, \cdots, n,$$

那么所有的对子 (i, j) 就都是好的,其中 $i \leqslant n < j$(因为站在他们之间的每一个孩子或者比两人都高,或者比两人都矮)。这样的对子共有 n^2 个。此外,所有形如 $(i, i+1)$ 的对子也都是好的,这样的对子一共有 $2n-1$ 对。但是 $(n, n+1)$ 在前面计算过了,所以好的对子的总数为

$$n^2 + (2n-1) - 1 = (n+1)^2 - 3。$$

下面只需再证,好的对子数目不可能多于 $(n+1)^2 - 3$。我们来对 n 归纳。$n=1$ 时只有一个对子,结论显然成立。

现设 $n > 1$。考察 $2n$ 个孩子列成的任意一种队列,从中取出好的对子 (a, b),其中差距 $|a-b|$ 达到最大。为确定起见,设 $a < b$,且设孩子 a 在 b 的左边。称孩子 c 是杰出的,如果他既与 a 构成好的对子,又与 b 构成好的对子。

引理:至多有两个杰出的孩子。

引理的证明如下:

设 c 是杰出的。根据对子 (a, b) 的选法,有 $c-a \leqslant b-a$ 和 $b-c \leqslant b-a$,故知 $a < c < b$。这就表明 c 不站在 a 与 b 之间,否则对子 (a, b) 不可能是

好的。从而任何杰出的孩子都或者站在 a 以左，或者站在 b 以右。

假设有两个杰出的孩子 $c_1 < c_2$ 都在 a 以左。则有 $a < c_1 < c_2 < b$。从而 c_1 不可能站在 a 与 c_2 之间，否则对子 (a, c_2) 不是好的。因此，c_1 站在 c_2 以左。然而这样一来，c_2 就站在 c_1 和 b 之间，从而对子 (c_1, b) 不可能是好的。这个矛盾表明，在 a 的左边至多有一个杰出的孩子。同理可知，在 b 的右边也至多有一个杰出的孩子。引理证毕。

现在来完成归纳过渡。去掉孩子 a 和 b，还剩 $2n - 2$ 个孩子，根据归纳假设，其中至多有 $n^2 - 3$ 个好的对子。现在让 a 和 b 恢复到原来的位置上。我们来看，至多增加了多少个好的对子。易知，这些对子中有 (a, b)，有对于任何一个杰出的孩子 c 所形成的两个对子 (a, c) 和 (b, c)，有对于其余的孩子 d 所形成的对子 (a, d) 和 (b, d) 之中的至多一个。所以一共至多增加了 $1 + (2n - 2) + 2 = 2n + 1$ 个对子，从而现在至多有 $(n^2 - 3) + (2n + 1) = (n + 1)^2 - 3$ 个好的对子。这就是所要证明的。

注　对引理证明中所涉及的孩子 a 和 b 的选择，还有其他方法。例如，可选择 a 和 b，使得 (a, b) 是对子成员离得最远的好的对子。也可以取 $a = 1$，而将 b 取为使得 $(1, b)$ 是好的对子的最大的整数。

十年级

10.1 设 p 与 q 是两个不同的质数。给定一个递降的无穷等差数列，其中含有项 p^{23}、p^{24}、q^{23} 和 q^{24}。证明：在该数列中必然会有等于 p 和 q 的项。

证明 删去数列中的所有非整数(如果有的话)。易知,删去非整数后的数列仍然是等差数列。故可设原来的数列就是由整数组成的递降的无穷等差数列。设其公差为 $-d$。

注意到 $q^{23}-p^{23}$ 可被 d 整除,这意味着 d 不可被 p 整除,如若不然,q^{23} 可被 p 整除,此为矛盾。另一方面,d 应当是 $p^{24}-p^{23}=p^{23}(p-1)$ 的因数。既然 p 与 d 互质,所以 $p-1$ 可被 d 整除。然而由于 $p^{23}-p=p(p-1)(p^{21}+p^{20}+\cdots+1)$,知 $p^{23}-p$ 可被 $p-1$ 整除,因而可被 d 整除,并且由于 $p<p^{23}$,故知 p 属于我们的递降的无穷等差数列。同理可知,q 属于我们的递降的无穷等差数列。

10.2 设有奇数 $n \geqslant 3$。在 $2n \times 2n$ 方格表中涂黑 $2(n-1)^2$ 个方格。试问,最多可以剪出多少个由三个未涂黑方格构成的角状形?

解 $2n-1$。

将 $2n \times 2n$ 方格表分为 n^2 个 2×2 正方形(称为"田")。

至多有 $\dfrac{2(n-1)^2}{2}=(n-1)^2$ 个田中有不少于 2 个黑格。其余的田不少于 $n^2-(n-1)^2=2n-1$ 个。既然这些田里都至多有一个黑格,所以都存在由三个未涂黑方格构成的角状形。

下面构造例子,说明只可能有 $2n-1$ 这样的角状形。

我们来对奇数 $n \geqslant 1$ 作归纳。

当 $n=1$ 时,没有黑格,并只可剪出一个角状形。

为实现过渡,我们从 $2n \times 2n$ 方格表中分离出一个宽度为 2 的"边框"(如图所示)。在该"边框"中靠着内沿一共有 $8(n-2)$ 个黑格,而在去掉"边框"

后的方格表中按照归纳假设涂黑 $2(n-3)^2$ 个方格，从而一共有 $2(n-3)^2+8(n-2)=2(n-1)^2$ 个黑格。

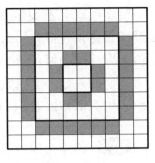

在我们的例子中，任何由三个未涂黑方格构成的角状形都或者整个位于"边框"里，或者整个位于去掉"边框"后的方格表里。根据归纳假设，后一类角状形有 $2(n-2)-1=2n-5$ 个。而在边框中至多可剪出 4 个角状形，因为除了四个角上的田之

（第10.2题图）

外，其余的任何一个 2×2 正方形里都至少有两个黑格，都剪不出来角状形。这就表明，一共只能剪出 $(2n-5)+4=2n-1$ 个角状形。

10.3 给定正整数 n。伊利亚想出两个不同的实系数 n 次多项式，萨沙也想出两个不同的实系数 n 次多项式。廖娘知道 n 是多少，她的目的是弄清楚伊利亚和萨沙的多项式对是否相同。为此，廖娘选择了 k 个实数 $x_1<x_2<\cdots<x_k$ 并把它们告诉二人。作为答复，伊利亚填写了一张 $2\times k$ 表格，对于每个 $i=1,2,\cdots,k$，他在第 i 列的两个方格里分别填写了 $P(x_i)$，$Q(x_i)$（两个数的填写顺序不确定），其中 P 和 Q 是他所想出来的两个多项式。萨沙的做法类似。试问，对于怎样的最小的 k，廖娘能够有把握达到目的？

解 $2n+1$。

我们来证明，在 $k=2n$（更何况在 $k<2n$）时，廖娘未必能唯一地确定出多项式对 P 和 Q。设她选了 $2n$ 个实数 $x_1<x_2<\cdots<x_{2n}$。我们令 $A(x)=(x-x_1)(x-x_2)\cdots(x-x_n)$，$B(x)=(x-x_{n+1})(x-x_{n+2})\cdots(x-x_{2n})$。于是，对于 $i=1,2,\cdots,n$，都有 $A(x_i)=0$；而对于 $i=n+1,n+2,\cdots,2n$，都有 $B(x_i)=0$。

如果伊利亚所想的两个多项式是 $P_1=A+2B$ 和 $Q_1=-A-2B$，那么对于 $i=1,2,\cdots,n$，他所交出的 $2\times2n$ 表格的第 i 列所写的两个数是 $\pm2B(x_i)$；而对于 $i=n+1,n+2,\cdots,2n$，则是 $\pm A(x_i)$。而如果萨沙想的两个多项式是 $P_2=A-2B$ 和 $Q_2=-A+2B$，那么所述的表格也适合于他。

另一方面，我们来证明，当 $k=2n+1$ 时，伊利亚的表格可能只有不多于

一对多项式 P 和 Q 满足。假设不然,有两对不同的多项式 P_1、Q_1 和 P_2、Q_2 都满足这张表格。那么 P_2 与 P_1 或者与 Q_1 在自变量的至少 $n+1$ 个不同的值上取相同的值,不妨设是与 P_1。如此一来,P_1 与 P_2 就是相同的多项式(因为它们的差是一个次数不大于 n 的多项式,却有 $n+1$ 个不同的根)。此时再由表格又可知道 Q_1 与 Q_2 在 $2n+1$ 处的值重合,所以 $Q_1 = Q_2$。

> **10.4** 给定凸四边形 $ABCD$,其中 $\angle A + \angle D = 90°$。它的两条对角线相交于点 E。直线 l 分别与线段 AB、CD、AE 和 ED 相交于点 X、Y、Z 和 T。今知 $AZ = CE$,$BE = DT$。证明:线段 XY 的长度不大于 $\triangle ETZ$ 的外接圆直径。

证明 以 ω 记圆 (ETZ),以 d 记其直径。由于 $BE = DT$,所以 $BT = BE + ET = DT + ET = DE$。由条件 $\angle A + \angle D = 90°$ 推知射线 AB 与 DC 相交于点 F(如图所示)。在圆 (ABE) 中引直径 EB'。由于 $\angle ABE > 90°$,所以让点在圆周上按照顺序 $A-B-E-B'$ 移动。此时有 $\angle AB'B = \angle AEB = \angle CED$ 和 $\angle BAB' = 90° + \angle FAC = \angle ECD$。故知 $\triangle CED \backsim \triangle AB'B$(两组对应角相等),所以 $\dfrac{AB'}{BB'} = \dfrac{CE}{ED} = \dfrac{AZ}{BT}$。由该比例式可知直角三角形 $\triangle AB'Z \backsim \triangle BB'T$。于是 $\angle BTB' = \angle AZB'$,所以点 B' 在圆周 ω 上。我们指出,AB 是点 B' 关于 $\triangle ZET$ 的西姆松线,这是因为 $\angle B'AE = \angle B'BE = 90°$。于是点 B' 在直线 ZT 上的投影位于 AB 之上,意即 $B'X \perp ZT$。

同理可知,点 E 在圆 (CED) 上的对径点 C' 在圆 ω 上,亦有 $C'Y \perp ZT$。如此一来,$B'C'$ 就是 ω 的弦,而点 X 与 Y 分别是点 B' 与 C' 在直线 ZT 上的投影,所以 $XY \leqslant B'C' \leqslant d$,这就是所要证明的。

注 1 给出本题的另一解答。

不难证明,$XZ = TY$(例如,利用梅涅劳斯定理)。设 M、N、K 分别是线段 AC(和 ZE)、BD(和 TE)、XY(和 ZT)的中点。设 $F = AB \bigcap CD$。由于 $\triangle XFY$ 是直角三角形,故知 $FK = \dfrac{XY}{2}$。注意 $\triangle KMN$ 是 $\triangle EZT$ 的中点三角形,容易算得 $\angle MFN = 180° - \angle MEN = 180° - \angle MKN$。这意味着 M、K、N、F 四点共圆,于是 FK 是圆 (MKN) 的弦。由此可知,$\dfrac{XY}{2} = KF \leqslant$

$2R_{MKN}=R_{ETZ}$，由此完成证明。

注2 事实上，$B'C'$是圆(ETZ)的直径，故不难计算角度，但这对于解题不需要。等式$XY=d$成立，当且仅当，原四边形为圆内接四边形（参阅第9.4题）。

注3 给出本题的又一解答。

沿用原解法里的符号，并令$x=BF$，$y=AB$，$z=CF$，$t=DC$和$k=\dfrac{DE}{EB}$，$\ell=\dfrac{AE}{EC}$，$p=ZT$，$\alpha=\angle AED$。由关于$\triangle EZT$和直线AXB，关于$\triangle EZT$和直线CYD的梅涅劳斯定理，得到：$XZ=YT=p\cdot\dfrac{1}{k\ell-1}$。在$\triangle ZET$中应用正弦定理，得知：$d=\dfrac{p}{\sin\alpha}$。综合上述，得到$XY=XZ+YZ+ZT=p\cdot\dfrac{k\ell+1}{k\ell-1}$。这样一来，就只需证明：

$$\sin\alpha\leqslant\frac{k\ell-1}{k\ell+1}。\qquad(\bigstar)$$

由关于$\triangle AFC$和直线BED，关于$\triangle BFD$和直线AEC的梅涅劳斯定理，容易看出$k=\dfrac{t(x+y)}{zy}$，$\ell=\dfrac{y(z+t)}{xt}$，$k\ell=\dfrac{(x+y)(z+t)}{xz}$，由此即知

$$\frac{k\ell-1}{k\ell+1}=\frac{(x+y)(z+t)-xz}{(x+y)(z+t)+xz}。$$

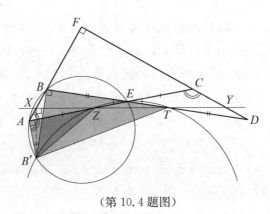

（第10.4题图）

记$\angle FAC=\beta$，$\angle FDB=\gamma$，于是$\alpha=90°+\beta+\gamma$。这表明

$$\sin\alpha=\cos\gamma\cos\beta-\sin\gamma\sin\beta=\frac{(x+y)(z+t)-xz}{\sqrt{(x^2+(z+t)^2)(z^2+(x+y)^2)}}。$$

其中后面一个等号源自$\triangle AFC$和$\triangle BFD$都是直角三角形。最后只需再指

出，根据柯西-薛瓦茨不等式，有 $\sqrt{(x^2+(z+t)^2)(z^2+(x+y)^2)} \geqslant xz +$ $(z+t)(x+y)$，由此即得所要证明的不等式（★）。

10.5 今有一条笔直的道路，沿路排列着小房子，有的是红房子，有的是绿房子，红绿房子交替排列（道路被房子分成一个个红段和绿段），并且开头与结尾都是绿房子。每一座房子的长度都大于 1 cm，短于 1 m，而每下一座房子都比前一座长。一只蚂蚱试图沿着这些房子朝前跳动，并且到遍每座绿房子至少一次，而不到达任何一座红房子（甚至不到相邻房子的交界处）。证明：蚂蚱能够实现它的目的，并且在它的步长中至多出现 8 个不同的值。

证明 假设小房子沿着数轴排列，以 1 cm 为单位长度。

取定 $0 < \varepsilon < 0.01$，使得任何一对相邻房子的长度之差都大于 10ε。在数轴上标出两端皆无限的以 ε 为公差的等差数列，使得任何房子的两头都不是被标出的点。蚂蚱仅仅在被标出的点上跳动，它的步长（一步跳跃的距离）属于集合 $\{\varepsilon, \ell, 2\ell, 4\ell, 8\ell, 16\ell, 32\ell, 64\ell\}$，其中 $\ell = n\varepsilon$，而正整数 n 使得 $\ell < 2$ 和 $64\ell > 101$。

蚂蚱的行动策略如下：往右沿着绿房子跳动，每步跳动距离 ε，直到不能继续为止。接着以最小可能的步长越过面临的红房子（这样的步长是可以找到的，因为所允许的最大步长 $64\ell > 101$ 超过 $100 + \varepsilon$）。假设它以跳跃距离 $2d$ 越过了面临的红色区间 $[a, b]$。我们只需确认蚂蚱在这一步跃迁之后的确落入下一个绿色区间 $[b, c]$。假设并非如此，蚂蚱从点 $a - x$，其中 $0 < x < \varepsilon$，一步跳到点 $a - x + 2d > c$，那么就有 $2d > (c-b) + (b-a) > 2(b-a) + 10\varepsilon$，于是 $d > (b-a) + \varepsilon$。这意味着蚂蚱可以以比 $2d$ 更小的步长越过红色区间 $[a, b]$，此为矛盾。

10.6 给定平行四边形 $ABCD$。以 M 记 $\triangle ABC$ 外接圆上弧 $\overparen{ABC}$ 的中点。在线段 AD 上取一点 E，在线段 CD 上取一点 F。今知 $ME = MD = MF$。证明：B、M、E 与 F 四点共圆。

证法一 设 $\angle ADC = x$。由于 $\triangle DME$ 和 $\triangle DMF$ 都是等腰三角形（或

者由于点 M 是圆（DEF）的圆心），知 $\angle EMF = 360° - 2x$，如图①。于是为完成本题证明，只需证明 $\angle EBF$ 亦等于这个值。

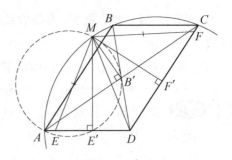

（第 10.6 题图①）

在以点 D 为中心以 $\frac{1}{2}$ 为系数的位似变换之下，点 E、F、B 分别变为点 E'、F'、B'，亦即线段 DE、EF、DB 的中点。为求 $\angle EBF$，我们改为求 $\angle E'B'F'$。注意到点 E' 和 F' 分别是点 M 在 AD 和 CD 上的投影，而 B' 是平行四边形的中心，或者说是线段 AC 的中点，从而 B' 亦是点 M 在 AC 上的投影。点 M、E'、A、B' 在同一个以 MA 为直径的圆上。由此可知 $\angle E'B'F' = 360° - x - \frac{x}{2} - \frac{x}{2} = 360° - 2x$，这就是所要证明的。

证法二 只需证明 $\angle ABE = \angle CBF$（亦即 BE 和 BF 对于 AB 和 AC 的等角性）。事实上，点 M 在 $\angle EBF$ 的外角平分线上，且在线段 EF 的中垂线上，这意味着它重合于弧 $\overparen{EBF}$ 的中点（如图②）。

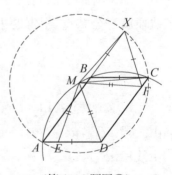

（第 10.6 题图②）

为证 $\angle ABE = \angle CBF$，只需证明 $\triangle ABE \backsim \triangle CBF$。下面就来证明这一点。

在射线 AB 上取点 X，使得 $BX = BC$；在射线 CB 上取点 Y，使得 $BY = BA$。易知 $\triangle BMC \cong \triangle BMX$（边角边）。于是知 $MX = MC = MA$。我们来看 DF 的中垂线，它亦垂直于直线 AX。而由于 $MA = MX$，知其亦是线段 AX 的中垂线。于是可知四边形 $ADFX$ 是等腰梯形，而四边形 $ABCD$ 刚好是平行四边形，故四边形 $CXBF$ 亦是等腰梯形，并且有 $CB = BX = XF$ 和 $\angle XBC = 180° - \angle ABC$。关于梯形 $AYBE$ 亦可类似得到同样的结论。于是有 $AYBE \backsim CXBF$，由此即得所需结论 $\triangle ABE \backsim \triangle CBF$。

注 可以有另外的途径证明证法二中所需的结论 $\triangle ABE \backsim \triangle CBF$，例如通过证明等式 $AE \cdot BC = CF \cdot AB$ 来实现。而该等式的证明，可以通过截

取 AM 在 AD 上的投影，再截取线段 AE，通过 $\triangle ABC$ 中的元素来表述正弦值，等等。

亦存在包括利用复数在内的其它计算方法来解答本题。

10.7 给定两个正整数 x_1 与 x_2。在直线上取定 y_1 条白色线段和 y_2 条黑色线段，其中 $y_1 \geqslant x_1$ 且 $y_2 \geqslant x_2$。今知，任何两条同色线段都不相交（甚至没有公共端点）。亦知，无论怎样挑出 x_1 条白色线段和 x_2 条黑色线段，都一定会有某两条被挑出的线段相交。证明：$(y_1 - x_1)(y_2 - x_2) < x_1 x_2$。

证法一 自左至右把白线段依次记作 $w_1, w_2, \cdots, w_{y_1}$，把黑线段依次记作 $b_1, b_2, \cdots, b_{y_2}$。对每条黑线段 b_j，以 $S(b_j)$ 记这样的角标 $i \leqslant y_1 - 1$ 的数目，使得 b_j 既与白线段 w_i 相交又与白线段 w_{i+1} 相交，并称之为 b_j 的粘合力。如果有某个白线段对 (w_i, w_{i+1}) 与某两条黑线段都相交，那么这两条黑线段就有公共点，根据题中条件此为不可能，所以

$$\sum_{j=1}^{y_2} S(b_j) \leqslant y_1 - 1。$$

定义 y_1 个各由 x_1 条白线段构成的集合：对于 $0 \leqslant i \leqslant y_1 - x_1$，集合 G_i 由线段 $w_{i+1}, w_{i+2}, \cdots, w_{i+x_1}$ 构成；而对于 $y_1 - x_1 + 1 \leqslant i \leqslant y_1 - 1$ 集合 G_i 由线段 $w_{i+1}, w_{i+2}, \cdots, w_{y_1}$ 和线段 $w_1, w_2, \cdots, w_{i+x_1-y_1}$ 构成（换言之，每个集合都由 x_1 条在角标循环的意义下依次排列的黑线段构成）。对集合 G_i，用 $N(G_i)$ 表示不与 G_i 中任何线段相交的黑线段数目。由题中条件可知，$N(G_i) \leqslant x_2 - 1$，所以

$$\sum := \sum_{i=0}^{y_1-1} N(G_i) \leqslant y_1 (x_2 - 1)。$$

另一方面，每一条黑线段 b_j 都至多与 $1 + S(b_j)$ 条白线段相交，而这些白线段依次排列在一条直线上。于是包含其中至少一条白线段的集合个数不超过 $1 + S(b_j) + x_1 - 1 = S(b_j) + x_1$。因此，线段 b_j 至少被 $y_1 - (S(b_j) + x_1)$ 个形如 $N(G_i)$ 的数计入其中。所以

$$\sum \geqslant \sum_{j=1}^{y_2}(y_1 - S(b_j) - x_1)$$

$$= y_2(y_1 - x_1) - \sum_{j=1}^{y_2} S(b_j)$$

$$\geqslant y_2(y_1 - x_1) - (y_1 - 1).$$

联立关于 $\sum$ 的两方面估计,得知

$$y_1(x_2 - 1) \geqslant y_2(y_1 - x_1) - (y_1 - 1) \Leftrightarrow (y_1 - x_1)(y_2 - x_2) \leqslant x_1 x_2 - 1.$$

这就是所要证明的。

证法二 假设题中断言对某些 x_1、x_2、y_1、y_2 不成立,即有 $(y_1 - x_1)(y_2 - x_2) \geqslant x_1 x_2$,在此设和数 $y_1 + y_2$ 达到最小。

不失一般性,可认为 $y_1 - x_1 \geqslant x_1$。取出自左数起的第 x_1 条白线段 W 和第 $y_2 - x_2$ 条黑线段 B。它们中有一条的右端点稍左一点。

(1) 若 W 的右端点稍左(或二线段右端点重合),则右边的 x_2 条黑线段与左边的 x_1 条白线段不相交,此为矛盾;

(2) 若 B 的右端点稍左。删去 W 左边的所有白线段(包括 W)和 B 左边的所有黑线段(包括 B)。剩下的白线段(不少于 x_1 条)都不与已经删去的 $y_2 - x_2$ 条黑线段相交,由此已经可推知 $y_2 - x_2 < x_2$。

令 $x_1' = x_1$,$y_1' = y_1 - x_1 \geqslant x_1'$,$x_2' = x_2 - (y_2 - x_2)$ 和 $y_2' = y_2 - (y_2 - x_2) = x_2 \geqslant x_2'$。现在只剩下 y_1' 条白线段和 y_2' 条黑线段。我们观察任意 x_1' 条剩下的白线段和 x_2' 条剩下的黑线段。如果它们中没有相交的,就往它们中补入所有被删去的黑线段,得到由 $x_1 = x_1'$ 条白线段和 $x_2 = x_2' + (y_2 - x_2)$ 条原来线段组里的黑线段,它们中仍然没有相交的,这是不可能的。这表明,对于剩下的线段构成的线段组(对于新的数 x_1'、y_1'、x_2' 和 y_2')仍然满足题中条件,但是组中的线段数目却少于原来的线段组,所以,

$$0 < x_1' x_2' - (y_1' - x_1')(y_2' - x_2')$$

$$= x_1(2x_2 - y_2) - (y_1 - 2x_1)(y_2 - x_2)$$

$$= x_1 x_2 - (y_1 - x_1)(y_2 - x_2) \leqslant 0,$$

此亦为矛盾。

注 当 $x_1 = x_2 = 1$ 时,本题的断言就是二色(一维)赫利定理。

10.8 给定正整数 $n > 2$。玛莎在圆周上写上 n 个正整数。达雅进行如下的操作：在每两个相邻的数 a 和 b 之间写上 $a+b$ 的某一个大于 1 的因数，然后他擦去所有原来的数并得到 n 个新的数。试问，达雅能否通过若干轮这样的操作，使得所有的数变为相等？

解 可以。

我们来描绘可以使得达雅最终获胜（即使得所有 n 个数最终变为相等）的各种情形。

(1) 我们有 n 个奇数。

一轮操作就可以得到 n 个 2。

(2) 任何两个相邻数的和都不是 2 的方幂数。

一轮操作就可以变为情形(1)。

(3) 开始时所有数的平均值 s 不是 2 的方幂数。

我们来证明，这种情形可以转变为情形(2)。先不加证明地运用如下引理，而把它的证明放在本题解答的最后。

引理：设有实数 $a_1, a_2, \cdots, a_n$，它们的算术平均值是 s。一次操作后，数组 $a_1, a_2, \cdots, a_n$ 变为数组 $\dfrac{a_1+a_2}{2}, \dfrac{a_2+a_3}{2}, \cdots, \dfrac{a_n+a_1}{2}$。则对任何 $\varepsilon > 0$，在若干轮操作之后所有的数都将属于区间 $(s-\varepsilon, s+\varepsilon)$。

显然有 $s > 1$。选取 $\varepsilon > 0$，使得区间 $(s-\varepsilon, s+\varepsilon)$ 整个地位于某两个相邻的 2 的方幂数之间，意即对某个正整数 t，有 $2^{t-1} < s-\varepsilon < s+\varepsilon < 2^t$。我们来多次将相邻数换为它们的和数。于是根据引理，存在正整数 m，使得在 m 次这样的操作之后，所有的数都将位于区间 $(2^m(s-\varepsilon), 2^m(s+\varepsilon))$ 中。意即位于介于二相邻的 2 的方幂数 $2^m \cdot 2^{t-1}$ 与 $2^m \cdot 2^t$ 之间。这就表明，在 $m-1$ 次操作之后就可满足条件(2)。

(4) 所有的数都小于 2。

如果我们不是在情形(2)之下，则有某一对数 a 和 b 的和等于 2^t，其中 $t \geq 2$ 为正整数。我们来进行任意一种这样的操作，使得仅有 a 和 b 变为数 2。假如在这样的尝试之下没有变为情形(3)，则得到这样的情形：算术平均值 s 是 2 的方幂数。我们再做这样的尝试，使得其中只有 a 和 b 变为数 4。

与前一次尝试相比,平均值增加了$\dfrac{2}{n}$,于是我们处于情形(3)中。

(5) 假设开始时的数组任意。那么在一轮操作之下即可变为情形(4)。

引理的证明如下:

重新将原来的数组表示为 $s+x_0$,$s+x_1$,$\cdots$,$s+x_n$,其中 $x_0+x_1+\cdots+x_n=0$。记 $M=\max\{|x_0|,|x_1|,\cdots,|x_n|\}$。易知,在引理中的操作之下,$M$ 不增加。只需证明,对某个固定的 $0<\lambda<1$,在某 k 轮操作之下,该最大值变得不大于 λM。下面将会看到,可取 $k=n$ 和 $\lambda=\dfrac{2^n-n-1}{2^n}$。

在 n 轮操作之后,我们的数组变为 $s+y_0$,$s+y_1$,$\cdots$,$s+y_n$,其中

$$y_0=\frac{1}{2^n}(x_0+C_n^1 x_1+C_n^2 x_2+\cdots+C_n^{n-1}x_{n-1}+x_n),$$

等等。由于 $x_0+x_1+\cdots+x_n=0$,所以

$$x_0+C_n^1 x_1+C_n^2 x_2+\cdots+C_n^{n-1}x_{n-1}+x_n$$
$$=(C_n^1-1)x_1+(C_n^2-1)x_2+\cdots+(C_n^{n-1}-1)x_{n-1}。$$

故知

$$|y_0|\leqslant((C_n^1-1)+(C_n^2-1)+\cdots+(C_n^{n-1}-1))M=\frac{2^n-n-1}{2^n}M。$$

同理可知,所有的 $|y_i|\leqslant\dfrac{2^n-n-1}{2^n}M$。引理证毕。

十一年级

> **11.1** 在空间中有一个无限长的圆柱体(亦即到某条给定直线 l 的距离为 $R>0$ 的点的几何位置)。试问,能否有某个这样的四面体,包含着它的各条棱的六条直线与该圆柱体都刚好各有一个公共点?

解 没有。

假设存在这样的情形。我们把该四面体投影到垂直于直线 l 的某个平面 α 中。圆柱体的投影是一个圆周 ω。把四面体的诸顶点的投影记作点 A、B、C、D,它们互不相同(否则将会有某一条平行于 l 的直线包含着四面体的某一条棱,而这样的直线不可能与圆柱体刚好只有一个公共点)。每一条连接点 A、B、C、D 的直线都与圆周 ω 有一个公共点,意即都与该圆相切。在此,点 A、B、C、D 不可能都在同一条直线上(因为四面体的四个顶点不共面)。这意味着,或者其中有某三个点共线,不失一般性,可设它们是 B、C、D;或者其中任何三点都不在同一条直线上。无论何种情况,直线 AB、AC、AD 互不相同。然而它们都与圆周 ω 相切,并且都经过点 A,此为不可能。

> **11.2** 三元有序正数组 (a,b,c) 称作神秘的,如果
> $$\sqrt{a^2+\frac{1}{a^2c^2}+2ab}+\sqrt{b^2+\frac{1}{b^2a^2}+2bc}+$$
> $$\sqrt{c^2+\frac{1}{c^2b^2}+2ca}=2(a+b+c)。$$
> 证明:如果数组 (a,b,c) 是神秘的,那么数组 (c,b,a) 也是神秘的。

证明 我们来证明,当且仅当 $abc=1$ 时,三元正数组 (a,b,c) 是神秘的,由此即可推出题中结论。

若 $abc<1$,则有
$$\sqrt{a^2+\frac{1}{a^2c^2}+2ab}>\sqrt{a^2+b^2+2ab}=a+b,$$

同理,有

$$\sqrt{b^2+\frac{1}{b^2a^2}+2bc} > b+c,$$

$$\sqrt{c^2+\frac{1}{c^2b^2}+2ca} > c+a,$$

此时题中等式的左端的和值大于右端,导致矛盾。

而若 $abc > 1$,则类似可知,题中等式的左端的和值小于右端,亦为矛盾。

故知题中的等号只能在 $abc = 1$ 中成立,此即为所证。

11.3 尤里来到伟大的玛雅神表(这是一个很大的方格表)。神表有 200 列和 2^{200} 行。尤里知道每一个方格里都画着太阳或月亮的图案,并且任何两行图案都不完全相同(至少有一列中的图案不同)。每一个方格都用一片叶子盖住,来了一阵风并吹走了一些叶片,每一行中都吹走了两片叶子。试问,能否出现这样的情形:尤里可以凭借现在的情况弄清楚某 10 000 行的全部情形,即弄清楚这些行中每一个方格里都画着哪种图案?(尤里·瓦列津诺维奇·克诺罗佐夫,1922—1999,苏联和俄罗斯学者,破译了玛雅书面文字。)

解 可以。

由于一共有 2^{200} 行,每行都有 200 个方格,每个方格都画着一个太阳或一个月亮的图案,而任何两行图案都不相同(至少有一列中的图案不相同),这就表明,所有不同的情形都在表中出现而且都只出现一次。我们把所有情形都分为两半来看,每一半各有 100 个方格,分别称为"左半"和"右半"。假设出现这样的情况:在那些至少在某一半中有两个太阳图案的行(把这样的行称为"阳光"的行)中,被吹走的树叶原来盖住的是位于某一半中的两个太阳图案;而在每个"非阳光"的行中,它的每一半中都至多有一个方格里画的是太阳图案(这样的行共有 101^2 行),风则吹走两半中各一片树叶,并且把这些行里所有盖住太阳图案的树叶都吹走了(这是可以实现的,因为每一半中都至多有一个方格里画有太阳)。于是,尤里就可以挑出那些两半各被吹走一片树叶的行来(它们有 $101^2 > 10\,000$ 行),它们中仍然被树叶盖住的方格里都画着月亮。

注 也有别的在结构上完全不同的场景,其时尤里也可以完全确定某 101^2 行的所有图案。仅举其中一例。

我们把太阳图案相连排列的行称为整体的(所有图案都是月亮的行也是整体的)。把整体的行叫做均衡的,如果它正中间两个方格之一至少有一个是太阳图案,或者全然没有太阳。刚好有 101^2 个均衡的行。在非均衡的行中,或者左半里有位于月亮左边的太阳;或者在右半里有位于太阳左边的月亮。而在均衡的行里没有这样的对子。假设在非均衡的行中风刚好吹走了作为特征的对子上的叶片。于是尤里借此知道了所有均衡的行的集合。而在每个均衡的行中都至少有两个太阳图案,风刚好都吹开了最左边和最右边的太阳图案。可以证明,这些行都能被唯一地确定。而在剩下的三个均衡的行中,风刚好吹走正中间两个方格上的叶片,它们也就能被确定。

11.4 四边形 $ABCD$ 中没有平行边,它内接于圆 ω。经过顶点 A 作直线 $l_A \parallel BC$,经过顶点 B 作直线 $l_B \parallel CD$,经过顶点 C 作直线 $l_C \parallel DA$,经过顶点 D 作直线 $l_D \parallel AB$。四条边相继位于这些直线(按照所说的顺序)上的四边形内接于圆 γ。圆 ω 与圆 γ 相交于点 E 和点 F。证明:直线 AC、BD 与 EF 相交于同一个点。

证法一 如图①,不失一般性,可认为射线 AB 与 DC,射线 CB 与 DA 分别相交,而线段 AC 与 BD 的交点是 G。并假定四边形 $A'B'C'D'$ 是由直线 l_a、l_b、l_c、l_d 所围成,如图所示。以 X 记 AB 与 CD' 的交点,以 Y 记 CD 与 AB' 的交点。

令 $\angle B'AB = \alpha$。由四边形 $A'B'C'D'$ 内接于圆的事实

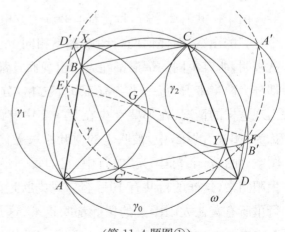

(第 11.4 题图①)

和条件 $AX /\!/ l_d$，$CY /\!/ l_b$，可知 $\alpha = \angle B'AB = 180° - \angle A'B'C' = \angle C'D'X = \angle YCA'$。这首先表明点 A、D'、X、C' 四点共圆，将该圆记作 γ_1；其次表明，C、Y、A'、B' 四点共圆，将该圆记作 γ_2；第三，表明 A、X、C、Y 四点共圆，将该圆记作 γ_0。我们指出，点 B 是圆 γ、γ_0、γ_1 的根心（因为它在直线 AX 与 $C'D'$ 上）；而点 D 是圆 γ、γ_0、γ_2 的根心（因为它在直线 CY 与 $A'B'$ 上）。如此一来，便知 BD 是圆 γ_0 和圆 γ 的根轴，AC 是圆 γ_0 和圆 ω 的根轴，EF 是圆 ω 和圆 γ 的根轴。所以，这三条直线相交于同一点，这就是所要证明的。

证法二　如图②，本证法所用记号同证法一。以 $f(P)$ 记点 P 关于圆周 ω 与 γ 的幂差。EF 是圆 ω 和圆 γ 的根轴，所以只需证明 $f(G)=0$。此外，容易看出 $f(A)=-AC' \cdot AB'$ 和 $f(C)=CD' \cdot CA'$，如图所示。

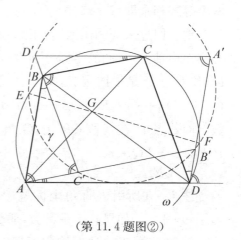

（第 11.4 题图②）

我们指出，函数 f 是线性的，意即对于线段 QR 上的点 P，有

$$f(P) = \frac{PR \cdot f(Q) + PQ \cdot f(R)}{QR}。$$

（＊）

我们将在后面证明这一结论。

现将上述结论运用于点 A、G、C，得到 $f(G) = \dfrac{AG \cdot f(C) + CG \cdot f(A)}{AC}$，从而只需证明

$$-\frac{f(A)}{f(C)} = \frac{AG}{CG}。$$

（＊＊）

注意到

$$\frac{AG}{GC} = \frac{d(A, BD)}{d(C, BD)} = \frac{S_{ABD}}{S_{BCD}} = \frac{AB \cdot AD}{CB \cdot CD}，$$

其中最后一个等号源于 $\angle BAD + \angle BCD = 180°$，我们还用记号 $d(P, l)$ 表示点 P 到直线 l 的距离，知可将（＊＊）式改写为

$$\frac{AC' \cdot AB'}{CD' \cdot CA'} = \frac{AB \cdot AD}{CB \cdot CD}。$$

由四边形 $ABCD$ 内接于圆和题中所给的平行条件，可以推知 $\angle CA'D = 180° - \angle ADB' = \angle BAD = 180° - \angle BCD = \angle CBC' = \angle AC'B$；$\angle ABC' = \angle CDA'$ 以及 $\angle BCD' = \angle B'AD$。于是就有 $\triangle ABC' \backsim \triangle CDA'$ 和 $\triangle DAB' \backsim \triangle BCD'$，由此得到比例式 $\dfrac{AC'}{CA'} = \dfrac{AB}{CD}$ 和 $\dfrac{AB'}{CD'} = \dfrac{AD}{BC}$。只需再将这两个等式相乘即可。

现在回过来证明函数 f 的线性性。取直角坐标系，使得圆 ω 和圆 γ 的圆心都在横轴上，它们的坐标分别为 $(x_1, 0)$ 和 $(x_2, 0)$，并设它们的半径分别为 R_1 和 R_2。于是根据定义，对于任意一个坐标为 (x, y) 的点 P，有 $f(P) = (x - x_1)^2 + y^2 - R_1^2 - (x - x_2)^2 - y^2 + R_2^2 = ax + b$，其中 a 与 b 是两个常数。而若点 P 在线段 QR 上，Q 与 R 的横坐标分别为 x_q 和 x_r，则有 $x = \dfrac{PR \cdot x_q + PQ \cdot x_r}{QR}$，由此立得等式（*）。

注 1 在所引入直角坐标系中，任一线性函数都具有形式 $f(x, y) = ax + by + c$。如果它不是常数，那么作为方程 $f(x, y) = 0$ 的解将是一条直线。例如，正像在上述解答中所证明的那样，两个圆的根轴是一条垂直于它们的连心线的直线。

注 2 亦可运用复数来解答本题，下面给出证明梗概。设 ω 是标准的单位圆，点 A、B、C、D 的坐标分别记作 a、b、c、d。我们来考察直线（准确地说，是直线方程）$l_{ac}(z) = ac\bar{z} + z - a - c$，$l_{bd}(z) = bd\bar{z} + z - b - d$，它们分别对应于对角线 AC 和 BD，设直线 l_a 经过点 A 而平行于直线 BC，具有方程 $l_a(z) = bc\bar{z} + z - \dfrac{bc}{a} - a$，以及题目条件中的其余三条类似的直线。经过它们诸交点的圆具有方程 $F(z) := l_a(z)l_c(z) - l_b(z)l_d(z)$。此因一方面，这些交点满足方程 $F = 0$；另一方面，z^2 与 $\bar{z}^2$ 的系数相互抵消，因而该方程确实是圆。圆 γ 与 ω 的根轴具有方程 $l_{ef}(z) := F(z) - T(z\bar{z} - 1)$，其中 T 是一个恰当的系数，以保证得到直线（它后面对于我们并不重要）。我们来证明，对于某些系数 τ 与 θ，可成立恒等式

$$l_{ef}(z) + \tau l_{ac}(z) + \theta l_{bd}(z) = 0, \qquad (*)$$

由此即可推出所要证明的结论。为证恒等式（＊），只需在 z 是四边形 $ABCD$ 的一个顶点时验证它。因此此时它不在其中一条直线上。不妨令 $z=a$，我们得到 $0=F(a)+\theta l_{bd}(a)=-l_b(a)l_d(a)+\theta l_{bd}(a)$。由此可以得到 θ 的一个值，该值应当与令 $z=c$ 时所得到的值相同，意即应当成立等式 $\dfrac{l_b(a)l_d(a)}{l_{bd}(a)}=\dfrac{l_b(c)l_d(c)}{l_{bd}(c)}$。还有一个类似的等式。这些值都被视为直接可得的（例如 $l_{bd}(a)=\dfrac{bd}{a}+a-b-d=\dfrac{(a-b)(a-d)}{d}$，而后在证明恒等式中不再存在困难。

11.5 今有一个 10×10 方格的正方形广场。新年之夜突然降起了大雪，从那时起，每天夜晚在每个方格里的降雪深度都有 $10\ \mathrm{cm}$，并且都只在夜晚降雪。每个早晨，清洁工都挑选一行（或一列）方格，把里面的积雪清扫到相邻的行（或列）里（每个方格里的积雪清扫到依边相邻的方格里）。例如，他可以选择第七列方格，把其中每个方格里的积雪都铲到左邻的方格里。不允许把积雪铲到正方形广场以外，该年的第一百天的傍晚将会到来一位检查员，他要找出积雪堆得最厚的方格。清洁工则力争使该高度达到最小。试问，检查员可以看到多高的雪堆？（译者注：俄罗斯冬季寒冷，在这一百天内积雪都不会融化。）

本题同 9.5 题，答案同上。

11.6 非等腰锐角三角形 ABC 的外接圆是 ω，外心是 O，垂心是 H。经过点 O 作直线 AH 的垂线，经过点 H 作直线 AO 的垂线。证明：这两条垂线与边 AB 和边 AC 的交点都在同一个与 ω 相切的圆周上。

证明 设直线 AH 与圆 ω 的第二个交点是 D，如图所示。于是根据题意，经过点 O 所引的直线垂直于弦 AD，设它分别与 AB 和 AC 相交于点 X 和 Y，经过点 H 的直线与之相交于点 Z 和 T。既然 $XY\ /\!/\ AC$，所以圆 (AXY) 与圆 ω 相切于点 A。在关于 XY 的对称之下，圆 ω 变为自己，而圆 (AXY) 则变为圆 (DXY)，此时它亦与 ω 相切。

既然 $ZH \perp AO$，故知 $\angle AZH = 90° - \angle OAB = \angle ACB = \angle ADB$，因此知四边形 $BZHD$ 内接于圆。从而 $\angle BZD = \angle BHD = 90° - \angle HBC = \angle ACB$。根据如上所说，知有 $\angle XYD = \angle AYX = \angle ACB = \angle BZD$，所以点 Z 在圆 (DXY) 上。同理可知，点 T 也在该圆上，由此即可推出所证。

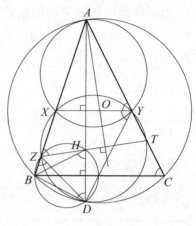

（第 11.6 题图）

注 可以讨论得略有不同。（通过证明类似的角之间的等式）证明 X、Y、Z、T 四点共圆，并证得圆 (DXY) 和圆 (DZT) 都与圆 ω 相切于点 D。然而这三个圆不可能是不同的圆，因为此时它们的根轴相交于同一个点，这一点并不难证得。这就表明，这些圆相互重合，这正是我们所要证明的。

11.7 某国共有 $n > 100$ 个城市，暂时没有城市间的道路。政府主观而随机地决定每两个城市间（双向）道路的建设费用，道路造价从 1 到 $\dfrac{n(n-1)}{2}$ 泰勒尔各有一条（所有的价位等概率）。每个城市的市长都从由该市出发的 $n-1$ 条道路中挑出造价最低的一条建造（可能是道路两端的市长都愿意，也可能只是一端的市长）。

在这些道路建成后，城市形成 M 个连通分支（同一个连通分支中的城市可以利用建成的道路互相通达，包括中转；不同分支中的城市则不能相互通达）。试求随机变量 M 的数学期望。

解 $\dfrac{n(n-1)}{2(2n-3)}$。

建成的道路有两类，一类是道路两端的市长都愿意建造，因而是共建的；另一类是仅有一端的市长愿意建造，称为单建的。每个城市都只参与了一条道路的建设。我们来观察每个连通分支里的造价最低的道路 AB。它当然是共建的。假设在某个连通分支中还有另外一条共建的道路 CD，易知 C、D 完全不同于 A、B。这四个城市在同一个连通分支中，因此它们之间都有已经建成的道路互相到达。因此，A 与 B 之一有道路通往 C 与 D 之一。不妨设由 A 到 C 的最短道路具有形式 $AX_1X_2\cdots X_kC$（其中 X_1，X_2，$\cdots$，X_k 均不同于 A，B，C，D，k 有可能为 0。）由于 A 市市长愿建的道路是 AB 而不是 AX_1，所以该路是 X_1 市单建的，同理，道路 X_1X_2 是 X_2 市单建的，如此下去，道路 X_kC 是 C 市单建的，这就与 C 还有一条与 D 共建的道路 CD 的假设相矛盾。

如此一来，每个连通分支中都有唯一的共建道路。所以"有多少条共建道路就有多少个连通分支"。将该国 n 个城市编号 A_1，A_2，$\cdots$，A_n，并定义示性函数 I_{ij} 为

$$I_{ij} = \begin{cases} 1, & \text{如果道路 } A_iA_j \text{ 是共建的，} \\ 0, & \text{否则。} \end{cases}$$

那么就有 $M = \sum\limits_{1 \leqslant i < j \leqslant n} I_{ij}$，$EM = \sum\limits_{1 \leqslant i < j \leqslant n} EI_{ij}$。

易知，$I_{ij} = 1$ 当且仅当道路 A_iA_j 是从 A_i 与 A_j 两市出发的一共 $2n-3$ 条待建道路中造价最低的，由此可见

$$P(I_{ij} = 1) = \frac{1}{2n-3}, \quad EI_{ij} = \frac{1}{2n-3}, \quad 1 \leqslant i < j \leqslant n.$$

所以

$$EM = \sum\limits_{1 \leqslant i < j \leqslant n} EI_{ij} = \frac{n(n-1)}{2(2n-3)}.$$

11.8 证明：存在某个 $c > 0$，使得对任何奇质数 $p = 2k+1$，数 1^0，2^1，3^2，$\cdots$，k^{k-1} 被 p 除时至少产生出 $c\sqrt{p}$ 个不同的余数。

证明 本解答中的所有比较均就模 p 而言。设 a 与 b 为整数，且 b 不是 p 的倍数，则用 $\dfrac{a}{b}$ 表示模 p 的唯一的余数 c，对其有 $a \equiv bc$。

设数 1^0，2^1，3^2，$\cdots$，k^{k-1} 被 p 除时刚好产生出 d 个不同的余数。记 $t = \left[\dfrac{p}{4}\right]$，则在 $1 \leqslant a \leqslant t$ 时，表达式 $f(a) = \dfrac{(2a)^{2a-1}}{(a^{a-1})^2} = 2^{2a-1}a$ 最多可有 d^2 个不同

的余数。

称正整数对 (a, b) 为例外的,如果 $1 \leqslant a < b \leqslant t$ 且 $f(a) \equiv f(b)$。我们来证明,对于每个 $\delta = 1, 2, \cdots, t-1$,都至多存在一个例外的数对 (a, b),其中 $b - a = \delta$。事实上,如果 (a, b) 是这样的数对,那么由 $2^{2a-1}a \equiv 2^{2b-1}b$ 推知 $\dfrac{a}{b} \equiv 2^{2\delta}$,由此即知 $b = a + \delta \equiv 2^{2\delta}b + \delta$ 或者 $b(1 - 2^{2\delta}) \equiv \delta$。这样的余数 b 不超过一个(因为 $\delta \neq 0$),根据它即可恢复 a。

从而一共存在不超过 $t-1$ 个例外的数对,以 S 记它们的数目。$f(1)$,$f(2)$,$\cdots$,$f(t)$ 一共刚好给出 l 个不同的模 p 余数,它们分别出现 a_1,a_2,$\cdots$,a_l 次。则有 $\sum\limits_{i=1}^{l} a_i = t$ 和 $S = \sum\limits_{i=1}^{l} C_{a_i}^2$。成立着如下的不等式

$$t - 1 \geqslant S = \frac{1}{2}\left(\sum_{i=1}^{l} a_i^2 - \sum_{i=1}^{l} a_i \right) \geqslant \frac{\dfrac{t^2}{l} - t}{2},$$

由此可知 $l \geqslant \dfrac{t^2}{3t-2} > \dfrac{t}{3}$。回想起 $l \geqslant d^2$,知有 $d > \sqrt{\dfrac{t}{3}} \geqslant \left[\dfrac{p}{12}\right]$。

这样一来,作为所求的常数 c,例如可取为 $\dfrac{1}{24}$。对于质数 $p < 12$,不等式 $d > \dfrac{\sqrt{p}}{24}$ 是不足道的;而对于质数 $p > 12$,可由 $x > 1$ 时就成立的不等式 $[x] \geqslant \dfrac{x}{2}$ 推出。

2024 年第15届罗马尼亚大师杯数学奥林匹克

　　由罗马尼亚数学会主办,"Tudor Vianu"国家高级中学承办的第15届罗马尼亚大师杯数学奥林匹克(RMM),于2024年2月26日至3月2日在罗马尼亚首都布加勒斯特举行。

　　RMM为年轻人提供了一个绝佳的机会,让不同国家和地区的学生有机会结交新朋友,展示自己的数学能力,交流知识和加强跨文化接触。本届RMM也是疫情后中国首次派队员参加线下比赛,在开幕式上组委会主席对中国代表队的回归表示了热烈的欢迎。

　　本届RMM线下共有来自15个国家共80名学生参加,其中中国队的领队由人大附中李寒松担任,5名参赛队员分别为彭振乾(人大附中)、何墨尘(人大附中)、王颢锟(华南师大附中)、徐谦(北京十一学校)、宋彦廷(华南师大附中)。

　　经过两天的考试,中国代表队取得了优异成绩,共收获2金1银2铜(本届共颁发8枚金牌),在总分榜上以90分的成绩位列第二,与第一名仅相差2分,其中王颢锟和何墨尘同学获得金牌。本届RMM团体前六的代表队分别为美国队、中国队、罗马尼亚队、以色列队、法国队和匈牙利队。

1 设 n 是正整数。最开始在一个 $2^n \times 2^n$ 的方格棋盘上的第一行的每个小方格内均放置一枚"象"，这些"象"从左到右依次编号：$1, 2, \cdots, 2^n$。

定义一次"跳跃"操作为同时移动所有的"象"并满足如下条件：

- 每一枚"象"可沿对角线方向移动任意方格；
- 在这次"跳跃"操作结束时，所有的"象"恰在同一行的不同方格。

求满足下列条件的数 $1, 2, \cdots, 2^n$ 的排列 σ 的总个数：存在一系列的"跳跃"操作，使得结束时所有的"象"都在棋盘的最后一行，并且从左到右编号依次为：$\sigma(1), \sigma(2), \cdots, \sigma(2^n)$。

解　答案为 2^{n-1}。证明过程如下：在一次"跳跃"中，所有的"象"向上或向下移动的行或列的数量是相同的，定义这个数量为每次"跳跃"的"长度"。

先证明每次"跳跃"的"长度"一定是 2 的幂次。

设"跳跃"的"长度"为 k，则第 $1, 2, 3, \cdots, k$ 列的"象"分别移动至第 $k+1, k+2, \cdots, 2k$ 列中，原来在第 $k+1, k+2, \cdots, 2k$ 列的"象"应移动到第 $1, 2, \cdots, k$ 列，以此类推，在之后的每 $2k$ 列中，前 k 列的"象"向右移动而后 k 列的"象"向左移动，因此 $2k \mid 2^n$，故"跳跃长度" k 是 2 的幂次。

考虑列数减 1 的 n 位二进制表示（位数不够的用 0 补全），则"长度"为 2^d 的"跳跃"使每个"象"的第 d 位中的 0、1 互换，于是在最终的排列中，对 $0 \leqslant d \leqslant n-1$，所有"象"的第 d 位要么都改变，要么都不变。

注意到"跳跃"的总"长度"是奇数，所以"长度"为 1 的"跳跃"有奇数次，于是在最终的排列中所有"象"的第 0 位都发生了改变，故至多有 2^{n-1} 种可能的排列。

具体构造：先向下依次进行"长度"为 $1, 2, 4, \cdots, 2^{n-1}$ 的"跳跃"，此时所有位的数字都改变了，对 $1 \leqslant i \leqslant n-1$，接下来向上进行两次"长度"为 2^{i-1} 的"跳跃"，再向下进行一次"长度"为 2^i 的"跳跃"，可恰好使得第 i 位发生改变，反复进行这样的"跳跃",可以得到所有 2^{n-1} 种不同的排列方式。

---

❷ 已知奇质数 p 和正整数 $N < 50p$。设 a_1，a_2，$\cdots$，a_N 是一些小于 p 的正整数,同一数值至多出现 $\frac{51}{100}N$ 次,且 $a_1 + a_2 + \cdots + a_N$ 不能被 p 整除。

证明:存在 a_i 的一个排列:b_1，b_2，$\cdots$，b_N,使得对任意的 $k = 1$，2，$\cdots$，N,都有和:$b_1 + b_2 + \cdots + b_k$ 不能被 p 整除。

证明 先证明引理。

引理:设 c_1，c_2，$\cdots$，c_n 是小于 p 的正整数,满足同一数值至多出现 $\frac{1}{2}(n+1)$ 次,则对 $r \not\equiv c_1 + c_2 + \cdots + c_n \pmod{p}$,存在 c_i 的一个排列 d_1，d_2，$\cdots$，d_n,使得对任意 $k = 1$，2，$\cdots$，n，$r \not\equiv d_1 + d_2 + \cdots + d_k \pmod{p}$。

引理的证明如下:

对 n 归纳。

当 $n = 1$ 时显然成立。假设小于 n 时成立,考虑 n 的情形,设在 c_i 中数 a 出现的次数最多。

若 $a \not\equiv r \pmod{p}$,则令 $d_1 = a$,在余下的 c_i 中,同一数值至多出现 $\frac{1}{2}n$ 次,这是因为若其他数都比 a 出现的次数少,则至多出现 $\frac{1}{2}(n+1) - 1 = \frac{1}{2}(n-1)$ 次;若有另一数与 a 出现的次数相同,则至多出现 $\frac{1}{2}n$ 次,故对余下的 c_i 和 $r - a$ 用归纳假设得证。

若 $a \equiv r \pmod{p}$,则由 $\frac{1}{2}(n+1) < n$ 可知在 c_i 中取出另一个不同于 a 的数 b,令 $d_1 = b$，$d_2 = a$,则 $d_1 \not\equiv r \pmod{p}$，$d_1 + d_2 = a + b \equiv r + b \not\equiv r \pmod{p}$,在余下的 c_i 中,同一数值至多出现 $\frac{1}{2}(n-1)$ 次,这是因为若其他数都比 a 出现的次数少,则至多出现 $\frac{1}{2}(n+1) - 1 = \frac{1}{2}(n-1)$ 次;若 a 出现

的次数少于 $\frac{1}{2}(n-1)$，则显然成立；若 n 是偶数，且 a、b 各出现 $\frac{1}{2}n$ 次，则至多

出现 $\frac{1}{2}n-1=\frac{1}{2}(n-2)$ 次，故对余下的 c_i 和 $-b$ 用归纳假设得证。

回到原题，当同一数值至多出现 $\frac{1}{2}(N+1)$ 次时，对 $r=0$ 用引理即得证。

当存在数 a 出现 $M>\frac{1}{2}(N+1)$ 次时，这样的 a 是唯一的，注意到 $2M-N>1$，且 $2M-N\leqslant\frac{51}{50}N-N=\frac{1}{50}N<p$，所以可令 $b_i=a$，$i=1,2,\cdots$，$2M-N$，在余下的 $N-(2M-N)=2(N-M)$ 个 a_i 中，a 出现 $M-(2M-N)=N-M$ 次，其余数出现不超过 $N-M$ 次，均小于 $\frac{1}{2}[2(N-M)+1]$，故对余下的 a_i 和 $r=(N-2M)a$ 用归纳假设即得证。

---

③ 给定正整数 n，称集合 $\mathcal{S}$ 是 n-可行，如果其满足以下条件：
- $\mathcal{S}$ 的每个元素都是 $\{1,2,\cdots,n\}$ 的三元子集；
- $|\mathcal{S}|=n-2$；
- 对任意的 $1\leqslant k\leqslant n-2$ 和任意 k 个互不相同的 $A_1,A_2,\cdots,A_k\in\mathcal{S}$，都有

$$|A_1\cup A_2\cup\cdots\cup A_k|\geqslant k+2。$$

判断以下命题是否为真：对所有的 $n>3$ 和所有的 n-可行集合 $\mathcal{S}$，在平面内总存在 n 个互不相同的点 $P_1,P_2,\cdots,P_n$，使得对集合 $\mathcal{S}$ 中任意元素 $\{i,j,k\}$，三角形 $P_iP_jP_k$ 的每个内角都小于 $61°$。

解 答案是肯定的，采用数学归纳法证明。

对 n 进行归纳，证明当 $|\mathcal{S}|\leqslant n-2$ 时结论都成立。

当 $n=3$ 时结论显然成立，假设 $n\geqslant 4$ 且小于 n 时成立，考察 n 时的情形。

考虑关于复数 $z_1,z_2,\cdots,z_n$ 的方程组，满足对任意 $\{i,j,k\}\in\mathcal{S}$，$z_i+\omega z_j+\omega^2 z_k=0$，其中 $\omega=\mathrm{e}^{\frac{2\pi i}{3}}$，易知 z_i、z_j、z_k 对应的点要么重合，要么构成一个正三角形。

因为有 n 个未知数和不超过 $n-2$ 个方程,所以存在不全相等的解,从而存在不全重合的 n 个点,使得 $\mathcal{S}$ 中的每个三角形均满足要求。

将重合的点分为一组,则每组中的点数均小于 n,且由条件,每组中属于 $\mathcal{S}$ 的三元子集的个数不超过该组中的点数减 2。于是由归纳假设,可微调使每组中的点互不重合,且组内的三角形满足要求,微调后,组间的三角形仍然满足要求。

归纳证毕。

4 给定大于 1 的整数 a 和 b。对任意的正整数 n，记 r_n 为 b^n 除以 a^n 的非负余数。若存在正整数 N，使得对任意的 $n \geqslant N$，都有 $r_n < \dfrac{2^n}{n}$。证明：$a \mid b$。

证明　设 $b^n = q_n a^n + r_n$，结合 $b^{n+1} = q_{n+1} a^{n+1} + r_{n+1}$ 得，$r_{n+1} \equiv b r_n (\bmod a^n)$。因为当 n 充分大时，$r_{n+1} < \dfrac{2^{n+1}}{n+1} < a^n$，$b r_n < b \cdot \dfrac{2^n}{n} < a^n$，所以存在正整数 N，使得当 $n \geqslant N$ 时，$r_{n+1} = b r_n$，于是 $r_n = b^{n-N} r_N$。

若 $r_N \neq 0$，则 $r_n \geqslant b^{n-N} \geqslant 2^{n-N}$。当 $n > 2^N$ 时，$r_n > \dfrac{2^n}{n}$，矛盾！于是 $r_N = 0$，从而 $a^N \mid b^N$，故 $a \mid b$。

5 在同一平面内，BC 为给定线段，动点 A 不在直线 BC 上。X 和 Y 分别为射线 $\overrightarrow{CA}$ 和射线 $\overrightarrow{BA}$ 上不重合的两点，满足 $\angle CBX = \angle YCB = \angle BAC$。若三角形 ABC 外接圆在点 B 和 C 处的切线分别交直线 XY 于点 P 和点 Q，点 X、P、Y、Q 互不重合，且位于直线 BC 同侧。圆 Ω_1 经过点 X、P 且圆心在 BC 上。类似地，圆 Ω_2 经过点 Y、Q 且圆心在 BC 上。

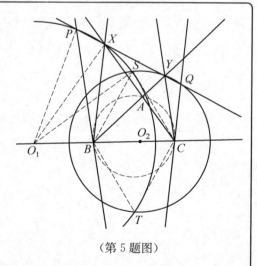

（第 5 题图）

证明：当点 A 运动时，圆 Ω_1 和圆 Ω_2 始终交于两定点。

证明 作正三角形 BCS 和 BCT，则 S、T 是定点，下面证明 S、T 是圆 Ω_1 和圆 Ω_2 的交点。

由对称性，只需证明 S 在 Ω_1 上，设 O_1 是 Ω_1 的圆心，只需证明 $O_1S = O_1X$。

由条件，$\angle CBX = \angle BAC = 180° - \angle PBC$，结合 $O_1X = O_1P$，知 O_1、B、X、P 四点共圆。于是 $\angle O_1XY = \angle PBC = 180° - \angle BAC = 180° - \angle XAY$，所以 O_1X 与 $\triangle XAY$ 的外接圆相切。

由条件，$\triangle XBC \backsim \triangle BAC \backsim \triangle BCY$，所以 $BS^2 = BC^2 = BA \cdot BY$，$CS^2 = CB^2 = CA \cdot CX$，于是 BC 是 $\triangle XAY$ 外接圆与点圆 S 的根轴。

因为 O_1 在直线 BC 上，所以 O_1 到 $\triangle XAY$ 外接圆与点圆 S 的幂相等，又因为 O_1X 与 $\triangle XAY$ 的外接圆相切，因此 $O_1X = O_1S$。

故原题得到证明。

---

6 我们称整系数多项式 P 是无平方因子的，如果其不能表示为 $P = Q^2R$ 的形式，这里 Q、R 为整系数多项式且 Q 不为常数。对于正整数 n，记 $\mathcal{P}_n$ 为如下形式的多项式组成的集合：

$$1 + a_1x + a_2x^2 + \cdots + a_nx^n,$$

这里 a_1, a_2, $\cdots$, $a_n \in \{0, 1\}$。证明：存在整数 N，使得对任意的整数 $n \geqslant N$，$\mathcal{P}_n$ 中超过 99% 的多项式都是无平方因子的。

证明 设 $P \in \mathcal{P}_n$ 能被 Q^2 整除，其中 Q 非常值，对待定的正整数 $r \leqslant n$，分别考虑 $\deg Q > r$ 和 $\deg Q \leqslant r$ 时 P 在 $\mathcal{P}_n$ 中的占比。

当 $\deg Q = d > r$ 时，在 $\mathbb{F}_2$ 中 Q^2 整除 P，因为 $\deg(P/Q^2) \leqslant n - 2d$，所以对固定的 Q，这样的 P 不超过 2^{n-2d+1} 个，在 $\mathbb{F}_2$ 中 Q 的常数项为 1，所以使 $\deg Q = d$ 的 Q 不超过 2^d 个，对 d 求和，可知这样的 P 在 $\mathcal{P}_n$ 中的占比不超过：

$$\frac{1}{2^n}\sum_{d>r} 2^d \cdot 2^{n-2d+1} = \sum_{d>r} 2^{-d+1} = 2^{-r+1}.$$

当 $\deg Q = d \leqslant r$ 时，先证明这样的 Q 不超过 $(2^{2r+1} - 1)^{r+1}$ 个。

设 z_1，z_2，$\cdots$，z_d 是 Q 的根，易知 P 的根的模都小于 2，所以 $|z_k|<2$，$1\leqslant k\leqslant d$，由韦达定理知，Q 中 x^{d-x} 的系数的模

$$\left|\sum z_{i_1}\cdots z_{i_k}\right|<\mathrm{C}_d^k\cdot 2^k<2^{d+k}\leqslant 2^{2r},$$

所以 Q 的每项系数至多有 $2^{2r+1}-1$ 种取值，由此得证。

再证明对固定的 Q，这样的 P 不超过 $\dfrac{2^n}{n+1}$ 个。

对 $P=1+a_1x+\cdots+a_nx^n$，用 $\mathcal{S}_n(P)$ 表示 $\mathcal{P}_n$ 中多项式 $R=1+b_1x+\cdots+b_nx^n$ 构成的集合，其中 R 恰有一个系数与 P 不同，则 $|\mathcal{S}_n(P)|=n$，因为 $P-R=\pm x^k(1\leqslant k\leqslant n)$，所以由 Q^2 整除 P 知 Q^2 不整除 R，否则 $Q(0)=0$。

对不同的 P_1、P_2，$\mathcal{S}_n(P_1)$ 和 $\mathcal{S}_n(P_2)$ 不交，否则设 R 是公共的元素，则存在 $q\leqslant k_1$，$k_2\leqslant n$，使 $P_1-R=\pm x^{k_1}$，$P_2-R=\pm x^{k_2}$，相减可知 $\pm x^{k_1}\pm x^{k_2}$ 能被 Q^2 整除，但 $x^{k_1-k_2}\pm 1$ 无重根，矛盾！

故这样的 P 在 $\mathcal{P}_n$ 中的占比不超过 $\dfrac{(2^{2r+1}-1)^{r+1}}{n+1}$。

最后，先取 r 使 $2^{-r+1}<\dfrac{1}{200}$，再取 N 使 $\dfrac{(2^{2r+1}-1)^{r+1}}{N+1}<\dfrac{1}{200}$，这样当 $n\geqslant N$ 时，$\mathcal{P}_n$ 中有平方因子的多项式的占比不超过

$$2^{-r+1}+\frac{(2^{2r+1}-1)^{r+1}}{n+1}<\frac{1}{200}+\frac{1}{200}=\frac{1}{100},$$

满足题目要求。

2024 年第 13 届欧洲女子数学奥林匹克

第 13 届欧洲女子数学奥林匹克(EGMO)于 2024 年 4 月 11 日至 17 日在格鲁吉亚的兹卡尔图博举行。EGMO 是一项面向女学生的高水平国际数学竞赛,旨在支持和推动数学在女性中的普及与发展,让更多女生能够体验数学的乐趣,领略数学的美丽与深邃。中国数学会希望通过参与这一赛事,进一步增加女同学对数学奥林匹克竞赛的兴趣和参与度,同时促进国内数学教育、数学研究和学科建设的提升,致力于培养具有国际竞争力的青年科技人才。因此,自 2023 年起,中国数学会受邀组建并派出中国女子数学奥林匹克国家队参赛,为提升我国数学教学水平、加强国际交流合作提供了宝贵的机会,也为中国女生展示其数学才华提供了一个崭新的国际舞台。

本届比赛共有来自 54 个国家(包括 17 个非欧盟国家)的 212 名选手参赛。在为期一周的竞赛和活动中,各国代表在数学领域展开激烈角逐,彰显出卓越的数学才华和拼搏精神。

中国队由北京大学的肖梁教授担任领队,湖南师范大学附属中学的彭如倩老师担任副领队,四名队员分别为广东省华南师范大学附属中学的谭欣彤、湖南师范大学附属中学的郭家怡、湖北省武昌实验中学的吏语涵和福建省福州三中的蔡琳珊。

在此次大赛中,中国女奥队表现出色,获得了三金一银的优异成绩,荣获团体总分第三名,充分展示了中国女学生的风采和实力。美国队和澳大利亚队分别摘得团体第一名和第二名。

获得团体总分前 10 名的队是:

第 1 名	美国	151 分
第 2 名	澳大利亚	143 分
第 3 名	中国	141 分
第 4 名	乌克兰	131 分
第 5 名	罗马尼亚	126 分
第 6 名	土耳其	114 分
第 7 名	德国	104 分
第 7 名	加拿大	104 分
第 9 名	日本	94 分
第 10 名	斯洛伐克	93 分

1 黑板上写有两个不同的整数 u、v。我们将进行一系列操作,每一次执行如下两种操作之一:

(i) 若 a、b 是黑板上两个不同的整数,且 $a+b$ 还没有出现在黑板上,则我们可以在黑板上写下 $a+b$。

(ii) 若 a、b、c 是黑板上三个不同的整数,且 x 是一个还没有出现在黑板上的整数满足 $ax^2+bx+c=0$,则我们可以在黑板上写下 x。

求所有可能的初始数对 (u,v),使得任意整数都能在有限次操作后出现在黑板上。(斯洛伐克供题)

解 所有可能的初始数对 (u,v) 为:要么 u、v 全正(且不等),要么 u、v 一正一负且 $\{u,v\} \neq \{-1,1\}$。

首先排除不可能的初始数对。

① 若 u、v 中有 0,不妨 $u=0$,则我们无法写下第三个整数(所以更不能使用(ii)。)

② 若 $\{u,v\}=\{-1,1\}$,则我们可以在黑板上写下 0。但除此之外,我们不能写下其他整数。因为 $ax^2+bx+c=0$ 对 $\{a,b,c\}=\{-1,0,1\}$ 的所有整数解只有 -1、0、1 三种可能。

③ 若 u、v 全为负整数,我们说明通过(i)和(ii)只能在黑板上写下负整数。事实上,在(i)中,若 $a<0$ 且 $b<0$,则 $a+b<0$。在(ii)中,若 a、b、c 全负,则 x 也必为负数,否则 $x \geqslant 0$ 导致 $ax^2+bx+c<0$,矛盾!故当初始值 (u,v) 为负整数时,黑板上只能出现负整数。

下面说明当 u、v 全正或者 u,v 一正一负且 $\{u,v\} \neq \{-1,1\}$ 时,任意整数可以在有限次操作后被写到黑板上,不妨设 $v>0$。

首先说明 -1 可以被写在黑板上,事实上,首先写下 $u+v$。注意到 $u(-1)^2+(u+v)(-1)+v=0$,所以 -1 可以被写到黑板上。

结合初始值 $v>0$，再通过操作(i)可以保证在黑板上写有 $-1, 0, 1, \cdots$，v。再利用操作(ii)知，若整数 $c \neq 0, 1$ 在黑板上，$0 \cdot (-c)^2 + 1 \cdot (-c) + c = 0$ 故 $x = -c$ 可以被写在黑板上。因为 $\{u, v\} \neq \{-1, 1\}$，故黑板上可以写有一个严格大于1的正整数。再利用黑板上的 -1 和 1，通过不断进行操作(i)可以在黑板上写下所有正整数。再由 $c \leftrightarrow -c$ 的操作得到所有整数。

注 也可以用如下方式进行构造。如果有两个不同整数同号，不断利用操作(i)，可以得到它们(同号的)最大公因数的足够大倍数。从而得到一系列倍数 $D, 2D, 3D, \cdots$ 由此注意到 $x = -1, -2$ 是 $Dx^2 + 3Dx + 2D = 0$ 的根，从而可以在黑板上写下 $-1, -2$。余下的构造显然。

❷ 如图，在三角形 ABC 中，$AC > AB$，外接圆为 Ω，内心为 I，内切圆与三边 BC、CA、AB 分别相切于点 D、E、F。设 X 和 Y 分别是内切圆的劣弧 $\overset{\frown}{DF}$ 和 $\overset{\frown}{DE}$ 上两点，满足 $\angle BXD = \angle DYC$。设直线 XY 交直线 BC 于点 K。设 T 是圆 Ω 上一点满足 KT 与 Ω 相切且 T 与 A 在直线 BC 同侧。证明：直线 TD 与 AI 相交于圆 Ω 上。（英国供题）

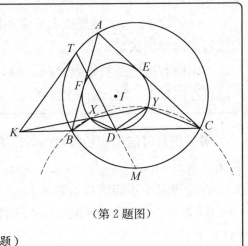

（第2题图）

证明 因为 D 是 BC 与内切圆的切点且 $\angle BXD = \angle DYC$，我们有

$$\angle XYC + \angle CBX = \angle XYD + \angle DYC + \angle CBX$$
$$= \angle XDB + \angle BXD + \angle DBX = 180°。$$

故 B、C、Y、X 四点共圆。由此，

$$KX \cdot KY = KB \cdot KC。$$

又由 KD 与内切圆相切，KT 与 Ω 相切知，

$$KT^2 = KB \cdot KC, \quad KD^2 = KX \cdot KY。$$

结合上述等式知 $KT^2 = KD^2$，故 $KT = KD$。特别地，$\angle DTK = \angle KDT$。

延长 TD 交圆 Ω 于点 M，只需证明 M 是弧 $\overset{\frown}{BC}$ 中点（因为 AI 平分 $\angle BAC$，此时 A、I、M 三点共线）。注意到

$$\frac{1}{2}\overset{\frown}{TM}=\angle DTK=\angle KDT=\frac{1}{2}(\overset{\frown}{TB}+\overset{\frown}{MC})。$$

由此 $\frac{1}{2}\overset{\frown}{BM}=\frac{1}{2}\overset{\frown}{MC}$，故 M 是弧 $\overset{\frown}{BC}$ 中点，所以，A、I、M 共线。

---

❸ 称一个正整数 n 为奇特数，如果对 n 的任何一个正因子 d，整数 $d(d+1)$ 均整除 $n(n+1)$。证明：对任意四个两两不同的奇特数 A、B、C、D，均有

$$\gcd(A，B，C，D)=1。$$

这里 $\gcd(A，B，C，D)$ 表示同时整除 A、B、C、D 的最大正整数。（荷兰供题）

解 注意到 $n=1$ 是奇特数，且每个质数都是奇特数。对合数 n，考虑 $\frac{n}{d}$，其中 $d>1$ 是 n 的一个真因子。则

$$\frac{n}{d}\left(\frac{n}{d}+1\right)\,\Big|\,n(n+1)。$$

由此知，

$$n+d\mid d^2(n+1)。$$

由 $n\equiv-d\,(\mathrm{mod}(n+d))$ 知，$n+d\mid(d^3-d^2)$，故 $n+d\leqslant d^3-d^2$。特别地，$n<d^3$。因为我们可以取 d 为 n 最小的质因子，所以 n 最多有两个质因子（计算重数）。以下，我们假设 $n=pq$，p、q 为质数。事实上，$p\neq q$，否则由 $p(p+1)\mid p^2(p^2+1)$ 得到 $p+1\mid 2$，矛盾！

以下对于 $n=pq$（$p\neq q$ 为不同的质数），我们有 $p(p+1)\mid n(n+1)=pq(pq+1)$，故

$$p+1\mid q(pq+1)\Rightarrow p+1\mid q(q-1)。$$

类似地，$q+1\mid p(p-1)$。

不妨 $p > q$。这说明 $p \nmid q+1$(除非 $p=3$ 且 $q=2$,但是 $p+1 \nmid q(q-1)$)。所以由 $q+1 \mid p(p-1)$ 得,$q+1 \mid p-1$。此外,若 q 不整除 $p+1$,则 $p+1$ 和 q 互质,由此知 $p+1 \mid q-1$。这与 $p > q$ 矛盾,故 q 整除 $p+1$。

记 $p+1=mq(m \in \mathbb{N}_+)$,则

$$q+1 \text{ 整除 } p-1=mq-2=m(q+1)-m-2,$$

故 $q+1 \mid m+2$。此外,$p+1 \mid q(q-1)$ 说明 $m \mid q-1$。如果 $\frac{q-1}{m} > 1$,那么 $m \leqslant \frac{q-1}{2}$,但 $q+1$ 又整除 $m+2$,所以 $q \leqslant m+1 \leqslant \frac{q+1}{2}$,矛盾!故 $m=q-1$。所以,我们证明了,如果 n 是一个奇特数,则 $n=q(q^2-q-1)$,使得 q 和 q^2-q-1 都是质数。

根据上述讨论,一个质数 p 只能整除如下的几个奇特数:质数 p,奇特数 $p(p^2-p-1)$(如果 p^2-p-1 是质数),奇特数 $q(q^2-q-1)$(如果 q 是质数且 $p=q^2-q-1$)。

所以任何四个不同奇特数的最大公因数只能是 1。

注 确实存在三个奇特数的最大公因数不为 1,即 4 为最优值。5,$15=3 \cdot 5$,$95=5 \cdot 19$ 都是奇特数。

---

❹ 对一个整数数列 $a_1 < a_2 < \cdots < a_n$，称一个数对 $(a_i, a_j)(1 \leqslant i < j \leqslant n)$ 是有趣的，如果存在另外一个数对 $(a_k, a_\ell)(1 \leqslant k < \ell \leqslant n)$ 满足

$$\frac{a_\ell - a_k}{a_j - a_i} = 2。$$

固定整数 $n \geqslant 3$，求一个 n 项整数数列中有趣数对个数的最大可能值。
（乌克兰供题）

解　有趣数对的最大可能值是 $\frac{1}{2}(n-1)(n-2)+1$。考虑数列

$$a_1 = 0, \quad a_m = 2^m \quad (m = 2, 3, \cdots, n)。$$

则 $(a_1, a_i)(i = 2, \cdots, n-1)$ 是有趣数对，因为 $\frac{a_{i+1} - a_1}{a_i - a_1} = 2$。同样地，对 $2 \leqslant i < j \leqslant n-1$，$(a_i, a_j)$ 是有趣数对，因为 $\frac{a_{j+1} - a_{i+1}}{a_j - a_i} = 2$。最后 (a_{n-1}, a_n) 是有趣数对因为 $\frac{a_n - a_1}{a_n - a_{n-1}} = 2$。故这个数列一共有 $\frac{1}{2}(n-1)(n-2)+1$ 个有趣数对。

下面说明在一个 n 项整数数列中有趣数对的个数不超过 $\frac{1}{2}(n-1)(n-2)+1$。注意到，若数对 $(a_i, a_j)(1 \leqslant i < j \leqslant n)$ 使得 $a_j - a_i > \frac{1}{2}(a_n - a_1)$，则 (a_i, a_j) 不可能是有趣数对。对任意 $i = 2, 3, \cdots, n-1$，有

$$(a_n - a_i) + (a_i - a_1) = a_n - a_1。$$

所以 (a_i, a_n) 和 (a_1, a_i) 中至少有一个不是有趣数对，除非 $a_i = \frac{a_1 + a_n}{2}$。再

加上肯定不是有趣数对的(a_1, a_n),不是有趣数对的数对至少有

$$(n-3)+1=n-2。$$

所以有趣数对至多有$\frac{1}{2}(n-1)n-(n-2)=\frac{1}{2}(n-1)(n-2)+1$对。

注 使得有趣数对个数取得最大值的整数数列还有如下的构造。

$$a_i=i(i=1, \cdots, n-1), a_n=2n-3。$$

---

5 设$\mathbb{N}_+$为所有正整数的集合。求所有函数$f:\mathbb{N}_+ \to \mathbb{N}_+$,满足:对每个正整数数对$(x, y)$,均有

(i) x和$f(x)$有相同数量的正因子;

(ii) 如果x不整除y且y也不整除x,那么

$$\gcd(f(x), f(y)) > f(\gcd(x, y))。$$

这里$\gcd(m, n)$表示同时整除m和n的最大正整数。（克罗地亚供题）

解 所有满足条件的函数为$f(x)=q^{\tau(x)-1}$,这里q是一个质数,$\tau(x)$表示x的正因子个数。显然,x和$f(x)=q^{\tau(x)-1}$都各有$\tau(x)$个正因子。此外,对正整数x, y满足$x \nmid y$和$y \nmid x$, $\gcd(x, y)$整除x和y且不相等,所以$\tau(x) > \tau(\gcd(x, y))$且$\tau(y) > \tau(\gcd(x, y))$。 由此,

$$\begin{aligned}
\gcd(f(x), f(y)) &= q^{\min\{\tau(x), \tau(y)\}-1}\\
&> q^{\tau(\gcd(x, y))-1}\\
&= f(\gcd(x, y))。
\end{aligned}$$

下面证明所有满足条件的函数只能取上述形式。首先,由(i)知,$f(1)=1$,若x是质数,则$f(x)$也是质数。对两个不同的质数x, y,

$$f(\gcd(x, y))=f(1)=1。$$

由(ii)知,两个质数$f(x)$和$f(y)$不互质,故$f(x)=f(y)$。 所以对所有质数$x, f(x)$为某个固定质数q。

以下对x的因子个数$\tau(x)$归纳证明$f(x)=q^{\tau(x)-1}$。假设当因子个数小于N时此结论成立。设$x=p_1^{\alpha_1} p_2^{\alpha_2} \cdots p_k^{\alpha_k}$恰有$N$个因子,这里$p_1, \cdots, p_k$是

不同质数, $\alpha_1, \cdots, \alpha_k \in \mathbb{N}_+$, 故 $(\alpha_1+1)\cdots(\alpha_k+1)=N$。

① 首先考虑 $k \geqslant 2$ 的情形。不妨 $\alpha_2 \geqslant \alpha_1$, 考虑整数

$$y = p_1^{-1} p_2 x = p_1^{\alpha_1-1} p_2^{\alpha_2+1} p_3^{\alpha_3} \cdots p_k^{\alpha_k}。$$

则我们有如下的不等式

$$\tau(\gcd(x, y)) < \tau(y) = \alpha_1(\alpha_2+2)(\alpha_3+1)\cdots(\alpha_k+1) <$$
$$(\alpha_1+1)(\alpha_2+1)\cdots(\alpha_k+1) = \tau(x)。$$

由归纳假设知 $f(y)=q^{\tau(y)-1}$, $f(\gcd(x, y))=q^{\tau(\gcd(x, y))-1}$。 由条件(ii)知,
$\gcd(f(x), f(y)) = \gcd(f(x), q^{\tau(y)-1}) > f(\gcd(x, y)) = q^{\tau(\gcd(x, y))-1}$。
由此可知 $q^{\tau(\gcd(x, y))}$ 整除 $f(x)$。若 $f(x)$ 中还有与 q 不同的因子 r, 则

$$\tau(f(x)) \geqslant \tau(rq^{\tau(\gcd(x, y))}) = 2(\tau(\gcd(x, y))+1)。$$

但另一方面

$$\frac{\tau(\gcd(x, y))}{\tau(x)} = \frac{\alpha_1}{\alpha_1+1} \geqslant \frac{1}{2}。$$

故 $\tau(f(x)) \geqslant 2\left(\frac{1}{2}\tau(x)+1\right) = \tau(x)+2$。 这与(i)矛盾!故 $f(x)$ 是 q 的幂次, 由条件(i)知 $f(x)=q^{\tau(x)-1}$。

② 下面考虑 $k=1$ 的情形, 即 $x=p^m$, 这里 p 是一个质数, $m=N-1 \geqslant 2$。 在条件(ii)中考虑 $x=p^m$ 和 $y=p^{\lfloor (m-1)/2 \rfloor}r$ (这里 r 是一个与 p 不同的质数)。注意到

$$\tau(y) = 2 \cdot \left(\left\lfloor \frac{m-1}{2} \right\rfloor + 1\right) \leqslant m+1$$

且等号成立时, y 有两个不同质因子, 在①的部分已经讨论过。所以 $f(y) = q^{\tau(y)-1} = q^{2\lfloor (m-1)/2 \rfloor+1}$。 我们有

$$\gcd(f(x), f(y)) = \gcd(f(x), q^{2\lfloor (m-1)/2 \rfloor+1}) >$$
$$f(\gcd(x, y)) = f(p^{\lfloor (m-1)/2 \rfloor}) = q^{\lfloor (m-1)/2 \rfloor}。$$

由此知 $q^{\lfloor (m-1)/2 \rfloor+1}$ 整除 $f(x)$。而若 $f(x)$ 有与 q 不同的质因子, 则

$$\tau(f(x)) \geqslant 2 \cdot \left(\left\lfloor \frac{m-1}{2} \right\rfloor + 2 \right) = 2\left\lfloor \frac{m+3}{2} \right\rfloor \geqslant m+2 > \tau(x)\text{。}$$

这与条件(i)矛盾!由此知 $f(p^m)$ 必须是 q 的幂次,故 $f(p^m)=q^m$。这完成了归纳证明。

所有满足题意的函数 f 为 $f(x)=q^{\tau(x)-1}$,其中 q 为质数。

注 此题有多种可能的归纳顺序,例如先对质数幂次证明,然后对不同质因子个数进行归纳。

---

6 求所有正整数 d,使得存在一个 d 次实系数多项式 P 满足:
$$P(0), P(1), P(2), \cdots, P(d^2-d)$$
中至多有 d 个不同的值。(卢森堡和比利时供题)

解 (根据谭欣彤同学的解答整理)所有满足题意的正整数 d 为 $d=1$,2,3。首先在 $d=1$,2,3 时给出 $P(x)$ 的构造。

$d=1$:$d^2-d=0$, $\quad P_1(x)=x$, $\qquad\qquad\qquad P(0)=0$;

$d=2$:$d^2-d=2$, $\quad P_2(x)=x(x-1)$, $\qquad\quad \begin{cases} P(0)=P(1)=0, \\ P(2)=2; \end{cases}$

$d=3$:$d^2-d=6$, $\quad P_3(x)=x(x-4)(x-5)$, $\quad \begin{cases} P(0)=P(4)=P(5)=0, \\ P(1)=P(2)=P(6)=12, \\ P(3)=6\text{。} \end{cases}$

现在说明 $d \geqslant 4$ 时不存在这样的多项式 $P(x)$。假设次数 $d \geqslant 4$ 的多项式 $P(x)$ 在 0,1,$\cdots$,d^2-d 上只取 d 个值 $p_1 < p_2 < \cdots < p_d$。设 n_i 是使得 $P(k)=p_i$ 的 $k \in \{0, 1, \cdots, d^2-d\}$ 的个数。显然,对某个 i,$n_i=d$。不妨设
$$P(x)=(x-\alpha_1)\cdots(x-\alpha_d)+p_i,$$
这里 α_1,$\cdots$,α_d 是 0,1,$\cdots$,d^2-d 之间 d 个不同整数。特别地,$P(x)$ 中 x^{d-1} 的系数是一个整数。

引理:对 $i \in \{1, \cdots, d-1\}$,如下三种情况不可能发生:

(a) $n_i=n_{i+1}=d$;

(b) $n_i=d$ 且 $n_{i+1}=d-1$;

(c) $n_i = d - 1$ 且 $n_{i+1} = d$。

引理的证明如下：

现在假设(a)，(b)或(c)成立。设 $x_1 \leqslant \cdots \leqslant x_d$ 是方程 $P(x) = p_i$ 的 d 个根，$y_1 \leqslant \cdots \leqslant y_d$ 是方程 $P(x) = p_{i+1}$ 的 d 个根(计算重数)则由多项式单调性质知 $y_d > x_d \geqslant x_{d-1} > y_{d-1} \geqslant y_{d-2} > x_{d-2} \geqslant \cdots$ 且函数 $P(x)$ 在区间 $[x_d, +\infty)$，$[x_{d-2}, y_{d-2}]$，$[x_{d-4}, y_{d-4}]$，$\cdots$ 中单调上升，在区间 $[y_{d-1}, x_{d-1}]$，$[y_{d-3}, x_{d-3}]$，$\cdots$ 中单调下降。则(在(b)和(c)时除了最多一个 j)，我们有

$$y_j = x_j + (-1)^{d-j}. \qquad \text{①}$$

由韦达定理知 $\sum_{j=1}^{d} x_j = \sum_{j=1}^{d} y_j$。由(a)，(b)或(c)的条件知要么 $n_i = d$，要么 $n_{i+1} = d$，上述求和为整数。又由另一个 n_i 或 n_{i+1} 为 $d-1$，故所有的 x_j 和 y_j 都是整数。更进一步，由韦达定理知，等式①对所有 j 成立当且仅当 d 是偶数。(特别地，在(a)的情况下，d 必为偶数。)

下面说明在(b)或(c)的情况下，d 也为偶数。这里有两种情况：(i)$P(x) = p_i$ 或 $P(x) = p_{i+1}$ 有重根。这时，由题意知，$P(x) = p_i$ 和 $P(x) = p_{i+1}$ 的所有根均为整数，而 $0, 1, \cdots, d^2 - d$ 均为 $P(x) = p_j$ 的根，所以等式(1)自动对 j 成立，故 d 为偶数。(ii)若 $P(x) = p_i$ 或 $P(x) = p_{i+1}$ 有一个根不在 $\{0, 1, \cdots, d^2 - d\}$ 之中，且这个例外的 j 必然是 1 或 d。若 d 为奇数，情况(b)时必有 $j = d$，情况(c)时必有 $j = 1$。不论哪种情况，韦达定理都会推出 $y_j = x_j$，但这不可能。

至此，我们在(a)，(b)或(c)三种情况时证明了①对所有 $j = 1, \cdots, d$ 成立且 d 为偶数。下面说明这是不可能的。再用韦达定理知，

$$\sum_{j=1}^{d} x_j^2 = \sum_{j=1}^{d} y_j^2.$$

利用①将此等式展开得

$$0 = 2x_d - 2x_{d-1} + 2x_{d-2} - \cdots - 2x_1 + d.$$

但 $x_{2j} > x_{2j-1}$，上述等式不可能成立。故以上三

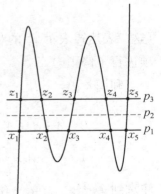

(第6题图)

种情况(a)(b)(c)均不可能发生。

由上述结果,我们知对任何 $i=1,\cdots,d-1$, $n_i+n_{i+1}\leqslant 2d-2$。但是 $n_1+\cdots+n_d=d^2-d+1$。唯一的可能性是 d 为大于等于 5 的奇数且

$$n_1=n_3=n_5=\cdots=n_d=d$$

且 $$n_2=n_4=\cdots=n_{d-1}=d-2。 \qquad ②$$

只需要排除这种可能性。此时,有两种方式完成证明。

方法一 在②时,设 $x_1<\cdots<x_d$ 是 $P(x)=p_1$ 的 d 个整数根,$z_1<\cdots<z_d$ 是 $P(x)=p_3$ 的 d 个整数根。注意到 $P(x)=p_2$ 在集合 $\{0,1,\cdots,d^2-d\}$ 中恰有 $d-2$ 个根。参见题图,于是我们有

$$x_1<z_1<z_2<x_2=x_3-1<z_3<\cdots<z_{d-1}<x_{d-1}=x_d-1<z_d,$$

并且对于除恰好两个指标 j 之外的所有指标 j,有

$$z_j=x_j+2\cdot(-1)^{j-1} \qquad ③$$

(而对于这两个特殊的 j,我们有 $z_j=x_j+(-1)^{j-1}$。)

现在考虑韦达定理 $\sum_{j=1}^{d}x_j=\sum_{j=1}^{d}z_j$(并注意到 d 是奇数),这两个特殊的 j 必须是奇数。设 j_1 和 j_2 为这两个特殊的 j。

现在我们再次使用韦达(Vieta)定理求平方和:

$$\sum_{j=1}^{d}x_j^2=\sum_{j=1}^{d}z_j^2=\sum_{j=1}^{d}(x_j+2(-1)^{j-1})^2+((x_{j_1}+1)^2-(x_{j_1}+2)^2$$
$$+(x_{j_2}+1)^2-(x_{j_2}+2)^2)。$$

(这一表达式表示 z_j^2 的和几乎总是由③给出,除了在 j_1 和 j_2 处,我们对相应项进行了修正。)

利用 $x_{2j}=x_{2j+1}-1$,上式简化为

$$0=4\cdot d+4\cdot\frac{d-1}{2}+4x_1-(2x_{j_1}+3+2x_{j_2}+3)。$$

$$(x_{j_1}-x_1)+(x_{j_2}-x_1)=3d-4。$$

注意到 $x_5-x_1\geqslant 4d-(d-1)>3d-4$。所以 $j_1,j_2=1,3$。然而 $x_3-x_1<2d<3d-4$,这也不可能。因此,证明了当 $d\geqslant 5$ 是奇数不存在这样的多项式。

方法二 与方法一中的论证类似,但此处仅注意到特殊的 j 是奇数,并且这不仅适用于 k_1 对比 k_3,而且适用于所有 k_{2i-1} 对比 k_{2i+1}。

因此,如果 $x_1 < x_2 < \cdots$ 是 $P(x)$ 的局部极小值,而 $z_1 < z_2 < \cdots$ 是局部极大值,那么

$$[x_2, z_2] \bigcap \{0, \cdots, d^2-d\}, [x_4, z_4] \bigcap \{0, \cdots, d^2-d\}$$

这两个区间各有 d 个点,假设它们分别是 $m, \cdots, m+d-1$ 和 $m', \cdots, m'+d-1$。 但是,这会说明多项式

$$P(x+m'-m) - P(x)$$

必然有 d 个解,这导致矛盾!

2024 年第 65 届国际数学奥林匹克

第 65 届国际数学奥林匹克(IMO)于 2024 年 7 月 11 日至 22 日在英国巴斯举行,来自 108 个国家和地区的 609 名选手参加了此次比赛。经过 16 日和 17 日两天考试的激烈角逐,中国队以总分 190 分获得团体总分第二名,5 名队员获得金牌,1 名队员获得银牌。史皓嘉获得本次比赛唯一的满分金牌,他也成为 IMO 中国国家队有史以来第四位连续两年获得满分金牌的选手。

中国队成员如下:

领　　队:肖　梁　北京大学

副领队:姚一隽　复旦大学

观察员:王　彬　中国科学院数学与系统科学研究院

　　　　唐晓苗　中国人民大学附属中学

队　　员:史皓嘉　浙江省诸暨市海亮高级中学(高二)　　　42 分　金牌

　　　　徐祺铭　湖北省武汉市经开外国语高级中学(高一)　35 分　金牌

　　　　王淳稷　上海市上海中学(高二)　　　　　　　　　30 分　金牌

　　　　邓哲文　湖北省武昌实验中学(高一)　　　　　　　30 分　金牌

　　　　王衔邦　中国人民大学附属中学(高二)　　　　　　30 分　金牌

　　　　叶语行　中国人民大学附属中学(高一)　　　　　　23 分　银牌

获得团体总分前十名的代表队及总分如下:

第 1 名:美国　192 分

第 2 名:中国　190 分

第 3 名:韩国　168 分

第 4 名:印度　167 分

第 5 名:白俄罗斯　165 分

第 6 名:新加坡、英国　162 分

第 8 名:匈牙利　155 分

第 9 名:波兰、土耳其　151 分

本届 IMO 金牌分数线是 29 分,银牌分数线是 22 分,铜牌分数线是 16 分。

中国国家队 6 名队员于 5 月 13 日至 21 日在北京市中国人民大学附属中学进行了第一阶段的集训,由金磊、卢圣和王彬老师及前国家队队员江城、张鑫亮和姜志城分别给队员做了报告并组织了测验。6 月 16 日到 6 月 25 日,国家队在上海市上海中学进行了第二阶段的集训,由金春来、姚一隽、瞿振华、冷岗松、张思汇和林天齐分别给队员做了讲座并进行了两次考试。

7 月 5 日起,国家队 6 名队员在北京集中并在北京大学进行最后阶段的训练和备考工作,其间付云皓、王彬和瞿振华对同学们进行了多次辅导,并邀请前国家队金牌得主张志成和江城做专题报告。此外,教练组安排了一次模拟考试,让学生们调整到最好状态。北京大学北京国际数学研究中心和数学科学学院为国家队集训提供了非常好的后勤保障,并做了大量的工作。中国数学会理事长席南华院士、北京大学数学科学学院院长陈大岳教授、副院长孙赵君教授等老师看望国家队队员,为各位参赛队员加油鼓劲。

第 *1* 天

（2024 年 7 月 16 日　8:30～13:00）

---

1 求所有实数 α 满足：对任意正整数 n，整数

$$\lfloor \alpha \rfloor + \lfloor 2\alpha \rfloor + \cdots + \lfloor n\alpha \rfloor$$

均为 n 的倍数。（注：$\lfloor z \rfloor$ 表示小于等于 z 的最大整数。例如，$\lfloor -\pi \rfloor = -4$，$\lfloor 2 \rfloor = \lfloor 2.9 \rfloor = 2$。）

解　首先所有偶数都满足条件。如果 $\alpha = 2m$，其中 m 为整数，那么

$$\lfloor \alpha \rfloor + \lfloor 2\alpha \rfloor + \cdots + \lfloor n\alpha \rfloor = 2m + 4m + \cdots + 2mn = mn(n+1)$$

是 n 的倍数。

现在我们证明偶数是唯一满足条件的实数。设 $\alpha = k + \varepsilon$，其中 k 是整数，$0 \leqslant \varepsilon < 1$，假设

$$\lfloor \alpha \rfloor + \lfloor 2\alpha \rfloor + \cdots + \lfloor n\alpha \rfloor = k + \lfloor \varepsilon \rfloor + 2k + \lfloor 2\varepsilon \rfloor + \cdots + nk + \lfloor n\varepsilon \rfloor$$

$$= \frac{kn(n+1)}{2} + \lfloor \varepsilon \rfloor + \lfloor 2\varepsilon \rfloor + \cdots + \lfloor n\varepsilon \rfloor$$

是 n 的倍数，下面分两种情况考虑：

情形 1：k 是偶数。此时 $\dfrac{kn(n+1)}{2}$ 是 n 的倍数，因此 $\lfloor \varepsilon \rfloor + \lfloor 2\varepsilon \rfloor + \cdots + \lfloor n\varepsilon \rfloor$ 是 n 的倍数。用第二数学归纳法证明对所有正整数 n，$\lfloor n\varepsilon \rfloor = 0$。

$n = 1$ 时，结论显然成立。假设 $\lfloor m\varepsilon \rfloor = 0$ 对所有 $1 \leqslant m < n$ 成立，则 $\lfloor \varepsilon \rfloor + \lfloor 2\varepsilon \rfloor + \cdots + \lfloor n\varepsilon \rfloor = \lfloor n\varepsilon \rfloor$ 是 n 的倍数。又因为 $0 \leqslant \varepsilon < 1$，所以 $0 \leqslant n\varepsilon < n$，所以 $\lfloor n\varepsilon \rfloor = 0$。等式 $\lfloor n\varepsilon \rfloor = 0$ 意味着 $0 \leqslant \varepsilon < \dfrac{1}{n}$。因为这对所有 n 成立，所以 $\varepsilon = 0$，即 α 为偶数。

情形 2：k 是奇数。用第二数学归纳法证明对所有正整数 n，$\lfloor n\varepsilon \rfloor = n - 1$。

$n=1$ 时,结论显然成立。假设 $\lfloor m\varepsilon \rfloor = m-1$ 对所有 $1 \leqslant m < n$ 成立,则

$$\frac{kn(n+1)}{2} + \lfloor \varepsilon \rfloor + \lfloor 2\varepsilon \rfloor + \cdots + \lfloor n\varepsilon \rfloor$$

$$= \frac{kn(n+1)}{2} + 0 + 1 + \cdots + (n-2) + \lfloor n\varepsilon \rfloor$$

$$= \frac{kn(n+1)}{2} + \frac{(n-2)(n-1)}{2} + \lfloor n\varepsilon \rfloor$$

$$= \frac{k+1}{2}n^2 + \frac{k-3}{2}n + 1 + \lfloor n\varepsilon \rfloor$$

是 n 的倍数,因为 k 是奇数,所以 $1 + \lfloor n\varepsilon \rfloor$ 是 n 的倍数,同样因为 $0 \leqslant n\varepsilon < n$,所以 $\lfloor n\varepsilon \rfloor = n-1$。

等式 $\lfloor n\varepsilon \rfloor = n-1$ 意味着 $1 - \dfrac{1}{n} \leqslant \varepsilon < 1$ 对所有 n 成立,而这不可能。

综上所述,满足条件的 α 为所有偶数。

---

❷ 求所有正整数对 (a,b) 满足:存在正整数 g 和 N 使得

$$\gcd(a^n + b, b^n + a) = g$$

对所有整数 $n \geqslant N$ 均成立。(注:$\gcd(x,y)$ 表示整数 x 与 y 的最大公因数。)

解 唯一的解是 $(a,b) = (1,1)$。

显然 $(a,b) = (1,1)$ 时可以取到 $g=2$。假设 (a,b) 满足条件,取整数 N 使得 $\gcd(a^n + b, b^n + a) = g$ 对所有 $n \geqslant N$ 成立。

引理:$g = \gcd(a,b)$ 或 $g = 2\gcd(a,b)$。

引理的证明如下:

注意到 $a^N + b$ 与 $a^{N+1} + b$ 都被 g 整除,所以

$$a(a^N + b) - (a^{N+1} + b) = ab - b = b(a-1)$$

被 g 整除。同理,$a(b-1)$ 被 g 整除,它们的差 $a-b$ 也被 g 整除,所以 g 整除 $a(b-1) + a(a-b) = a^2 - a$,所以 a 的幂模 g 同余,于是

$$a + b \equiv a^N + b \equiv 0 \pmod{g},$$

所以 $2a=(a+b)+(a-b)$ 与 $2b=(a+b)-(a-b)$ 都被 g 整除，所以 $g\mid 2a$，同理 $g\mid 2b$，所以 $g\mid 2\gcd(a,b)$。

另一方面，显然 $\gcd(a,b)\mid g$，引理证毕。

设 $d=\gcd(a,b)$，设 $a=dx$，$b=dy$，x 和 y 互质，所以

$$\gcd((dx)^n+dy,(dy)^n+dx)=d\gcd(d^{n-1}x^n+y,d^{n-1}y^n+x),$$

引理说明 $\gcd(d^{n-1}x^n+y,d^{n-1}y^n+x)\leqslant 2$ 对 $n\geqslant N$ 成立。

定义 $K=d^2xy+1$，注意到 K 和 d、x、y 均互质。取 $n\equiv -1(\bmod\varphi(K))$，由欧拉定理，$d^{n-1}x^n+y\equiv d^{-2}x^{-1}+y\equiv d^{-2}x^{-1}(1+d^2xy)\equiv 0(\bmod K)$，所以 $K\mid d^{n-1}x^n+y$。

同理，$K\mid d^{n-1}y^n+x$。取这样的 $n\geqslant N$，得到

$$K\mid\gcd(d^{n-1}x^n+y,d^{n-1}y^n+x)\leqslant 2.$$

上式的唯一解为 $d=x=y=1$，所以唯一解为 $(a,b)=(1,1)$。

---

❸ 设 a_1，a_2，a_3，$\cdots$ 是一个无穷项的正整数序列，且 N 是一个正整数。已知对任意整数 $n>N$，a_n 等于整数 a_{n-1} 在 a_1，a_2，$\cdots$，a_{n-1} 中出现的次数。证明：序列 a_1，a_3，a_5，$\cdots$ 与序列 a_2，a_4，a_6，$\cdots$ 两者至少有一个是最终周期的。

（注：一个无穷项的序列 b_1，b_2，b_3，$\cdots$ 称为最终周期的，如果存在正整数 p 和 M 使得 $b_{m+p}=b_m$ 对所有整数 $m\geqslant M$ 均成立。）

证法一 设 $M>\max(a_1,a_2,\cdots,a_N)$。我们首先证明有些整数出现了无穷多次。否则，这个序列中包含任意大的整数，每个大于 M 的整数第一次出现时，其后一项一定是 1，所以 1 出现了无穷多次，矛盾。

现在我们证明每个整数 $x\geqslant M$ 出现了至多 $M-1$ 次。否则，考虑第一次有某个整数 $x\geqslant M$ 出现第 M 次，注意到每个 x 出现时的前一项恰好出现第 $x\geqslant M$ 次，所以在 x 出现第 M 次前，已经至少有 M 个整数出现了至少 M 次，即在此之前已经有整数 $y\geqslant M$ 出现第 M 次，矛盾。

所以只有有限个整数出现了无穷多次。设其中最大的是 k。因为 k 出现了无穷多次，所以有无穷多个大于 M 的整数出现了 k 次，故 1，2，$\cdots$，$k-1$

也都出现了无穷多次。因为 $k+1$ 没有出现无穷多次,所以只有有限个整数出现了超过 k 次。令这些整数中最大的数为 $l \geq k$。如果 $x > l$,我们称整数 x 是"大的数";如果 $l \geq x > k$,称 x 为"中等的数";如果 $x \leq k$,称 x 为"小的数"。所以所有小的数出现了无穷多次,所有大的数出现了至多 k 次。

选择充分大的整数 $N' > N$ 使得 $a_{N'}$ 是小的,并且在 $a_1, \cdots, a_{N'}$ 中:

(1) 每个中等的数已经全部出现了;

(2) 每个小的数已经出现了超过 $\max(k, N)$ 次。

因为每个小的数已经出现了超过 k 次,所以每个小的数后一项一定是大的数。同时,因为每个大的数至多出现 k 次,所以其后一项一定是一个小的数。故序列在 $a_{N'}$ 后的项一定是大数和小数交替出现。

引理 1:设 g 是 $a_{N'}$ 后出现的一个大的数。如果 g 的后一项是小的数 h,那么 h 等于在此之前已经出现了至少 g 次的小的数的数量。

引理 1 的证明如下:

由 N' 的定义,g 的前一项已经出现了超过 $\max(k, N)$ 次,所以 $g > \max(k, N)$。因为 $g > N$,所以每个出现第 g 次的小的数一定出现在 a_N 之后,且后一项为 g。因为只有 k 个小的数,所以 g 出现了至多 k 次,g 一定恰好出现 k 次,每次出现时前一项是一个小的数。所以 g 出现第 h 次时,恰好有 h 个小数在此前出现了 g 次。引理 1 证毕。

用 $a_{[i, j]}$ 表示序列 $a_i, a_{i+1}, \cdots, a_j$。

引理 2:假设 i 和 j 满足下面的条件:

(a) $j > i > N' + 2$; (b) a_i 是小的数并且 $a_i = a_j$;

(c) 没有小的数在 $a_{[i, j-1]}$ 中出现超过一次。

那么 a_{i-2} 等于 $a_{[i, j-1]}$ 中出现的某个小的数。

引理 2 的证明如下:

设 I 为在 $a_{[1, i-1]}$ 中出现了至少 a_{i-1} 次的小的数的集合。根据引理 1,$a_i = |I|$。类似地,设 J 为在 $a_{[1, j-1]}$ 中出现了至少 a_{j-1} 次的小的数的集合,根据引理 1,$a_j = |J|$。根据 (b),$|I| = |J|$。同样根据定义,$a_{i-2} \in I$,$a_{j-2} \in J$。

假设小的数 a_{j-2} 不属于 I,这意味着 a_{j-2} 在 $a_{[1, i-1]}$ 中出现了少于 a_{i-1} 次。根据 (c),a_{j-2} 在 $a_{[1, j-1]}$ 中出现了至多 a_{i-1} 次,所以 $a_{j-1} \leq a_{i-1}$。结合

$a_{[1, i-1]} \subset a_{[1, j-1]}$，可得 $I \subseteq J$。但是因为 $a_{j-2} \in J\backslash I$，所以 $|I| < |J|$ 这与 $|I| = |J|$ 矛盾。所以 $a_{j-2} \in I$，于是其在 $a_{[1, i-1]}$ 中出现了至少 a_{i-1} 次，而在 $a_{[i, j-1]}$ 中出现了一次，所以 $a_{j-1} > a_{i-1}$。

根据(c)，每个在 $a_{[1, j-1]}$ 中出现至少 a_{j-1} 次的小的数在 $a_{[1, i-1]}$ 中至少出现了 $a_{j-1} - 1 \geqslant a_{i-1}$ 次，所以 $J \subseteq I$，从而 $I = J$。特别地，$a_{i-2} \in J$，所以其在 $a_{[i, j-1]}$ 中出现了至少 $a_{j-1} - a_{i-1} \geqslant 1$ 次，即 a_{i-2} 在 $a_{[i, j-1]}$ 中出现。这也可以得到 $a_{j-1} - a_{i-1} = 1$。引理 2 证毕。（事实上可以得到 $a_{j-1} - a_{i-1} = 1$）

对于每个小的数 a_n 满足 $n > N' + 2$，设 p_n 是满足 $a_{n+p_n} = a_i$ 为小的数且 $n \leqslant i < n + p_n$ 的最小的数。换句话说，$a_{n+p_n} = a_i$ 是第一个在 a_{n-1} 后出现至少两次的小的数。如果 $i > n$，引理 2（代入 $j = n + p_n$）表明 a_{i-2} 在 a_{n+p_n} 之前再次出现，与 p_n 的最小性矛盾，所以 $i = n$。引理 2 表明 $p_n \geqslant p_{n-2}$，所以 p_n，p_{n+2}，p_{n+4}，$\cdots$ 是单调不减的序列，上界为 $2k$（因为只有 k 个小的数）。所以 p_n，p_{n+2}，p_{n+4}，$\cdots$ 最终会一直是一个常数，所以序列中小的数的部分是最终周期的，周期至多为 k。

证法二　我们把依次写出数列各项理解为在第一象限中堆垒方块（单位正方形的积木）的过程，在写 a_n 时，如果是 $x = a_n$ 这个数的第 k 次出场（即 a_1，$\cdots$，a_{n-1} 中出现了 $k-1$ 次 x），则对应的在 $(x, k) = (a_n, k)$ 位置放入一个方块。这样每个方块的下方的所有位置都有方块。

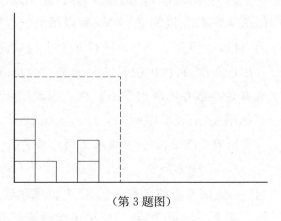

（第 3 题图）

把数列的角标理解为时刻，即 n 时刻恰好放有 n 个方块。设 n 时刻第 k 列最上端的方块的纵坐标为 $u_k(n)$；第 k 行最右端的方块的横坐标为 $v_k(n)$。（若某行/列没有方块则记为 0）。

依题意，当 $n \geqslant N$ 时，若第 n 个方块在 (x, y) 位置，则下一时刻是在第 y 列上方增加一个方块，即第 $n+1$ 个方块在 $(y, u_y(n) + 1)$ 位置。

记 $L = \max\{a_1, a_2, \cdots, a_N, N\}$，则前 N 个方块都在左下角的 $L \times L$ 区域内。易知对任意 $x > L$，若 n 时刻 (x, y) 位置没有方块，则意味着在 $n-1$ 时刻，第 x 行的方块数 $< y$，此时第 $x+1$ 行的方块数也 $< y$，这样 n 时刻 $(x +$

$1,y)$ 位置没有方块。即第 L 列右边区域始终是阶梯形下降的图形。

如果 n 时刻在 $(L+1, L+1)$ 位置放入方块,则意味着 $n-1$ 时刻,第 $L+1$ 行至少有 $L+1$ 个方块(因为每个第 $L+1$ 列的方块的前一方块在第 $L+1$ 行),而此时 $(L+1, L+1)$ 位置还没有方块,对任意 $x>L$ 均有 $(x, L+1)$ 位置也没有方块,即第 $L+1$ 行至多有 L 个方块。这个矛盾意味着 $(L+1, L+1)$ 无法放入,即对任意 $x>L$,数列中 x 出现次数 $\leqslant L$。

数列中存在某个数出场无穷多次,设其中最大的为 m,由上一段知 $m \leqslant L$。在数列中,若有无穷多项为 $k+1$,则有无穷多项为 k,因为 N 时刻后每次写下 $k+1$ 对应某个数的第 $k+1$ 次出场,之前会有该数的第 k 次出场,下一项写出 k。这样可得:$1, 2, \cdots, m$ 各出场无穷多次,$m+1, m+2, \cdots$ 各出场有限次。

称坐标 $x \leqslant m$,$y>L$ 的方块为红色,坐标 $x>L$,$y \leqslant m$ 的方块为蓝色。由于非红非蓝的方块(即第 $m+1, \cdots, L$ 行的与第 $m+1, \cdots, L$ 列的以及左下角 $L \times L$ 区域的)只有有限个,设它们全在 $T-1$ 时刻之前出场。之后是红蓝交替出现(不能连续两个红色或连续两个蓝色)。我们不妨设 T 时刻是放红色方块(不然把 T 改成 $T+1$ 即可)。

对任意正整数 c,第 $n=T+2c$ 时刻的方块是红色的,考虑 $T+1, T+2, \cdots, T+2c$ 时间段内在第 k 列新增的方块,这些方块的前一方块在第 k 行(且是当时该行的最右一个方块),因此这段时间的第 k 列新增数量等于第 k 行新增数量。即

$$u_k(T+2c) - u_k(T) = v_k(T+2c) - v_k(T)。$$

记 $D = \max\limits_{k=1, 2, \cdots, m} \{|u_k(T) - v_k(T)|\} + 2$。对任意 $n \geqslant T$,有

$$|u_k(n) - v_k(n)| < D。$$

对 $h = 1, 2, \cdots, m-1$。若存在时刻 $n>T$ 使得 $v_h(n) - v_{h+1}(n) \geqslant D$(设 n 是这样的最小时刻),则此时

$$v_i(n) - v_j(n) \geqslant D, \ \forall i=1, \cdots, h, \ j=h+1, \cdots, m。$$

这样会导致 n 时刻及之后,第 $h+1, \cdots, m$ 行(称作行禁区)与第 $h+1, \cdots, m$ 列(称作列禁区)无法新增方块。首先 n 时刻的方块不在禁区中,不然会有 $v_h(n) = v_h(n-1)$ 及 $v_{h+1}(n) \geqslant v_{h+1}(n-1)$,可得 $v_h(n-1) -$

$v_{h+1}(n-1) \geqslant v_h(n) - v_{h+1}(n) \geqslant D$，与 n 是最小时刻矛盾。

另外，n 时刻之后也不行。若不然，考虑禁区中首次新增的方块。

若某个 $n_1 > n$ 时刻放入红色方块 (k, y) 在列禁区中 $(h+1 \leqslant k \leqslant m)$，则 $n_1 - 1$ 时刻的方块是在第 k 行中，即在行禁区中。

若某个 $n_2 > n$ 时刻放入蓝色方块 (x, k) 在行禁区中 $(h+1 \leqslant k \leqslant m)$，则 $n_2 - 1$ 时刻放的是第 x 行的红色方块。由于

$$x = v_k(n_2) \leqslant v_{h+1}(n_2) \leqslant v_i(n_2) - D < u_i(n_2) = u_i(n_2 - 1), \ \forall i = 1, \cdots, h_\circ$$

这个方格不能在第 $1, \cdots, h$ 列，故只能在第 $k+1, \cdots, m$ 列，即在列禁区中。

以上矛盾说明 $v_h(n) - v_{h+1}(n)$ 有界，即对任意正整数 c，"差量数组"

$$(v_1(T+2c) - v_2(T+2c), \ v_2(T+2c) - v_3(T+2c),$$
$$\cdots, v_{m-1}(T+2c) - v_m(T+2c), \ a_{T+2c})$$

只有有限种状态。由抽屉原理知存在 $T_1 = T + 2c_1$ 与 $T_2 = T + 2c_2$（设 $c_2 > c_1$）对应的"差量数组"相同。即 $a_{T_2} = a_{T_1} = x$，并且

$$v_k(T_2) = v_k(T_1) + r, \ u_k(T_2) = u_k(T_1) + r, \ k = 1, 2, \cdots, m_\circ$$

即 T_2 时刻的区域相对 T_1 时刻的区域，部分区域边界分别右移 r 与上移 r。

第 T_1 方块在 $(x, u_x(T_1))$ 位置，第 T_2 方块在 $(x, u_x(T_2))$ 位置，设

$$b = \min\{k: v_k(T_1) < u_x(T_1)\} = \min\{k: v_k(T_2) < u_x(T_2)\}_\circ$$

则第 $T_1 + 1$ 方块在 $(u_x(T_1), b)$ 位置，第 $T_2 + 1$ 方块在 $(u_x(T_2), b)$ 位置（因为蓝色方块在放入时是某行的最右端，该行在上一时刻比当前少一个方块）。

由 $u_x(T_2) = u_x(T_1) + r$ 知 $a_{T_2+1} = a_{T_1+1} + r$，进一步有 $a_{T_2+2} = a_{T_1+2} = b$。

并且 $v_b(T_1 + 2) = v_b(T_1) + 1$，$v_b(T_2 + 2) = v_b(T_2) + 1$，

$$v_k(T_1 + 2) = v_k(T_1), \ v_k(T_2 + 2) = v_k(T_2), \ \forall k \in \{1, 2, \cdots, m\} \backslash \{b\}_\circ$$

因此我们仍有 $T_2 + 2$ 时刻的"差量数组"与 $T_1 + 2$ 时刻的"差量数组"相同。

依此类推可得 $a_{T_2+2c} = a_{T_1+2c}$ 对每个正整数 c 成立。

数列 $a_T, a_{T+2}, a_{T+4}, \cdots$ 是最终周期的，从而题述中的两个数列之一是最终周期的。

④ 在三角形 ABC 中 $AB < AC < BC$。设三角形 ABC 的内心为 I，内切圆为 ω。点 X（X 异于 C）在直线 BC 上，满足过 X 且平行于 AC 的直线与圆 ω 相切。点 Y（Y 异于 B）在直线 BC 上，满足过 Y 且平行于 AB 的直线与圆 ω 相切。设直线 AI 与三角形 ABC 的外接圆交于另一点 P（P 异于 A）。设 K 和 L 分别为线段 AC 和 AB 的中点。

证明：$\angle KIL + \angle YPX = 180°$。

证明　设 A' 是 A 关于 I 的对称点，则 A' 在角平分线 AP 上。直线 $A'X$ 和 $A'Y$ 分别与直线 AC 与 AB 关于点 I 对称，所以它们分别是过点 X、Y 与 ω 相切的直线。

熟知 $PB = PC = PI$，因为 $\angle BAP = \angle PAC > 30°$，所以 $PB = PC$ 长于外接圆半径。所以 $PI > \dfrac{1}{2}AP > AI$，故 A' 在线段 AP 的内部。

因为 $A'X \parallel AC$，所以 $\angle A'XC = \angle ACB = \angle APB$，所以 B、P、A'、X 四点共圆。

同理，C、Y、A'、P 四点共圆。所以

$$\angle APX = \angle A'BC,$$

$$\angle YPA = \angle BCA'。$$

因为 $\triangle LIK$ 与 $\triangle BA'C$ 关于点 A 位似，所以 $\angle KIL = \angle CA'B$，于是

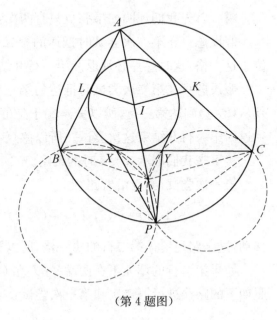

（第 4 题图）

$$\angle KIL + \angle YPX = \angle CA'B + (\angle YPA + \angle APX)$$
$$= \angle CA'B + \angle BCA' + \angle A'BC = 180°.$$

---

5 憨豆特工在一个 2024 行 2023 列的方格表上做游戏。方格表中恰有 2022 个方格各藏有一个坏人。初始时，憨豆不知道坏人的位置，但是他知道除了第一行和最后一行之外，每行恰有一个坏人，且每列至多有一个坏人。

憨豆想从第一行移动到最后一行，并进行若干轮尝试。在每一轮尝试中，憨豆可以在第一行中任意选取一个方格出发并不断移动，他每次可以移动到与当前所在方格有公共边的方格内（他允许移动到之前已经到达过的方格。）若憨豆移动到一个有坏人的方格，则此轮尝试结束，并且他被传送回第一行开始新的一轮尝试。坏人在整个游戏过程中不移动，并且憨豆可以记住每个他经过的方格内是否有坏人。若憨豆到达最后一行的任意一个方格，则游戏结束。

求最小的正整数 n，使得不论坏人的位置如何分布，憨豆总有策略可以确保他能够经过不超过 n 轮尝试到达最后一行。

解 首先我们证明如果憨豆只有两次尝试，那么他没有必胜策略。

假设憨豆在第一次尝试时抵达的第二行的第一格是 $(2, i)$，可以让坏人位于这一格，这时憨豆必须返回第一行并结束这次尝试。

假设憨豆在第二次尝试时抵达的第三行的第一格是 $(3, j)$，因为憨豆必须从 $(2, j)$ 到达第三行，所以 $j \neq i$，于是可以让坏人位于这一格，这时憨豆必须返回第一行并结束这次尝试。所以憨豆不能在两次尝试中抵达最后一行。

接下来我们展示 $n = 3$ 时的策略。

第一次尝试，憨豆沿着路径

$$(1, 1) \to (2, 1) \to (2, 2) \to \cdots \to (2, 2023)$$

移动，这条路径覆盖第二行的每一格，所以憨豆会遇到第二行的坏人。

如果第二行的坏人不在两端（坏人在 $(2, i)$，$2 \leq i \leq 2022$），那么憨豆按照如下的路线进行第二次和第三次尝试：

$$(1, i-1) \rightarrow (2, i-1) \rightarrow (3, i-1) \rightarrow (3, i) \rightarrow (4, i) \rightarrow \cdots \rightarrow (2024, i)。$$
$$(1, i+1) \rightarrow (2, i+1) \rightarrow (3, i+1) \rightarrow (3, i) \rightarrow (4, i) \rightarrow \cdots \rightarrow (2024, i)。$$

两条路径中唯一可能包含坏人的格子是$(3, i-1)$与$(3, i+1)$,而其中至多有一个格子可能容纳坏人,所以两条路径中至少有一条可以抵达最后一行。

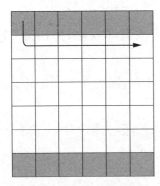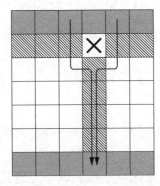

图①　憨豆的第一次尝试和第二、三次尝试,叉号表示坏人所在的位置,阴影部分表示没有坏人的格子。

如果坏人在第二行的两端,不失一般性假设其在$(2, 1)$。然后憨豆按照以下路径进行第二次尝试:

$$(1, 2) \rightarrow (2, 2) \rightarrow (2, 3) \rightarrow (3, 3) \rightarrow \cdots \rightarrow$$
$$(2022, 2023) \rightarrow (2023, 2023) \rightarrow (2024, 2023)。$$

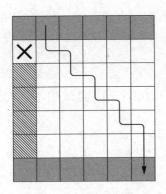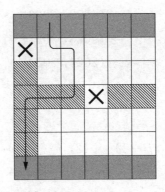

图②　憨豆的第二次和第三次尝试。

如果在这条路径中没有坏人,那么憨豆获胜。否则,设(i,j)是憨豆第一次遇到坏人的格子,我们有$j=i$或$j=i+1$。在第三次尝试中,憨豆按照以下路径移动:

$$(1,2) \to (2,2) \to (2,3) \to (3,3) \to \cdots \to (i-2,i-1) \to (i-1,i-1)$$
$$\to (i,i-1) \to (i,i-2) \to \cdots \to (i,2) \to (i,1)$$
$$\to (i+1,1) \to \cdots \to (2023,1) \to (2024,1)。$$

注意到:从$(1,2)$到$(i-1,i-1)$的格子没有坏人,因为在第二次尝试中检验过。

格子(i,k),$1 \leqslant k \leqslant i-1$中没有坏人,因为第$i$行的坏人在$(i,i)$或$(i,i+1)$。

格子$(k,1)$,$i \leqslant k \leqslant 2024$中没有坏人,因为第一列至多有一个坏人,在$(2,1)$。

所以憨豆在第三次尝试一定能获胜。

补充:当坏人在第二行的两端时,憨豆有另一种必胜策略。在第二次尝试时,憨豆按照下面的路径进行移动:

$$(1,2023) \to (2,2023) \to (2,2022) \to \cdots \to (2,3) \to (2,2)$$
$$\to (2,3) \to \cdots \to (2,2023) \to (3,2023) \to (3,2022)$$
$$\to \cdots \to (3,4) \to (3,3) \to (3,4) \to \cdots \to (3,2023)$$
$$\to \cdots$$
$$\to (2022,2023) \to (2022,2022) \to (2022,2023)$$
$$\to (2023,2023)$$
$$\to (2024,2023)。$$

如果有坏人在路径中,设其在(i,j),在第三次尝试中,憨豆按照以下路径移动:

$$(1,j-1) \to (2,j-1) \to \cdots \to (i-1,j-1) \to (i,j-1)$$
$$\to (i,j-2) \to \cdots \to (i,2) \to (i,1)$$
$$\to (i+1,1) \to \cdots \to (2023,1) \to (2024,1)。$$

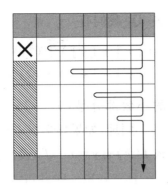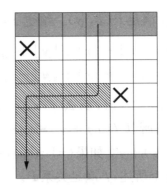

图③ 憨豆的第二次和第三次尝试的另一种策略。

6 记 **Q** 是所有有理数的集合。一个函数 $f: \mathbf{Q} \to \mathbf{Q}$ 称为神奇函数,如果对任意的 $x, y \in \mathbf{Q}$ 均有:下述两个等式

$$f(x + f(y)) = f(x) + y \quad \text{与} \quad f(f(x) + y) = x + f(y)$$

至少有一个成立。

证明:存在整数 c 满足对任意一个神奇函数 f,至多存在 c 个两两不同的有理数可以表示为 $f(r) + f(-r)$ 的形式 $(r \in \mathbf{Q})$。并求满足上述要求的最小整数 c。

解 满足要求的最小整数 c 为 2。

假设 f 是满足题目条件的函数,我们将使用以下记号:

(1) 如果 $f(a) = b$ 或 $f(b) = a$,记作 $a \sim b$;

(2) 如果 $f(a) = b$,记作 $a \to b$;

(3) $P(x, y)$ 表示命题 $f(x + f(y)) = f(x) + y$ 或 $f(f(x) + y) = x + f(y)$;

(4) $g(x) = f(x) + f(-x)$。

使用上述记号,条件 $P(x, y)$ 可以说成是 $x + f(y) \sim f(x) + y$,问题可以表示为求 $\{g(x) \mid x \in \mathbf{Q}\}$ 的元素个数的最大可能值。

我们首先给出使得 $g(x)$ 有两种取值的例子。令函数 $f(x) = \lfloor x \rfloor - \{x\}$,其中 $\lfloor x \rfloor$ 表示 x 下取整(小于等于 x 的最大整数),$\{x\} = x - \lfloor x \rfloor$ 表示 x 的小数部分。

图书在版编目(CIP)数据

走向 IMO:数学奥林匹克试题集锦.2024/2024 年
IMO 中国国家集训队教练组编.—上海:华东师范大学
出版社,2024.—ISBN 978 - 7 - 5760 - 5422 - 4

Ⅰ.G634.605

中国国家版本馆 CIP 数据核字第 202436TM20 号

ZOUXIANG IMO

走向 IMO

数学奥林匹克试题集锦(2024)

编　　者　2024 年 IMO 中国国家集训队教练组
总 策 划　孔令志
责任编辑　孔令志　石　战　张丽玉　芮　磊　万源琳　黄　易
责任校对　李琳琳
装帧设计　何莎莎

出版发行　华东师范大学出版社
社　　址　上海市中山北路 3663 号　邮编 200062
网　　址　www.ecnupress.com.cn
电　　话　021 - 60821666　行政传真 021 - 62572105
客服电话　021 - 62865537　门市(邮购)电话 021 - 62869887
地　　址　上海市中山北路 3663 号华东师范大学校内先锋路口
网　　店　http://hdsdcbs.tmall.com

印 刷 者　常熟高专印刷有限公司
开　　本　787 毫米×1092 毫米　1/16
印　　张　20.5
插　　页　2
字　　数　338 千字
版　　次　2024 年 11 月第一版
印　　次　2024 年 11 月第一次
书　　号　ISBN 978 - 7 - 5760 - 5422 - 4
定　　价　62.00 元

出 版 人　王　焰

(如发现本版图书有印订质量问题,请寄回本社客服中心调换或电话 021 - 62865537 联系)